THESE TRUTHS

分裂的共识

下册 Vol. 2

一部全新的美国史

A
History
of the
United States

[美] 吉尔·莱波雷 —— 著
邵旭东 孙芳 —— 译

Jill Lepore

新星出版社

第十二章
现代性的残酷
THE BRUTALITY OF MODERNITY

广岛上空的蘑菇云，乔治·R.卡伦（George R. Caron）摄。1945年8月6日和9日，美国相继在日本广岛、长崎投下原子弹，加速了日本法西斯的投降。美国国家档案和记录管理局

1939年的世界博览会在纽约皇后区占地1200英亩的会场举办，这里曾经是布满垃圾的废弃之地。多年的规划和建设已经把它变成了一个游乐场，一个展示政治、商业、科学和技术进步的场所，其中还包括一个按比例复制的帝国大厦。博览会的核心是一个直径200英尺、18层楼高的地球仪，里面展出的是庆祝民主传奇的"民主城"，它将游客带到100年后，即2039年的世界，那时，高速公路将会把人们从欢乐谷这样的郊区带到森特顿的市中心。[1]博览会歌颂

了过去的失败，它的主题是：明日世界。通用汽车公司的展览名为"未来世界"。西屋公司则上演了用力擦洗的"苦力夫人"和使用洗碗机的"摩登夫人"之间的"世纪之战"。伊莱克托是一个7英尺高的机器人，它正举止优雅地抽着一根烟。[2]

1939年4月30日，在博览会的开幕仪式上，两鬓斑白的富兰克林·德拉诺·罗斯福宣布，世界博览会"向全人类开放"。美国无线电公司（RCA）运用崭新的电视技术，通过美国国家广播公司现场直播了这一演讲。一个白衣女子合唱团进行了一场名为"和平盛会"的表演。但很多来"明日世界"的参观者无动于衷。E. B. 怀特去的那天感冒了。"当你无法通过鼻子呼吸时，"他写道，"明天看起来很奇怪，就像前天一样。"《哈珀斯》（Harper's）杂志提出了一个更为复杂的观点："这是所有悖论中的悖论。它很好，也很糟；它是所有疯狂粗俗的极致，也是所有灵感的巅峰。"[3]

这次世博会甚至在开幕之前就已经过时了。在开幕当天，奥地利和捷克斯洛伐克的主题展馆已经不合时宜，因为这些国家已不复存在。未来的魅力在快速消退。9月份，在希特勒入侵波兰之后，波兰馆为黑布所遮盖。比利时、丹麦、法国、卢森堡和荷兰紧随其后。18个月之后，博览会闭幕时，参加世界博览会的欧洲国家中有一半已经落入了德国之手。[4]

第二次世界大战将使美国摆脱萧条、终结孤立主义，并形成重获新生的公民民族主义精神，它还会引起人们对国家未完成的种族思考和对重塑自由主义的关注，并为因惧怕国家权力而引发的保守主义运动奠定基础。到了1945年，6年前在皇后区废弃场地上所展示的未来，看起来会像是古董。

不过，博览会还是留下了痕迹。西屋公司收集了数百个时间胶囊，将在5000年后的6969年开启：从闹钟到电动剃须刀，还有美国农业部提供的谷物种子、上千张照片、杂志、字典、大部分的《不列颠百科全书》（第14版，1937年），雷电华电影公司（RKO）的新闻片和电影放映机，以及以缩微胶卷形式呈现的100本书（还附带一个显微镜，以便未来历史学家能够阅读这些缩微胶卷，还有一份类似现代图书馆里所使用的大型阅读仪的制作说明）。并非所有的东西都是胡扯。在"我们这个时代杰出人士的特别留言"中，阿尔伯特·爱因斯坦（Albert Einstein）给明天写了一封信。[5]

爱因斯坦在谈到1939年的世界时说道："生活在不同国家的人们会不定期地相互残杀""任何对未来有所思考的人都必然生活在恐惧和恐怖之中"。[6]正如奥森·威尔斯在前一年播出《世界大战》时无不担心地吟诵："在20世纪的第39年，巨大的幻灭降临了……"

I.

1939年9月1日，德国入侵波兰的那天，日内瓦举行了一个典礼。来自国际联盟的官员献上了一个巨大的青铜地球仪雕塑，以"纪念美国前总统、国际联盟的创始人伍德罗·威尔逊"。两天后，一年前试图在慕尼黑取悦希特勒的英国和法国向德国宣战了。一些人认为，如果美国在1919年能够加入国际联盟，这场世界性的残酷之战可能会得以避免。"美国现在有了第二次让世界变得更加民主的机会。"罗斯福的农业部部长亨利·华莱士（Henry Wallace）说。那年秋天，像华莱士这样的国际主义者对国际联盟的失败感到遗憾，他们开始秘密集会、筹划和平——设想成立一个新的联盟。对外关系委员会开始为国务院准备报告。[7]与此同时，罗斯福正试着制定作战方案。

在20世纪30年代，国会和公众舆论都支持孤立主义。1935年，国会通过了五项《中立法案》（Neutrality Acts）中的第一项，承诺美国将远离欧洲的战争。1936年，西班牙内战爆发，有将近3000名美国公民自愿秘密参战，捍卫民主并对抗希特勒和墨索里尼援助的右翼叛乱，他们中超过四分之一的人丧生，但是美国仍置身事外。1937年的盖洛普民意调查显示，大多数美国人对西班牙发生的事毫不关心。[8]

美国的漠然使德国大胆起来。"美国对我们来说并不危险，"希特勒说，"关于美国社会行为的一切都表明，它一半被犹太化，而另一半被黑人化。""人们怎么能指望一个一切都建立在美元基础之上的国家团结在一起呢？"希特勒认为，美国人能被奥森·威尔斯的广播节目《世界大战》如此轻易地骗到，就表明美国人是傻瓜，而且，美国人是如此自私，生怕和欧洲扯上关系，希特勒对顽固的苏维埃人还抱有勉强的尊重，但认为美国人就像傻瓜一样容易被小玩意儿分心。"把一个德国人运到基辅，他仍然是一个完美的德国人，"希特勒说，"但是把他送到迈阿密，他就会堕落。"[9]

1938年年末，罗斯福提出了一项计划，美国将为英国和法国制造飞机，并组建一支拥有1万架飞机的美国空军。1939年，他向国会提出了这项预算为3亿美元的计划。"这个计划仅仅是最低要求。"总统说。当纳粹的战争机器横行欧洲时，罗斯福希望国会废除《中立法案》，支持美国的盟友，并动员美国部队，这一立场是他的"似战非战"战略。私下里，他还有另外的担心。1938年，德国化学家发现了核裂变，逃离德国的匈牙利科学家利奥·西拉德（Leo Szilard）带着这个消息来到纽约。德国于1939年3月接管了捷克斯洛伐克，8月，罗斯福收到了西拉德所写、爱因斯坦联署的一封信，提醒他注意"以铀为燃料、破坏力极大的新型炸弹"。这位物理学家告诉总统："美国只有少量的贫铀矿"，但"据我所知，德国实际上已禁止由其接管的捷克斯洛伐克矿场出售铀矿石"。罗斯福召集秘密顾问委员会进行调查，该委员会很快回复说，铀"将提供一种可能的炸弹原料，其破坏性远远超过现在已知的任何东西"。[10]

在德国人侵波兰之前，有近一半的美国人不愿意，或不想承诺支持欧洲冲突中的一方对抗另一方，尤其因为威廉·伦道夫·赫斯特，他在1917年就反对美国卷入欧洲战争（呼吁"美国第一！"），1938年，他采取了同样的立场。他在全国广播公司的广播中警告说，欧洲各国"已经准备好开战，所有人都渴望让我们参战"，但是"美国人应该继续执行我们伟大而独立的国家的传统政策——它的伟大，在很大程度上是因为独立"。[11]有一小部分人狂热地支持希特勒。未能赢得总统职位并从电台中消失的考夫林神父，在1937重新出现在广播中，鼓吹反犹太主义，并表达对希特勒和纳粹党的钦佩之情。作为回报，希特勒表达了他对美国内战中失利的南方邦联而非合众国的敬仰，并表示了自己遗憾，他写道："基于奴隶制和不平等原则的伟大新社会秩序的开端被战争摧毁了。"纳粹宣传者挑拨离间，试图推动废除第十四和第十五修正案，从而开创与美国南方白人的共同事业。[12]考夫林被他们玩弄于股掌之间。1939年，考夫林的听众虽然减少了，但在他的号召之下组建了一个新的政党——基督教阵线（Christian Front）。[13]多萝西·汤普森嘲笑道："我今年44岁，如果说我曾受到犹太人的威胁，我自己都没有注意到。"（她的一贯策略是蔑视考夫林。考夫林曾经在电台上称她为"多蒂"；之后，她在她的栏目中就一直称他为"查克"。）2万名美国人聚集在装饰着纳粹标志和美国国旗的麦迪逊广场花园，其中一些人还穿着纳粹制服，在那里，在一场名为"真正的美国主义的群众示威"中，他们将新政抨击为"犹政"。汤普森潜入了集会，大笑不止，即使她被扮成纳粹党突击队员的男子拖出麦迪逊广场花园，还在不停地喊道："妄想，妄想，妄想！"[14]

但是，如果说广播最初帮助考夫林赢得了听众，那么也同样使他跌落神坛，特别是一位名叫基尔南（Kiernan）的新泽西圣公会牧师推出一档广播节目之后，该节目的宗旨是驳斥考夫林的每一个论点。作为对从弗雷德里克·道格拉斯到艾达·B.韦尔斯的废奴主义者和反私刑运动家抗议活动的回应，基尔南将他的节目命名为"言论自由论坛"。[15]

英国和法国于9月向德国宣战后，《财富》杂志马上在下一期增加了一份名为《1939年战争》的副刊，其中包括了一张欧洲地图和一份民意调查。[16]"在欧洲正在经历的麻烦中，你希望哪一方获胜？"《财富》的调查问道。有83%的美国人选择了"英格兰、法国、波兰及其盟国"，只有1%的人选择了"德国及其盟国"。[17]

然而，此时孤立的力量依然强大。《财富》杂志的地图让欧洲看起来很近，但是在1939年10月1日的一次演讲中，曾在1927年成为首位独自横跨大西洋直飞的飞行员查尔斯·林德伯格（Charles Lindbergh）说道："只需瞥一眼地图就可以看到我们真正的边界所在。我们还能要求除了从东边的大西洋到西边的太平洋之间的土地之外更多的东西吗？"林德伯格说，欧洲可能会上演一场空战，而美国人会组建一支空军，但是，"即便对现代飞机而言，海洋也是一个令人生畏的障碍"[18]。

孤立主义者提出了"美国堡垒"的愿景。大多数孤立主义者都是共和党人，而孤立主义最强烈的反对者出自南方的民主党，他们的目标是推动烟草和棉花作物的全球贸易。不过，即使是坚定的孤立主义者也明白世界正在变小。1940年2月，密歇根州的亚瑟·范登堡在日记中写道："当一个人可以在36小时之内横跨大西洋时，在当下这个已然收缩的世界中，也许已不再可能存在旧式隔离……从现在起，我们所能希冀的最好状况是'隔离'，而不是孤立。"[19]

反对罗斯福"似战非战"策略的人担心这一策略可能会适得其反。如果美国人向英国出售坦克和船只，然后英国在德国的进攻下投降，那么美国的军火会落入德国人手中。1940年5月10日，温斯顿·丘吉尔出任英国首相，这使得罗斯福将美国人团结为英格兰助手的能力在一夜之间得到了加强。

丘吉尔和罗斯福首次碰面是在1918年的伦敦，当时36岁的罗斯福是海军助理，而43岁的丘吉尔则是一位前海军上将。20年后，在丘吉尔回到海军部后，罗斯福开通了与他沟通的渠道，渴望获得有关欧洲事务的坦诚报告。他们的关系逐渐加深，但丘吉尔是取悦者，而罗斯福是被取悦者。丘吉尔后来说道："没有一个情人像我对罗斯福总统那样去研究他情妇的突发奇想。"首相迫切需要争取到罗斯福的支持并确保美国的供应——最终使美国参战——因为英国不可能在没有美国人支持的情况下击败德国。战争的进程，甚至和平的条件，在很大程度上取决于他们之间的友谊。1941年至1945年间，他们在一起度过了113天，其中包括在马拉喀什的假期。丘吉尔充当了诗人和画家，为美国总统绘出了一幅夕阳美景。[20]

如果说丘吉尔是在讨好罗斯福，那么他也同样在讨好美国选民。1940年6月4日，丘吉尔在下议院发表了振奋人心的演讲，他在这次向全美电台播放的演讲中承诺英国将全力以赴：

> 我们将战斗到底。我们将在法国作战，将在海洋中作战，我们将以越来越大的信心和越来越强的力量在空中作战，我们将不惜一切代价保卫本土，我们将在海滩作战，我们将在敌人的登陆点作战，我们将在田野和街头作战，我们将在山区作战。我们决不投降……直到新世界在上帝认为适当的时候，拿出它一切的力量来拯救和解放这个旧世界。[21]

罗斯福在国内反复强调了同样的信息。六天后，在弗吉尼亚大学，他的儿子小富兰克林的毕业典礼上，罗斯福描绘了一个美国"孤岛"的噩梦、一个"没有自由的国民的噩梦""一个被囚禁在监狱里的国民，戴着手铐、忍饥挨饿、日复一日地接受其他大陆上傲慢无情的主人通过栅栏投喂食物的噩梦"。[22]

罗斯福决定竞选前所未有的第三个任期，他的对手是共和党人、印第安纳州的商人温德尔·威尔基（Wendell Willkie），威尔基希望能够争取到对罗斯福统治不再抱有幻想的民主党人的支持。惠特克和巴克斯特为威尔基的竞选活动准备了材料，其中包括一本演讲手册，为如何对待观众中的民主党人给出了建议："在提及对手时不要说'民主党'或'新政政府'，只要说名字就好。"但威尔基不愿意进行会导致分裂的竞选，总统的"似战非战"策略推出了有史以来第一个和平时期征兵法，威尔基不愿意反对它。一位记者对威尔基说："您如果想赢得大选，应该反对提议中的征兵法。"威尔基回答说："与其这样做，我宁愿输掉大选。"[23]

到此时为止，美国人还没有体会战争的痛苦。尽管有赫斯特、林德伯格和考夫林的先例，威尔基仍然拒绝动摇罗斯福的威信，这使得美国人免于承受分裂的负担。"在这里，我们的基本制度仍然完好，我们的人民相对富裕，最重要的是，我们的社会相对友爱，"大选前一个月，多萝西·汤普森在《纽约先驱报》上写道，"世界上没有哪个国家的境遇会如此之好。"[24]

1940年9月，德国的"闪电战"夺去了4万伦敦人的生命之后，丘吉尔仍拒绝向德国投降。德国、意大利和日本三个轴心国签署了一项协议，在"以建立和维持新秩序为主要目的"的事业中承认彼此的势力范围，仿佛世界任由他们瓜分。[25]11月，受丘吉尔坚韧精神的感召以及对轴心国恐吓的担心，选民们将罗斯福送回了白宫。这个史无前例的第三次任期，以及他在新政期间获取的权力，对法院添人危机的记忆以及征兵法本身，都增加了关于美国的政府体制是否会容忍现代性残暴的持续争论。"我们的政府能否应对极权主义的挑战并维持民主？"政治学家彭德尔顿·赫林（Pendleton Herring）问道，"立法和行政部门之间的权力分立能否与行政当局的需要相容？在寻求坚定的领导同时，我们是否会面临独裁的危险？"[26]不过，大多数问题要搁置到战后。

1940年12月29日，罗斯福再次走进电台，这次谈论的是时间与空间的距离。"自我们的先辈踏上詹姆斯敦和普利茅斯礁岩（传说是第一批欧洲移民在新英格兰地区的定居地）以来，美国文明从未处于现在这样的危险之中。"他说。1823年的门罗主义已经过时了，因为旅行的速度太快，甚至跨越了浩瀚的海洋。"这些海洋的宽度与帆船时代不一样了。非洲与巴西之间的距离比从华盛顿到科罗拉多州丹佛还要短，最新型的轰炸机只要5小时，而在太平洋的北部，美洲和亚洲几乎是相连的。"轴心国的"新秩序"是什么样的？"他们可能会谈论世界的'新秩序'，但他们念念不忘的只是复兴最古老和最残酷的暴政。"美国人不会为欧洲而战,但是我们有责任提供武器,将这个世界从暴政中解救出来。"没有人可以通过抚摸将老虎驯服成小猫,"他说,"非无情,不绥靖。"接着,他从宏观目标转到具体措施,说道:"我恳请工厂所有者、管理人员、工人、我们的政府雇员,尽一切努力,迅速并且无条件地生产武器弹药,我们必须成为民主的大型武器库。"[27]

英国遭到德国军火的全面压制,弹药也迅速见底,没有现金从美国购买坦克、舰船和飞机。罗斯福为此制定了一项计划,即《租借法案》:美国将这些物资借给英国,与其说是借贷或租赁,不如说是礼物,以换取美国长期租用英国的军事基地。为了说服那些摇摆不定的美国人,罗斯福把反抗轴心国与美国的建国目标相提并论。1941年1月6日,在国会的年度演说中,他认为美国必须发挥其力量,为世界争取"四项基本人类自由":言论自由、宗教自由、免于匮乏和免于恐惧。(一位非裔美国人反驳道:"白人谈论四项自由,而我们一个都没有。")[28]

当他准备第三次就职典礼时,罗斯福给丘吉尔写了一张便条,委托被他击败的对手温德尔·威尔基当面交给丘吉尔。罗斯福谈到威尔基时说:"他真的让政治远离这里。"在白宫书桌的绿色桌布上,罗斯福凭着记忆写出了亨利·沃兹沃斯·朗费罗《航船的建造》最后一节中的诗句,朗费罗在1849年完成了草稿,之后接受了他的朋友查尔斯·萨姆纳的劝说进行修订,以希望的口气结尾。"我认为这节诗句适用于你的人民,就像适用于我们一样。"罗斯福写道:

  起航吧,国家之舟!
  起航吧,坚固而伟大的联盟
  带着全部的恐惧
  带着对未来的希望

人类屏息，坚守命运。

丘吉尔在广播中朗读了罗斯福的这封信。他向听众问道："我将以你们的名义给予这位伟人，这位管理三亿三千万人口、三次当选的领袖什么答案？""相信我们，把你的信仰和祝福交给我们，"他回答道，"给我们工具，我们将完成这项工作。"[29]

威尔基在与丘吉尔会面后，及时飞回了华盛顿出席众议院外交关系委员会会议，为《租借法案》提供支持。当委员会中的孤立主义者指出他在竞选期间发表了关于罗斯福正在将美国推向战争的言论时，威尔基把它们归结为竞选活动中的虚张声势。"他当选了，"威尔基说，"他现在是我的总统。"[30]

在国会审议的同时，亨利·卢斯利用《生活》杂志为《租借法案》进行辩护。卢斯说，1919年，美国错过了"一个千载难逢的……担当世界领袖的机会"。他敦促美国人不要再犯同样的错误。他反对"任何形式的孤立主义在道义和实践上的破产"，他认为美国必须参战，还必须在世界上扮演新的角色。他坚持认为"20世纪是美国的世纪"。[31]

由于反对罗斯福的国际主义，威尔基和卢斯站到了日益困顿和愤懑的"美国优先论者"的队伍中。在众议院外交关系委员会的证词中，查尔斯·林德伯格拒绝区别对待轴心国和同盟国。"我希望双方都不赢。"他回答说。[32]林德伯格、亨利·福特和他们的追随者成立了美国优先委员会（the America First Committee），以赫斯特的"美国优先"为座右铭，该委员会购买了有40个电台的广播网络的15分钟广告，发起了针对《租借法案》计划的宣传活动。他们的努力对德国人的帮助巨大，纳粹的短波电台播出了柏林宣传部的赞许："美国优先委员会是真正的美国主义和真正的爱国主义。"[33]

尽管如此，国会还是通过了《租借法案》，罗斯福于3月11日正式签署。感激不尽的丘吉尔称其为"所有国家历史上最高尚的法案"。《纽约时报》认为该法案的通过标志着美国在上一次战争结束时退出世界的局面出现了迟到已久的逆转。[34]那年春夏，就在世界大部分地区落入轴心国手中之际，林德伯格的演讲仍然吸引了1万多人。希特勒撕毁与斯大林的协议，入侵了苏联。德国几乎占领了整个欧洲，只有不列颠幸存。因侵占满洲和南京而引发担心的日本则控制了近一半的中国领土。林德伯格激烈地反对共产主义。他一直说："我宁愿看到有着百倍缺点的祖国与英格兰，甚至与德国结盟，也不愿接受苏联的残忍、无神论和野蛮。"狂热的反共情绪使他看不到其他形式的残暴。他为纳粹的宣传找了借口："在战争时期，真相总是被宣传所取代。我认为我们不应该急于批评一个好战国家的行为。有一个问题出现了，在类似的情况下，我们自己是否会做得更好。"（大部分美国左派则进入另一种盲区——对残酷无情的斯大林主义视而不见。）但他也受愤怒之情驱使，在日记中吐露了他的信念，即美国的新闻界已被犹太人所控制——"在战争背后，隐藏着大部分本国犹太人的利益集团，他们控制着我们大多数的报纸和广播，以及众多电影"。林德伯格在为纳粹的宣传辩护时，反对他所认定的美国的宣传。9月，在艾奥瓦州得梅因举行的美国优先的集会上，他指出，有三股势力在扩散美国宣传："英国人、犹太人和罗斯福政府。"英雄般地放弃竞选转而支持罗斯福和战争的温德尔·威尔基把林德伯格的演讲称作"在我这个时代任何人所能做出的最不像美国人的关于国家声誉的言论"。[35]

更多温和的孤立主义者将他们的异议置于反对美国扩张和美帝国主义的悠久传统中，详尽地阐述了他们在美墨战争和美西战争期间提出的观点。1941年5月，俄亥俄州的共和党参议员罗伯特·塔夫脱（Robert Taft）预言警告称，美国的参战最终意味着美国"将不得不在德国和整个欧洲维持一支警察部队"。塔夫脱说："坦率地讲，美国人民不想统治世界，我们也没有能力做到这一点。这种帝国主义对我们民主和自由的理想而言完全是陌生的，这不是我们的天定命运或民族命运。"[36]

罗斯福知道如何反驳有关国家命运的论点。那个夏天，他要离开华盛顿前往缅因州进行一次垂钓之旅，这是一个精心设计的愚弄媒体的诡计，甚至连埃莉诺都不知道真相。[37]实际上，他是穿过大洋去和温斯顿·丘吉尔碰面。这两个人都是乘着一艘灰色的重型巡洋舰来的，美国总统搭载的是"奥古斯都号"，英国首相乘坐的是"威尔士亲王号"。魁梧的丘吉尔穿着深蓝色的海军军装走过"奥古斯塔号"的甲板，走向罗斯福，重重地靠在儿子艾略特身上的罗斯福决意要站着迎接他。"总统坚持忍受支架的痛苦。"罗斯福的一名助手说道，在颠簸的船上这一选择更加令人担忧。"即使'奥古斯塔号'的轻微起伏，也意味着总统要忍受痛苦，一旦跌倒就会颜面尽失。"但总统一直站着。

"终于——我们走到了一起。"罗斯福在两人握手时说道。

"的确如此。"丘吉尔说。

他们开始谈判。丘吉尔希望说服罗斯福要求国会宣战。他们换到"威尔士亲王号"上继续交流，罗斯福仍坚决不坐轮椅，用一只手抓住艾略特，另一只手扶着把手。虽然经过谈判，丘吉尔没有得到他想要的东西，但两人达成了一项历史性的协议。8月14日，他们以电报的形式发表了一份联合声明，声明共有8条，包含了他们对"在纳粹暴政被摧毁之后"的战后世界的承诺：自由贸易、自行决策、国际安全、军备控制、社会福利、经济公正，以及人权保障。他们的协议被称作《大西洋宪章》，它制定了一套原则，后来在布雷顿森林体系和《联合国宪章》中予以重申。他们同意"尊重所有人民选择他们愿意生活在其治下的政府形式的权利"和"凡是被强制剥夺主权及自治权的人民恢复这些权利"。他们承诺遵守罗斯福新政的原则，即"促进劳动立法、经济进步和社会保障"。他们将罗斯福的四大自由与丘吉尔的诗歌诀窍汇集在一起，保证实现一种和平，在这种和平中，"所有土地上的所有人民都可以免于恐惧和匮乏而过着自己的生活"。[38]

这意味着这是世界性的新政。但是，首先他们必须要赢得这场战争。

II.

1941年12月7日是个艳阳天，一大早，350多架飞机从太平洋日本帝国海军的航空母舰上起飞。它们飞往夏威夷，对珍珠港的美国海军基地发起了突然袭击，洪水般的炸弹倾泻而下，就像发怒的神明掷出的雷电。日本轰炸机击沉了四艘战舰，摧毁了近200架美国飞机，造成了2400多名美国人死亡，1100人受伤。而日本只有64名军人被击毙，1名日本水手被俘。日本没有宣战，此时美国和日本仍在进行外交磋商，但日本人基本上已经消灭了美国的太平洋舰队。丘吉尔打电话给罗斯福，询问他听到的消息是不是真的。

"千真万确，"总统说，"我们现在在同一条船上了。"

"事情变得简单了，"丘吉尔说道，"上帝与你同在。"[39]

罗斯福立即开始口述他将向国会发表的演讲，并在时间年表上标明了这次袭击。"昨天，12月7日，1941年——一个将载入世界史册的日子——美利坚合众国遭到了日本帝国海空军预谋的突然袭击。"[40]他考虑再三，小心翼翼地重新组织了文字，字字铿锵有力。第二天，美国人打开收音机收听总统在国会的讲话，他以坚定的声音说道，1941年12月7日，不是一个"将载入世界史册的日子"，而是"将永远成为国耻日"。

他的双手撑在摆满了麦克风的讲台上，呼唤美国人民的"正义力量"。在总统结束了这次七分钟的讲话后不到半小时，国会向日本宣战了。当国家开始执行战时动员的艰巨任务时，罗斯福则为"美国也应该向德国宣战"的论点奠定基础。他在12月9日的炉边谈话中将日本与德国战略性地联系在一起，并告诉听众："在任何地图上，我们都无法以距离来判断我们的安全性。""我们希望消除来自日本的危险，但如果我们实现了这一目标后却发现世界上其他的地区已被希特勒和墨索里尼统治，那将毫无用处。"[41]

罗斯福无须再强调这一观点了。12月11日，希特勒向美国宣战。这是希特勒最糟糕的误判，因为如果希特勒没有轻举妄动，罗斯福根本无法说服国会向德国宣战。他低估了丘吉尔，低估了罗斯福。最重要的是，他低估了美国。

尽管事出突然，但是美国因其多年的准备工作果断地在亚洲和欧洲参战。美国的战争规划始于20世纪30年代，它全力以赴地制造弹药、建造飞机、坦克和战舰，这些工作大部分在南方进行。根据1940年开始实施的18至45岁男子参军的征兵法案，已有3100万人登记在册，1700万人接受了训练，1000万人进入军队服役。增加的志愿者和妇女人数达到了1500多万人，其中有1040万人在陆军，390万人在海军，大约60万人在海军陆战队，另外，还有25万人在海岸警卫队。300万妇女进入劳动力市场，其中四分之三已婚，女性劳动力翻了一番。自1942年起，女性开始加入陆军妇女团和海军志愿紧急服役妇女队（WAVES）。1945年战争结束时，美国有1200万现役军人，而1939年只有30万。[42]

1943年，"战争情报处"发布的显示盟军整体实力的海报。美国陆军通信兵团/哈佛大学拉德克利夫高等研究院施莱辛格图书馆

美国制造业和农业也在征召之列。1940年至1945年间，美国人生产了30万架军用飞机、8.6万辆坦克、300万挺机枪和7.1万艘海军舰艇。农业生产增长了25%。1944年，玉米的产量比1939年增加了4.77亿蒲式耳。这些物资不仅仅供给美国军队，同时还向英国、法国、苏联、中国和其他盟国提供物资援助，美国15%的产出出口到国外。[43]

联邦预算以惊人的速度增长，从

1939年的90亿美元增长到1945年的1000亿美元。1941年至1946年的联邦政府支出超过了1789年至1941年的总和。1939年，国民生产总值中只有不到2%的用于军事，而到了1944年，猛增至40%。国内生产总值翻了一番，国民生产总值从910亿美元上升到1660亿美元，这让人开始怀疑经济是否已经达到了极限。战争动员是有史以来规模最大的公共工程计划。战争期间的欧洲甚至连食物也要定量配给，而在美国，平民享有丰富的消费品和日益增长的购买力。大萧条时期的匮乏已然不见。《华尔街日报》在1942年报道说："典当业务已经陷入困境。"[44]

甚至在美国参战之前，罗斯福就宣布了总统的新权力。林肯曾在南北战争期间调用了"总统的战争权"，但罗斯福要求调用一系列前所未闻的紧急权力。1939年7月，他将战争部部长和海军部部长置于他自己出任的总司令管辖之下，将他们从军事职权链中移除。在德国入侵波兰后，他发布了一项行政命令，宣布进入"有限的国家紧急状态"，这是一个没有先例的概念。参议员罗伯特·塔夫脱称总统是"彻头彻尾的个人独裁"。

偷袭珍珠港发生后几天内，国会通过了《战争权力法》（War Powers Act），授予行政部门参与战争的特权，包括监视信件、电报和无线电广播的权力。政府创建的一些新机构基本上没有多少权力。战争生产委员会（The War Production Board）于1942年1月成立，主要由对国家计划表示怀疑的企业高管组成。I. F. 斯通（I. F. Stone）

如1942年的这张美国海军招募海报所示，战时动员号召妇女参军。亨利·柯纳（Henry Koerner）/美国国会图书馆

写道:"民主兵工厂仍在运行,一只眼留意着战争,另一只眼关注着大企业的便利。"另外一些战时机构拥有更多的权力。1942年3月通过的第二项战争权力法授予总统"就人口普查或统计事项进行特别调查和报告"的权力,并成立了国家战争劳工委员会和价格管理办公室,将相当大的经济控制权交给了联邦政府,特别是行政部门。[45]

就像在第一次世界大战期间行政国家在规模和权力方面都有所增长一样,第二次世界大战期间也是如此。建筑耗时16个月的五角大楼于1943年3月投入使用,联邦政府的公务员人数从1939年的95万人增加到1945年的380万人。随着联邦支出的激增,国家债务也急剧上升,1945年达到2580亿美元,不仅发行战争债券,还前所未有地要求增加税收。新政的拥护者说服公众增税措施是紧急措施,"是为打败轴心国而收税",1942年的《税收法案》(Revenue Act)含有大幅增加的累进所得税,这极大地扩大了税基:85%的美国家庭填写了税表。[46]

商业繁荣了,劳动力也在增长。工会成员从1939年的660万人增加到1945年的1260万人。科学创新也是如此。"曼哈顿计划"是一个研发原子弹的联邦秘密项目,始于1939年,到战争结束时,一共雇用了13万名员工,耗资20亿美元。罗斯福在1940年成立了国防研究委员会(The National Defense Research Committee,简称NDRC),由号称研究沙皇的专家范内瓦·布什(Vannevar Bush)领导,此人在1941年还同时担任了科学研究开发局主任(the Office of Scientific Research and Development)。战争结束之前,国防研究委员会雇用了大约2000名科学家,其中包括了四分之三全美优秀的物理学家。[47]

罗斯福喜欢说"新政博士"已被"胜利博士"所取代,通过扩展联邦政府的权力,战争本身也扩充了新政的内容。[48]战争还重新塑造了新闻界所扮演的角色。在第一次世界大战中,乔治·克里尔(George Creel)的宣传工作所引发的对德国的仇恨和敌意是如此狂热,以至美国人开始把汉堡包叫作"索尔兹伯

第十二章　现代性的残酷　　507

里牛排"。[49]罗斯福对早期美国战时宣传的痛苦回忆和普通美国人是一样的，他不愿意利用政府的力量告诉美国人民该如何看待这场战争。[50]但是在1940年，《芝加哥论坛报》巴黎分社社长埃德蒙·泰勒（Edmond Taylor）的《恐怖战略：欧洲内部的战线》（*The Strategy of Terror-Europe's Inner Front*）一书出版之后，成立政府情报机构似乎成为一项紧迫的任务。泰勒在这本书中以第一手资料揭露了纳粹在法国发动的摧毁法国人民意志，并分化人口种类的宣传运动。泰勒写道："语言对人类事务实行了一种特殊的暴政。"他把宣传称为"看不见的战线"。[51]

在珍珠港遭到袭击的前两个月，罗斯福发布了一项行政命令，成立新的政府情报机构：情况和统计办公室（Office of Facts and Figures）。他任命阿奇博尔德·麦克利什（Archibald MacLeish）为主管。麦克利什是一位诗人和作家，曾担任过美国国会图书馆馆长。该机构的工作并不十分明确，麦克利什说，建立这一机构的行政命令读起来"就像球赛的入场券"。麦克利什关于如何描写战争的想法与克里尔完全不同。麦克利什曾在第一次世界大战中作战，之后住在巴黎，在那里他写下了"夜幕降临平原/沉默的土地上死者相对/无声的死亡"的诗篇。[52]

从巴黎回到美国后，麦克利什在1929至1938年间担任《财富》杂志的编辑，之后成为美国国会图书馆馆长。"民主永远不会是已经实现的东西，"他在1939年说道，"民主是一个国家必须坚持去做的事情。"他认为艺术家和作家有义务与"因无序的恐怖而在无序中产生的革命"作斗争，真正的战斗是争取舆论的斗争。"这场战争的主要战场不在南太平洋，"他说，"不在中东，不在英格兰、挪威或俄罗斯大草原，而在美国舆论。"[53]

在领导情况和统计办公室时，麦克利什不希望进行宣传，而是告诫公众宣传的危险性。该机构最早的小册子之一《分而治之》（*Divide and Conquer*）在很大程度上是借助泰勒的书来向美国人解释纳粹的恐怖战略是如何在法国发挥作用的，它引用了《我的奋斗》来进行说明。希特勒曾写道："与有意识的和刻意的伤害相比，大众人民的内心深处更容易受到毒害。""鉴于他们原始粗陋的头脑，他们更容易被弥天大谎而不是小的谎言欺骗，因为他们有时会自己说点小谎，但会耻于编造大谎言。"麦克利什的目的是抵御纳粹的宣传攻势："美国现在受到了纳粹恐怖战略的全面攻击。希特勒认为美国人容易上当，他的谎言攻势非常广泛，他想要吓住我们，让我们相信纳粹是不可征服的。"[54]

多萝西·汤普森曾将《我的奋斗》描述为"800页的哥特式剧本，姿态可怜，德语错误，无止境的自以为是"，她长期以来持有同样的观点。她说："我们全然反对的是宣传。有时，我想这个时代将会被称为'宣传的时代'，宣传的势头史无前例，宣传是武器、技术、艺术，还是一种政府形式。"她认为，西方国家记者所面临的挑战是"在那些新闻理论遭到根本否定的国家，他们代表的是一种新闻理论，一种新闻所代表的理论，一种新闻论点和一种新闻哲学"[55]。

秉持着同样的精神，麦克利什坚持他的办公室不表明立场，而是向人们提供数字和事实："政府的职责是为判断提供依据，逾越这一点，它就超出了其职责的主要范围。"记者们对此表示怀疑。《纽约先驱论坛报》的社论称："情况和统计办公室只是在混乱中加入自己'精心组织的事实'，翻译者对摘要出的资料进行重新摘要，对解释的含义进行重新解释，并协调那些被指派去在被协调者之间进行协调的协调员。"[56]

麦克利什以国家的建国真理和对真理的承诺为基础坚持他的理想主义。1942年4月，在美联社年会的讲话中，针对纳粹的"恐吓战略"，麦克利什提出了一项美国新战略：

> 这是符合我们事业和目的的战略——是真理的战略——是对抗我们的

敌人用以迷惑和征服其他民族的欺诈和诓骗的战略,这是一个简单明了的真理,像我们这样的国家必须如此自我引导。

为了实施这一真理战略,他向美国记者呼吁:"与这个国家的新闻从业人员的实践成果相比,没有哪个国家能够拥有如此多的资源来打舆论战。"[57]批评者们认为麦克利什天真无知,他们说,战争需要欺骗,这并非没有道理。罗斯福本人对麦克利什提出的建议毫无兴趣。早些时候,当美国人非常清楚不缺汽油时,罗斯福指示麦克利什宣布汽油将实行配给制,而橡胶短缺的情况令人非常担忧,但总统知道泄露橡胶短缺会影响战争的进程,因而不允许麦克利什揭露真相。[58]

麦克利什我行我素,尤其热衷于利用情况和统计办公室纪念1941年《人权法案》诞生150周年。他最可靠的工具是收音机。由哥伦比亚广播公司(CBS)前执行官威廉·刘易斯(William Lewis)领导的情况和统计办公室的无线电部门委托作家诺曼·科温(Norman Corwin)撰写关于《人权法案》的广播剧《我们坚守这些真理》,该剧在珍珠港被袭击的八天后播出,是第一部在四个广播网同时播出的广播剧。它的演员包括吉米·斯图尔特(Jimmy Stewart)、鲁迪·瓦利(Rudy Vallee)和奥森·威尔斯,并由纽约爱乐乐团配乐。《我们坚守这些真理》是对战斗的召唤,同时也是对国家建国信条这一最初的真理战略的认可:"13州的议会,接受13州人民的指示,建起了堡垒,写下了希望,并为子孙后代确立了象征,反对盲信者、狂热者、欺凌者、私刑者、种族仇视者、残暴者、恶意者、卑鄙者、悲观主义者,以及刚刚开始战斗就认输的胆小懦弱者。"

麦克利什和刘易斯随后聘请科温撰写了一个为期13周的系列剧——《这是战争!》(This Is War!)。其中的部分语句是强硬的,但正如罗斯福的批评者指出的那样,大部分内容旨在巩固对总统的支持:它将罗斯福与华盛顿和林肯相提并论。[59]然而，罗斯福发现麦克利什的情况和统计办公室在迎合公众舆论时过于克制，1942年6月，他以哥伦比亚广播公司记者埃尔默·戴维斯（Elmer Davis）领导的战时信息办公室（the Office of War Information）取代了它，因为后者更愿意使用大众广告的方法。沮丧的麦克利什辞去职务回到了美国国会图书馆。没有麦克利什作为抵制力量，情况和统计办公室变得随波逐流，大部分员工一度辞职，以抗议聘用可口可乐的前广告经理。普利策奖获得者、记者亨利·普林格尔（Henry Pringle）制作了一张模仿战争信息办公室的海报。海报上写道："快来吧，享受你的四种美妙的自由。这是一场令人耳目一新的战争。"[60]

即使在战争如火如荼时，罗斯福仍然期待和平，他并不担心会重蹈伍德罗·威尔逊、《凡尔赛和约》和国际联盟所遭受嘲弄的覆辙。为此，他邀请丘吉尔在白宫度过1941年的圣诞节。在丘吉尔来访期间，罗斯福为他们计划中的新国际组织想到了一个名字："联合国"。他赶紧前往首相的房间，问他是否同意。丘吉尔刚刚洗完澡从浴室出来，罗斯福走进房间后发现他赤身裸体。"你看，总统先生，我没有什么可以向你隐瞒的。"丘吉尔平静地说道。[61]

几周后，即1942年1月1日，美国、英国、中国和苏联等26个国家签署了《联合国家共同宣言》（*Declaration by United Nations*）。所有国家都赞同《大西洋宪章》中的"共同宗旨和原则"，拒绝单独缔结停战协定。四大国还同意采取如下军事战略：首先集中兵力击败德国，对德国进行轰炸，然后在法国登陆。与较为松散的轴心国相比，同盟国的胜利将取决于这个目标的一致性。

与此同时，美国国务院组建了一个由15人组成的秘密战后外交政策咨询委员会（Advisory Committee on Post-War Foreign Policy），由副国务卿萨姆纳·韦尔斯（Sumner Welles）领导。这个研究小组设计了联合国国际组织的大部分框架。温德尔·威尔基更加公开地致力于说服共和党彻底放弃孤立主义。

他在1942年2月表示，"赢得战争的人必须维护和平"，警告共和党人，如果将国际主义让给民主党将会摧毁共和党。那年春天，他说服共和党全国委员会通过一项决议，宣布"我们的国家有义务协助实现各国之间的友谊、合作和谅解"。罗斯福请威尔基在全世界进行巡回演讲，宣传联合国的构想。威尔基于8月乘坐一架名为"格列佛"的轰炸机出发，进行了为期49天的旅行，其中包括他会在俄罗斯、中东和中国停留几日。在回国后的广播讲话中，他呼吁终结西方国家的帝国主义，并开始在各个国家之间建立新的秩序。在《同一个世界》（One World）一书中，他描述了他的旅行见闻和观点，这本书在全国所有的畅销书榜上名列前茅，成为美国出版的第三本销量超过100万册的书。罗斯福呼吁建立联合国，但却是威尔基赢得了大众的支持。[62]

罗斯福的战时信息办公室要求美国人将这场战争理解为民主与独裁、自由与法西斯之间的斗争，而对大多数士兵来说，这场战争的意义却没有那么崇高。当记者问美国大兵为什么而战时，他们纷纷表示是为家园而战。来自印第安纳州的记者厄尼·派尔（Ernie Pyle）拖着他的安德伍德牌打字机跟随美国步兵在欧洲和非洲作战。"我喜欢这个步兵团，"派尔说，"因为他们冒着风霜雪雨……没有他们，这场战争就无法获胜。"他描写普通的士兵、小兵蛋子，他们的勇敢、痛苦，以及他们可怕的死亡画面。他从意大利发回的文章里写道："整个晚上都在从山上运尸体下来，鞭子不停地在骡子背上抽打着。"他描述了一名士兵在一具尚未掩埋的尸体旁边停下脚步，坐下来握住了死人的手。"最后他把手放下了。他伸手轻轻地抻平了上尉衬衫的领尖，又稍稍整理了一下伤口周围破烂的制服边缘，然后他站起来，独自一人披着月光上路了。"[63]

他们在山区和海上作战。1942年，美国的大部分战役发生在太平洋地区，盟军希望在此处遏制日本的攻势。美国的情报机构破解了日本的密码，并于1942年春天在夏威夷中途岛战胜了日本帝国海军。随后，盟军在瓜达尔卡纳

1944年,菲律宾莱特岛上的士兵在战壕里用无线电通话。约翰·菲利普·福尔特(John Philip Falter)/美国国会图书馆

尔岛战役中发起进攻,最终击败了所罗门群岛的日军。在瓜达尔卡纳尔岛,海军陆战队告诉记者约翰·赫西(John Hersey),他们正在为蓝莓馅饼而战。"家园是美好事物的所在,"赫西写道,"慷慨、高薪、舒适、民主,还有馅饼。"[64]

与此同时,在国内战线上,联邦政府施行了一项监禁日本族裔的政策,包括美国公民。早在1934年,国务院就日裔美国人搞破坏的可能性向罗斯福做了汇报。1939年,总统要求联邦调查局编制一份可能的颠覆分子名单,这份名单因其分级体系而被称为"ABC名单":清单上的人分为:A级,有直接的危险;B级,有潜在的危险;C级,可能的日本同情者。在收到日本偷袭珍珠港消息后的几小时内,联邦调查局开始抓捕嫌犯,当夜晚来临时,联邦调查局已经关押了A级名单上的近800名日本人。[65]

1942年2月19日,又一个耻辱的日子,罗斯福签署了9066号行政令,授权战争部部长建立军事区。美国陆军于3月份发布了"1号公告",命令外国人进入隔离区。从宵禁开始,拘禁后来演变为强制撤离。最终,大约有11.2万名日本人,其中还包括7.9万名美国公民被迫从家中撤离并被关押在亚利桑那州、加利福尼亚州、俄勒冈州和华盛顿州的拘禁营。[66]他们尽可能地在行李袋和行李箱中塞满东西,多萝西娅·兰格等摄影师拍摄的照片就记录了他们的痛苦。

兰格在7岁时患了脊髓灰质炎,只能痛苦地跛行,她在大萧条时期为农业安全局拍摄的照片引起了人们的极度同情，因而闻名。她谈到她在胶片中捕捉痛苦的能力时说道："跛子能够相互了解。"兰格反对罗斯福的行政命令。"她认为我们正在进入一个法西斯主义阶段，"她的助手说，"她正注视着我们所知道的民主的终结。"战时安置署（War Relocation Authority）委托她进行拍照记录，然而她的照片却成了支持反对意见的证据。兰格为农业安全局拍摄的照片是她的代表作，但几十年来，她为战时安置署拍摄的照片却被锁在档案柜里，不为人知，其中许多照片印有"没收"字样。[67]

多萝西娅·兰格拍摄的1942年加利福尼亚的日裔美国人被迫搬迁的照片。美国国家档案馆

上诉到法院是无济于事的。贵格会教徒戈登·平林（Gordon Hirabayashi）是美国公民，也是华盛顿大学大四的学生，他拒绝遵守宵禁令。"我认为维护这个国家为之存在的民主标准是我的责任。"平林说。他前往联邦调查局，试图从法律上进行纠正，他认为这一行政命令"违宪，因为它歧视日裔公民"。1943年，在"平林诉美国政府"案中，如果狭义地理解的话，最高法院支持了宵禁的合宪性。"对建立在平等原则基础上的自由人而言，仅仅因为他们的祖先而对其区别对待，在本质上是可憎的。"首席大法官哈兰·斯通（Harlan Stone）说，多数意见是这样的，但是在战争时期，这种"与我们的国防和战争顺利进行有关的措施"所导致的歧视完全符合宪法。法官弗兰克·墨菲（Frank Murphy）虽然赞同，但对这一裁决表示遗憾，他说，这一裁决"走到了宪法

权力的边缘",他认为,无论是否符合宪法,这都是美国的悲剧。"要说某个群体不能被同化,就等于是承认伟大的美国实验已经失败了。"宵禁和拘禁令已经剥夺了美国公民的自由,"就因为他们特定的种族遗传""从这个意义上说,它与德国和欧洲其他地区犹太人的待遇相比,有着令人忧心的相似"。[68]

是松丰三郎(Fred Toyosaburo Korematsu)1919年出生于加利福尼亚州的奥克兰市,1940年时他打算参军。作为一名国防工厂的焊工,他拒绝服从搬迁令,选择留下来和他意大利裔美国女朋友在一起。他做了整形手术来掩盖外貌,假装自己是墨西哥人并藏了起来。美国公民自由联盟接手了他的案件,认为9066号行政令违宪。1944年,在"是松丰三郎诉美国政府"案中,依据平林案的判决意见,最高法院以6∶3支持了这一行政令,并强调潜在的日裔破坏分子可能会帮助日本攻击美国的西海岸。胡佛任命的法官欧文·罗伯茨在措辞强硬的反对意见中,对这两起案件做了区分。"这不是让人们晚上离开街头的情况,"他说,"这是将公民定罪,作为他不服从被监禁在集中营里的惩罚……这完全是因为他的祖先,而没有关于他的忠诚度的证据或调查。"[69]

然而,战争塑造了反抗种族秩序的新形式——一种空前且持久的激进行动。第一次世界大战时,杜波依斯在乔治·克里尔的要求下劝说非裔美国人在此期间放弃与《吉姆·克劳法》的斗争。杰出的黑人领袖在第二次世界大战期间却没有提出同样的要求,而是向地方和国家机构,特别是联邦政府施加压力,要求消除种族歧视——比如在军队里。"每当我拿起报纸时,都会看到一些可怜的非裔美国士兵被枪杀或吊起,并被诬陷,"布朗克斯的一名男子写信给罗斯福道,"如果你让我加入你的部队,我将受到羞辱。"[70]

战时经济繁荣使得许多美国人摆脱了大萧条时期的贫困,却将非裔美国人排除在外。在工厂里,他们的工作是被隔离的,而且收入微薄。在部队里也是如此。非裔美国人在被隔离的非战斗部队中服役,在那里,他们向白人长官报告,并做着仆人般的工作;在海军中,他们充当厨师和管家。他们被禁止加入空军或海军陆战队。战争部部长亨利·史汀生（Henry Stimson）在报告中说："黑人士兵与白人士兵是尽可能完全分开的。"《危机》杂志的社论称："一个吉姆·克劳式的军队无法为自由世界而战。"1943年时，詹姆斯·鲍德温（James Baldwin）在新泽西州的一家国防工厂工作，当时他19岁。他后来写道："在第二次世界大战期间，黑人的境遇，对我来说，标志着黑人与美国关系的转折点。某种希望已经消失，对美国白人的特定尊重也日渐消失。"[71]

1939年，出现了分散的静坐抗议活动。保利·默里（Pauli Murray）是这一运动在法律上的缔造者。1910年，默里出生于巴尔的摩，1928年毕业于亨特学院，后来在全国城市联盟和公共事业振兴署工作。她的一位白人祖先曾是北卡罗来纳大学的董事，但是北卡罗来纳大学在1938年以种族为由拒绝了她的入学申请。当时，默里正在寻找医生开睾酮，因为她认为自己是一名男性，但她与医生的斗争以失败告终。为了向北卡罗来纳大学发出挑战，她找到了瑟古德·马歇尔（Thurgood Marshall），这是一位领导全国有色人种协进会反对种族隔离的年轻律师，马歇尔说服她放弃（默里已经搬到了纽约，而马歇尔认为非居民案件判例的效力要低于由居民提出的诉求）。1940年，默里因拒绝放弃公共汽车上的座位而在弗吉尼亚州被捕。受亨利·大卫·梭罗关于公民不服从的文章的启发，加之默里最近还读了一本名为《非暴力战争：甘地方法及其成就研究》（*War Without Violence*: *A Study of Gandhi's Method and Its Accomplishments*）的书，她决定尝试进行圣雄甘地（Mahatma Gandhi）的非暴力直接行动。这一行动的理念是以非暴力的形式抗议不公正行为，同时等着政治对手以暴力形式镇压和平抗议。默里本人的意向是对吉姆·克劳式行为采取强硬的反抗行动，但她强迫自己尽最大努力言行得体。默里随后前往霍华德大学学习法律，她说："我的全部心思都放在了如何摧毁吉姆·克劳上。"默里不是争取设施的平等，而是通过抨击设施隔离来完全推翻已有45年历史的普莱西判例。在霍华德大学度过的这段时间里，在大多数男学生都去打仗时，默里策划了华盛顿特区的药店和自助餐厅的静坐行动，参与者手举标语，上面写着"我们一起去赴死，为什么我们不能一起吃饭？"。[72]

1941年5月，卧铺列车搬运工兄弟会主席A. 菲利普·伦道夫（A. Philip Randolph）号召华盛顿的黑人在7月举行游行示威。"我提议1万名黑人在首都华盛顿游行，口号是'我们忠诚的美国黑人公民要求我们有权为我们的国家工作和战斗'。"伦道夫写道。到了6月份，预计将有超过10万名抗议者参加游行。埃莉诺·罗斯福在纽约会见了伦道夫，希望说服他取消游行，参加会面的还有一位年轻的民权活动家贝亚德·拉斯廷（Bayard Rustin），他一直在帮助组织这次活动，后来，他继续组织1963年的华盛顿游行活动。"罗斯福太太率先说道，伦道夫先生了解她的情感，知道她为黑人所做的努力，"拉斯廷回忆道，"在我们捍卫自由的准备工作中，如果发生这样的事情，总统在面对盟友时会非常尴尬。"埃莉诺·罗斯福安排伦道夫在白宫与总统见了面，总统同样试图劝阻他。

"你知道，伦道夫先生，如果你把10万黑人带到华盛顿，他们绝对没有可以吃饭的地方，"他说，"而且，他们也没有地方可以睡觉，更严重的是，华盛顿没有他们可以使用的卫生间。"

"这不是我的错，也不是我的问题，"伦道夫回答道，"但是，你可以在我们到来之前发布行政命令开放厕所和餐厅，并让我们能够在酒店里睡觉。"[73]

最后，罗斯福签署了8802号行政命令，禁止国防业中施行种族歧视，伦道夫同意取消游行。抗议仍在继续。在弗吉尼亚州的诺福克，两名黑人陆军军士拒绝在公共汽车上让座，他们遭到殴打并被关进了监狱。一名黑人美国陆军护士在亚拉巴马州的蒙哥马利也同样拒绝让座，她被警察打破了鼻子。[74]众议院非美活动委员会的马丁·戴斯指责共产党人，称"今天在整个南方，颠覆分子试图说服黑人应该与白人平起平坐，现在是他维护自己权利的时候了"。[75]

1942年，联邦调查局局长埃德加·胡佛热衷于"确定为什么特定的黑人或黑人团体对其他'有色人种'（主要是日本人）抱有可证实的情感，或者在特定的情况下，他们受到什么力量的影响会持有非美的意识形态"。他在全国范围内展开了调查，包括监视数百名黑人律师、组织者、艺术家和作家。这一调查的成果形成了一份长达730页，名为《美国种族状况调查》的机密报告，代号为RACON。RACON绝不是建议以公民权的形式采取补救措施，而是警告说，危险的政治破坏分子——胡佛和联邦调查局指的是非裔美国人——正在清除吉姆·克劳式种族隔离。胡佛并不认为非裔美国人争取公民权利的斗争源自黑人社区，相反，他指责共产党和轴心国。这位领导人在给联邦调查局外勤人员的备忘录中写道："人们相信轴心国正竭力在美国黑人中制造种族骚动，这会导致不团结，会成为敌方有力的宣传武器。""人们相信，告诉他们目前的战争是'种族之战'，他们不该与日本人作战，因为日本人也是有色人种，这已经成功地煽动了美国的黑人。"[76]

反对种族隔离的斗争绝不仅限于南方。1942年2月，在底特律，当第一批黑人家庭搬进公共住房项目"索杰纳·特鲁斯之家"时，白人在街道上设置了路障。一个告示牌上写着"在我们的白人社区，我们只要白人住户"。第二年的局势更为紧张，1943年6月，6000多人的联邦军队进入底特律镇压骚乱。同年8月，纽约有传言说一名白人警察杀死了一名黑人士兵，导致了持续两天的骚乱，共有3000多人参与，其中600人被捕，6人死亡。"总统先生，难道你不明白，"菲利普·伦道夫写信给罗斯福说，"这不是黑白人种关系史上所发生过的所有事情的重现吗？"[77]罗斯福的回复语焉不详。

那年夏天，保利·默里写了一首诗。

你会得到什么，黑孩子
当他们把你撞翻在阴沟

仅限白人居住的标志。1942年，底特律的广告牌要求继续施行居住上的种族隔离。
战争情报处，亚瑟·西格尔（Arthur Siegel），哈里·S. 杜鲁门图书馆

当他们踢掉你的牙齿
当他们用棍棒打破你的头骨
…………
那个高高在上的人说什么，黑孩子？
"罗斯福先生感到遗憾……"[78]

默里以第一名的成绩从霍华德大学毕业后欲进入哈佛大学法学研究院继续深造，但由于不接收女生，她被拒绝了。她转而去了加州大学，在那里，她写了一篇关于"就业机会均等权"的论文。除了致力于使甘地的教导与民权运动相适应之外，默里还对第十四修正案进行创新式的解释，她坚信该修正案不仅可以用来对抗吉姆·克劳式的种族歧视，还可以用来对抗"简·克劳"（Jane Crow）式的性别歧视。[79]

面对持久且有组织的战时静坐、抗议、集会和抵制运动，罗斯福承诺会纠

正最严重的歧视形式之一：居住在《吉姆·克劳法》适用州的黑人士兵不能投票。"当然，宪法的签署人不会有意制定一份会被解释为剥夺任何为维护宪法而战的人的特许权文件，即便是在战争时期。"总统在1944年1月的一次炉边谈话中说道。但是，当保障士兵投票权的立法提议被提交到国会时，南方民主党人表示反对。经过多次修订后，这一措施获得通过，成了法律，但是却将执法权留给了各州。正如黑人报纸《匹兹堡信使报》（*Pittsburgh Courier*）所解释的那样，新法律"回应了对士兵投票法的要求，同时保证在各选区、各县和其他州属单位选举中对黑人投票进行'关照'，因此，除了黑人外，所有人都满意"。[80]

1944年，受卡内基公司委托进行种族研究的瑞典社会学家贡纳尔·缪尔达尔（Gunnar Myrdal）出版了《美国的困境》（*An American Dilemma*）一书，美国关于民主与种族主义不相容的辩论也因此获得了新的关注。根据缪尔达尔的说法，美国的两难困境是，一方面是美国人权和个人自由的信条，另一方面是种族不公。缪尔达尔写道："这个国家的三次大战都是为该国承诺的自由和平等理想而战。""现在，美国又一次为了自由和平等进行生死之战，美国黑人再次关注战争和胜利对他们在祖国的机会和权利意味着什么。对美国白人来说，自内战以来，黑人问题从来没有如此重要过。"[81]

鉴于全国人民达成了共识，认为美国人需要抛开他们的种族差异，找到共同的事业，好莱坞的电影制片人开创了一个后来被称为"民族野排"[1]的惯例，即由一群各种肤色的美国士兵结成的兄弟群。曾担任罗斯福顾问的埃里克·约翰斯顿（Eric Johnston）成为美国电影协会的负责人。"我们将不再有《愤怒的葡萄》，"他宣布，"我们将不再有涉及美国生活阴暗面的电影，也不再有将银行家视为恶棍的电影。"一本名为《电影业手册》的政府小册子解释说，

---

1 好莱坞电影和游戏都有"野战排"主题。——译者注

战时电影应该确保将所有种族的美国人都纳入"人民"的范畴，而且，在这场战争中，部分战役必须反对"任何形式的种族歧视或宗教排斥"。1944年上映的、根据约翰·斯坦贝克（John Steinbeck）的小说改编的、由阿尔弗雷德·希区柯克（Alfred Hitchcock）执导的电影《怒海孤舟》（Lifeboat）是这一类型的代表。遭到德国潜艇袭击的军人和平民幸存者发现自己与潜艇舰长同在一艘救生艇上，只有克服自身差异，他们才能击败舰长的阴谋。富有的社交名媛爱上了工薪阶层的爱尔兰人，黑人服务员拯救了所有人。[82]

无论贡纳尔·缪尔达尔或好莱坞电影制片人对战时民权斗争有什么样的影响，这场斗争都是由美国黑人、知识分子、记者、艺术家和活动家主导的。1943年，非裔美国社会学家霍勒斯·凯顿（Horace Cayton）在《国家》中写道："赢得对轴心国的廉价军事胜利，然后继续剥削大英帝国治下被统治的主体人民，继续将美国黑人置于从属地位，这将为下一次世界大战埋下祸根——也许会是一场肤色之战。""以某种方式，通过某种机制，必须在美国和世界上建立一种包括美国黑人和其他所有被压迫民族在内的道德秩序。当前的战争必须被视为实现这种新的道德秩序的更大斗争的一个阶段。"[83]不过，建立新秩序将是战后世界的工作。

1943年开始设想的这一新世界已成为可能，因为战争的趋势已然发生了转变。美国和加拿大军队逼退了日本在太平洋地区前进的脚步。希特勒在库尔斯克袭击苏联军队的计划最终以德国的撤退告终。英国轰炸了汉堡，盟军进入了意大利。1943年秋，罗斯福、丘吉尔和斯大林——"三巨头"——在德黑兰会面，主要目的是策划针对德国的作战方案。他们还谈到了战后国际合作的问题。罗斯福和斯大林曾两次在私下见面。（"罗斯福觉得，在丘吉尔缺席的情况下，他与斯大林相处得会更好。"美国驻苏联大使后来说。）罗斯福向斯大林阐述了由萨姆纳·韦尔斯起草的联合国计划，该计划由三部分组成：由所有国家的代表组成大会；由"四大国"和六位其他地区的代表构成执行委员会；

由"四名警察"构成安全委员会,他们有权采取武力行动,以防止侵略并确保和平。("世界警察"的说法可以追溯到第一次世界大战,但是在1943年,在温斯顿·丘吉尔的生日晚宴上,罗斯福号召由同盟国成员——美国、英国、苏联和中国——担任世界"四大警察"。)

每位领导人轮流举办豪华晚宴,然而德黑兰会议深受不信任气氛的困扰,就斯大林而言,他口是心非。丘吉尔觉得,罗斯福与斯大林会面并且一再支持斯大林的立场是对他的背叛。"我坐在那里,一边是伸着爪子的俄国巨熊,"丘吉尔写道,"另一边是美国大水牛。"斯大林为他分化这两个人的能力而洋洋自得。"三巨头"就攻击德国的计划达成了一致,不过在德黑兰会议结束时发表的声明中并没有提到联合国。[84]

在国内,罗斯福的言辞转向了后来的联合国人权用语。争取自由的斗争成为争取权利的斗争。1944年1月,罗斯福在致国会的一封信中宣布了他的第二项权利法案。第一项权利法案保障了某些政治权利,但"随着我们国家规模的增长和社会的进步",罗斯福解释说,"这些政治权利不足以保证我们在追求幸福方面的平等。"罗斯福宣称某些"经济事实"是"不言自明的",他的权利清单中包括"获得有用和有报酬的工作的权利""每个家庭享有体面的家园的权利""充分享受医疗保健的权利"以及"受到良好教育的权利"。[85]

《时代》周刊宣告,"胜利博士"显然已经与"新权博士"进行了协商。战时的繁荣强化了罗斯福扩张政府以维护权力的手段,民权活动人士也要求如此。与此同时,自由主义者正在丧失而不是获得政治权力,至少从国会选举的结果看是这样。1942年,民主党失去了众议院中的42个席位和参议院中的8个席位。虽然他们仍然是两院中的多数,但是优势远远不如从前。1936年,众议院里的民主党比共和党多了242人,在1942年,多数党只比少数党多10人。1938年,民主党人在参议院的席位比共和党人多60席,而到了1942年,已缩减至21席。1943年时,国会已经取消了许多新政救济计划,包括"民间资源保护队""公共事业振兴署""国家青年管理局"和"业主贷款公司"。新政部门要么被撤销,要么主管被保守派取代。斯通说,新政"开始切腹自杀了"。针对自由主义者对保守主义和平的预期,1944年,阿奇博尔德·麦克利什表达了自己的看法:"这些日子,自由主义者强打着精神在华盛顿会面,讨论自由主义提出的悲惨前景、自由派领导层的全军覆没,以及自由主义目标的注定失败。人们不再担心,这个国家似乎已经回到了正轨,哈定即将到来。"[86]

麦克利什错得不是太离谱。1945年,马丁·戴斯重新召集了他的"非美活动委员会",调查有共产党嫌疑的自由分子。他比约瑟夫·麦卡锡(Joseph McCarthy)早一步提醒要警惕那些"不相信自由企业制度的左翼分子和激进分子",他声称"至少有2000名彻头彻尾的共产党员和忠于共产主义的人"仍然在"华盛顿占据政府职位"。戴斯的目标包括弗朗西斯·珀金斯,甚至是埃莉诺·罗斯福本人。"这片土地上的第一夫人,"戴斯说,"一直是共产党卧底组织拥有的最有价值的资产之一。"[87]

几十年来自由主义一直是美国的主要执政理念,现在虽然幸存下来,但是被削弱了。社会主义名声扫地,保守主义虽然仍在萌芽之中,但却因批判国家主义而日益壮大。1941年,前自由主义者詹姆斯·伯纳姆(James Burnham)出版了《管理革命》(*The Managerial Revolution*)一书,他在书中写了,进入极权主义的国家是那些政府拥有最大管理权的国家。实际上,这种论点会刺激反所得税。美国纳税人协会(前身是"美国银行家协会")主张废除第十六修正案,此举失败后又提出制定将最高税率限制在25%的宪法修正案,这最初是罗伯特·B. 德雷瑟(Robert B. Dresser)的提议。德雷瑟同时供职于美国纳税人协会和宪政委员会的主席团,后者是一个成立于1937年、反对罗斯福的法庭修补计划的商人团体。[88]1938年税率上限的提案提交到国会,但是止步于委员会,之后两个组织开始呼吁召开第二次制宪会议。《纽约时报》的商业记者在1943年写道:"我们目前的税收制度极大地破坏了自由企业制度。"

他认为，美国纳税人"现在应该得到合理的保证，保证他们的收入和遗产不会在私营企业制度转变为某种形式的国家社会主义过程中遭到没收"。[89]到1944年，在宪政委员会散发了8200万件文献之后，有一半要求召开制宪会议的州投票赞成德雷瑟修正案，尽管财政部部长的调查报告称这一措施会将税收负担从最富有的纳税人转移到最穷的人身上（纳税人中只有最富有的1%会看到他们的纳税降低了，这就是批评者称之为"百万富翁修正案"的原因）。[90]到这个十年结束时，美国只有一个游说团体的支出超过了宪政委员会。来自得克萨斯州的国会民主党人赖特·帕特曼（Wright Patman）称其为"美国最邪恶的游说团体"。[91]

盟军最终在1944年6月6日，即D日[1]，攻入法国，决心解放一个饱受蹂躏和惊吓的欧洲。德怀特·D. 艾森豪威尔（Dwight D. Eisenhower）将军在对盟国远征军的广播中说："你们即将踏上我们在这几个月里为之奋斗的伟大征程""全世界都在注视着你"。最终有100万人在诺曼底50英里长的海岸登陆，这是历史上最大的一次登陆战。它开始于零点十五分，第101和第82空降师的伞兵从天而降，试图在夜幕的掩护下降落到敌人后方。步兵携带沉重弹药冲向五处布满地雷的海滩，在激烈的枪声中蹚过能达到脖颈处的海水，轰炸机和战斗机分队则从天空中发起袭击。"我一生中从未见过这么多船，"来自俄亥俄州代顿市的22岁机械师吉姆·马丁（Jim Martin）说，他在5000多艘盟军海军舰艇上方飞过，"你可以从一艘船跳到另一艘船上，可以步行穿过英吉利海峡，而不是像现在这样被迫在水里前进。"[92]

在法国抵抗运动的帮助下，盟军击败了德军并进一步从西部驱赶他们，同时苏联军队继续从东部发动袭击，这是一年前在德黑兰达成的计划。在太平洋

---

1 术语D日用作表示一次作战或行动发起的日期和时刻。——编者注

地区，美国军队在菲律宾海战中击败了日本，随后开始轰炸日本本土岛屿。随着欧洲胜利的接近，现在已有44个盟国的代表于1944年7月在新罕布什尔州怀特山脉的布雷顿森林会面，计划建立战后秩序，以避免上一次和约中所犯的致命错误。哥伦比亚大学政治学教授詹姆斯·肖特维尔（James T. Shotwell）1919年时就在凡尔赛宫，与许多代表一样，他明白布雷顿森林会议的目的是要吸取上次的教训。"1930年大萧条的严重程度要归咎于两件事，"肖特维尔写道，"第一次世界大战的经济成本，以及战后接受灾难般的经济政策。"[93]布雷顿森林会议否定了第一次世界大战后的经济民族主义，致力于开放市场和自由贸易，以及遵循凯恩斯主义，组建国际货币基金组织，它将确定固定的货币汇率。凯恩斯主持建立国际银行委员会，这个银行最后成了今天的"世界银行"。[94]

这一新秩序还处于确立期时，保守派就开始了对它的攻击。在布雷顿森林会议召开两个月之后，出生于奥地利的政治学家弗里德里希·A. 哈耶克（Friedrich A. Hayek）出版了美国版的《通往奴役之路》（The Road to Serfdom），该作品奠定了现代经济保守主义的基本框架。哈耶克在《通往奴役之路》中提出的许多观点曾经出现在赫伯特·胡佛所著的《对自由的挑战》（The Challenge to Liberty）（1934）一书中。胡佛写道，"新政"相当于"政府在每周的每一天就每个城镇和村庄的人如何进行日常生活给出指令"。在这种类似的规划下，"人民和政府轻易地伤害，甚至摧毁了基本的人类自由，这些自由是中世纪以来进步的基础和灵感"[95]。对胡佛以及哈耶克来说，这就像是从自由到奴役的时光倒流。

在伦敦经济学院任教的哈耶克，自20世纪30年代以来一直在批判凯恩斯主义经济学。1937年，他写信给沃尔特·李普曼道："我希望我能让'进步'的朋友……明白，民主只有在资本主义之下才有可能，而集体主义的实验必然会导致这种或那种法西斯主义。"哈耶克警告说，当政府控制了经济活动时，人

第十二章 现代性的残酷　525

民就成了奴隶："所谓的经济权力，虽然它可以成为强制手段，但在私人手中，绝不是排他性或完整的权力，永远不会控制一个人的全部生命。但是，当它被集中起来充当政治权力的工具时，它所导致的依赖程度与奴隶制几乎不相上下。"[96]

1944年3月在英国出版的《通往奴役之路》于同年9月在美国面世，尽管它最初是作为一篇文章出现在《星期六晚邮报》（*Saturday Evening Post*）上，之后，《读者文摘》又刊登了它的删减版，而且它还入选了"每月读书会"书单，但有多少人读过它的重要性要高于这本书里写了什么。哈耶克的影响力早在1947年就开始影响政策的制定，当时，他和其他经济学家在瑞士聚会，讨论如何防止西方民主国家陷入"新型农奴制"。他们起草了一份目标声明，宣称"在地球表面的大片区域，人类尊严和自由的基本条件已经消失……即使是西方人最宝贵的财产——思想和言论自由——也受到某些信条传播的威胁，这些信条站在少数人的立场要求宽容的特权，只想建立他们可以压制的权力地位。除了他们自己的观点，所有观点都被抹杀了"[97]。

当然，自由主义者也担心极权主义。当盟军向欧洲进军时，那些汇集来自废墟、被毁坏的城市，以及被屠杀的人民现状的报告萦绕在美国人心头。这些人都经历了什么？在战争期间，许多自由主义者，特别是那些与共产主义暧昧不清的人，已经改变了他们对20世纪30年代强烈要求的各种改革的看法。正如雷茵霍尔德·尼布尔所说："极权主义的兴起促使民主世界在看待所有类型的集体主义解决社会问题时，越来越忧心忡忡。"尤其在战后，许多人放弃了对经济改革的兴趣，转而在非裔美国人的领导下争取权利，特别是种族正义，而不是反对垄断和抑制资本主义。[98]

另外，还有一个差异将战前和战后的自由主义者区别开来。自由主义知识分子对大众文化产生了怀疑，在战争结束后公开蔑视大众文化，而不是探讨和运作公共艺术项目、公立学校、公共图书馆和具有公共意识的广播和电视节目。在20世纪30年代，保守主义知识分子一直受群众反感，到了50年代，则是自由主义者，这种趋势在接下来的几十年中不断强化，在20世纪末达到危机程度。[99]这场危机始于富兰克林·罗斯福的去世。

III.

罗斯福已经憔悴不堪。在1945年1月的就职典礼上，他脸色苍白，虚弱得几乎无法站立，在短暂的演讲中，他全身都在颤抖，就像是发烧了。但在这个过程中，他没有任何休息。他曾在战时同意进行一次环绕半个世界的痛苦旅行，与丘吉尔和斯大林举行高峰会议。就职典礼两天后，他登上火车前往一个秘密地点，他的汽车配备了防弹窗和装甲板。他在弗吉尼亚州的纽波特纽斯下了火车，登上了专门为他的轮椅安装了坡道的重型巡洋舰——"昆西号"，开始了为期11天、长达5000英里前往马耳他的航程。当船进入地中海岛屿的港口时，罗斯福坐在甲板上，戴着斜纹软呢帽，穿着棕色外套，当听到温斯顿·丘吉尔乘坐的英国舰船"猎户座"上的乐队开始演奏《星条旗之歌》时，他露出了微笑。作为回报，"昆西号"的乐队演奏了《天佑国王》。在六架战斗机的护航下，罗斯福和丘吉尔分别从马耳他飞往黑海边的克里米亚，耗时七小时。在海边度假小镇雅尔塔的豪华别墅里瓦几亚宫见到了约瑟夫·斯大林，瓦几亚宫是末代沙皇的避暑胜地。[100]

罗斯福和丘吉尔去见斯大林，而不是他来见他们。这对两位友人来说是一次非常危险和漫长的旅程，他们的身体状况都不是很好，正在走向生命终点的罗斯福尤其糟糕。在会议开幕时，斯大林在美国媒体上得到的支持比之前或之后的任何时候都要多。他出现在《时代》周刊的封面上，讲述了一个庆祝美国盟友近期胜利的故事："斯大林的军队咆哮着进入第三帝国东部"。一个月之后，在《时代》周刊的封面故事《屋顶上的幽灵》里，资深作家惠特克·钱伯斯（Whittaker Chambers）以一则怪诞寓言的形式，强烈地谴责斯大林设计了一种全新的政治——国际社会革命——他可以借此"从内部引爆国家"。[101]后来有人猜测，权力有所削弱的罗斯福在雅尔塔取悦斯大林，造成了致命的后果。鉴于斯大林的残酷无情以及后来完全不加掩饰的野心，显然，雅尔塔会议所达成的协议并没有阻止斯大林接管东欧，反而使得中国共产党成为执政党变成可能。随之而来的是，在发现参会的美国代表阿尔杰·希斯（Alger Hiss）是苏联间谍之后，也有人暗示此次会议是罗斯福的阴谋，甚至是一场叛国活动。但是，在冷战结束后开放的苏联档案显示，希斯向军方报告，而不是向政治部门报告，而且他对于雅尔塔的报告对会议进程几乎没有或者根本没有影响。从很多方面来看，罗斯福从斯大林那里能得到的，应该是美国总统想得到的最多的东西。[102]

1945年，雅尔塔会议开始时，罗斯福和丘吉尔在一艘军舰上进行协商。
照片由罗斯福总统图书馆暨博物馆提供

丘吉尔带着他的随军地图室，其中有英国大使馆发出的特别指令："丘吉尔先生希望他的地图室能够与他在雅尔塔的私人住处相邻，并且它的位置能够让罗斯福总统坐着轮椅进入。"遵循《大西洋宪章》的原则，罗斯福抵达雅尔塔，决心不再像上次大战结束时所做的那样切割和分裂欧洲，将全部的民族置于帝国的统治之下。他希望制定一个赢得战争以及用斯大林和丘吉尔都接受的方式分割德国的计划，以换取斯大林同意参加对日作战。

会议于2月4日在宫殿的宴会厅召开。丘吉尔比罗斯福更不信任斯大林，但他多次寻求与罗斯福结成同盟，结果都无济于事，因为罗斯福一心想要说服斯大林加入对日作战。罗斯福和丘吉尔都不具备特别强大的谈判砝码，两人都需要红军的协助，丘吉尔是在欧洲，而罗斯福是在太平洋。为了确保获得斯大林的支持，罗斯福违背了《大西洋宪章》的原则，哪怕战争还未结束，就将此时还是美国盟友的中国的部分领土让给斯大林。最后，这三个人就在将德国分割为各自的占领区和起诉纳粹战犯等方面达成了一致。德国将在三个月内投降，日本将在六个月内投降。但在这些国家投降之前，斯大林就已经开始背弃他在雅尔塔所做的承诺。

3月1日，罗斯福向国会通报了雅尔塔会议，将联合国描述为"一个所有爱好和平的国家最终都有机会加入的全球性组织"。他变得更加消瘦，脸色也愈发苍白。他无法站立，也无法负担金属支架的重量，只能坐在椅子上讲话。[103]他的双手颤抖着，口齿不清。4月12日，他在佐治亚州温泉市的"小白宫"坐下来准备让人画像时倒了下去，下午3点35分，因脑出血去世。

4月12日下午5点47分，广播里播出了他去世的消息："我们要打断节目，播放来自哥伦比亚广播公司世界新闻的特别新闻……"全国各地的电台取消了他们数日之内的常规节目，只播放新闻报道、总统最喜欢的音乐和悼念活动。在罗斯福去世四小时后宣誓就职的哈里·S.杜鲁门（Harry S. Truman）次日说道："在所有国家的历史上，很少有人能与我所接替的那个男人相比。"[104]

阿奇博尔德·麦克利什在哥伦比亚广播公司向全国发表演讲的三分钟后，在说到"我们这位伟大的总统在我们最需要他的时候逝去，令人万分悲痛"时泣不成声。在电台记者的报道中，殡仪列车载着盖有国旗的灵柩前往海德公园，沿途的每个火车站都挤满了肃穆的人。哥伦比亚广播公司的播音员亚瑟·戈弗雷（Arthur Godfrey）从华盛顿报道说，六匹白马拉着的马车载着罗斯福的灵柩穿过街道，两侧由摩托车护卫，而人行道上的人群多达二十层。"上帝啊，请给我力量让我完成报道。"戈弗雷说，当灵柩马车通过时他已不能自控。[105]

4月15日，罗斯福在家乡海德公园下葬，在那天，哥伦比亚广播公司的记者爱德华·R. 默罗（Edward R. Murrow）在美国电台第一次播出了目击者对纳粹集中营的描述。在布痕瓦尔德（Buchenwald），他见到了营地医生。"我们检查了他的记录，"默罗说，他深沉的声音愈发低沉，"小黑本子里只有名字，仅此而已。没有任何东西说明这些人是谁、他们做了什么、他们的希望是什么。在那些已经死亡的人的名字后面，有一个十字架。我数了一下，在一个月内一共死亡242人——1200人中的242人。"月复一月，他们都死了，无名，被屠杀，没有人在他们的坟前祈祷。[106]

默罗出生于北卡罗来纳州的臭鼬溪（Polecat Creek），1935年被哥伦比亚广播公司聘为伦敦分部的负责人，负责协调该公司的欧洲新闻报道。他从未接受过记者培训，但是他在1938年德奥合并时，被征召参加现场报道突发新闻的工作。他在广播中的第一句话——哥伦比亚广播公司决定称之为"特别报道"——"爱德华·默罗在维也纳报道。现在差不多凌晨三点半，希特勒先生还没有到。"1940年，在"闪电战"期间，他以来自"伦敦屋顶"上的报道传达出直接和强烈的感受，从而帮助扭转了美国舆论的走向，转为支持参战。"你把伦敦的死者放在我家门口，"阿奇博尔德·麦克利什对他说，"我们知道死去的是我们的人。"[107]

到1945年春天，默罗已然是熟知境外无线通信新技术和新科学的老手，全美各地的人都知道、倾听并信任他所说的话。4月11日，美国第九装甲步兵营的士兵抵达了魏玛附近的布痕瓦尔德，第二天，包括默罗在内的一群记者与第八步兵师也到了。1943年，在波兰驻华盛顿大使馆举行的会议上，美国最高法院法官费利克斯·弗兰克福特遇到了逃离贝尔泽克[1]（Belzec）的波兰社会主义者扬·卡尔斯基（Jan Karski）。卡尔斯基向他描述了死亡集中营的景象，弗兰克福特听了说不出话来。整整十分钟过去了，"我不敢相信你所说的。"他终于说道。"费利克斯，你不能当面说他在说谎。"波兰大使说。"我说我不敢相信他，"弗兰克福特回答道，"这是不一样的。"[108]

1945年4月15日，在布痕瓦尔德，默罗报告说他要求去看看其中的某个营房。"它碰巧由捷克人占领，"他说，"当我进入营房时，男人们围了过来，试图把我抬到他们的肩膀上，但他们太虚弱了，很多人无法从床上起来。"默罗哽咽说道，"当我们走到院子里时，一名男子倒下死掉了。"[109]

默罗在他的任何报告中都没有使用"犹太人"这个词，大多数记者也没有。《生活》杂志把被拘禁在达豪集中营的人们描写为"被希特勒的特工们筛选出来的各个国家主要的反纳粹人士"。[110]艾森豪威尔参观了布痕瓦尔德城外一个较小的营地奥德鲁夫（Ohrdruf），并于默罗在布痕瓦尔德进行直播报道的同一天向乔治·C. 马歇尔（George C. Marshall）报道说："有一个房间里堆积着二三十个裸体男人，他们是饿死的，乔治·巴顿（George Patton）甚至都不会进入这里。他说如果他这样做了，他会生病的。我有意要参观这里，为了能够提供有关这些事情的第一手证据，以防将来出现某种将这些指控仅归咎于'宣传手段'的倾向。"[111]

尽管有这些报道，但纳粹暴行的严重程度在西方仍不为人知。实际上，在布痕瓦尔德、奥德鲁夫和达豪的集中营里只有大约五分之一的囚犯是犹太人，其余的是政治犯和战俘。像奥斯威辛那样的几乎所有囚犯都是犹太人的死亡集中营，

1　贝尔泽克，纳粹在波兰的灭绝营。——译者注

第十二章 现代性的残酷 531

在盟军抵达之前就被关闭，或被苏联人解放。美国记者大都没见过。[112]在未来几年里，美国公众都不会知晓种族灭绝的残酷程度：有600万犹太人被谋杀。

1945年，艾森豪威尔将军和其他美国将军在奥德鲁夫的一个新解放的集中营停留，在那里的铁轨里发现了被焚烧的尸体。美国"大屠杀纪念馆"，科利奇帕克（College Park）"国家档案纪录管理局"提供照片

艾森豪威尔在奥德鲁夫停留三天后，第305步兵团攻入了冲绳附近的伊江岛（Iejima）。记者厄尼·派尔乘坐的吉普车被机关枪的扫射逼进了一条沟里，当派尔伸出头环顾四周时，一颗子弹从他头盔下面的窄缝里射入了他的太阳穴。他死于1945年4月18日，享年44岁，连同他所钟爱的小兵蛋子，以及比任何其他作家写得都好的战争记录都埋葬在那里。在中弹之前，他一直在写专栏，人们在他的帆布背包中找到了一份手稿，第一句话是"它就这样结束了……"[113]。

它还没有结束，但已非常接近。4月24日，战争部部长亨利·史汀生向毫无经验的杜鲁门总统发送了一份备忘录，上面盖着"秘密"的印章："我应该尽快与您谈谈，我认为这非常重要。"杜鲁门在宣誓就职后的数小时内便知道了原子弹的存在，但史汀生现在想告诉他的是，这一武器已经准备就绪。[114]

在欧洲，盟军包围了轴心国军队。4月25日，从西面与德军作战的美军和从东面赶来的苏军在易北河会师。4月28日，意大利游击队员追上了墨索里尼，将他击毙，并将尸体扔在街上，一群暴民在上面撒尿，然后把他倒着吊了起来。两天后，希特勒在柏林的一个地堡中自杀。5月7日，德国签署了全面无条件投降书。

斯大林开始施加压力，要求控制曾经被希特勒野蛮征服的领土。在雅尔塔，他承诺允许在波兰举行"自由和不受限制的选举"，但到了春天，他背弃了这个承诺。4月28日，丘吉尔敏锐地察觉到了这将意味着什么，他写信给斯大林说："看到未来你和你所主宰的国家以及许多其他国家的共产党在一个阵营，而那些团结起来的英语国家及相关盟友或自治领域在另外一边，这样的局面我们并没有感到太多的欣慰。"[115]这样的未来几乎没有什么可欣慰的，但它照样会到来。

在1939年的世界博览会上，能说会道的策划者想象了一个有着机器人"伊莱克托"和自动洗碗机的"明日世界"会到来。世博会上，身穿白衣的女子合唱团表演了"和平盛会"，然后就是长达六年的恐怖战争和种族灭绝，这就是现代性令人震惊的残暴。"生活在不同国家的人们会不定期地相互残杀，"阿尔伯特·爱因斯坦在1939年写道，"任何想象未来的人必然生活在担忧和恐惧之中。"[116]然而，当杜鲁门在1945年6月25日出席于旧金山举行的联合国成立大会时，人们对于世界和平的狂热梦想仍然存在，似乎并不是幻想，而是更接近现实。

来自50个国家的代表签署了一份章程，杜鲁门称之为"反对战争本身的胜利"。从启蒙运动高峰开始的美国实验,迎来了新的一天。"让我们抓住这个在世界范围内确立理性规则的最佳机会,"杜鲁门说,"在上帝的指引下创造持久的和平。"会议结束后,代理秘书长阿尔杰·希斯登上了一架军用运输机,带着一份珍贵的宝藏——锁在75磅重保险箱里的《联合国宪章》,保险箱和一个降落伞绑在一起,伞面上写有"发现者,不要打开!送到华盛顿的国务院"的字样。[117]

美国,这个在割断(与欧洲联系)行为基础上建立的国家,将它的命运与世界的命运连在了一起。一个曾经拒绝加入国际联盟的国家带头建立了它的替代组织。

这一时刻是短暂的还是持久的有待观察,但是还有很长的路要走。大萧条、新政和罗斯福的政治言论,让美国人知道了"孤岛"的危险。"我们已然了解到,我们不能独自平静地生活,我们自身的福祉取决于遥远的、其他国家的福祉,"罗斯福曾在1933年首次就职演说中说道,"我们已然知晓一个简单的事实,正如爱默生所说,'拥有朋友的唯一方法就是成为一个朋友'。"数以百万计的美国水手、士兵、护士和飞行员在全球各地作战,具备了一种前几代美国人所没有的世界主义。一名美国大兵——"来自农村的下士"——告诉《美国佬》(*Yank*)杂志,在战争之前,"我从来没有离开家15英里远",但是"陆军带我走过了15个国家,从巴西到冰岛、从特立尼达到捷克斯洛伐克"。1945年7月,战时信息办公室起草了《世界中的美国》,这是美国历史上任何时代都难以想象的声明:"在这个相互依存的世界中,没有一个地区可以让美国放弃其道德利益和意识形态利益。"[118]

与此同时,杜鲁门面临着如何结束对日作战的可怕决策。1945年6月,匈牙利出生的犹太物理学家利奥·西拉德写信给杜鲁门,强烈劝说他不要使用原子弹:"如果美国成为第一个利用新解放的自然力量进行破坏的国家,那么可能要承担起为一个难以想象的大规模破坏时代打开大门的责任。"西拉德对H.

G. 威尔斯钦佩不已，后者在1914年黑暗时期出版的小说中预言了原子武器的出现。威尔斯曾想象过一个原子的"明日世界"。"在这个武装的世界上，一个又一个国家以侵略的形式抢先发动攻击。为了首先使用炸弹，他们在惊慌失措中开战，"威尔斯在他的小说中写道，"到1959年春天，近200个爆炸中心燃起原子弹爆炸后无法扑灭的猩红色火焰，而且它们的数量每周都在增加。脆弱的世界信用体系彻底丧失，工业完全陷入混乱，每个城市、每个人口稠密的地区，都在饥饿的边缘颤抖。"[119]

西拉德担心威尔斯之前所断言的地狱景象会到来，他开始征集签名，打算提交给杜鲁门。当军方威胁要向西拉德提出间谍罪的指控时，罗伯特·奥本海默（Robert Oppenheimer）决定推迟提交请愿书，但是西拉德继续进行劝说。7月17日，70名为曼哈顿计划工作的科学家目睹了原子弹的第一次试爆，在抗议请愿书上签了字。[120]

除了这些科学家、总统和少数获得许可的军人之外，美国人并不知道原子弹的存在，但是他们知道恐惧。几十年来，能够毁灭城市甚至人类自身的武器一直是科幻小说中的东西。一战和二战之间没有可与之相比的毁灭性力量。

阿奇博尔德·麦克利什在他发起的为联合国寻求大众支持的运动中利用了这种恐惧。麦克利什安排了许多赞同联合国的电台广播，以至记者和前第一委员会成员[1]约翰·T. 弗林（John T. Flynn）抱怨道："你在一天的任何时间里——早晨、中午或晚上——打开收音机，无论你是在收听大都会歌剧院、西部片、山地民谣、时事评论或新闻播报，你都会听到对这一伟大的和平机构的卖力宣传。"[121]麦克利什最有影响力的项目是《明日瞭望塔》（*Watchtower Over Tomorrow*），全国各地的电影院在放映正片之前都会播出这部15分钟的新闻片。《明日瞭望塔》由阿尔弗雷德·希区柯克执导，开篇是一组取自1936

---

1 美国第一委员会成员（America Firster），在美国参加二战前主张执行孤立主义政策。——译者注

年科幻电影《笃定发生》（*Things to Come*）的长镜头。《笃定发生》改编自威尔斯另一部反乌托邦小说，书中想象了一场长达数十年的战争和一个新机器时代，在那个时代，一群超级科学家搞出了"太空炮"。在希区柯克选取的镜头中，一台巨型起重机将一枚炮弹送入巨型导弹炮管，这枚导弹在巨大的尘埃云中发射，划过星空，然后落到地球上爆炸。"死神来自天空，来自数千英里以外敌人发射的炮弹，这可能是开启第三次世界大战的炮弹，"有人这样描述，"正是为了防止此类炮弹，我们联合国奋斗在意大利前线、西线、东线和整个巴尔干半岛，在地球两端，中国、缅甸、大西洋和太平洋，确保无论敌人在何处，都会被逼入绝境，使和平能够比这两次毁灭性战争之间的短暂喘息更为持久。"[122]

《明日瞭望塔》于1945年春天开始在剧院上映，它设想的联合国能够阻止的未来还是如期而至。那个夏天，8月6日，美国在广岛投下了一枚原子弹。三天后，又在长崎投下了另一枚。日本投降了。"这是历史上最了不起的东西。"杜鲁门说。[123]第二次世界大战结束了。而且，无论有没有"瞭望塔"，一个崭新的明天已经到来。

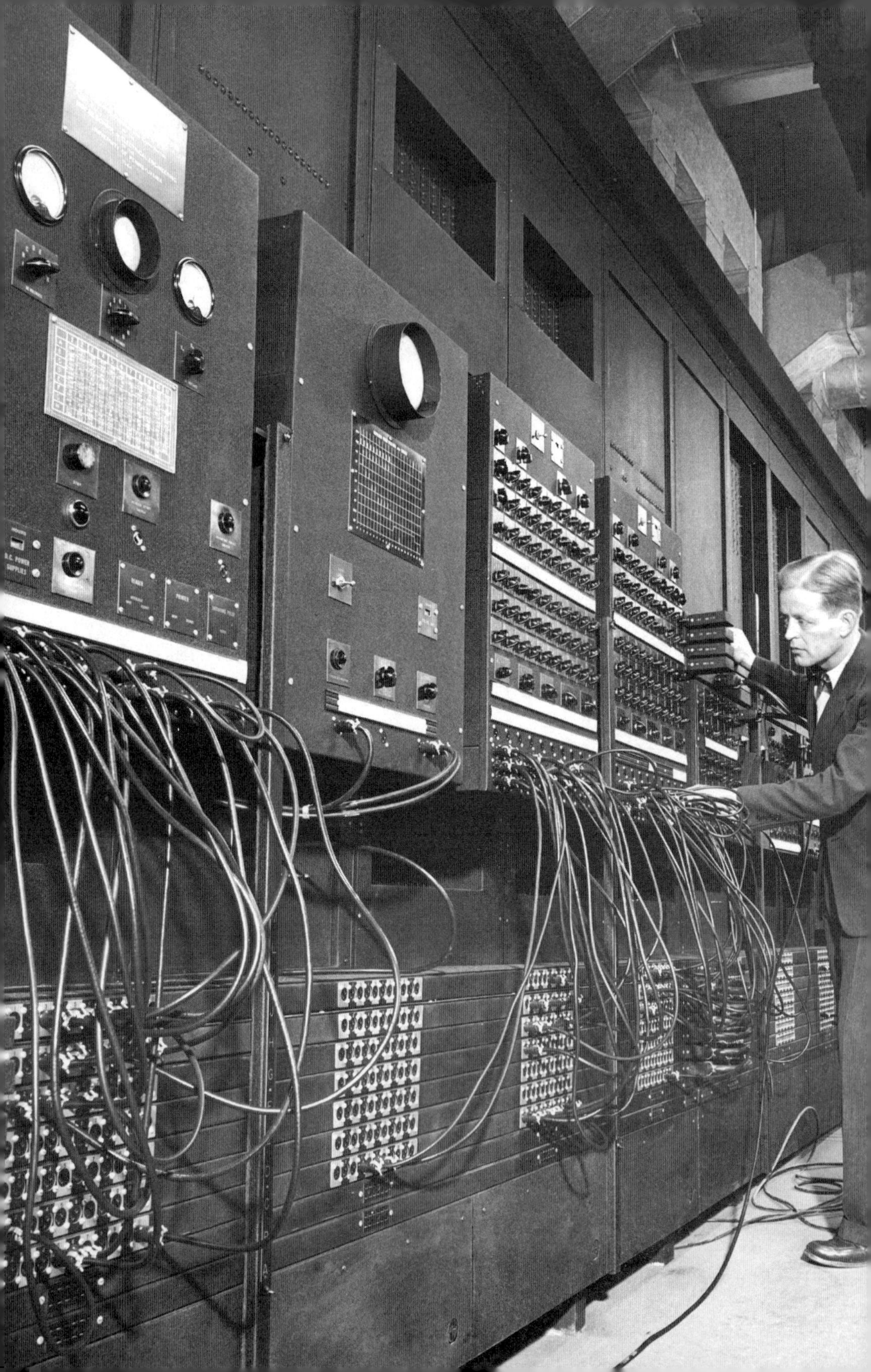
D.C. POWER SUPPLIES
POWER

第四部分
机器
★★★★
1946—2016

约翰·莫克莱（John Mauchly）博士。莫克莱的电子数字积分计算机（埃尼亚克，ENIAC），有时称『巨型大脑』，标志着人类信息时代的开始。贝德曼图片资料馆／盖蒂图片社

我们遇到的挑战可能是新的。
我们应对挑战的方式也可能是新的。
然而，我们赖以成功的那些价值观——
诚实和勤奋、勇气和公平竞争、宽容和好奇心、忠诚和爱国——
这些都是旧有的。它们是确定无疑的。
这些价值观一直是我国整个历史中一股无声的进步力量。
那么，现在需要的便是重归这些真理。
——巴拉克·奥巴马

第一任期总统就职演说，2009

第十三章
知识的世界
A WORLD OF KNOWLEDGE

在美国物质丰富的时代，商店橱窗里的电视机正在播出艾森豪威尔宣布决定在1956年竞选连任。格雷·维莱特（Grey Villet）/《生活》图片集（The LIFE Picture Collection）/盖蒂图片社

时间停在1945年8月6日上午8点15分。"东亚罐头厂人事部职员佐佐木敏子（Toshiko Sasaki）小姐刚刚在办公室的位子上坐下，正扭头和邻桌的女孩说话，"作家约翰·赫西（John Hersey）在《纽约客》中写道，"就在她扭头背对窗户时，房间里突然充满了刺目的光芒。她吓瘫了，很长时间在椅子上一动不动。"

所有东西都倒了，佐佐木小姐失去了意识。天花板突然掉下来，上一层的木地板碎了一地，人也落了下来，他们头顶上的屋顶不见了，但造成她昏迷的最主要原因是她正后方的书架向前倾倒，里面的书将她砸倒在地，她的左腿断了，在身下可怕地扭曲着。在这里，在这个罐头厂，在原子时代的第一个瞬间，一个人被书压倒了。[1]

"在原子时代的第一个瞬间，一个人被书压倒了"：这是知识的威力。

广岛标志着一种新的政治动荡时代的开始，其中的技术变革大大超出了人类的道德判断能力。不仅仅是炸弹，还有它所造成的破坏，正是计算机的发展使得这种炸弹的投掷成为可能。它是技术变革本身的力量，是一个未经18世纪宪法考验的政治力量，并且也不为19世纪的进步信仰所了解。

杜鲁门在军舰上收到了原子弹爆炸的消息，白宫在第二天通知了记者。中午时分，电台播出了这一事件，震惊了所有听众。约翰·海恩斯·霍姆斯（John Haynes Holmes）是一位一神论牧师和公认的和平主义者，当时，他正在缅因州肯纳邦克的一处农舍里度假。"所有事情似乎突然变得无足轻重，"他描述听到这个消息时的感受，"我浑身发冷，仿佛被送到了月球上的不毛之地。"几天后，当日本人被迫投降时，美国人举行了庆祝活动。在圣路易斯，人们把锡罐绑在汽车的保险杠上绕着城市转；在旧金山，他们把电车拽离了轨道。这场战争在全世界夺走了大约6000万人的生命，其中美国的死亡人数超过了40万。[2]

然而，无论多么兴奋地迎接和平，美国人也对战争结束的方式表示担忧。《新闻周刊》（Newsweek）的一篇社论写道："这是一件特别恐怖的事情，数千人在刹那间回归于最初的尘埃……对一个尚未完全理解蒸汽和电力的种族而言，很自然地会问，'下一个是谁？'"各种怀疑聚集在一起，并日益强烈。哥伦比亚广播公司的爱德华·默罗说："几乎没有哪一次战争会让胜利者感到不确定和恐惧。""我们知道原子弹给广岛和长崎带来了什么,"《财富》的编辑写道,"但它们对美国人的思想又有何影响呢?"[3]

部分不确定性是由于这一事件的突然性。在原子弹落下之前,美国人都不知道它的存在。曼哈顿计划严格保密,直到罗斯福去世后,杜鲁门才知道这件事。美国人也不知道军方一直在制造的计算机,这一研究结果也是机密的,但是却在战后的那个冬天戏剧性地曝光了。"陆军部今晚在这里公布了战争最重要的秘密之一,这是一种令人惊叹的机器,它首次将电子速度用于迄今为止难以解决的数学运算中。"1946年2月15日,《纽约时报》发表了一篇来自费城的头版新闻,介绍了第一台通用电子数字计算机——"埃尼亚克"。在这篇报道里,《纽约时报》刊登了一张计算机的全页照片,它有一个房间那么大。[4]就好像魔术师揭开了他的幕布。

韦莎学院数学家格蕾丝·默里·霍珀(Grace Murray Hopper)为"马克1号"编程。霍珀(Grace Murray Hopper)收藏,美国国家档案馆,美国国家历史博物馆,史密森学会

与原子弹一样,埃尼亚克由美国军方制造,这主要得益于世界其他地区科学家的突破性研究成果,它用于推动战争进程。1936年,英国数学家艾伦·图

灵（Alan Turing）在普林斯顿大学获得博士学位，他撰写了一篇名为《论可计算数及其在判定问题上的应用》的论文，他在其中预言了发明"用来计算任何可计算数列的单体机"的可能性。[5]第二年，哈佛大学博士生霍华德·艾肯（Howard Aiken）在哈佛大学科学中心的阁楼里闲逛，发现了查尔斯·巴贝奇（Charles Babbage）在19世纪早期制作的差分机模型。艾肯随后向IBM提议，他要制作一个更好的新机型，不是机械的，而是电子的。1941年，这一项目在IBM启动，三年后转移到了哈佛大学，由此时已是海军军官的艾肯负责，这台机器被称为"马克1号"（Mark I）。哥伦比亚大学的天文学家L. J. 科姆里（L. J. Comrie）称"巴贝奇的梦想成真了"。"马克1号"是由韦莎学院资深教授、才华横溢的数学家格蕾丝·默里·霍珀编程的。"神奇的格蕾丝"是同事给她起的绰号，她也许比任何人都更明白，可编程计算机的影响将会有多么深远，就像她解释的那样，"当前的目标是尽可能地取代人类的大脑"。[6]

在战争期间，盟军对计算机的兴趣主要在两个方面：破解密码和计算武器轨迹。位于伦敦西北处50英里、占地600英亩的布莱奇利公园是一个庄园，也是一个秘密的军事基地。图灵（后因同性恋被起诉并服用氰化物自杀）于1940年在此地制作了一台能够破解德国恩格玛机（Enigma machine）密码的专用计算机。在宾夕法尼亚大学，物理学家约翰·莫克莱和电气工程师普雷斯伯·埃克特（Presper Eckert）负责计算火炮的仰角设置，这是一项耗时长且重复的计算工作。美国科学家一直使用差分分析仪来进行计算，这种分析仪是1931年由罗斯福的"研究沙皇"（research czar）范内瓦·布什（机电工程师）在麻省理工学院发明的。通常，将数字输入差分分析仪的是计算员，这类工作一般由拥有数学学位的女性担任，她们和那些在杂志社工作、拥有文学学位的女性校对员没有区别。但即使这些女性全天无休地输入数字，也需要一个月的时间才能完成一份炮弹弹道图。1942年8月，莫克莱提出使用真空管来制作一台速度更快的数字电子计算机。1943年4月9日，美国陆军部决定提供资助。埃尼亚克的制造始于1943年6月,但直到1945年7月才得以全面运作。埃尼亚克的计算速度比任何早期机型要快100倍。1945年的秋天,它接到了第一项任务,来自洛斯·阿拉莫斯:使用近百万张由女程序员小组准备并输入的打孔卡,然后由埃尼亚克计算出聚变反应的威力,这一任务的目的是设计氢弹。[7]

用于绘制导弹弹道和计算炸弹威力的机器将改变经济体系、社会结构和政治格局。计算机往往被排除在历史研究和政府研究之外,但是,从第二次世界大战结束开始,没有它们,就无法理解历史和政府。民主国家依赖于知情选民,作为长期深入研究和实验的产物,计算机既会带来知识的爆炸,又会动摇知识的本质。

科学探索的无限性也向民族国家的疆界提出了挑战。战后,科学家们是最大声呼吁进行国际合作,尤其是呼吁找到某种可以避免核战争途径的支持者之一。然而,他们却应征,为冷战而工作。

人们围绕着联邦政府在支持科学研究中的作用展开了激烈的辩论,此时政府决定揭开秘密面纱,并向公众展示埃尼亚克。战时,在范内瓦·布什的敦促下,罗斯福成立了"国防研究委员会"和"科学研究开发局"(布什是这两个机构的负责人)。在战争即将结束时,罗斯福曾要求布什准备一份报告,布什在1945年7月将报告提交给杜鲁门,题目是《科学,无尽的前沿》(*Science, the Endless Frontier*)。[8]

布什警告说:"一个依赖他国获得新基础科学知识的国家,它的工业进步将会是缓慢的,而且在世界贸易竞争中也会处于弱势……科学成果的实际应用意味着更多的就业机会、更高的工资、更短的工时、更丰富的作物,意味着有更多的闲暇时光可以用来休闲、研究,并学会在摆脱了过去多年令普通人苦恼的差事之后,该如何去生活。"[9]

在布什的敦促下,国会讨论了成立新的联邦机构"国家科学基金会"(National Science Foundation)的法案。批评人士称,法案将大学的研究与军方和商业利益联系在一起,并质问科学家们,原子弹的发明是否曾让他们感到后悔。科学进步确实减轻了人们的负担,产生了财富和闲暇,但是20世纪的历史却显示出,这些优势的分布相当不均衡,从而引发了大幅政治动荡甚至革命。进步派和新政改革者的计划是通过提供政府援助和监管来保护被落在后面的其他领域的利益。这种做法是否适用于联邦政府与科学的关系?曾在西弗吉尼亚州当中学老师的民主党参议员哈利·M. 基尔戈(Harley M. Kilgore)提出了一项针锋相对的法案,将新政的反垄断原则扩展到科学领域,将大学研究与政府规划挂钩,并把新基金会作为社会科学的一个分支,为解决社会和经济问题的研究项目提供资金,理由是一种知识已经领先了另外一种:人类已经学会了如何摧毁整个星球,但却没有学会如何和平共处。在参议院听证会上,前副总统亨利·华莱士说,"只有通过社会科学领域的全面追求",世界才能避免"更大规模和更具破坏力的战争"。[10]

许多科学家,包括属于新成立的原子科学家联合会(Federation of Atomic Scientists)成员的科学家都表示同意,两股抗议浪潮合并成更大的力量:修正后的《基尔戈法案》附在了一项要求民间控制原子能的法案上。原子科学家发起了一项争取公众支持的运动。"我们必须将关于原子能的知识普及到乡村广场,"阿尔伯特·爱因斯坦说,"美国的声音必须出自那里。"原子科学家在提供社区服务的基瓦尼斯俱乐部(Kiwanis clubs)、教堂、犹太会堂、学校和图书馆进行演讲。仅在堪萨斯州,他们就举办了8次原子时代会议。他们还出版了《一个世界或没有世界:关于原子弹全部含义的公众报告》(*One World or None: A Report to the Public on the Full Meaning of the Atomic Bomb*),书中包含了利奥·西拉德和罗伯特·奥本海默等原子科学家,以及沃尔特·李普曼等政治评论家的论文。阿尔伯特·爱因斯坦在他的论文中主张要"去国家化"。[11]

反对这一运动的人则倡导由联邦政府对计算机科学这一新领域进行资助,

他们开展了自己的宣传活动，首先是精心设计的埃尼亚克的揭幕表演。但这很难引起大众的兴趣，没有任何通用计算机的演示会具有原子弹爆炸的戏剧效果，甚至都比不上1939年世界博览会上不停吸烟的机器人伊莱克托。埃尼亚克是不会活动的。昏暗的霓虹灯泡照亮的真空管几乎不可见。当机器工作时，没有外在的方法可以看到内部发生的任何事情。莫克莱和埃克特准备了新闻发布会，并且在预定的发布会开始之前，将这台机器装扮了一番，以达到戏剧性的效果。埃克特将乒乓球切成两半，在上面写上数字，并把它们放置在灯泡顶端，这样当机器工作时，房间里的光线就会随着灯泡的闪烁而发生明暗变换，闪烁的速度很快。《时代》周刊夸张地说："埃尼亚克给世人带来了新的电子速度，它近乎消除了时间。"[12]

几代人都会感受到时间被排除在外的不可预料的后果。但是，大提速——每种交换的加速——已经开始了。当民族国家让位给数据国家，大规模的原子化过程也开始了，这就意味着将公民转化为数据碎片，然后"喂"给计算机，制成表格，进行加工，定向处理，最后，国家之国家变成了数据之国家。

I.

战争的结束标志着富裕时代的到来，一个广泛且深度繁荣的美国即将诞生。它导致了自由主义的新方向——从主张政府对商业的监管转向对个人权利的坚持，也为一种新形式的保守主义指明了方向，这种保守主义致力于反对共产主义，并为新的目标配置自由言论。

战后的繁荣起源于新政最后的立法行动。1944年6月，罗斯福签署了《退伍军人权利法案》（*Serviceman's Readjustment Act*），更为人所熟知的名字是《G.I.权利法案》（*G.I.Bill*），它创造了一个仅限于退伍军人的福利国家。《G.I.权利法案》向在战争中服役的1600万美国人提供了一系列福利，包括免费的四年制大学教育、为家庭和企业提供零首付低息贷款，以及返乡退伍军人找工作时享受的长达52周、每周20美元的"再就业补助"。超过一半符合条件的退伍军人——大约800万人——享受了《G. I. 权利法案》的教育福利，他们的平均收入要比那些没有得到这一福利的人高出10 000到15 000美元，他们也缴纳了更多的税款，总额相当于这一计划推行成本的十倍。到1948年时，《G. I. 权利法案》的成本占联邦预算的15%，但随着税收的增加，《G. I. 权利法案》几乎用十倍的价格为自己的行为买单。它创造了一个新的中产阶级，这改变了美国学院和大学的面貌，并使许多美国人相信，经济增长的前景也许是无限的，因为每一代人的生活水平都会高于上一代。[13]

这种增长部分是通过消费者的支出实现的，因为为战争生产军备的工厂开始转而制造从旱冰鞋到彩色电视等消费品。公民即消费者，以及消费是一种公民行为的概念，可以追溯到20世纪20年代。但在50年代，大众消费成为一个公民义务问题。通过购买"以前从未购买过，甚至从未想到过的数十件东西"，《新娘》（*Brides*）杂志对它的读者说，"你正在帮助这个国家的各个行业建

罗斯福在白宫椭圆形办公室签署《G. I. 权利法案》，佚名作者摄。
该法案使一代美国人上大学成为可能。罗斯福图书馆

立更大的安全保障。"[14]

批评者认为，消费社会的平庸性和从众性使美国人沦落为机器人。约翰·厄普代克（John Updike）绝望地说道："我开车到超市/走的是超高速/我停在超大车位/买的是超浓缩洗车液。"[15]没有什么比"迪士尼乐园"更能体现批评家所说的"包装社会"了，作为1939年世界博览会的重现，这个游乐园于1955年开放，而且更加守旧、更具商业性，有主街和"明日世界"主题园区。沃尔特·迪斯尼（Walt Disney）解释说，在"边疆世界"主题园区，游客"可以回到拓荒时期的美国，从革命时代到最后征服西南"，在尘土飞扬的小径上驾驶公共马车和大篷车，登上"马克·吐温号"汽船，看到公园标志性的有着绿松石高塔的城堡，一个将自己包装成"地球上最幸福的地方"的仙境。[16]

大部分购物行为都是由女性完成的——家庭主妇和母亲。在工业化进程中与工作脱离的家庭成为一种新的政治空间，女性在其中通过花钱来履行公民义务。从大萧条开始，一直持续到战争期间的家庭结构变化得到了扭转，家庭生活本身也体现出不同的面貌。战前，初婚年龄一直上升；战争结束后，它开始下降。每个家庭的子女人数曾经一直在减少，现在则开始增加。多数已婚女性和幼儿的母亲曾经是有偿劳动力大军的一员，现在她们也开始不工作了。对许多美国人来说，拥有更大的家庭是一件紧迫的事情。"在大屠杀之后，我们感到有义务生育很多孩子，"一位犹太母亲后来解释说，"很简单，因为每个人都这样做，连非犹太人也一样。"对婚姻中男女平等的期望减少了，对政治平等的期望也减弱了。在战争期间，对女性平等权利的要求受到了极大的压力，而大部分要求都在战后被放弃了。1940年，共和党表示支持《平权修正案》（1923年首次进入国会），民主党在1944年也表示支持。该措施曾在1946年赢得了参议院的多数票，但未达到向各州提交修正案所需的三分之二票数。[17]它直到1972年才在国会通过，之后一大批家庭主妇——主要是保守主义运动步兵——阻止其获得批准。

尽管《G. I. 权利法案》为建立新的中产阶级所做的一切颇有成效，但它也复制，甚至加剧了早期社会和经济的不平等。大多数在战争中服役的女性没有资格获得福利，出于避免为女性提供退伍军人福利的目的——假设她们会得到男性的帮助——军方机构中的女性辅助部门故意被划定为民事单位。战后，当男性退伍军人成群结队地进入学院或大学时，许多学校停止了招收女性，或者减少女性人数，以便给男性留位置。而且，即便在退伍兵之间，法案的实施也并不公平。大约5000名陆军士兵和4000名水兵因被怀疑是同性恋而被开除军籍，而弗吉尼亚州的解释认为，被开除军籍的老兵不能享受《G. I. 权利法案》的福利。[18]

非裔退伍军人被排除在退伍军人组织之外，他们面临敌意和暴力，而且，最重要的是，他们不能享受《G. I. 权利法案》标志性的教育和住房福利。在一些州，最大的退伍军人组织美国退伍军人协会（American Legion）拒绝接纳非裔美国人，但并不愿意承认禁止种族隔离的协会。当大多数学院和大学拒绝招收非裔美国人，而传统黑人学院和大学的名额又有限时，这些人就很难用得到上大学的钱。宾夕法尼亚大学在1946年有9000名学生，只有46名是黑人。到1946年为止，约有10万名黑人退伍军人申请了教育福利，只有五分之一的人能够注册上大学。超过四分之一的退伍军人使用了《G. I. 权利法案》的房屋贷款福利，这意味着到1956年，42%的二战老兵拥有自己的房屋（相比之下，只有34%非老兵有自己的房子）。虽然《G. I. 权利法案》让申请者很容易获得贷款和资金，但对黑人退伍军人来说却绝非如此。银行拒绝给予黑人退伍军人贷款，限制条款和贷款歧视意味着许多新房子只供给白人。[19]

即使在最高法院于1948年废除限制性住房条款之后，联邦住房管理局（Federal Housing Authority）仍然遵循种族隔离政策，一直拒绝向黑人和犹太人提供贷款。在芝加哥、圣路易斯、洛杉矶和底特律这样的城市，住房中的种族限制性条款导致了隔离犹太人区的出现，这在战前是几乎不存在的。白人得到了贷款，他们的购房申请被接受，然后搬到了郊区，黑人则挤在城里有限的居民区里。20世纪50年代，美国建造了1300万套新房，其中1100万套在郊区。同时代，人口增长的83%发生在郊区。城市里每搬进两个黑人，就有三个白人搬出去。战后的种族秩序创造了一个隔离的景象：黑人的城区，白人的郊区。[20]

种族歧视和种族暴力是新政未竟的事业，在战后成为民权运动的事业，因为新形式的歧视和《吉姆·克劳法》，甚至私刑的续存——在1946年和1947年，黑人退伍军人在佐治亚州和路易斯安那州被私刑处死——导致了新的深度不满情绪。正如一位来自亚拉巴马州的黑人下士所说的那样，"我在军中服役了四年时间，解救了一群荷兰人和法国人，如果我打算让亚拉巴马版的德国人在我回家时把我踢来踢去，我不如上吊算了。"为《芝加哥卫报》（*Chicago Defender*）定期写专栏的兰斯顿·休斯（Langston Hughes）敦促美国黑人尝试在午餐台破除《吉姆·克劳法》。"伙计们，当你乘火车南下时，请务必在餐厅用餐，"休斯写道，"即使你不饿，也随便吃点儿什么，以此来促进这种权利的获得。"[21]

罗斯福对此视而不见，杜鲁门却不会。他在密苏里州堪萨斯城附近的独立城长大，并在家庭农场工作直到第一次世界大战爆发，当时他参与了在法国的战斗。回到密苏里州后，他开始了在民主党内的缓慢晋升，从县办公室开始，到1934年进入美国参议院。罗斯福在1944年选择他作为竞选搭档，主要是因为他无可非议，民主党两派中的任何一方都没觉得杜鲁门是个麻烦。在担任副总统期间，他几乎没有在白宫事务中发挥过任何作用，并且在罗斯福去世后，他也没有准备好入主椭圆办公室。杜鲁门要决定是否使用原子弹，没有哪一位总统面临过比这更严峻的考验。杜鲁门性格温和，有点近视，平易近人。与大多数美国总统不同，他既没有大学学位，也没有法学学位。作为总统，他有这些局限性，但他对普通美国人的担忧有着直观的认识，而且，从他职业生涯的一开始，他就向黑人选民示好，并与黑人政治家合作密切。

杜鲁门不愿意对吉姆·克劳式的歧视置之不理，他成立了一个民权委员会。该委员会在1947年的报告"保障这些权利"中称，全国已经达成了新的共识，这表明他们相信联邦政府所做的不仅仅是防止滥用权利，还要保障权利。"从我国历史的最初那刻开始，我们就相信每个人都拥有必须被尊重和捍卫的基本尊严，"报告中写道，"美国再也不能让集体良知背负这些负担。"[22]

与这一承诺一致的是，杜鲁门将全民健康保险作为国内政策的首要任务。1945年9月，他要求国会通过所谓的"公平政策"（Fair Deal）来推动罗斯福的第二权利法案的实施，该法案核心就是呼吁建立全民医疗保险。这次，时机似乎正好，杜鲁门拥有一些来自两党的重要支持资源，其中包括加利福尼亚共和党州长厄尔·沃伦（Earl Warren）。杜鲁门的提案是沃伦加州计划的国家版：以工资税作为资金来源的强制性保险。"美国儿童的健康就像他们的教育一样，应该被视为一种明确的公共责任。"总统说。[23]

沃伦是一名挪威移民兼铁路工人的儿子，父亲因参加罢工被杀害，他在艰难中长大。沃伦在伯克利大学攻读政治学和法律，并在第一次世界大战中服役，之后在1939年成为加州司法部部长。作为司法部部长，他是拘禁日裔美国人政策的坚定支持者。他曾经警告说："如果日本佬被释放，就没有人能够把破坏分子与其他日本人区分开来。"（沃伦后来公开表达了对这一政策的沉痛悔恨，并在1972年的一次采访中为此哭泣。）凭借他作为司法部部长的资历，沃伦于1942年参加州长竞选。克莱姆·惠特克和莱昂内·巴克斯特负责组织他的竞选活动，这场竞选异常激烈。"战时的选民情绪亢奋，这绝不是正常状况，"惠特克在他的竞选计划中写道，"这必须是一场让人们听到战鼓声和轰炸声的竞选、一场激发和捕捉想象力的竞选、一场没有一个热爱加州的人可以忽视的竞选。这必须是保卫加州的战争号令！"[24]

沃伦赢了，但他不喜欢这种胜利的方式。就在投票前夕，他解雇了惠特克和巴克斯特。他们永远不会原谅他。

1944年年末，沃伦因肾脏感染病情严重，治疗需要勇气，而且费用昂贵。他开始思考突发性疾病可能给一个收入有限的家庭带来的灾难性后果。"我得出的结论是，这种情况唯一的补救方法就是通过保险来分摊费用。"他后来写道。他要求他的员工制定一份提案。在与加州医学协会协商后，他预计医生们不会反对这一提案。因此，在1945年1月的州情咨文中，沃伦宣布了他的计划，这是一项以社会保障制度为蓝本的提案：11.2%的工资扣缴将被用于全州的强制保险计划。[25]随后，加州医学协会聘请了选战公司。

厄尔·沃伦在政治生涯伊始是个保守派，而结束时是个自由派。多年以后，一位历史学家问莱昂内·巴克斯特如何解读沃伦表面上的转变。历史学家告诉巴克斯特，沃伦自己的解释是这样的："我幼时家境贫寒，我看到人慢慢老去，没有收入、身患重病、无法工作所遭受的苦难和折磨。"巴克斯特回击道："他直到1945年的那个星期天才看到了这些。"然后，她结束了采访。[26]

1933年，莱昂内·巴克斯特和克莱姆·惠特克在加利福尼亚州成立了选战公司，并在1940年代末通过成功击败杜鲁门的健康保险计划而在全国声名鹊起。乔治·斯卡丁（George Skadding）/《生活》图片集/盖蒂图片社

真正改变厄尔·沃伦的是选战公司。惠特克和巴克斯特摧毁了这项获得广泛支持的立法。最初有50份报纸支持沃伦的计划，惠特克和巴克斯特把这个数字减少到了20。"你不能什么都不做就击败一些东西。"惠特克喜欢这么说，所以他们推行了一项私人医疗保险运动。在该州58个县中，有53个县的400多家报纸上刊登了总计约4万英寸有关这一消息的广告，在此推动下，他们发起了"自愿健康保险周"活动。惠特克和巴克斯特派出9000多名医生，带着事先准备好的演讲稿出发。他们编排了一个口号："政治医学是坏的医学"。[27]他们为选民打印了明信片，让他们附在邮件里：

亲爱的参议员：

请投票反对立法机关正在审理的所有强制性健康保险法案。现在，我们国家政府的控制已经够多了，我们不希望被迫去看"公家医生"，或者被迫在用到他们或不用他们的时候都要支付此类医生的费用。这一体系诞生于德国，是我们的小伙子们越洋与之作战制度的重要组成部分。我们不要在这里采用它。[28]

当沃伦的法案仅以一票之差未能获得通过时，他开始指责惠特克和巴克斯特。"他们用谩骂猛烈地攻击立法机构，"他抱怨说，"我的法案甚至没有获得举办一个体面葬礼的机会。"[29]这是美国所见过的出自广告人之手的最伟大的立法胜利。但不会是最后一次。

II.

其他人在计算着他们的胜利成果，而理查德·米尔豪斯·尼克松（Richard Milhous Nixon）却在计算心中的抱怨。1913年，尼克松出生在加利福尼亚州约巴林达市，他曾是一个容易紧张的孩子，但聪明且勤奋。后来，他全家搬到了惠蒂尔，他的父亲在一座废弃教堂旁经营一家杂货店。尼克松就读于惠蒂尔学院，自己承担费用，他总是抱怨没有钱去别的地方。他有一头黑色的鬈发，一双小而黑的眼睛，两条粗重而忧郁的眉毛。作为一名王牌辩论者，他在大学毕业后进入杜克大学法学院深造，然而毕业后，华尔街却没有一家律师事务所愿意聘请他，这让他十分不满，只能又回到惠蒂尔。后来，他再次离开，在南太平洋的海军中服役。当他回来的时候，32岁的他已是海军少校。他做事认真，而且极为聪明，一群加州银行家和石油商人选择他作为众议院议员候选人，试图击败已经连任五届的民主党国会议员杰里·沃里斯（Jerry Voorhis）。这个惠蒂尔人想去华盛顿。

沃里斯是顶级高中霍奇科斯和耶鲁大学培养出来的，也是厄普顿·辛克莱"终结加州的贫困"运动的老将，1936年，他首次入选国会新政分子，只是10年之后，新政已是旧闻。杜鲁门第一任期间的中期选举以及他立法议程的命运都与美国和苏联之间的紧张局势有关。尼克松在加利福尼亚只是一个小型年轻人阵营（主要由退伍军人组成）中的一分子，他们在1946年竞选公职，是美国第一批"冷战斗士"。在马萨诸塞州，另一位太平洋战争的老兵，29岁的约翰·肯尼迪，在竞选的第11选区的众议院席位。但是，与尼克松不同的是，他从襁褓里开始就一直在为这一职位接受训练。

肯尼迪家境殷实，并在乔特中学[1]（Choate）和哈佛大学接受教育，他代表了尼克松所厌恶的一切：尼克松千辛万苦为之奋斗的所有东西，都放在桌巾垫着的盘子里，送给了肯尼迪。但是，美国与苏联日益加剧的冲突对尼克松和肯尼迪都产生了巨大的影响，他们都从外交政策的视角来解读国内事务。在斯大林违背了他在雅尔塔做出的让波兰"自由而不受限制地选举"的承诺后，他的冷酷无情已经显而易见，哪怕西方对他此时正在实施的、杀害了数百万人

1　乔特中学曾是全美排名第三的私立中学。——译者注

的"大清洗"还一无所知。杜鲁门政府内部有一种观点，认为苏维埃政权在意识形态和军事上是残酷的。1946年2月，驻莫斯科的美国外交官乔治·凯南（George Kennan）向国务院发回了一份8000字的电报，称苏联人决意在资本主义与共产主义的史诗性对抗中与西方作战。"我们这里有一股政治力量，狂热地认为目前与美国相处的权宜之计不可能持续下去，如果要确保苏联的国家安全，就必须破坏我们社会的内部和谐，必须摧毁我们赖以生存的传统生活方式。"凯南写道，"这种政治力量孕育并成长于深厚而强烈的俄罗斯民族主义，完全控制了世界上最伟大民族之一的能量和世界上最富饶的国土资源。"两周后，温斯顿·丘吉尔在杜鲁门的家乡密苏里州发表演说，警告说，一幅横贯欧洲的"铁幕"正在降落。[30]

战后的和平转瞬即逝。尽管罗斯福和丘吉尔想要避免重复第一次世界大战结束时所犯的和平协议的错误，第二次世界大战的灾难不可避免地导致了政治的动荡。苏联的损失令人震惊：有2700万人死亡，是美国伤亡人数的90倍。欧洲和亚洲大部分地区遭到蹂躏。从灰烬、废墟和墓园里，产生了新的政权。在拉丁美洲、非洲和南亚，曾被欧洲列强殖民的国家和人民开始为独立斗争，他们打算自己选择本国的政治体制和经济制度。但是，在一个新的两极分化的世界中，这往往意味着在民主主义与威权主义之间，在资本主义与共产主义之间，在美国势力或苏联势力之间做出选择。[31]

"在世界历史的当下，几乎每个国家都必须在二选一的生活方式之间做出选择。"杜鲁门说。他设想了一种在自由和压迫之间的选择，这一概念中的很多内容来自美国的历史，它重新描绘了自由制和奴隶制之间的斗争，这种斗争将19世纪的美国分为自由州和蓄奴州，在这一历史阶段，反对奴隶制的人试图通过拒绝接纳蓄奴州进入联盟来"遏制"奴隶制。在20世纪40年代后期，美国人开始在国际上宣传这种舆论，实施遏制共产主义，同时捍卫自由世界的政策。[32]

当然，同样的言论也渗透到国内的政治生活。共和党人用一道严酷的选择题来形容1946年的中期选举：美国主义或共产主义。在加利福尼亚州，斗志昂扬的理查德·尼克松在辩论场上6次赢得了胆怯的沃里斯，尤其强调沃里斯的反共不力，用讽刺和毁谤让沃里斯一败涂地。尼克松在他的第一次竞选活动中就采用了标志性策略：进行虚假控诉，然后在对手抨击他不够诚实时大发雷霆。沃里斯傻了眼。"每当我说某些事情不是真的时候，"他回忆道，"我得到的反馈始终是'沃里斯正在使用不公正的手段指责尼克松撒谎'。"但是，蓝领阶层出身的候选人尼克松也利用了选民对常春藤名校毕业的官僚治下的高层政府的不安，他发现仅仅做出姿态就能让选民们相信，像沃里斯这样的人，像他们这样的人，总有些什么东西是"非美国化"的。他的竞选格言是："理查德·尼克松才是我们的人。"[33]

1946年11月，共和党自1932年以来首次同时拿下了众议院和参议院。当选的少数几个民主党人，如马萨诸塞州的肯尼迪，他和尼克松是一个调子：美国对共产主义的态度软弱。作为新晋的国会议员，肯尼迪和尼克松在众议院教育和劳工委员会（the House Education and Labor Committee）一起工作时建立了不太亲近的友谊关系。尼克松和他的共和党同僚支持拟议的《塔夫脱-哈特莱法案》（Taft-Hartley Act），该法案规范了工会的行为，禁止展开某些类型的罢工活动和抵制运动——企图约束工会的权力，但工会的成员数量在战前已从1933年的300万迅速增加到1941年的1000多万。珍珠港事件之后，美国劳工联合会（American Federation of Labor）和美国产业工会联合会（Congress of Industrial Organizations）承诺在战争期间放弃罢工，并接受工资限制。不过，战争刚一结束，罢工就开始了，仅在1946年就有大约500万工人走上街头。杜鲁门反对《塔夫脱-哈特莱法案》，法案在国会获得了通过，但被杜鲁门一票否决了。国会中的共和党人开始征集投票以推翻总统的否决。尼克松和肯尼迪前往宾夕法尼亚州西部的一个钢铁城市，准备在工会领导人和企业主面前就这个问题进行辩论。他们都钦慕对方的风度。在返回华盛顿的火车上,他们住在了同一节卧车车厢里。无论如何,肯尼迪敷衍了事的反对意见对共和党人没有影响,他们成功地将工会主义描绘成隐藏起来的共产主义。国会推翻了总统的否决。[34]

在外交政策上,杜鲁门开始走向右翼。他否定美国孤立主义的价值,承诺美国将援助任何被困的民主国家。导致这一承诺的直接因素是英国决定停止向希腊和土耳其提供援助——它们正与共产主义作斗争。1947年3月,总统宣布了所谓的"杜鲁门主义":美国将"支持那些抵抗企图征服他们的少数武装或外部压力的自由民族"。(杜鲁门的助手后来说,总统并不认同日益增长的对共产主义的恐惧,他关心的是自己是否有机会再次当选。"总统觉得所谓的共产主义恐慌没那么重要,"有人说,"他认为其中很多是胡扯。")他还极力促成了为重建西欧提供数十亿美元援助的马歇尔计划。总统常爱说,杜鲁门主义和马歇尔计划是"一个核桃的两半"。在国外,美国将提供援助;在国内,它将铲除可疑的共产主义分子。1947年4月,金融家兼总统顾问伯纳德·巴鲁克(Bernard Baruch)在南卡罗来纳州的演讲中首次使用了"冷战"一词:"今天,我们正处于'冷战'之中。"[35]

美国建立了一个安全国家,而不是一个福利国家。1945年盟军胜利之后,预期中的和平红利并未到来,取而代之的是前所未有的军费开支和新增的军事机构,这一切都是为了遏制共产主义。在参议院举行关于国防规划的听证会期间,包括洛克希德在内的军事承包商认为国家需要为军事生产提供"充足、持续和永久"的资金,他在20世纪30年代的"死亡贩子"时代曾是国会调查的目标,在二战期间制造了数万架飞机,现在,他们不仅要求进行军事扩张,还要求联邦政府给予补贴。[36]

1940年,罗斯福承诺让美国成为"民主的武器库",但他的意思是战时的武器生产。事实上,战后美国政治的一个核心问题将会演变为这一武器库是否与民主兼容并存。

战争结束后,美国在和平时期仍推行军事霸权,不仅继续制造武器、扩充军队,还组建了新的机构。1946年,军事和海军事务常设委员会合并成为军事委员会(the Armed Services Committee)。1947年的《国家安全法》(National Security Act)成立了中央情报局和国家安全局,设立了参谋长联席会议主席一职,并将首次拥有自己办公楼的陆军部并入国防部。

在这种政治气候下,原子科学家的"同一个世界"愿景,以及原子能的民用和国际控管的思想迅速销声匿迹。亨利·史汀生敦促分享原子的秘密。"我在漫长的一生中学到的重要教训是,"他说,"让人信赖的唯一方法首先就是信任他,而使一个人不值得信赖的最有效方法就是不信任他,并且表现出你的不信任。"杜鲁门不同意他的意见。原子秘密将会继续保密,并且将通过间谍活动揪出那些可能不同意这种观点的科学家。[37]

《原子能科学家公报》(The Bulletin of the Atomic Scientists)开始发布世界末日之钟,用来预测这个世界还剩多少时间就会在核战中毁灭。1947年,他们把时间设定在午夜前7分钟。凯南在给杜鲁门的一份绝密备忘录中警告说,使用原子弹或氢弹可能会让时间倒流。凯南认为,这些武器"超越了西方文明的底线","它们不能真正与旨在塑造而不是摧毁对手生命的政治目标相协调","它们没有考虑一些人对其他人所应承担的终极职责"。[38]

没有任何顾虑能够减缓武器计划的推进,苏联的侵略活动和间谍活动,以及在中国发生的事情,不仅为国家安全进程提供了助力,还消除了任何试图反对强军的争议。共产主义每前进一步,美国都会寻求新的联盟,加强防御,并增加军费。1948年,苏联支持的共产党在捷克斯洛伐克发动政变,苏联对柏林实行陆地封锁,杜鲁门便从空中进行支援,随后,国会批准了和平时期征兵令。第二年,美国签署了《北大西洋公约》,与西欧组建北约(NATO)军事联盟,建设对抗苏联和苏维埃政权进一步扩张的统一战线。几个月后,苏联试爆了第一颗原子弹，此时，中国共产党赢得了内战。1949年12月，中共主席毛泽东访问莫斯科，并与斯大林结成同盟。一月份，曾在曼哈顿计划工作过的德国移民、科学家克劳斯·福克斯（Klaus Fuchs）承认他实际上是一名苏联间谍。1949年至1951年间，美国的军费开支增加到了原来的三倍。[39]

新的军费开支重组了美国经济，特别是在南方。到20世纪50年代中期，军费开支已接近联邦预算的四分之三。这一开支不成比例地流向了南部各州。社会福利并没有将南方从长期的经济衰退中拯救出来，但国家安全却实现了这一目标。南方的政界人士设法获得了国防工厂、研究设施、高速公路和机场建设的联邦政府合同。新南方在航空、航天和电子领域均处于领先地位。"我们的经济不再是农业，"南方作家威廉·福克纳说，"我们的经济就是联邦政府。"[40]

尼克松将自己的政治前途押在国家安全机制的建设之上。他在众议院非美活动委员会中得到了梦寐以求的职位，他热切地希望通过挖出共产主义颠覆分子而一举成名，他早期的贡献包括邀请比他大两岁的加利福尼亚人、演员罗纳德·里根（Ronald Reagan）作为影视演员协会领导人前来做证。但是，当该委员会试图让《时代》周刊资深编辑、著名的反共主义者惠特克·钱伯斯作证时，尼克松真正的机会来了。

1948年8月3日，47岁的钱伯斯告诉委员会，他在20世纪30年代是一名共产党员。《时代》周刊迫于解雇钱伯斯的压力，但是它拒绝了这种诉求，并发表了如下声明："《时代》周刊充分了解钱伯斯的背景，相信他会转变，并从未找到怀疑这种转变的理由。"但是，如果说钱伯斯的过去还不真正令人吃惊的话，他的证词里却有一颗重磅炸弹：钱伯斯指认美国国务院杰出的资深成员、前联合国筹办大会秘书长、广受尊重的卡内基国际和平基金会主席、43岁的阿尔杰·希斯是共产党的同伙。第二天早上，这个消息迅速占据了各家报纸的头条。

8月25日，希斯出席了在电视上播出的国会听证会。他巧妙地否认了这些指控，从当时情况看，有可能被判无罪，特别是在钱伯斯承认他曾是一名苏联间谍（此时《时代》周刊的出版人亨利·卢斯接受了他的辞职）之后，因为钱伯斯给人的印象就是情绪多变，睚眦必报，甚至精神有点不正常。钱伯斯没有提供任何证据支持他对希斯的指控，委员会倾向于放过希斯，但尼克松除外，他似乎对希斯持有一种特殊的敌意。[41]有谣传说，在一次没有在电视上播出的封闭会议中，尼克松曾要求希斯说出他母校的名字。

"约翰·霍普金斯大学和哈佛大学，"希斯回答说，然后干巴巴地补充道，"我想你的学院是惠蒂尔？"[42]

尼克松从未原谅常春藤联盟对他的冷落，他开始进行彻底调查，决定抓住他的猎物，就像夏洛克·福尔摩斯之于死敌莫里亚蒂教授一样。而此时，媒体和公众已忘记了希斯，而将目光转向即将到来的大选，无论它看起来多么令人乏味。几乎没有人期望杜鲁门能够在1948年打败共和党总统候选人、纽约州州长托马斯·杜威（Thomas Dewey），赢得他的第一个完整任期。美国人对这两位候选人都没有什么兴致，但看上去，杜鲁门的失利似乎是注定的。"我们勉强祝杜威先生好运，"雷茵霍尔德·尼布尔在大选前几天表示，"并且看到杜鲁门先生的失败也不会有太多的遗憾。"[43]

杜鲁门的国内计划没有完成多少，只有一个例外，那就是他下令废除军队中的种族隔离，这也使他与自己的政党渐行渐远。除此之外，共和党控制的国会几乎扼杀了他的所有立法举措，包括他提出的劳工改革。杜鲁门是一个非常弱势的候选人，另外两位民主党人在第三方选票上的争夺对他非常不利。作为进步党的提名者，亨利·华莱士比杜鲁门更左。《新共和国》杂志的社论标题是：《杜鲁门应该退出》。[44]在那个夏天的费城民主党代表大会上，种族隔离主义者突然发难：密西西比州代表团的全体成员和亚拉巴马州代表团的13名成员离开会场，以抗议杜鲁门在民权方面的立场。这些被称为迪克西民主党的南方人组成了州权民主党（States' Rights Democratic Party），并针对杜鲁门提出了另一位候选人。他们在伯明翰举行了一次提名大会，亚拉巴马州前州长弗兰克·M. 迪克森（Frank M. Dixon）在会上说，杜鲁门的民权计划将"使我们陷入杂种的、低劣的和混血的境地，我们盎格鲁-撒克逊传统将成为一个笑话"。迪克西民主党的竞选纲领体现在如下声明中："我们主张种族隔离和每个种族的完整统一。"州权民主党提名南卡罗来纳州州长斯特罗姆·瑟蒙德（Strom Thurmond）作为候选人。[45]

杜鲁门对来自华莱士和斯特罗姆·瑟蒙德的挑战置之不理，在全国各地与杜威展开竞争，并继续推进他的主要竞选承诺：全民健康保险计划。另一方面，事实证明，杜威是一个和一桶油漆¹（a pail of paint）一样出色的竞选者。肯塔基州的《路易斯维尔信使报》（Louisville Courier-Journal）抱怨道："未来不会再有如此笨拙的总统候选人了，他的四次主要演讲可以归结为历史性的四句话：农业很重要。我们的河里都是鱼。没有解放，就没有自由。我们的未来就在眼前。"[46]

杜鲁门可能觉得大众是支持他的，但所有大型民意调查组织都预测杜威会打败他。杜鲁门喜欢嘲笑那些关注民意调查的领导人。"我想知道，如果摩西在埃及进行民意调查，他还能走多远？"他问道，"如果耶稣基督在以色列进行民意调查，他会讲些什么？"[47]在大选前一周，乔治·盖洛普发表声明："我们从来没有声称我们绝对正确，但下周二，全世界将会看到我们有多棒，直到支持率的最后一个百分点。"[48]盖洛普预测杜鲁门会失败。因排版机员罢工而瘫痪的《芝加哥论坛报》以《杜威击败杜鲁门》为标题开始付印。两天后，记者抓拍到了兴高采烈的杜鲁门，他手里抓着一份报纸，嘴咧得像密西西比河一样宽。

---

1 俗语，形容只顾表面。——译者注

1948年的选举成了对民意调查的全民投票，这次投票结果非常重要，因为国会仍然在争论是否要成立"国家科学基金会"，以及基金会是否要为社会科学研究提供资金。民意调查者的错误可能与低估了黑人的票数有关。《吉姆·克劳法》、选民暴力、恐吓和人头税使大多数黑人无法投票，根据这一理论，盖洛普像往常一样没有对黑人进行民意调查。但是，绝大部分能够投票的黑人都投了杜鲁门的票，这可能是帮助他赢得大选的原因。

这不是民调行业唯一的问题。1944年，盖洛普在每三个州中就有两个低估了民主党的支持率，民主党指控他将民意调查设计成了专门对共和党有利的工具。在接受国会质询时，他无力地辩称，因为预计到较低的投票率，他已经把估测中罗斯福的得票率降低了两个百分点，这多少有些随意。[49]由于担心联邦政府可能会制定监管措施，民调行业决定在1947年成立美国舆论研究协会（the American Association for Public Opinion Research）来进行自我规范。但批评之声仍在继续，特别是在大学内部，学者们指出，民意调查本质上是一种商业活动，只不过是披着社会科学的外衣。

最刺耳的批评来自芝加哥大学社会学家赫伯特·布鲁默（Herbert Blumer）和哥伦比亚大学政治学家林赛·罗杰斯（Lindsay Rogers）。布鲁默认为，民意调查不是一种实证调查，因为它会跳过任何调查关键的第一步：确定要研究的是什么。正如布鲁默指出的那样，出现这种情况一点都不令人感到意外，因为民意调查是一项商业活动，而由商人经营的行业只会生产产品，而不是科学成果。布鲁默认为，如果不进行衡量，民意就不存在。民意调查机构制造这样的观点："民意是由民意调查内容组成的。"布鲁默认为，存在可量化的公众舆论这一观点，是建立在一系列虚假命题之上的。民意调查者认为，任何特定人群持有的意见并不是某些权重相当的个人意见的集合，相反，它们形成的是"一种能够在社会运作的功能"，随着时间的推移，我们现在持有和表达的观点，以及在与其他人交谈，特别是辩论中持有和表达的观点，都受不同的人和群体的影响,我们也在不同程度上影响着他们。[50]

赫伯特·布鲁默认为民意调查是建立在对经验科学的误解之上,而林赛·罗杰斯则认为民意调查源于对美式民主的误解。罗杰斯是研究美国政治制度的学者,他最初是一名新闻记者。1912年,他报道了民主党全国代表大会,三年后,他获得了约翰斯·霍普金斯大学的政治学博士学位。他曾在20世纪30年代担任罗斯福的顾问。1949年,罗杰斯在《民意调查:公众舆论、政治和民主领导》(*The Pollsters*:*Public Opinion*,*Politics*,*and Democratic Leadership*)一书中称,他并没有将民意调查视作一门经验科学,这也并不是他特别关注的问题。他解释说:"我对民意调查的批评是基于不完善的抽样方法或不准确的预测选举结果更加根本性的问题。"即使公众舆论可以通过"加法"将人们在电话采访时所说的内容来衡量——他们从未见过这些人——立法者将这些信息用于他们在代表机构中的投票可能会与宪法不符。

罗杰斯写道:"盖洛普博士希望他的民意调查能让美国变成一个大型的、正反双方意见都能充分表达的城镇会议。他认为这种情况可能发生,并值得追求的。幸运的是,这两种假设都是错误的。"城镇会议必须很小,此外,它还需要一位仲裁者。在城镇会议上做出的决定需要进行审议并延迟生效。人们说广播电台也能打造出一个城镇会议。但事实并非如此。"广播允许一个国家的全体国民,实际上是全世界的人同时倾听一个声音,但是听众们并没有聚集在一起。那些倾听的人彼此是陌生人。"罗杰斯的关键论点是一个全国性的城镇会议,是不值得追求的。美国存在代议制政府有很多原因,但其中一个原因就是它旨在保护少数群体的权利免于遭受多数人的暴政。但是,正如罗杰斯所说:"民意调查者认为我们生活的政治社会与作为公民应该努力加强的政治社会无关。"政治社会需要参与、审议、代表和领导,它要求政府保护少数民族的权利。[51]

布鲁默和罗杰斯在"杜威击败杜鲁门"的讽刺事件之前提出了这些批

评。但是大选过后，社会科学研究理事会（Social Science Research Council）宣布将开启一项调查。这是一个由经济学家、人类学家、历史学家、政治学家、心理学家、统计学家和社会学家组成的联盟组织。这些社会科学中每一项发展都越来越依赖于社会科学调查，这与商业民意调查所采用的方法相同：他们使用较大的整体加权样本来评估立场和观点。许多社会科学家赞同理性选择理论。在新兴的计算机力量的帮助下，他们使用定量方法来寻找可以解释个人行为的通用理论。1948年，密歇根大学的政治学家推出了美国全国选举调查，这是当时规模最大、最雄心勃勃和最重要的对美国选民的调查。罗杰斯并不反对这项工作，但他并不认为数人头是研究政治的最佳方式，他相信民意调查对美国民主是有害的。布鲁默认为民意调查者误解了科学，但是，在1948年大选灾难之后，许多社会科学家开始相信，如果民意调查者失败了，社会科学也会步其后尘。

社会科学研究理事会警告说："外行和专业团体之间关于选举前民意调查的长期争议，可能会对所有类型的意见和态度的研究产生广泛而不合理的影响，并可能会波及普遍性的社会科学研究。"它在1948年12月发布的报告结论是，民意测验专家"受错误的假设诱导，相信他们的方法比实际要准确得多"，他们没有能力完成预测总统选举的任务，但是"公众不应从选举前的预测中得出任何推论，从而贬低在不涉及表达意见或行动意图的领域中进行适当抽样调查的准确性或实用性"。也就是说，民意调查行业不健全，但社会科学非常可信。[52]

尽管社会科学家对他们的工作进行了激烈的辩护，但是当国家科学基金会最终于1950年成立时，它并不包含社会科学部，甚至在国家科学基金会成立之前，联邦政府就已经承诺通过资助物理科学来加强国家安全。1949年时，国防部和原子能委员会为所有大学的物理学研究提供了96%的资金。许多科学家对学术自由的未来表示担忧，有两个人对此警告："必须尽快扭转大学里军事统治的趋势。"康奈尔大学物理学家菲利普·莫里森（Philip Morrison）预言，国家安全之下的科学将变得"狭隘、以国为界和对外保密"。[53]国家科学基金会的成立并没有消除这些担忧。尽管美国国家科学基金会的1500万美元预算只是为从事军事研究的科学家提供资金的一小部分（仅海军研究办公室的年度研究预算就达到了8500万美元），但获得国家科学基金会资助的代价是经受忠诚度测试、监控和意识形态监督，并且要同意接受一系列调查。正如美国科学家联合会所说的那样，"经过4年艰苦斗争后终于成立的基金会与许多科学家的期望相去甚远"。[54]

当然，即使没有国家科学基金会的支持，社会科学研究仍在继续。政治学家将调查方法应用于研究美国的政治，并根据研究成果提出政策建议。1950年，两党之间的差异比之前或之后都要小，当时，选民们很难确定哪个政党是保守的，哪个是自由的，美国政治科学协会（American Political Science Association）的政党委员会在这时发表了一份名为《迈向更负责任的两党制》的报告。委员会认为，美国民主的问题在于两党太相似了，而且都很薄弱。该报告建议从全国领导委员会到国会顾问会议强化政党制度的各个要素，并使两党的党纲体现出更加明显的差异。"如果两党不制定可行的替代方案，"该委员会警告说，"选民的挫败感和国家政策的模糊性可能会引发极端左倾或右倾的倾向。"[55]

并不是每个人都接受政治学家关于美国选民应该变得更加党派化和更加两极分化的建议。1950年，仍然因意外败给杜鲁门而感到沮丧的托马斯·杜威在普林斯顿大学的一系列讲座中对学者们进行了谴责："他们希望将所有的温和派和自由派赶出共和党，然后让剩下的人与南方保守派联手，接下来他们真的会把所有东西都整齐排列。民主党将会是从自由到激进的政党，共和党将会是从保守到反动的政党。结果也将一目了然，共和党人会在每次选举中失利，而民主党人将赢得每次选举。"[56]

确切地说,这种分类最终确实实现了,但并非有利于某一党,而是损害了每个人的利益。也许它是定量政治学家的智慧结晶,但却是由民意测验专家和政治顾问通过计算机分割选民来实施。布鲁默和罗杰斯提出的问题没有得到回答。任何民意测验者都可能预测到:民意测验者打败了学者。

当杜鲁门击败杜威民主党人重新控制了两院,而"大耳朵"林登·B. 约翰逊(Lyndon B. Johnson)在参议院占据一席之地时,美国医学协会惊慌失措地打电话给选战公司旧金山办事处。杜鲁门在就职前几天向国会发出咨文,呼吁批准他的全民健康保险计划。

在得知选战公司挫败了沃伦的加利福尼亚州医疗保健计划取得的惊人战果后,美国医学协会决定完全采取加利福尼亚医学协会的办法:聘请克莱姆·惠特克和莱昂内·巴克斯特。《华盛顿邮报》认为,惠特克和巴克斯特背后的美国医学协会也许应该停止"自己的神经官能症,不要试图在每次政府提议成立某个福利部门或提出健康计划时就恐吓全体美国公众"。医学协会无所畏惧地向惠特克和巴克斯特支付了每年10万美元的费用,年度预算则超过100万美元。选战公司搬到了位于芝加哥的新总部,拥有37名员工。为了推翻杜鲁门的提议,他们发起了"全国教育运动"。美国医学协会通过每年从会员那里收取25美元的方法,筹集了350万美元的资金。惠特克和巴克斯特喜欢把他们的工作称为"草根运动",但不是每个人都对此深信不疑。"亲爱的先生们,"一位医生在1949年写道,"你们为你们的'草根游说团'分配了250万美元还是350万美元?"[57]

像以往一样,他们着手起草运动计划。计划的开篇写道:"这必须是一场唤起并提醒美国各社会阶层人民的运动,直到它催生出一场伟大的公共运动,以及争取自由的根本斗争。""鉴于世界各地的社会主义化和专制化趋势,任何其他行动计划都会引发灾难。"然后,他们想出了一个特别狡猾的策略,其目的之一是让公司的批评者沉默，惠特克用蓝色纸张印刷了数十万份计划："反对强制性健康保险运动的简化蓝图"，提醒美国人民应该购买蓝十字与蓝盾协会（Blue Cross and Blue Shield）的医疗保险，他们还把计划发送给记者、编辑和国会的每一位成员。[58]

"简化蓝图"不是他们的实际计划，办公室里流传着另外一个版本的计划，上面标着"机密：不得公开"。虽然该运动的直接目标是打败杜鲁门的提案，但它的长期目标是"永久停止鼓吹本国的公费医疗"：

（a）使人们意识到受政治摆布、由政府监管的保健体系的危险性；

（b）说服人民……美国实行的私人医疗制度优于其他国家的主导医疗体系；

（c）促进自愿医疗保险制度的发展，以减轻疾病带来的经济冲击，并提高美国人医疗保健的可获得性。

正如惠特克和巴克斯特所说："基本上，问题在于我们是否要继续保持一个自由的国家，在这个国家中，个人可以决定自己的命运，或者我们是否要迈出成为一个社会主义或共产主义国家的最后一步。我们要以任何人都不会误解的生动语言描绘德国、俄罗斯以及英格兰的图景。"[59]

他们把传单、明信片和信件寄往全国各地，但效果并非总是如愿。"收到你骇人的邮件，这是多么可怜，"一位愤怒的纽约药剂师写道，"我真希望总统能够成功。祝他好运。"杜鲁门本可以用点运气，但惠特克和巴克斯特为了能够挫败他的国家健康保险计划，耗时三年多，耗费美国医学协会近500万美元。但这终于奏效了。[60]

杜鲁门很生气。至于他的计划被解释为"公费医疗"，他说自己并不知道这究竟是什么东西。他还说了另一件事："和美国医学协会为歪曲我的健康计划而向惠特克和巴克斯特广告公司付出的代价相比，这项法案中没有任何东西与社会主义有关。"[61]

全民健康保险必须等待另一位总统、另一届国会和另一个时代。斗争只会变得更加丑陋。

III.

大多数政治职业都符合算术曲线。理查德·尼克松的崛起就是呈指数上升的：33岁当选国会议员，36岁获得参议员席位。两年后，他成为副总统。

他一直坚持对惠特克·钱伯斯称"阿尔杰·希斯是共产党人"的说法进行调查。在一系列情节堪比希区柯克电影的调查中，包括在钱伯斯马里兰州农场里空心南瓜中找到藏匿的胶片，即所谓的"南瓜文件"，尼克松一直指控希斯不仅是共产党人，而且像钱伯斯一样，是苏联间谍。[62]

1950年1月，希斯因为否认自己是共产主义者（间谍活动的诉讼时效已到期）而被判犯有伪证罪，判处五年监禁。宣判五天后的1月26日，尼克松在国会发表了一次长达四小时、名为《希斯案——美国人民的一课》的演讲。它读起来就像阿瑟·柯南·道尔的小说，叙述了整个案件的调查历史，而尼克松是其中的王牌侦探。尼克松把这次演讲的内容打印出来，并邮寄给加州的选民，他的目标是参议院的席位。[63]

尼克松看中的是资深加州民主党人谢里登·唐尼在参议院的席位，即1933年州长选票上"厄皮和唐尼"中的唐尼，也是喊出"终结加州的贫困"口号的唐尼，因为他决定不竞选连任。通过扣上赤色分子的帽子和含沙射影的黑暗艺术这种方式，尼克松击败了他的对手、民主党人海伦·加黑根·道格拉斯（Helen Gahagan Douglas）。他说，道格拉斯"连内衣都是粉红色的"。《国家》杂志的凯里·麦克威廉姆斯（Carey McWilliams）说，尼克松"在运用小恶意方面有着惊人的才能"。[64]但是他赢得席位的原因是他在起诉阿尔杰·希斯时所获得的全国性声誉,尽管这场运动很快就被一位身高六英尺、体重二百磅的前重量级拳击手打断了。

2月9日,初出茅庐的威斯康星州参议员约瑟夫·麦卡锡在自己的演讲中大段大段地盗用了尼克松《希斯案——美国人民的一课》的演讲稿,他声称手中握有一份国务院里颠覆分子的名单。为了向尼克松致敬,当麦卡锡发现一个颠覆分子的时候,他喜欢说:"我找到了一个南瓜。"[65]

麦卡锡有一双大手和两条浓密的眉毛,目光令人恐惧。战争期间,他曾在太平洋地区的海军中服役。尽管他很少参加战斗,只在一次小战中受了轻伤,但他却在1946年的共和党初选中以战争英雄的身份击败了在任的小罗伯特·拉福莱特(Robert La Follette Jr.),并在之后谎称民主党人霍华德·麦克默里(Howard McMurray)的竞选活动是由共产党人资助的——好像麦克默里也穿着粉红色内衣似的——借此击败了麦克默里而进入参议院。

麦卡锡在参议院任期的第一年充满了失败和谎言。像尼克松一样,他把握住了流行的政治风气,并决定通过反共来出人头地。在关于希斯的演讲中,尼克松暗示,不仅希斯,国务院和杜鲁门政府其他部门的许多人都是庞大的共产主义阴谋的一部分。2月9日,当麦卡锡在西弗吉尼亚州惠灵市的俄亥俄县共和党妇女俱乐部发表演讲时,就已经预示了,他比尼克松走得更远。"虽然我不能花时间给出国务院里所有被标记为共产党的人的名字,"他说,"但是我手里有一份205人的名单……国务卿知道名单上这些人都是共产党,但这些人至今仍在制定和影响国务院的政策。"[66]其实他根本没有名单,除了想象中的粉红色内衣,他什么都没有。

麦卡锡在惠灵市发表演讲三周后,副国务卿约翰·普里福伊(John Peurifoy)说,虽然国务院里没有任何共产党人,但有91名男同性恋者,由于他们有"安全风险"(另一种委婉的说法是"他们特别容易受到勒索"),因而最近被解雇了。在某种程度上,普里福伊的声明为麦卡锡的指控带来了可信度:

真的有人被解雇了。来自伊利诺伊州的一位共和党代表完全弄错了时间顺序，遂这样称赞麦卡锡的清洗行为："他迫使国务院解雇了91名性变态者。"[67]

根据提供给国务卿的一系列"安全原则"的条款，清洗工作于1947年开始。有"习惯性酗酒、性变态、道德败坏、无支付能力或有犯罪记录"这样名声的人将被解雇。国务院在1947年解雇了31名同性恋者，1948年解雇了28名，1949年解雇了31名。在普里福伊发表声明一周后，雄心勃勃的华盛顿特区警察缉捕队队长罗伊·布利克（Roy Blick）在秘密听证会（有关"颠覆者和道德变态者渗透到美国政府的行政部门"）上做证说，华盛顿有5000名同性恋者。布利克说，在这其中，有近4000人为联邦政府工作。这个故事泄露给了新闻界。布利克呼吁成立一支国家特遣队："这个国家需要一个中央部门来登记同性恋者和所有类型的变态者。"[68]

尼克松-麦卡锡的反共运动无法与反同性恋运动分开。很多人暗示说，钱伯斯也是一个同性恋，因浪漫性的试探遭到冷落，所以检举了希斯。1950年3月，全国各地的报纸都报道了麦卡锡的指控。参议院外交关系委员会召开听证会，讨论"不忠于美国的人曾经是否受雇于国务院"。这场由马里兰州民主党人米勒德·泰丁斯（Millard Tydings）担任主席的听证会证明是无足轻重的。在该委员会的最终报告中，泰丁斯称这些指控"是欺诈和恶作剧"。但这既没有让麦卡锡稍做收敛，也没有让他惊慌失措，他巧妙地操纵了媒体，加剧了人们对全球共产主义阴谋和同性恋网络的恐惧，这两者都在试图破坏"美国主义"。（麦卡锡对选民的控制力度如此之大，以至挑战麦卡锡的泰丁斯在竞选连任时失败了。）[69]

谁能约束他？麦卡锡主义的批评者中很少有人像缅因州参议员玛格丽特·蔡斯·史密斯（Margaret Chase Smith）一样有影响力，她是第一位在国会两院任职的女性。1950年6月，她在参议院发表了名为《良心宣言》的演讲。史密斯说："我不希望看到共和党依靠殉道者的四骑士——恐惧、无知、偏执和诽谤去赢得政治上的胜利。"她是温德尔·威尔基式的温和派共和党人。伯纳德·巴鲁克说，如果是一个男人做出了这番演讲，他将会成为美国下一任总统。后来，当常设调查小组委员会抛弃了史密斯之后，尼克松取代了她。[70]

1950年9月，国会推翻了杜鲁门的一票否决，通过了《国内安全法》（*Internal Security Act*），要求共产党人向司法部部长登记，并组建了忠诚委员会对联邦雇员进行审查。当年秋天，尽管有中间派倾向、但对清除同性恋者却毫无疑虑的玛格丽特·蔡斯·史密斯加入了由北卡罗来纳州参议员克莱德·霍伊（Clyde Hoey）领导的对"政府中同性恋者和其他性别变态者雇用情况"的调查。霍伊委员会的结论是，此类男女对国家安全构成了威胁。[71]

对共产党人和同性恋者的讨伐，同时也是针对联邦政府中被嘲笑为"书呆子"（eggheads）的知识分子的一场运动。受秃顶的伊利诺伊州民主党人阿迪莱·史蒂文森（Adlai Stevenson）的启发，路易斯·布罗姆菲尔德（Louis Bromfield）在1952年创造了这个词，用来形容一个人"有着虚假的知识分子式的自负，这类人通常是教授或教授的门生，对任何问题的反应从根本上说是肤浅的、过度情绪化的和女性化的"。这个词还隐约暗示着同性恋。一位国会议员将残余的新政主义者描述为"搞乱每个人个人事务和生活的短头发女人和长头发男人"。[72]

麦卡锡主义不是对美国境内共产主义的慎重反应。美国共产党的成员人数是20世纪20年代以来最低的。1950年，当美国人口达到1.5亿时，一共有43 000名共产党员，而1951年时只有32 000名。意大利、法国和英国的共产党都相当强大，但这些国家在20世纪50年代都没有经历过赤色恐怖。1954年，有人要求温斯顿·丘吉尔成立皇家委员会来调查英国的共产主义，丘吉尔直接拒绝了。[73]

1951年，当最高法院维持1940年《史密斯法案》（*Smith Act*）的判决时，麦卡锡运动在法律上取得了至关重要的胜利，在"丹尼斯诉美国案"中，最高法院以6∶2裁定第一修正案对言论自由、出版自由和集会权利的保护并不包含共产党人。这一裁定让司法部可以自由地逮捕共产党人，他们可能被定罪并被判入狱。法官雨果·布莱克（Hugo Black）在"丹尼斯案"中满怀痛苦地写下了不同意见："然而希望仍然存在，在较为平静的时期，当目前的压力、怒气和恐惧消退时，本届法院或下届最高法院，将恢复一个自由社会中第一修正案所保护的自由应拥有的优先位置。"这种平静在很长一段时间内都没有出现。相反，麦卡锡所想象的阴谋网却变得越来越大、越来越广。他说，控制民主党的男人和女人已经"屈从于叛徒的低声恳求"。来自印第安纳州的共和党参议员威廉·詹纳（William Jenner）说："我们唯一的选择是弹劾杜鲁门总统，并找出谁是那个秘密的隐形政府。"[74]

不管是不是"书呆子"，民主党人都未能打败麦卡锡主义。林登·约翰逊在1950年成为民主党党鞭，两年后成为少数党领袖。1952年大选后的早晨，他在日出前打电话给新当选的民主党人以获得他们的支持。"这家伙一定没有睡觉。"困倦的约翰·肯尼迪说道。约翰逊像牛仔驯牛一样管理参议员的方式广为人知。他把他们赶到走廊的角落，采取了某些报纸专栏作家所称的"手段"。他们写道："他向着一个方向前进，速度令人窒息。""他慢慢逼近，他的脸距离目标只有几毫米，他的眼睛一睁一眯，眉毛一起一落。"约翰逊瞧不起麦卡锡。"不能给他提鞋。"他说。但是，约翰逊缺乏足够的力量来阻止麦卡锡，他需要等待时机。[75]

自由派知识分子拒绝承认右翼对美国人民想象力的钳制，他们倾向于将麦卡锡主义视为一种反常现象，是自由主义大海中的一股奇怪的逆流。历史学家小亚瑟·施莱辛格（Arthur Schlesinger Jr.）在1949年写了，自由主义者受到他们早先关于社会主义甚至苏维埃主义的妄想以及他们对平凡和日常生活的浪漫依恋的谴责，再次找到了美国政治中的"致命中心"。保守派可能是曲柄和煽动者，他们可能拥有权力甚至拥有广播节目，但是，在思想世界中，自由派思想家相信，他们几乎没有反对意见。"在这个时代的美国，自由主义不仅占据主导地位，而且是唯一的知识传统，"文学评论家莱昂内尔·特里林（Lionel Trilling）强调，"因为有个明显的事实是，如今在大众传播中没有见到保守或反动派的观点。"[76]

这个判断是错误的。麦卡锡主义不是一股逆流，它是美国保守主义上升趋势的一部分。[77]它的主要思想家是逃离法西斯政权或共产主义政权的难民。他们反对集体主义和集中规划，拥护个人自由、个体权利和自由市场。安·兰德（Ayn Rand），原名阿丽萨·罗森鲍姆（Alisa Rosenbaum），在布尔什维克的俄罗斯长大，1926年移民美国，起初在好莱坞写剧本，最终转向了小说写作，1943年，她出版了《源泉》（*The Fountainhead*），1957年出版了《阿特拉斯耸耸肩》（*Atlas Shrugged*）。出生于奥地利的弗里德里希·冯·哈耶克已经在伦敦经济学院工作近20年，从1949年起在芝加哥大学任教（1961年移居德国）。尽管他们的目标截然不同，但哈耶克和兰德采取了许多与惠特克和巴克斯特相同的修辞手法，他们像所有最富有成效的冷战斗士一样，将医疗保险等政策问题归纳为自由制与奴隶制之间的争斗。惠特克和巴克斯特反对杜鲁门的医疗保健计划的言论听起来与哈耶克的《通往奴役之路》如出一辙。惠特克在1949年陈述的事实是：

> 希特勒和斯大林以及英国的社会主义政府都使用了公费医疗的"鸦片"来减轻失去自由的痛苦，并且哄骗人民不要抵抗。强制性医疗保险在旧世界的蔓延如果传播到我们的新世界，将标志着美国自由体制终结的开始。铁路、钢铁厂、电力工业、银行和农业的国有化，只是一个时间问题。

通过医疗保健立法将使美国成为"奴隶制国家"。[78]

也许最有影响力的新保守派知识分子是理查德·M. 维沃（Richard M.

Weaver），他是南方人，在芝加哥大学执教，他对现代性的抱怨是"事实"取代了"真理"。维沃的《思想的后果》（*Ideas Have Consequences*，1948）反对机器驱动进步的观点，他认为这种观点是"歇斯底里的乐观主义"，而且他认为西方文明几个世纪以来一直在衰落。维沃将这一衰落的开始追溯到14世纪，当时人们否认存在普遍的、高于人的真理。"对普遍性的否定伴随着对超越经验的一切事物的否定，"维沃写道，"否认一切超越经验的事物不可避免地意味着否认真理，虽然可以找到方法拒绝承认。"维沃认为，回答"事情是变得更好还是变得更糟"这个问题的唯一方式，是看现代人是否比他的祖先更有知识或更加聪明。他对这个问题的回答是否定的。伴随着科学革命，对世界运行方式进行特定解释的"事实"取代了对其存在意义普遍理解的"真理"。维沃表示，更多的人能够阅读，但"在一个自由表达、名望得利的社会中，他们主要阅读的是那些使他们堕落的东西，并且他们持续地受到印刷机操纵者的控制"。对维沃来说，机器不是衡量进步的标准，而是"衰落的华丽呈现"。美国人自诩以平等替代了差异和等级，这是一种糟糕的替代品。[79]

如果维沃是最严肃的保守主义思想家，那么没有什么比1951年小威廉·F.巴克利的《上帝和人在耶鲁："学术自由"的迷信》（*God and Man at Yale: The Superstitions of "Academic Freedom"*）一书的出版更能体现保守主义运动的上升趋势。巴克利在书中对美国大学中的自由主义感到遗憾。他说，教师们宣扬反资本主义、世俗主义和集体主义。巴克利共有十个兄弟姐妹，他排行第六，他在一个虔诚的天主教家庭中长大，因其杰出的智慧和自信而闻名全国。

罗素·柯克（Russell Kirk）的《保守主义的精神：从柏克到艾略特》（*The Conservative Mind*）出版于1953年。密歇根学者、历史学家柯克为新兴的运动提供了宣言：一个关于其起源的故事。《保守主义的精神：从柏克到艾略特》将其描述为"一篇关于概念的长文"，试图解释"自法国大革命开始以来，保守主义冲动的人一直在抵制激进理论和社会变革"的思想。柯克认为，自由主义者见证了"一个批判传统、高呼平等、欢迎变化的世界",自由主义导致了一个"被工业主义污染、由大众标准化、经政府强化的世界"。柯克受埃德蒙·伯克的启发,极力主张那些不同意自由主义基本信条的人应将他们自己称为"保守主义者"(而不是19世纪自由放任意义上的"古典自由主义者")。他认为,保守派知道"文明社会需要秩序和阶级,他们相信人具有邪恶的本性,因此必须控制他的意志和欲望",而"传统能够抑制人类的无政府主义冲动"。除了其他方面,保守主义还要求赞美"人类存在的奥秘"。[80]

因此,这不是为了美国的灵魂,而是为了美国的思想而战,这是神秘与事实之战,是等级与平等之战。1955年,巴克利创办了《国家评论》(*National Review*)杂志。两年后,惠特克·钱伯斯加入其中。谴责美国报纸和杂志"老一套自由主义"的柯克定期为其撰写专栏文章。巴克利在创刊中说,这本杂志"与历史不符,叫停"[81]。

郊区的家庭主妇充当了保守主义运动的排头兵,在这里,女性集会支持约瑟夫·麦卡锡。贝德曼图片资料馆/盖蒂图片社

如果说提出这些想法并撰写新保守主义书籍的主要是男性，那么举着标语牌在选区内活动的则是女性，她们没有大喊大叫，而是礼貌地低语："请停下来。"全国共和党妇女俱乐部联合会主席贝蒂·法林顿（Betty Farrington）为这些俱乐部聚集了激烈反共，并支持约瑟夫·麦卡锡的家庭主妇。在1948年杜威大选失利之后，法林顿认为共和党需要一个强有力的人："如果一位领导人能够向我们展示通往我们向往的许诺之地的道路，我们将会感激不尽。今天，世界需要这样一个人。他早晚肯定会到来，但我们不能无所事事地在期盼中袖手旁观，何况他的出现在一定程度上也取决于我们。仅仅是需要领导者这一事实并不能保证他的出现，人们必须为迎接他的到来做好准备，而我们作为共和党的女性党员，要在我们的俱乐部里做好准备。"法林顿相信麦卡锡就是那个人。麦卡锡在西弗吉尼亚州惠灵市的演讲是受邀向共和党妇女俱乐部发表讲话，他使用了19世纪女性运动的语言，这不是巧合，并不是用的19世纪妇女运动的口气。麦卡锡说："我们西方的基督教世界与无神论的共产主义世界之间的巨大差异无关政治，而是道德层面的。"[82]节育、废奴、选举权和禁酒不是罗素·柯克保守主义知识谱系的一部分，但它们是其核心选民的基本经验。

家庭主妇是共和党的基础，正如工会成员之于民主党一样。巴里·戈德华特（Barry Goldwater）承认："如果没有全国共和党妇女联合会，就不会有共和党。"（尼克松不能忍受她们："我不会去和那些愚蠢的老娘们儿说话！"他十分恼火，但他照样咬紧牙关去了。）[83]20世纪50年代，活跃的共和党人中有一多半是女性，而在民主党中只有41%。1950年，法林顿在华盛顿推出了为期三天的政治课程，用来培训选区内的工人，这一课程同时对男性和女性开放，但参加学习的大多数是女性，而在民主党全国委员会举办的同类课程上，大部分参与者是男性。在共和党中，党务工作是妇女的任务，它将解释、组织和协调等工作称为家务。共和党的有志之士被告知，要"为战斗在家庭阵地的妇女感到骄傲。她们按响门铃、填写登记卡，并且承担了政府内务工作，从而将共和党的原则带进了每个家庭"。共和党妇女成立了"厨房内阁",为总统内阁中的每一位成员任命了对应的女性成员,通过每月公告"华盛顿菜单""与全国家庭主妇分享共和党成果的政治秘方"。[84]正如一名参议员在妇女俱乐部联合会上发言时所说,大象的确是共和党的恰当象征,因为大象的"前面有一个真空吸尘器,后面有一个地毯拍打机"[85]。

到了20世纪50年代中期,保守派对无神论学术界以及愚蠢的新闻界的批评正当其时,他们也捍卫家庭以及女性作为家庭主妇的作用,尽管家庭主妇的角色已经政治化,一项反同性恋并支持新型传统家庭的道德运动开始启动。

与此同时,麦卡锡主义仍在持续:狭隘、粗俗、癫狂。麦卡锡的崛起,他那愚蠢的阴谋,以及追随者的规模,都使许多观察者目瞪口呆,认为这是美国政治核心的疾病症状。这让乔治·凯南迷惘不已:"在我看来,一个政治体系和一种舆论,在某个时代如此轻而易举地在挑战面前迷失方向,在另一个时代也会因类似的挑战而变得不堪一击。"[86]是什么原因使如此多的美国人轻易地受到这种不合情理的世界观的影响呢?

在哥伦比亚广播公司内部,这一计划被称为"X项目",它一直是最高机密,直到1952年选举日的前一个月,电视网宣布将使用"巨脑"来预测胜利者。一家地方性电视台发布了一则报纸广告,承诺"机器人计算机将为哥伦比亚广播公司提供历史上最快的报道"。[87]

这台"巨脑"被称为"尤尼瓦克"(UNIVAC),即通用自动计算机,是世界历史上第一台商用计算机。1951年5月,曾在1946年为埃尼亚克揭幕的约翰·莫克莱和普雷斯伯·埃克特邀请新闻界人士参观他们为美国人口普查局建造的新机器进行的演示。尤尼瓦克只有埃尼亚克的一半大小,但速度更快。它能快速地对人口进行分类,对人口普查局来说是非常可贵的。很快,所有与联邦人口普查有关的计算都由尤尼瓦克完成,这项工作被称为"数据处理"。从商业应用的角度来看，尤尼瓦克和后代产品将改变美国的商业，通过简化管理和行政任务，如工资单和库存清单，直接削减成本，加速生产，最终将人们转变为消费者，他们的习惯可以被跟踪，他们的支出可以计算，甚至可以预测。但在政治上，它将造成严重的破坏，将选民分裂成众多小群体。

通过"性别、婚姻状况、教育程度、居住地、年龄段、出生地、就业情况、收入和其他十几种分类法"对公民进行归类的技术，也可以对消费者进行归类。企业发现，将市场分为若干块，并将正确的广告和产品精准地投放给合适的消费者，能够在降价的同时增加利润。运用与广告商细分市场相同的方式，政治顾问也会将选民分成不同的群体，向他们发送不同的信息。[88]

当莫克莱和埃克特在1951年举行揭幕仪式时，这一切还尚未发生，媒体反应平淡。为了交差，《纽约时报》只在第25页底部的一段文字中提到了这个"八英尺高的数学天才"，好像它只不过是一个特技表演，就像机器人"伊莱克托"一样。[89]

尤尼瓦克首次亮相时，正是美国人对自动化越来越恼火的时候。就在这一年，读者读到了社会学家C. 赖特·米尔斯（C. Wright Mills）写的《白领：美国的中产阶级》（*White Collar*）一书，书中对工作者的命运进行了控诉，他们坐在市郊办公园区摩天大楼的空调办公室里，头顶上闪烁着日光灯，周围是电话、口述录音机、对讲机和油印机。米尔斯认为，由机器驱动的办公室工作创造一个极度疏离的工人阶层，而新的办公室尽管有各种各样的精巧器械，但其可怕程度并不亚于老式的由砖瓦和蒸汽构成的工厂。米尔斯写道："看到办公室广阔空间里一排排相同的办公桌，会让人们想起赫尔曼·梅尔维尔（Herman Melville）对19世纪工厂的描述，'一排排惨白色柜台后面坐着一排排神色木然的姑娘，苍白的手里拿着白色的文件夹，每个人都在单调地折着白纸'。"梅尔维尔描写的是1855年时的一家新英格兰造纸厂，米尔斯在一个世纪后呈现的是一间现代化的办公室："新的办公室安排合理，机器在运作，员工成为机器的附属品，和工厂里一样，这里的工作也是由集体完成，而非个人化的。"他写道："它是为自动化专门设计的。"[90]打字机和加法器的嗒嗒声充斥着白领工人生活的每一分钟。他们有着机器人的愉悦，失去了除无聊之外的任何感知能力。[91]

"像机器人一样"已成为一句骂人的话，那些对解释尤尼瓦克真正具有革命性的能力感兴趣的人不得不做一些事情，而不仅仅是描述它简单的机械功能。莫克莱对尤尼瓦克揭幕的平淡报道感到失望，之后，他写了一篇名为《计算机有新闻价值吗？》的论文。鉴于计算机作为头版新闻的新颖性已经消失，他建议，最好的办法是展示计算机如何应用于现实世界。他聘请了一家公关公司，解释说，"我们必须让宣传面对大众，因为我们的目标是扩大市场，直到计算机变得像电话交换机和数字记账机一样普及"。莫克莱的公关团队随后提出了一个非常聪明的计划，即提议哥伦比亚广播公司在大选之夜预测即将揭晓的选举结果。[92]

1948年，只有不到3%的美国家庭拥有电视机；1952年，这一数字提高到了45%。到20世纪末，90%的美国家庭都有电视机。1952年，电视首次对总统大选进行了报道，如果莫克莱的计划能够实施，这将会是第一次在电视上预测结果的大选。

这是一场特别吸引眼球的选举。德怀特·戴维·艾森豪威尔将军是一名终身军人，是一位在第二次世界大战期间担任欧洲盟军最高统帅的五星上将，他在1948年拒绝参选，理由是职业军人应该远离政坛。1952年，在他61岁时，他最终被说服参选，挑战杜鲁门，相对来说，大选也是对美国卷入朝鲜半岛局势的一场全民公投。1950年6月，朝鲜与韩国发生军事冲突。杜鲁门派出了由道格拉斯·麦克阿瑟将军率领的军队，将朝鲜人几乎赶到了中国的边境，严重威胁到中国的安全，中国做出反应，向朝鲜提供物资，美军失去了他们所占领的所有土地。这场战争旷日持久、代价高昂、不得人心。此时，战争英雄艾森豪威尔似乎还是一位完美的候选人。

克莱姆·惠特克和莱昂内·巴克斯特负责组织他的竞选活动。选战公司自1933年成立以来一直在幕后工作,并没有因出色地击败杜鲁门的全民医疗保险计划而受到追捧。1951年,《国家》杂志刊登了凯里·麦克威廉姆斯撰写的"曝光三部曲"。麦克威廉姆斯钦佩克莱姆·惠特克和莱昂内·巴克斯特,也很喜欢他们。但他认为他们的权力太大了,并且身处危险之中,他们所创造的完全就是一个"惠特克和巴克斯特政府"。麦克威廉姆斯的故事发表后,一些有名的医生退出了美国医学协会,其中包括马萨诸塞州总院的院长。他在辞呈中解释说,他不再愿意支付用于支持"我认为与公共福利相悖、无助于学术专业的活动"的费用。秋天,美国医学协会解雇了惠特克和巴克斯特,也是在此时,他们前去为艾森豪威尔效力。[93]

他们决定让艾克(Ike,艾森豪威尔的昵称)上电视。1952年,共和党在电视广告上花了150万美元,民主党花了77 000美元。民意调查和广告相互推动。乔治·盖洛普在艾森豪威尔的电视时段用虚假纪录片的形式为他的短片拟定了主题。在"艾森豪威尔回答美国"的电视片里,一位年轻的黑人男子(从时代广场街头被拦下来,让他阅读提示卡)说:"将军,民主党告诉我,我从来没有过得这么好。"艾森豪威尔回答说:"当美国负债数十亿美元、物价翻番、税务压弯了我们的腰,而我们还在朝鲜打仗时,这能是真的吗?"然后,他严肃地直视镜头:"这太惨了,现在是改变的时候了。"[94]

艾森豪威尔的政治风格是温和的,正如他随和的性格。他形容自己是一个"充满活力的保守主义者":"在涉及金钱时,我是保守的,在关系到人类时,我是自由主义的。"他的民主党对手、伊利诺伊州州长阿迪莱·史蒂文森发现艾森豪威尔的政治承诺有缺陷,"我认为你的意思是,你会强烈建议建设许多学校以满足孩子们的需要,但却不给钱"。批评者称秃头和下流的史蒂文森是一个书呆子和"基佬",有谣言说他是同性恋。史蒂文森开玩笑地说:

"全世界的书呆子团结起来！你不会损失任何东西！"他完全没有体会到这场反对他的运动存在任何恶意。[95]

像20世纪30年代的广播电台一样，电视在20世纪50年代风靡一时。广播电台形成的新闻报道风格很难适应屏幕，但观众数量非常庞大，以至各个新闻机构有充分的动力去调整和适应。1949年，联邦通信委员会制定了公正准则，这是一种电视新闻标准，要求对任何公共事件进行报道时，观点要做到"合理的平衡"。哥伦比亚广播公司派华盛顿分支机构华府头条电视台（WTOP-TV）的35岁新闻记者沃尔特·克朗凯特（Walter Cronkite）去报道两党的提名大会。

理查德·尼克松乘坐"厄尔·沃伦号"专列从加利福尼亚前往在芝加哥举行的共和党全国代表大会，以表达对沃伦争取总统候选人提名的支持。惠特克和巴克斯特从未原谅厄尔·沃伦在1942年解雇了他们，哪怕曾在1945年挫败了全州医疗保险计划也没有平息他们对报复的渴望。在开往芝加哥的火车上，尼克松背地里说服了加利福尼亚州的代表们选择艾森豪威尔——这是一场被后世称为"火车大劫案"的阴谋——作为奖励，将军本人已经在选票上给尼克松留了一个位置。沃伦后来把尼克松叫作"骗子和小偷"。艾森豪威尔在他的政府中给沃伦的职位是：副检察长。[96]

尼克松得到了共和党副总统的候选人提名，但几周之后，他不得不在电视上奋力保住这个提名。大会结束后，媒体透露尼克松有一个18 000美元的肮脏基金。艾森豪威尔的顾问极力劝说他放弃尼克松，并要求尼克松退出。尼克松面临政治生涯即将结束的危机，他决定向公众说明情况。他为此努力，写下了关乎生命的演讲词。1952年9月23日，尼克松坐在一张松木桌后面，他的妻子坐在一把铺有印花棉布的椅子上望着他，看起来像是在他的私人房间，但这是全国广播公司的洛杉矶演播室为他搭建的一个舞台。他表现出色，充满了痛苦和自怜。这次电视节目的收视率突破了纪录。尼克松说他打算做一些美国政治上从未有过的事情,他详细介绍了自己的财务状况:"我所挣的每一笔钱、每一笔开销,以及每一笔欠债。"他随后列出了他的微薄收入、背负的贷款和他的资产(这会让你大吃一惊,因为太少了),几乎精确到美分。他没有股票、没有债券、两年前买的一辆奥兹莫比尔汽车、抵押贷款、银行债务,甚至是欠他父母的、每月都会支付利息的债务也一一列出。没错,他接受了别人捐给竞选基金的礼物,但是没有任何捐赠者因为捐款而受到特别照顾,并且"一万八千美元中没有一分钱"是花在他个人身上的,都用于竞选开支。他捂了一会儿脸,似乎在进行最后的、令人羞愧的忏悔。他必须承认曾经接受过一件礼物:得克萨斯州的一个人送了他女儿一只黑白斑点的小可卡犬,他6岁的女儿特里西娅给这只狗取名为"跳棋"。"无论他们怎么说,"他假装受到了伤害,"我们都要留着它。"[97]

自由主义者对此次演讲感到厌恶,一部分原因是矫揉造作,更主要的是因为伤感自怜。艾森豪威尔当时担任哥伦比亚大学的校长,23位哥伦比亚大学教授,包括阿兰·内文斯(Allan Nevins)、莱昂内尔·特里林和理查德·霍夫施塔特(Richard Hofstadter)共同发表了一份声明,谴责了这场"跳棋演讲",内文斯称"这是一场从本质上讲并不诚实和情绪化的申诉,他让很多人对所涉及的问题感到困惑"。[98]沃尔特·李普曼说,观看这次演讲是"我的国家不得不经受的最丢脸的事情",但是绝大多数看了演讲的人都喜欢它。尼克松也说出了他们的经历、他们的平静生活,以及他们的不满。显然,尼克松挽救了他的职业生涯,甚至更进一步。《时代》周刊报道称:"在30分钟之内,他在该党的负债变成了闪闪发亮的资产。"[99]

尼克松还实现了另外一些更加重要、影响更为深远的愿望。自哈定和胡佛时代以来,共和党一直是商人、乡村俱乐部成员和股票投资者的政党。而从安德鲁·杰克逊的白手起家者,到威廉·詹宁斯·布莱恩的农夫,再到罗斯福的"被遗忘的人",民主党一直是小人物的党。尼克松在演讲中推翻了这种算法。这让自由主义者十分烦恼：他们不再是人民的党了。民粹主义右转了。[100]

"跳棋演讲"是电视史上的一个里程碑，并且成了美国政治历史上的口号。"迷失在记忆的迷雾"中是此次选举期间的又一次史诗般的转折。在"跳棋演讲"之后，尼克松认定他喜欢电视。正如他的朋友、好莱坞制片人泰德·罗杰斯（Ted Rogers）所说的那样，"他是个电子人"。[101]不过在那年选举季中，真正的电子人是"尤尼瓦克"。

两党提名大会之后，三家电视网络的所有广播员都在寻找一种更好的方法报道选举之夜，不能再重复1948年的惨败——没什么可看的。正如一位评论家所说的那样，"统计选票的工作基本没有视觉刺激的效果"。除了电视报道的粗陋画面，还留下了挥之不去的尴尬，那就是每个人对选举结果的预测都是错误的。播音员犯了与预测"杜威击败杜鲁门"的《芝加哥论坛报》相同的错误：当杜鲁门开始赶超时，哥伦比亚广播公司在当晚已停业休息了。[102]

哥伦比亚广播公司同意将"尤尼瓦克"作为选举之夜的特邀嘉宾。11月4日，真实的尤尼瓦克只有一台，当时还在费城，而在位于纽约的哥伦比亚广播公司的头号演播室里，查尔斯·科林伍德（Charles Collingwood）坐在一台指示灯不停地闪烁的控制台前，给观众一种他正在控制电脑的错觉。科林伍德在当晚报道开始时告诉观众："尤尼瓦克是一台神奇的电子机器，我们把它借来，以帮助我们根据早期的计票结果来预测此次大选。""这不是一个玩笑或诡计，"他接着说，"这是一个实验。我们认为它会成功的。虽然我不知道结果，但我们希望如此。"

36岁的沃尔特·克朗凯特（Walter Gonkite）读出东海岸的早期计票结果，爱德华 R.·默罗进行现场解说。出生于密苏里州的克朗凯特讲话带着中西部口音，不急不缓。晚上9点30分，克朗凯特宣布艾森豪威尔在普选中领先，而史蒂文森则得到了多数选举人票。他接着说："现在，要想知道这些在这个电子时代意味着什么，让我们转向那个电子奇迹、电子大脑——尤尼瓦克以及来自查尔斯·科林伍德的报道。"

哥伦比亚广播公司新闻频道对1952年大选结果进行预测，团队成员包括沃尔特·克朗凯特以及第一台商用计算机尤尼瓦克。Keystone-France档案/Gamma-Keystone 摄影集/盖蒂图片社

尤尼瓦克一直试图通过比较1944年和1948年的早期统计来计算大选的可能结果。然而，当摄像机转向科林伍德时，他无法从尤尼瓦克那里得到任何答案。默罗壮着胆子说道，也许"尤尼瓦克"是台谨慎的机器。毕竟，现在刚刚入夜。"也许有人或者机器能从到目前为止的结果中得出一些有力的结论，"默罗说，"但我做不到。"随后他看到了康涅狄格州的结果，许多民主党人出人意料地把票投给了共和党。默罗虽然没能一锤定音，但他表示这种势头似乎非常有利于艾克。

晚上10点30分，克朗凯特再次将摄像机转向科林伍德。科林伍德不无尴尬地表示尤尼瓦克遇到了"一点儿小麻烦"。尤尼瓦克一会儿预测艾森豪威尔将以相当大的优势获胜，另一会儿又说史蒂文森可能赢得大选。在默罗喊出艾森豪威尔当选后，尤尼瓦克再次"改变主意"，并表示竞争仍相当激烈。克朗凯特转向默罗，默罗说道："我认为现在有理由确认本次选举已经结束了。"15分钟后，克朗凯特给出了最新报道：

> 我们的电子大脑尤尼瓦克刚才不认为史蒂文森州长还有7∶8的机会，现在说艾森豪威尔将军的赢面是100∶1。无论如何，我应该注意到尤尼瓦克落后埃德·默罗几分钟。

艾克以压倒性的优势获胜。尤尼瓦克最终说对了，乔治·盖洛普也说对了，他在1948年的计票误差是5%，在1952年是4%，但这一次，艾森豪威尔的优势如此之大，使得盖洛普的误差幅度并没有导致任何预测错误。[103]

第二天，默罗在哥伦比亚广播公司电台上发表了关于公民投票的重要讲话，抗议民意调查、政治顾问和电子大脑的政治危害。"昨天，人民让民意调查员、智者先知和许多政治家感到惊讶，"默罗说，"他们像1948年那样证明了他们是神秘的，他们的动机不能通过机械手段来衡量。"他认为，本次大选让美国选民重新获得了曾经被"那些认为我们是可以预测的人"偷走的统治权。默罗说："在某种程度上，我们逃离了那些人的狭隘专制，他们声称他们可以告诉我们，我们在想些什么、我们相信什么、我们会做什么、我们的期盼和恐惧是什么，却不用咨询我们及我们所有的人。"[104]

默罗对"理性战胜恐惧、进步战胜预言"这一美国信念的信仰是20世纪中期自由主义的特征，但这也是一种不乏裂痕的信仰。在非理性的麦卡锡和冷漠的计算机器之间，权衡事实、寻找真理、思想独立的美国选民在哪里？电视的兴起再次提出了广播出现时所带来的民意可塑性问题。"洗脑"在20世纪50年代成了一个家喻户晓的词，它的使用不仅仅是指在朝鲜战争期间的心理折磨，还包括电视广播的说服力。

C.赖特·米尔斯认为，当美国人谈论"民意"时，他们的意思是18世纪的消息灵通人士在敦促他们的代表采取行动之前，进行自由而理性的讨论，以达到真理，即对问题的正确理解。但是在20世纪中叶，米尔斯说，这个想法只不过是一个像迪士尼乐园一样的幻想中的"童话故事"，因为"那些认真思考过它的人都承认，公共舆论的公众已经不如从前"。像他那一代的许多社会科学家一样，米尔斯认为，美国在成为一个完全的大众社会而不是公众社会的道路上走得太远了。区分大众社会和公众社会的方法是沟通技术：公众社会是群体之间的对话，而大众社会是从大众媒体获得信息。在大众社会中，早在人们甚至不知道需要做出决定之前，精英们——而不是人民——就已经做出了大多数决定。米尔斯所谓的"权力精英"的形成与技术上的转变，特别是与计算的兴起，有着直接关系。"由于信息和权力的手段是集中的，"米尔斯写道，"一些人在美国社会中占据了一席之地……他们所做的决定极大地影响了普通男女的日常生活。"[105]

尽管人们对"大众媒体"这个被嘲笑的词有着各种各样的担忧，但是仍存在乐观情绪，尤其不能否认这个观点，即调查性电视报道和广播电视新闻有助于向选民提供信息，向他们介绍候选人和各种争议，以及帮助美国人了解国家和世界上的事情。最终，麦卡锡的终结也是在电视上。

1954年2月18日，麦卡锡向"紫心勋章"和"银星勋章"的获得者拉尔夫·兹维克（Ralph Zwicker）将军发难。参议员告诉他，将军的"大脑还不如一个五岁的孩子"，而且他的证词是"军队的耻辱"。[106]艾森豪威尔早已对麦卡锡及其造成的破坏失去了耐心，但挑战军界是最后的那根稻草。接下来的一个月，在哥伦比亚广播公司《现在请看》电视节目中，默罗在公众面前和国会听证会上有选择地复述了麦卡锡演讲中的部分内容，揭示了这个人的残忍、道德败坏、狭隘和野蛮。默罗以精心策划的起诉形式进行了30分钟的证据陈述。"参议员麦卡锡食何种肉类？"默罗问道，"他食谱中的两种食物是豁免调查的，半真半假。"（麦卡锡有辩驳的机会，但是他两周后的回应苍白无力。）

默罗以布道般的语言做了总结陈述。"我们不会在恐惧中前行,只选其一,"他说,"如果我们深入历史和信念中,并记住我们不是恐惧者的后裔,那么我们就不会被恐惧赶入一个非理性的时代。"[107]

在1954年"陆军-麦卡锡"听证会上,约瑟夫·麦卡锡在讲话时,美国陆军首席法律顾问约瑟夫·韦尔奇(Joseph Welch)一直捂着他的头。罗伯特·菲利普斯(Robert Phillips)/《生活》图片集/盖蒂图片社

在默罗的节目播出一周后,参议院召开了"陆军-麦卡锡"听证会,对麦卡锡首席律师罗伊·科恩(Roy Cohn)——后来成了唐纳德·特朗普的人生导师——试图为麦卡锡的另一名助手大卫·夏因(David Shine)获得军事晋升的指控进行调查。林登·约翰逊狡猾地安排听证会进行电视转播。听证会持续了61天,其中36天在电视上播出。6月9日,当陆军首席顾问约瑟夫·韦尔奇最后问麦卡锡能否体面一点儿时,观众已经亲眼看到他不能。随后,科恩辞职了。1954年秋天,当民主党人重新控制参议院的时候,约翰逊以压倒性优势再次当选,一击全中的时刻终于到来了。他任命了一个调查麦卡锡的特别委

员会，并确保委员会由保守派主导，因此没有人会怀疑调查是否是党派倾轧。该委员会建议惩戒麦卡锡。同年12月，参议院以65：22通过了谴责麦卡锡的决议。约翰·肯尼迪（他的兄弟罗伯特·肯尼迪曾是麦卡锡的助手）是唯一反对谴责麦卡锡的民主党人，而他的父亲长期以来一直支持麦卡锡。麦卡锡的末日到了。[108]

"不再有麦卡锡主义了，"艾森豪威尔说，"麦卡锡主义已经过去了。"[109]三年后，一直与酒精为伴的麦卡锡去世了，年仅48岁。

众议院议长萨姆·雷伯恩（Sam Rayburn）说："这个国家需要复兴，我相信葛培理牧师正把它带给我们。"在麦卡锡垮台前后，美国人再次转向宗教，反对共产主义的无神论。在二战结束后的10年中，教会成员从7500万增加到了1个亿。[110]大部分增长都是由南方浸信会教徒推动的，比如葛培理，他对美国生活和政治的影响越来越大。1941年至1961年间，南方浸信会成员的数量增加了一倍。1949年秋天，葛培理在洛杉矶向35万多人进行了为期8天的布道。

肩膀宽阔、抹着"布里尔牌"发胶的葛培理让观众们如醉如痴。不过，他不仅为南方浸信会吸收新成员，还把各种各样保守的白人新教徒、北方和南方带入新的福音传道活动中。对葛培理而言，冷战代表了基督教与共产主义之间的摩尼教之战。"你知道共产党员的第五纵队成员在洛杉矶比在美国其他任何城市都更加猖獗吗？"他问道，"世界被分为两个阵营！"共产主义"已经向基督、圣经和一切宗教宣战……除非西方世界出现旧式复兴，否则我们将不能继续生存"！共产党人成了新的异教徒。[111]

葛培理在北卡罗来纳长大，他把美国的乡村浪漫化，并把《圣经》的布道者称为"山民"。他的反智主义与广义的反自由主义非常合拍。"当上帝准备撼动美国时，他可能不会选择哲学博士或神学博士，"葛培理鼓吹道，"上帝可能会选择一个乡下小子！上帝可能会选择一个无名小辈……一个山民，一个农村小子！他将向美国发出强大的声音，'耶和华这样说！'"

不过，葛培理本人则穿梭于国际性大都会之中。1950年，他开始在国会进行祷告。他与参议员举行祈祷会，会见总统，宣称福音主义就是美国主义。他说："如果你想要做一个忠诚的美国人，那么，就先成为一个虔诚的基督徒。"对葛培理来说，"宽容之罪"是敌人（和魔鬼）的爪牙。他说，"'宽容'一词意味着'自由主义''心胸宽广'"，"多年来，几乎在我们生活的每个领域，我们一直被伪自由主义者所教导的轻易让步和宽容"当作对共产主义的绥靖政策。"我本人对共产主义的看法是，"他说，"撒旦的阴谋。"[112]

葛培理的影响力日渐增长，艾森豪威尔逐渐认识到，他不属于任何一个教会，而是一种政治上的缺陷。作为门诺派教徒长大的艾森豪威尔决定皈依长老会，成为第一位在白宫接受洗礼的总统。他的政府开创了全国早餐祈祷会的先例。艾森豪威尔说："我们的政府形式毫无意义，除非它建立在一种深刻的宗教信仰之上，我其实并不在乎它具体是什么。"在他执政期间，国会要求在所有面额的纸币上印上"我们信仰上帝"，并在效忠宣誓中加入"在上帝庇护下"。[113]

出于其他原因，保守派对艾森豪威尔也抱有很高的期望，艾森豪威尔在1952年的竞选中承诺废除各项新政税，他说，这些税收"近乎没收"。[114]艾森豪威尔的内阁成员中包括通用汽车前总裁（阿迪莱·史蒂文森说，在艾森豪威尔的重商主义政府中，新政主义者将让位于汽车经销商）和卫生部部长、教育部部长和福利部部长，以及长期作为保守派的得克萨斯州民主党奥维塔·卡尔普·霍比（Oveta Culp Hobby，她刚刚转换了党派）一样，艾森豪威尔同样反对全民卫生保健。霍比经常说她要去华盛顿"埋葬"公费医疗。艾森豪威尔和霍比都认为免费的脊髓灰质炎疫苗是公费医疗，而霍比反对免费发放这种疫苗，这一立场让数百万儿童增加感染这种疾病的风险。最后，在一次与疫苗有关的丑闻被揭露之后，霍比被迫辞职。[115]

艾森豪威尔对保守主义失望了。他从一开始就对冷战的本质表示怀疑。艾森豪威尔虽然是一位战绩辉煌的将军，但也是和平主义者的孩子，他认为战争就是罪恶。而且，即使在他监督核武器增长的同时，他也质疑世界在核战中幸存下来的可能性。他说："我们都没有足够的推土机用来清理街道上的尸体。"他也不确定制造这么多武器有什么意义。1953年4月16日，斯大林去世几周后，艾森豪威尔作为总统发表了他的第一次重要讲话，当时他可能还希望与苏联建立更友好的关系，在这次讲话中，艾森豪威尔计算了开发武器的成本。他说，"制造的每一支枪、下水的每一艘战舰、发射的每一枚火箭，最终都意味着是对那些食不果腹以及衣不蔽体的人的盗窃"，"这个全副武装的世界，花费的不仅仅是金钱，还在消耗劳动者的汗水、科学家的天赋，还有孩子们的希望"。这番讲话让所有人想起了威廉·詹宁斯·布莱恩和他的"黄金十字架"演讲。"在任何真正意义上，这根本不是一种生活方式，"艾森豪威尔继续说道，"在可怕的战争阴云笼罩下，全人类都被吊在铁十字架上。"[116]这是艾森豪威尔关于军备竞赛最好的演讲，但不是最后一次演讲。

"我们都同意这种安排，"1956年，节目主持人昆西·豪（Quincy Howe）在介绍两位总统候选人有史以来第一次电视辩论时说道，"这里的两位先生每人都会有3分钟的开场白和5分钟的最后陈述。"20世纪30年代，电台主持人试图通过电台辩论来打击法西斯主义。到了50年代，电视节目主持人试图通过电视辩论来对抗共产主义，以及麦卡锡主义。豪是前哥伦比亚广播公司的电台播音员，曾担任过美国公民自由联盟（the American Civil Liberties Union）的理事。20世纪30年代，他曾在全国广播公司的《美国空中城镇会议》节目中担任小组成员。[117]他关心争论的质量,钟爱公开辩论。1956年,他担任了阿迪莱·史蒂文森与另一位民主党总统候选人、前田纳西州参议员埃斯蒂斯·基福弗(Estes Kefauver)在美国广播公司电台辩论的主持人。

这个想法来自史蒂文森和他的顾问、后来成为"联邦通信委员会"主席的牛顿·米诺(Newton Minow)。秉持20世纪20年代以来"女性选民联盟"主持的无线电辩论精神,史蒂文森和米诺确信电视可以教育美国选民,并树立自由公开的政治思想交流典范。史蒂文森向基福弗发起挑战,基福弗同意了,两人在迈阿密的一间演播室里进行了一小时的辩论。豪解释说,在开场白和最后陈述之间,他将允许二者"自由行动,而我会在其中扮演交通警察的角色,如果有人在一个地方停留时间太长,我有权开出违停罚单;如果有人速度太快,我有权实行限速"。辩论发生在美国在比基尼环礁(Bikini Atoll)投下一枚炸弹的第二天——它的威力比投在广岛的炸弹要大得多。关于新炸弹,史蒂文森说:"未来,要么是一个极富创造力和极其富饶的未来,要么就是一个灰烬、死亡和破败的未来。"[118]

像氢弹一样,史蒂文森–基福弗的辩论是一次试验。共和党全国委员会主席称辩论令人感到"疲惫、遗憾和无趣",但与对手进行辩论并没有伤害最后赢得提名的史蒂文森,并且为总统候选人应该定期在电视上互相辩论提供了案例。史蒂文森后来写道:"我建议我们将马戏团风格的总统竞选活动转变成一场全民广泛关注的大辩论。"他呼吁主要党派候选人之间定期进行半小时的辩论。[119]

与此同时,和史蒂文森对垒的是艾森豪威尔和他的竞选伙伴理查德·尼克松,而尼克松在内心深处确信平面媒体正在密谋反对他,尽管他在很长一段时间内曾是媒体的宠儿。《华盛顿邮报》这样描述史蒂文森政治生涯的开端:"这位身材高大、肤色发黑、英俊潇洒的新任国会议员,一直在向众议院非美活动委员会施加压力,要求调查'钱伯斯–希斯事件'的真相","毫无疑问,他是第80届国会中杰出的新议员之一"。同样,报纸专栏作家在他的"跳棋演讲"之后极力抨击尼克松,麦卡锡一败涂地之后,状况尤甚,而且,并非一贯公正。报纸专栏作家德鲁·皮尔森(Drew Pearson)报道称尼克松曾从一家石油公司收受贿赂,报道的内容是基于一封后来被证明是伪造的信件,有些报道毫无根据、愚蠢且卑鄙。《时代》周刊高兴地报告说,"跳棋"没有管教好,没有做绝育,并且被邻居家的狗给搞怀孕了。尼克松烦了,说他想写一本名为《我曾拥有它》(I've Had It)的回忆录。但是,当艾森豪威尔在1955年9月心脏病发作时,尼克松决定再坚持一下,尽管他不得不去争夺选票上的位置。[120]

1956年,尼克松在惠特克和巴克斯特组织的旧金山共和党大会上赢得了这一资格。《纽约客》的理查德·罗维尔(Richard Rovere)报道说:"刚刚结束的会议体现出一个重要的政治事实,它使理查德·尼克松成为共和党权威的象征,如果不是核心的话。"选战公司与加州的巴斯和罗斯公司合作,惠特克和巴克斯特撰写稿件,巴斯和罗斯公司制作广播和电视节目。同一季,他们提出了4号提案,这是一项有利于石油行业并给予他们更多钻探许可的投票措施,该措施是由标准石油公司的律师拟定的。惠特克和巴克斯特成功地将公投名称改为《石油和天然气保护法》(The Oil and Gas Conservation Act)。"政治运动太重要了,不能留给政治家。"该公司说。[121]

1956年,史蒂文森在由经济学家约翰·肯尼斯·加尔布雷思(John Kenneth Galbraith)撰写的竞选演说稿中将"尼克松国度"描述为"诽谤和恐慌的国度,狡猾影射、恶意中伤、匿名电话欺诈、威逼、强迫的国度,为了取胜而摧毁和攫取的国度"。(史蒂文森曾经致信给加尔布雷思:"我要你写一些反对尼克松的演讲稿,你不需要考虑立场是否公正。")[122]但尼克松国度就是惠特克和巴克斯特的国度。

在电视广告中,1956年的共和党和民主党总统竞选活动都体现了电视广告本身引发的混乱。在一则共和党广告中，一位卡通形象的选民感到绝望："我听了电视和广播上所有人的意见。我读了报纸和杂志。我试过了！但我仍然感到困惑。谁是对的？什么是对的？我应该相信什么？什么是事实？我怎么知道？"一个善于安慰人心的讲解员让这位忧心忡忡的选民平静下来，并让他喜欢上了艾克。[123]

史蒂文森在他的电视广告中试图用安装在他伊利诺伊州家中的摄像机、电线和灯光来揭露他所说的媒体的幼稚和虚假，这是不合时宜的。他希望通过向美国人民展示他们看到的东西是如何产生的来拯救美国人。"我想让你看看这个房间里还有什么东西，"他直接对着镜头说，"除了摄像机和灯光，那边的地板上都是电线。"这一广告无疑是后现代主义的：不自然、不可靠，而且令人不安。"多亏了电视，我可以和数百万人交谈，我无法通过任何其他方式接触他们，"史蒂文森声音颤抖着说，"是的，我可以对你说话，但是我听不到你，我听不到你的问题……要做到这一点，我必须亲自去见你。"[124]

但是当史蒂文森参加竞选时，事实证明，他缺乏应有的说服力。在洛杉矶，面对大部分是黑人的观众，他说："我们必须循序渐进，而不是破坏比共和国还古老的习惯或传统。"[125]他得到了一片嘘声。1952年，艾森豪威尔曾在选举团投票中以442:89击败了史蒂文森，1956年时是457:73。

两党开始像各个大洲一样渐行渐远。共和党（受郊区保守家庭主妇的影响）开始向右倾。民主党（在争取公民权利的道德和政治紧迫性的推动下）开始向左转。这种疏离的步幅将由公民权、冷战、电视和计算速度来决定。

美国人将如何以及在何处解决他们的政治分歧？在"耶茨诉美国案"中，最高法院推翻了《史密斯法案》，确定第一修正案保护所有政治言论，甚至是激进、反动和革命性的言论，除非它有"明确而现实的危险"。但是电视播音员报告说，他们的观众似乎厌恶不愉快的信息。默罗抱怨道："大部分电视节目在转移我们的注意力，在欺骗、娱乐和疏远我们。"杂志和报纸的作家也发出了同样的抱怨，他们发现编辑们不愿意刊登批评美国外交政策的文章。在危地马拉，当中央情报局计划推翻雅各布·阿本斯·古兹曼（Jacobo Árbenz Guzmán）的民选政府时——该政府曾没收了美国企业联合果品公司数十万英亩的土地——美国记者只给出了国务卿杜勒斯的解释，他坚持认为阿本斯政府已经被民众起义推翻了。从中国归来的记者，包括约翰·赫西，在编辑自己的报道时提出了抗议。白修德（Theodore H. White）从卢斯的《时代》周刊辞了职。[126]

在一个异议分子被判定为非美国人的安全国家，政治竞争由广告公司操纵，人们很难知道什么是真实的。那个困惑的卡通画上的选民曾经问道："谁是对的？什么是对的？我应该相信什么？什么是事实？我怎么知道？"也许电脑能分辨出来。编剧菲比·埃夫隆（Phoebe Ephron）和亨利·埃夫隆（Henry Ephron）在与IBM联合制作，并在1957年上映的电影《电脑风云》（Desk Set）——该影片由斯宾塞·屈塞和凯瑟琳·赫本主演——中讽刺了这一想法。屈塞扮演了一位麻省理工学院的工程师，是现代版的弗雷德里克·温斯洛·泰勒，他发明了一种"电子大脑"。他带着卷尺出现在联邦广播公司大楼28层的事实核查部门。赫本（剧中扮演部门负责人）请他进她的办公室。

"我是名工艺师。"他说。

"是某种效率专家吗？"

"嗯，这个词现在有点过时了。"

"哦，请原谅，"赫本说，"很抱歉，我是个老派的人。"

他到赫本的部门安装了一台"电磁记忆及算法计算器"，这台计算器被称为艾默莱克（简称EMERAC，取全称的首个字母组成），或"艾米"的巨型机器，这需要挪开她助手的桌子。赫本希望解雇所有手下，用这款最新的办公机器人来代替。屈塞向一群企业高管发表演讲，展示了"艾默莱克"是如何运作的。

"先生们，设计这台机器的目的是解放工人——"

（"你可以再说一遍。"赫本小声说道。）

"是为了让工人摆脱日常杂务和重复性劳动，腾出时间做更重要的工作，"他指着书墙说道，"你看到那里的书了吗？还有上面那些，好吧，里面的每一个事例都已经输进了'艾米'。"

屈塞承诺，任何人都不再需要查阅任何一本书。在未来，发掘事实只需要咨询"艾米"即可。赫本在被问到她对"艾米"的看法时，她开玩笑地回答道："我认为你可以放心地说，它将为更多人提供更多休闲时间。"[127]

《电脑风云》利用了观众对自动化（让工人变得多余）的恐惧。但是，令人振奋的是，它提出了一个关于解决大众民主和混乱事实的建议。公民发现他们无法收集到就政治问题做出明智决定所需的所有信息，就很容易被电视和其他形式的大众媒体和广告所迷惑，他们很难对事实和虚构进行梳理。但是计算机在处理大量知识方面没有任何问题，它们只是受逻辑驱动，不会被说服。莫克莱的梦想是利用计算机帮助人类成为更好的公民，这样，美国将成为一个技术乌托邦。然而，《电脑风云》想知道，计算机是否会使自己受到呼啸而至的极权主义的机械威胁——另一个铁十字勋章[1]。

IV.

1908年，瑟古德·马歇尔（Thoroughgood Marshall）出生于巴尔的摩。他的父母分别是在纯白人度假村服务的管家和在全黑人幼儿园任教的老师。他对种族界限了如指掌，就像囚犯熟悉牢房的墙壁一样。二年级时，马歇尔开始把他的名字拼作"Thurgood"，因为这比较简单，也是在这时，他第一次读到

---

1 德国勋章，这里暗指纳粹。——译者注

了宪法，那是因为他在学校调皮捣蛋，所以被惩罚学习宪法。马歇尔后来解释说："老师把我们关进地下室研究宪法的各部分，而不是让我们在放学后在黑板上抄抄写写。"他钻研了每一个字，他认为他找到了"牢房"的钥匙。他的父母希望他成为一名牙医，但是他一边在巴尔的摩与俄亥俄铁路公司（B & O Railroad）当餐车服务员，一边完成大学学业，之后，他认定自己想成为一名律师。在餐桌的争论中，他从父亲那里学会了自尊和争辩。每当他说些聪明话时，他的父亲就会说，"呵，你说得对，黑人"。[128]

马歇尔无法进入马里兰大学法学院就读，这所学校从家到学校只需乘坐10分钟电车，但学校施行种族隔离政策。他转而去了乘坐种族隔离的火车才能抵达的霍华德大学，单程40英里。1933年，他以全班第一名的成绩毕业，两年后作为原告律师成功起诉了马里兰州，称该州没有为非裔美国人设立法学院，因此违反了最高法院在1896年"普莱西诉弗格森案"中裁定的"隔离但平等"的原则。1950年，马歇尔说服了全国有色人种协进会为反对种族隔离本身而放弃要求平等设施的观点。

赢得了针对马里兰州的官司之后，马歇尔开始为全国有色人种协进会工作。作为该协会的首席律师，他在整个南方参与讨论了数百个案子，这些案子是终结《吉姆·克劳法》长年战略的一部分，他也曾经一度同时处理多达450起案子。他从高等教育开始，包括法学院和专业学院，然后是大学，一直到他母亲教过的那种类型的幼儿园，都向种族隔离发起了终极挑战。他花了很长时间才说服全国有色人种协进会的同事为融合而放弃"平等"的论点。（"平等"一直是逐步结束种族隔离的一种手段，因为如果要实现真正的平等，各州将会因为维持各种族单独学校的费用而破产。）但到了1950年，非裔美国人已经在参军和住房方面对《吉姆·克劳法》发起挑战，并获得了更多的政治权力。不管怎样，黑人向北和向西的大迁徙意味着大量的黑人男性和女性可以在全国范围内投票，即使80%的南方黑人仍然没有选举权。到了

20世纪50年代中期，电视也支持在民权诉讼方面实现跨越：长期以来，一直隐藏在南方内部的种族暴力和恐吓行为现在可以在全国各家客厅的电视里看到。

为了将对全国公立学校种族隔离政策发起的挑战带到最高法院，马歇尔从1951年开始建立案件目录，这一目标得到了杜鲁门政府司法部的支持。最终，其中几个案子综合为一个关于三年级学生琳达·布朗的案子。琳达住在堪萨斯的托皮卡，她的父亲奥利弗·L.布朗是一名焊工兼职业牧师，父亲希望她能够去距离他们家几个街区的学校上学，但托皮卡的隔离学校系统将琳达分配到一所需要长时间步行还要搭公交车的学校，单程需要一小时。奥利弗·布朗同意参加由全国有色人种协进会法律辩护基金提交的对托皮卡教育局的民事诉讼，此案件被称为"布朗诉教育局案"。

1952年12月9日，星期二，在口头辩论的前夕，马歇尔因劳累过度，身体几近崩溃。黎明前，男人和女人在最高法院大楼下面排成一排，靠着冬季外套和帽子抵御晨霜。口头辩论持续了三天。斯坦利·里德（Stanley Reed）法官问马歇尔，隔离是否不符合法律和秩序的利益。出于辩论的目的，马歇尔愿意申明"隔离"在法庭裁定"普莱西案"的时候也许是符合的，但是"即使在1895年有必要做出这一让步"，他说，"现在则无须让步，因为人民已经成长并且能够相互理解"。马歇尔向法庭提供了一幅十分简单的美国种族关系图。他说："我在南方度过了大部分时光，我知道在那里，你会看到白人和有色人种孩子一起走在上学的路上。他们分开去往不同的学校，然后出来，一起玩耍。我不明白为什么他们一起上学会有问题。"

费利克斯·弗兰克福特法官问马歇尔，他理解中的"平等"是什么意思。马歇尔身高六英尺四英寸，习惯向后梳着他那波浪状的黑发，稀疏的胡须像个尖刻的标点符号，《新闻周刊》曾把他形容为"一个像熊一样的男人"，这个男人在费利克斯·弗兰克福特法官问他，他理解中的"平等"是什么意思时，他略带南方口音慢吞吞地回答说:"平等意味着在同一时间、同一地点、得到同样的东西。"

而78岁的前副检察长、美国驻英国大使、1924年民主党总统候选人约翰·W. 戴维斯(John W. Davis)强调的是另一方面,他强调各州的权利和先例。戴维斯是一个强大的对手,曾在最高法院出庭139次,这将是他的最后一次出庭。他问道:"我们联邦制度的特点就在于地方政府有权处理这些事务,这是不是事实?"从传统上讲:"没有理由可以明确本法院或任何其他法院应该推翻90年前的裁决。"[129]

马歇尔的反驳激烈而复杂,他要从非裔美国人的肩膀上卸下历史的重担。但他没有纠结先例,而是借鉴了路易斯·布兰代斯的"介绍社会科学的新发现"。在确定《吉姆·克劳法》的合宪性时,"普莱西诉弗格森案"引用了"人民的习俗和传统"。关于黑人儿童接受与白人分开教育的后果,马歇尔向法庭提交了大量的实证性研究结果。马歇尔告诉法庭,《吉姆·克劳法》是"黑人法典",他说,法院支持该法令的唯一理由是"发现由于某种原因,黑人比其他人种都差"。[130]

正如法院敏锐地意识到的那样,冷战本身的环境推动了种族隔离案的终结。美国自称为"自由世界"的领导者,在与第三世界的新兴政体以及苏联日益增长的影响力斗争时,却常常发现自己因国内种族秩序而受到别人的指控。加纳财政部部长访问美国时下榻于特拉华州的"豪生酒店",他要买些橙汁,别人却告诉他黑人不得进入餐厅。当海地农业部部长受邀到密西西比州比洛克西参加会议时,别人却告诉他不能入住会议酒店。海地的一家报纸发出质问:"严肃而认真的人们还能谈到美国的民主吗?"从孟买到马尼拉的报纸都报道了《吉姆·克劳法》。美国驻莫斯科大使馆汇报说,"黑人问题"是苏联宣传的主题之一。因此,当"托皮卡案"首次进入最高法院时,杜鲁门的司法部敦促法院推翻普莱西判例,部分原因就是美国法律对种族歧视予以批准,这给美国的外交政策带来了不利影响。"种族歧视为共产党的宣传机器提供了有利条件，"司法部部长詹姆斯·P. 麦格雷纳里（James P. McGranery）说，"即使在友好国家中，这也让人们怀疑我们对民主信仰的忠诚程度。"在他的简报中，有两页是由国务卿迪安·艾奇逊（Dean Acheson）撰写的，在其中他强调了美国的国际声誉为《吉姆·克劳法》所付出的代价。"美国的种族歧视仍然是本国政府在其对外关系中持续窘迫的根源，"艾奇逊报告说，"它危及我们是否能维持自由民主国家在道德方面的领导地位。"废除种族隔离已成为一个国家安全问题。[131]

口头辩论结束时，有人无意中听到戴维斯说"我认为我们已经赢了，5∶4，或者是6∶3"。他很了解大法官们。大法官们在非公开审理中开始讨论时，肯塔基州民主党人、首席大法官弗雷德·文森（Fred Vinson）在一开始就指出，之前的判例确实支持种族隔离。文森认为，由国会出面废除学校种族隔离的效果会更好，如果法院走在了民意前面，那么南方的公共办学本质上可能会停止，因为隔离主义者宁愿关闭他们的学校也不愿接纳黑人。同样来自肯塔基州的里德法官说，当"人民群体"认为种族隔离违宪时，终结它的时刻就到来了，而这种情况尚未发生。像里德一样，法官罗伯特·杰克逊（Robert Jackson）认为，如果最高法院必须就这一问题做出裁决，"那么代议制政府就失败了"。费利克斯·弗兰克福特是一位长期的自由主义者，曾经是司法激进派在最高法院中的最顽固的反对者，他希望能够推迟裁决，得克萨斯人汤姆·C. 克拉克（Tom C. Clark）和他的意见一样。弗兰克福特曾在全国有色人种协进会的法律辩护委员会任职，并在1948年雇用了最高法院第一位黑人法律助理，但是，尽管他希望结束种族隔离，但马歇尔并没有说服他认同隔离是违宪的。前哥伦比亚大学法学教授、曾受罗斯福任命的威廉·O. 道格拉斯（William O. Douglas）法官认为整件事情"非常简单"："因为第十四修正案禁止种族分级"。来自亚拉巴马州的法官雨果·布莱克是反对种族隔离最强烈的声音之一，尽管他自己在20世纪20年代曾是三K党成员，但他竭力要洗刷这一污点。在这种情况下，如果大法官们要进行民意投票的话（他们并没有），看起来会有四位认为种族隔离违宪，两位会再次肯定"普莱西案"的判决，另外三位态度不明。出于对法官们意见分歧所引发的政治后果的担心，担心会扩大为群众暴力，文森决定重新安排时间，于1953年12月再次辩论。[132]

然而，1953年9月8日，首席大法官文森突发心脏去世，此时，所有关于案件结果的猜测都已经没有任何意义。为了将分裂的共和党团结起来，艾森豪威尔曾经任命他的竞争对手、尼克松的主要政敌厄尔·沃伦作为他的副检察长，还曾向沃伦承诺将让他在最高法院占有一席之地。文森去世后，艾森豪威尔任命沃伦为首席大法官，沃伦在这一位置上工作了16年，他建设了一支最高法院历史上最自由的法官队伍。"布朗诉教育局案"是沃伦在最高法院审理的第一起案件。

在开始讨论时，沃伦对案件的看法和文森的看法完全不同。他说"分离但平等这一原则的前提是认同黑人是低等种族"，即同意马歇尔所说的，法院维持"普莱西案"判决的唯一方式是认同该种族的劣等性这一前提，但这是不可能的，他说，因为"黑人律师的论证证明了他们并不逊色"。沃伦的投票，加上在上一次开庭时就明确表示种族隔离违宪的四位法官，意味着即使没有其他法官的加入，沃伦的论点也会占据上风，即5：4。大法官们的员工几乎一致支持沃伦的立场，但年轻的威廉·伦奎斯特（William Rehnquist）除外，他在给老板杰克逊大法官的备忘录中明确说明了这一点。"我意识到这是一个不受欢迎的非人道主义立场，我也因此受到'自由派'同事的谴责，"伦奎斯特写道，"但我认为'普莱西诉弗格森案'的判决是正确的，应该予以重申。"[133]（尼克松在1971年提名伦奎斯特担任最高法院大法官。）

最高法院定于1954年5月17日做出裁决。全国有色人种协进会对裁决结果毫无把握，因此准备了两份新闻稿，每种结果一份。那天记者们拥入长廊等待裁决结果。最终裁定获得一致通过。因心脏病还在医院接受治疗的杰克逊大法官当天也出现在最高法院,这一举动有力地体现了最高法院在这一问题上的团结一致。[134]沃伦发表了他过去几年来所写的、关于这一问题的根本观点。"在解决这个问题时,我们不能让时间回到修正案获得通过的1868年,或者是'普莱西诉弗格森案'发生的1896年,"他强调,"我们必须考虑到公共教育的全面发展,以及它当下在整个国家生活中的地位。只有这样,才能确定公立学校的种族隔离是否剥夺了法律对原告的平等保护。"在评估了现在而非过去的证据之后——美国学校的条件——他得出的结论是"分离教育设施在本质上是不平等的"。[135]《吉姆·克劳法》结束了,至少在纸面上结束了。

大多数公众兴高采烈地拥护这一裁决,没有什么比一张坐在最高法院台阶上的年轻母亲的照片能更好地体现这一点。照片中,母亲的臂弯搂住小女儿,膝盖上是裁决后第二天的报纸,上面超大字号的头版标题是《高等法院禁止在公立学校施行种族隔离》。沃伦的观点同样受到了冷战分子的高度欢迎,他们称这是"对共产主义的打击",甚至共和党全国委员会也庆祝法院的判决,委员会将杜鲁门司法部所寻求的裁决的实现全部归功于艾森豪威尔,称"其有助于捍卫自由世界的事业"。[136]

但并非所有的民权活动家都支持马歇尔和全国有色人种协进会的法律战略,也并非所有非裔美国人都希望他们的学校废除种族隔离(这通常会导致黑人教师失业),而且许多人更优先考虑的是其他政治目标。在1935年的一篇名为《黑人需要单独的学校吗?》的文章中,杜波依斯写到了教师对学生世界的理解中一些难以言传的事情。全国有色人种协进会内部的异议人士发现,协进会将争取民事权利的行为诉诸法院,是以牺牲经济变革、更好的工作、同工同酬和公平住房为代价的。亚特兰大是五所历史悠久的黑人学院和大学的所在地,在这座城市里,近一半的公立学校教师都是黑人,其中四分之三是女性。黑人教师一直在为同工同酬以及为黑人学校提供同等资金而游说立法机构。

1942年，亚特兰大律师A. T. 瓦尔登（A. T. Walden）代表全市教师提起薪酬平等诉讼，并于次年向瑟古德·马歇尔提出集体诉讼。1950年，马歇尔将全国有色人种协进会的战略转为种族同化，瓦尔登也开始处理反种族隔离的案件，《亚特兰大每日世界报》（Atlanta Daily World）的编辑，也就是那些持反对意见的黑人领袖中最直言不讳的人，他们认为，对进入白人学校的黑人儿童来说，他们将会失去很多东西，尤其是在立法机构面临越来越大的基层压力，开始着手平衡资金和开设黑人学校的时候。其中最强烈的反对意见来自黑人教师，甚至在托皮卡，他们"也不想让学校废除种族隔离"。布朗案之后，他们仍然持怀疑态度。马歇尔并没有掩饰他的挫败感。"我们将尝试让他们接受我们的思维方式，"他在判决出来的几天后说道，"但如果他们挡住了我们的路，我们就会从他们身上跨过去。"[137]

布朗案的判决在白人中引发了即刻和持续的抵制，特别是在拥护《吉姆·克劳法》势力强大的南方。艾森豪威尔对这一裁决感到沮丧。"我确信最高法院的裁决使南方的进步至少推迟了15年，"他私下说道，"那个试图告诉我可以强行推进此事的人简直是疯了。"种族隔离主义者准备战斗。密西西比参议员詹姆斯·伊斯特兰（James Eastland）说："美国宪法里没有任何条款授予国会、总统或最高法院允许白人和有色种族的儿童必须上同一所公立学校的权利。"一场新的运动开始了，名为"弹劾厄尔·沃伦"。[138]

法院敦促学校"以从容不迫的速度"解除隔离。华盛顿和巴尔的摩等城市的一些学校遵守了规定，但绝大多数学校没有。在一些城市，如亚特兰大，许多黑人家庭对全国有色人种协进会的法律战略感到非常困惑，学校董事会行动拖拉，黑人活动家和黑人教师联盟也不积极。在其他城市，全白人的学校董事会干脆拒绝服从。1955年，在南方的八个州里，没有一个黑人孩子和白人孩子一起上学。《里士满新闻导报》（Richmond News Leader）在当年写道："1954年5月，美国最高法院这个由政客和教授组成的无能兄弟会决定废除现行法律。这9名男子否定宪法，唾弃第十修正案，并重写了这片土地的基本法，在其中应用了符合他们自己的社会学概念。如果现在有人说南方在蔑视法律，那就告诉高等法院，是你教我们这么做的。"[139]

法庭可以否定《吉姆·克劳法》，但要废除它需要进行斗争。有时候，斗争发生在公立学校的门口，那里的黑人孩子都被安排在前线。它也发生在公共汽车上和餐馆里，20世纪40年代的黑人挑衅行为已经变得司空见惯，尽管少有媒体报道。布朗案之后，这些行为引起了记者们的注意。1955年12月1日，在亚拉巴马州蒙哥马利市，一位42岁的女裁缝罗莎·帕克斯（Rosa Parks）拒绝在公共汽车上给白人让座。出生于塔斯基吉的帕克斯于1943年加入全国有色人种协进会，当时她30岁，她是所在分会的秘书，曾参与选民登记和废除交通运输中的种族隔离行动。在这次事件中，帕克斯做出了果断的决定，向城市公共汽车上的座位隔离制度发起挑战。司机停下车要求她换位子，当她再次拒绝时，司机报了警，警察逮捕了她。

第二天晚上，一位名叫马丁·路德·金的26岁牧师被派去领导将于12月5日星期一开始的全市抗议活动。1929年出生于亚特兰大的金是一位牧师，他也是全国有色人种协进会领导人的儿子，他曾受到美国福音派基督教、自由派神学家莱茵霍尔德·尼布尔以及国外反殖民主义，特别是圣雄甘地的非暴力言论和策略的启发。金的眼距很宽，短发，留着八字胡。1948年，被委任为牧师的金进入宾夕法尼亚州神学院，1955年在波士顿大学完成博士学位，之后他成为蒙哥马利德克斯特大道浸信会教堂的牧师。作为一个年轻人，他消瘦而安静，在掌握了古老的布道艺术之后，他变得更加强大、更有煽动性。

5号那天，金要前往蒙哥马利霍尔特街浸信会教堂参与群众集会，并在那里发表演讲，在这之前不到半小时的时间里，金在去教堂的路上遇到了交通堵塞，他发现自己有了几分钟的空闲时间。汽车在城市里蜿蜒穿行。教堂里来了5000多人，比教堂所能容纳的人数多了几千。金登上讲道坛，聚精会神的人们保持沉默,等待他找到他的节奏。"正如你们所知道的那样,我的朋友们,"金说道,低沉的声音在空气中回荡,"人们厌倦了被压迫的铁蹄踩踏,反抗的时刻到了。"人们被挤得站在长椅上,跺着脚喊道:"是的!"

"我希望蒙哥马利以及整个国家都知道我们是基督徒,"当人群的尖叫声打断他时,金说道,"今天晚上,我们手中唯一的武器就是抗议。"美式演讲的传统可以追溯到弗雷德里克·道格拉斯,金遵循着这一传统,他认为宪法是站在他这一边的,他就能够更好地反驳奴隶制,金称这次抗议是美式抗议。"如果我们被监禁在共产主义国家的铁幕背后——我们不能这样做,"他停顿了一下,等待欢呼声过去,"如果我们被困在极权主义政权的地牢里面——我们不能这样做。"此起彼伏的欢呼声好像要震破屋顶。"但美国民主的伟大荣耀,"他提高了音量,"是为权利而抗议的权利。"

帕克斯在周四被捕,到了周一,该市90%的黑人抵制公共汽车的种族隔离。[140]在帕克斯和金的带领下,蒙哥马利市的黑人在381天内拒绝乘坐公共汽车。金因违反了该州的反抵制法而被起诉,他说:"哪怕我们每天都被逮捕,哪怕我们每天都被剥削,哪怕我们每天都被侵犯,也不要让任何人把你拉低到憎恨他们的地步。"1956年11月13日,最高法院裁定《蒙哥马利公共汽车法》属于违宪。[141]

第二年年初,金创立了南方基督教领袖大会(Southern Christian Leadership Conference,简称SCLC)。如果冷战为20世纪50年代的民权斗争提供了助力,那么点燃这一斗争的则是基督教的先知精神。公民权利是一场政治运动、一项法律论证,同时也是一种宗教复兴。金向他的追随者承诺:"如果你勇敢地去抗争,同时带着尊严和基督之爱,未来在撰写史书时,历史学家将不得不停下笔说,'有一个伟大的人——一个黑人——给文明的血液注入了新的意义和尊严'。"历史学家表示感谢:在金的领导下,在他的追随者以及那些为他铺平道路的人的勇气鼓舞下,对公民权利的承诺不仅成为战后自由主义的核心承诺，而且成为国家信条。[142]

但是斗争会有流血。威廉·道格拉斯大法官总是指责艾森豪威尔，在"布朗案"裁决后并没有要求国会通过更强有力的民权法案，也从未公开表示对这一裁决的支持，从而导致多年来的暴力冲突。道格拉斯说，艾森豪威尔是一位深受崇拜和敬仰的民族英雄："如果他通过电视和广播告诉全国人民要遵守法律并统一行动，那么废除种族隔离的进程就会加快。"然而，"艾克对1954年的裁决表现出的沉默令人不安，这给那些决心抵制裁决的种族主义者以勇气，他们在每个城区、郊区、城镇、县市发起抵制"[143]。

1957年，伊丽莎白·埃克福德（Elizabeth Eckford）被州长奥瓦尔·福伯斯（Orval Faubus）命令从阿肯色州小石城的"中央高中"离开。弗朗西斯·米勒（Francis Miller）/《生活》图片集/盖蒂图片社

阿肯色州民主党州长奥瓦尔·福伯斯本人并不反对种族融合，他把自己的儿子送到了镇外的种族融合学校。但是，在黑人通常无法投票的阿肯色州，

选民的情绪使他将反对废除学校的种族隔离视为政治上的大好机会，不容错过，这些选民几乎全是白人。他寻求禁止学校废除种族隔离的禁令，而州法院同意发出禁令。瑟古德·马歇尔让联邦地方法院废除了州禁令，但福伯斯于1957年9月2日在电视上宣布，他正将250名国民警卫队队员派往小石城的中央高中。福伯斯警告说，如果有任何黑人孩子试图进入该学校，"大街上会流淌鲜血"。

第二天，在黑人孩子们到来之前，一群白人暴徒袭击了一群黑人报纸记者和摄影师。亚历克斯·威尔逊（Alex Wilson）被撞倒在地时说："我为我的国家而战，我不会跑掉的。"9月4日，当15岁的伊丽莎白·埃克福德向学校走去时，白人学生喊道"干掉她！干掉她！"，电视报道称，黑人学生遭遇了武装士兵和一群挥舞棍棒及石头的白人暴徒，更为糟糕的是，这件事震惊了全国各地的美国人。阿肯色州已得到授权，可以武装抵抗联邦法律。[144]

当艾森豪威尔不知如何处理小石城危机时，国会通过了1957年的《民权法案》，这是战后重建以来的第一部民权立法。它成立了一个民权委员会听取投诉，但没有授权对投诉采取任何行动。一名司法部官员说，这就像"给警察一把没有子弹的枪"。前第一夫人埃莉诺·罗斯福和她在白宫时一样与众不同、颇富影响力，她称该法案"纯粹是冒牌货"。一位参议员说，它像"用饿死的乌鸦的影子熬汤一样没有意义"，包括理查德·尼克松在内的长期民权倡导者呼吁更强有力的立法，但也无济于事。不过1957年的《民权法案》开创了一个先例，它让种族隔离主义者焦躁不安，斯特罗姆·瑟蒙德为了阻挠它的通过已经破纪录地说了超过24小时的废话。林登·约翰逊的辩论使这项法案通过成为可能。忠实于得克萨斯选民的约翰逊（如果不是忠于原则的话），在他的职业生涯中投票否决了1937年至1957年众议院和参议院中的每一项民权法案，但他从未成为一名种族隔离主义者，他公开支持最高法院在"布朗诉教育局案"中的裁定，认为现在是民主党改变方向的时候了，约翰逊也瞄准竞选总统，他被看作是一位全国性的政治家,而不是南方民主党人。他比任何其他参议院多数党领袖更善于拉票,最终,该法案通过了。[145]

艾森豪威尔在电视上说:"我们不允许暴民统治推翻法院的裁决。"他命令曾经在诺曼底登陆的第101空降师向阿肯色州派出1000名伞兵。1957年9月25日,美国联邦军队护送九名黑人青少年进入高中校园。在电视上看到这一场景的美国人目瞪口呆。1957年10月4日,当苏联发射的卫星进入轨道时,他们再次目瞪口呆。卫星在轨道上运行时发出稳定的嘟嘟声,就像心脏在跳动,在世界任何地方,任何拥有短波收音机的人都可以听到。在武装伞兵护送儿童进入学校而处于紧张状态下的美国,人造地球卫星同样引发了政治恐慌:很明显,下一步就是将核武器放入导弹弹头并用火箭发射。在太空竞赛和军备竞赛中,苏联人已经走在了前面。

冷战将使民权运动黯然失色,但也推动了它的发展。终止教育种族隔离的斗争远未结束。被戏称为"奥扎克高地[1](Ozarks)喷射卫星"的福伯斯决定关闭小石城的所有高中,而不是对其进行整合。他宣称,"联邦政府无权要求任何州开办公立学校"[146]。

在苏联成功发射人造地球卫星两周后,艾森豪威尔会见了全国顶级的科学顾问,请他们"告诉他科学研究属于联邦政府的哪个部分"。这次会议促成了1958年美国国家航空航天局(NASA)的成立。美国国家航空航天局将在佛罗里达州和得克萨斯州设立机构,并为前棉花生产地带、商业氛围友好的科技新南方以及阳光地带的大学研究机构提供资金。[147]这次会议也促成了作为国防部分支机构的高级研究计划署(Advanced Research Projects Agency,简称ARPA)的设立,总部位于五角大楼。在将来的某一天,它所构建的东西将成为"互联网"(Internet)。1958年2月,在苏联人造卫星发射之后,也是艾森豪威尔宣

---

1 阿肯色州西北部的高地,福伯斯的出生地。——译者注

布成立美国国防部高级研究计划署一个月后,《原子能科学家公报》的"科学与安全委员会"将原子末日时钟拨到了午夜前两分钟。

时间的指针似乎在同时向前和向后移动。瑟古德·马歇尔在回顾20世纪50年代后期时满心不快。"我曾经想过,我们曾经都这么想,一旦我们办完布朗一案,事情就会结束,"他苦涩地说道,"你看,我们一直在寻找一个案例来结束这一切,可那个案子还没有出现。"[148]

那个案子没有出现。平等从来不是某个单一案件能够实现的事情,甚至也不是长途跋涉就能实现的事情,相反,它是一个永久的政治希望。

第十四章
对与错
RIGHTS AND WRONGS

1959年，在莫斯科展出的美国厨房样品房中，副总统理查德·尼克松和苏联总理赫鲁晓夫就资本主义和共产主义的优点进行辩论。霍华德·索查雷克（Howard Sochurek）/《生活》图片集/盖蒂图片社

戴着宽边白帽子的尼基塔·赫鲁晓夫（Nikita Khrushchev）身形壮硕，一副趾高气扬的样子，看起来像一个马戏团的伙计，而理查德·尼克松则穿得像殡仪馆的服务员。"给俄罗斯人点儿颜色看看，"尼克松的电视顾问在电报中说，"这是你一生中最重要的一次旅行。"[1]

46岁的尼克松在1959年夏天前往莫斯科，他的目标是总统竞选，但他身为一名地位欠稳的政党领导人，代表的是一个步履维艰的政党。共和党人在1958年的中期选举中受到严重打击，失去了48个众议院席位和13个参议院席位，而民主党在新成立的阿拉斯加州赢得了全部参议院席位。尼克松急于利用与苏联总理举行电视会议一事吸引公众的注意力,他要给受人造卫星打击的美国人带来科技上的胜利,或者至少是一个机器制造的政治小魔术。

尼克松前往莫斯科开办展览。美国和苏联都无法确保避免发射火箭摧毁对方的风险,故而双方就资本主义和共产主义的优点展开了一场虚拟的斗争。在纽约大剧院举办的"苏联科学、技术和文化展览会"上,俄罗斯人在太空卫星旁边的画廊里搭设了一个苏联公寓的样板间,厨房里配备了俄式的茶具。相应的,在莫斯科索科利尼基公园(Sokolniki Park)的一个占地10英亩的展馆内,美国国家博览会向参观者展示了电咖啡壶以及各种美国消费品,特别是制造商所承诺的将使妇女从家务劳动中解脱出来的各种家用电器。一个美国居家男人精确地捕捉到了它的内涵,他写信给艾森豪威尔,说他有一个更好的主意:"为什么不让一个典型的美国家庭来设计一项展览呢?"他说他很乐意把所有苏联人需要了解的"典型、生动、坦诚、真实、民主的美国人"的每样东西带到莫斯科,包括彩条牙膏、冰雪皇后蛋筒、冰冻粉红柠檬水、军人保险的保单、他的高尔夫球具、他们家1959年的福特牌旅行车,以及"10岁和11岁两个胖乎乎的女儿,连同她们的呼啦圈、女童子军套装、地产大亨游戏棋和脊髓灰质炎注射剂"[2]。总统没有接受他的提议。

在莫斯科,身穿黑色西装的尼克松咧着嘴为美国展览剪彩,他身边是系着条纹领带、满脸笑容的赫鲁晓夫。他们在展览会上就资本主义和共产主义的报酬进行了辩论,同时参观了配有真空吸尘器和洗碗机、机器人和蛋糕粉、垃圾处理机和冷冻晚餐的展厅,这些都体现了美国人的生活方式——丰富、便利,以及选择的自由。还有一瓶瓶完全免费的百事可乐。

两个人在一个临时的电视演播台旁边停了下来,辩论不休,赫鲁晓夫像狗熊戏弄鱼一样戏弄着尼克松。

尼克松斥责赫鲁晓夫:"你不能害怕思想。"

赫鲁晓夫笑了："思想会吓到我们的时代已经过去了。"

尼克松指出，美国发明的彩色电视机和会议的视频录像将给人际交流带来巨大的优势，即便是赫鲁晓夫也可以从美国人的聪明才智中学到一些东西。"因为，毕竟，"尼克松生硬地笑着说，"你什么都不知道。"

"你对共产主义一无所知，"赫鲁晓夫回击道，"除了对它的恐惧。"

他们在展厅里闲逛，但气氛比较尴尬。

"我想让你看看这个厨房。"尼克松说道，他兴奋地将总理带到一个装满家用电器的淡黄色房间，并提醒总理注意洗衣机和电视机。

"你的人民是不是还有一台可以帮他们张开嘴并替他们咀嚼的机器？"赫鲁晓夫讽刺道。

尼克松回避了这个问题。不过，他坚守阵地。

媒体称此次辩论为"厨房辩论"，宣称双方打成平手，但是美国摄影师抓拍到了尼克松挺直腰杆、将手指抵在赫鲁晓夫胸口的镜头，这表明此次访问美国取得了胜利。[3]对美国来说，无论如何，这是一个胜利的时刻：在冷战高峰期，更多的美国人比以往任何时候都赚得更多、买得更多。

经济学家约翰·肯尼斯·加尔布雷思在1958年把这称作"富裕社会"（The Affluent Society），社会学家西摩·马丁·利普塞特（Seymour Martin Lipset）在1960年的《政治人》（*Political Man*）中自信地写道："工业革命的基本政治问题已经得到解决。"在人类历史的大部分时间里，绝大多数人的需求都得不到满足。工业主义承诺结束这种痛苦，但结果却只为少数人带来巨大财富，而将大众压在轮子底下。进步人士和新政主义者试图抬起这些轮子，他们立法规定了各种补救措施和缓解方式，从累进制联邦所得税到最高工时和最低工资法，从社会保障到《G. I. 权利法案》。自1940年以来，财富和收入的不平等现象一直在减少。[4]尽管受到宪法的制约，由累进所得税收益提供的资金，在国家日益增长的实力，尤其是在巨额财政支出（尤其是军事支出）中还是发挥了最显著的作用，使前所未有的经济增长和商品与机会的广泛分配成为可能。到1960年，三分之二的美国人有了自己的房屋。洗碗机、吸尘器、电动搅拌器和果汁机、冰箱和冰柜、唱片机、收音机和电视机塞满了他们的房间，显示了他们的丰裕。生活水平如此之高、覆盖面如此之广，这都是前所未有的。"历史上，几乎所有人都非常贫穷。"加尔布雷思写道，"居住在世界小角落里的最后几代欧洲人，相对于人类存在的整个广度和跨度而言，几乎是无足轻重的例外。在这里，特别是在美国，出现了巨大而前所未有的富裕。"[5]

对许多美国知识分子来说，经济腾飞、自由主义和凯恩斯主义经济学的胜利曙光，几乎就在眼前。一位经济史学家总结道："1960年美国经济的非凡能力代表了人类历史上巨大的分水岭。"[6]许多社会科学家相信，不仅工业主义的问题得到解决，大众民主的问题也迎刃而解，因为电视上出现了广泛而温和的政治共识。尽管争取公民权的斗争仍在持续，但美国人从根本上就他们的政治制度达成了一致，而且大多数人也同意基本的政治理论。在《意识形态的终结：五十年代政治观念衰微之考察》（*In the End of Ideology：On the Exhaustion of Political Ideas in the Fifties*）一书中，社会学家丹尼尔·贝尔（Daniel Bell）认为社会主义和共产主义的繁盛期已过，正走向枯萎，意识形态这一概念已经过时了。"对曾经是行动路径的意识形态来说，已经走到了尽头。"政治辩论冲锋在前，敲敲打打，为政府拾遗补阙。当然，在亚洲和非洲，新的意识形态已经出现，但贝尔坚持认为，在西方，重要的左翼思想已经耗尽，取而代之的是这一共识："拥抱福利国家；追求权力分散；混合型经济和政治多元化体系。"[7]

一些年轻的美国左派和右派发现贝尔的论点是荒谬的。有人说："这就像一位老人宣称性行为的终结，因为他感觉不到了，就认为它已经消失了。"[8]还有人认为贝尔没有注意到保守主义的上升趋势。[9]但贝尔并没有忽视保守主义，他只是给它打了折扣。1955年，他编辑了一本名为《新美国权利》（*The

New American Right）的文集。贝尔的投稿人约瑟夫·麦卡锡是一个没有想法的人。"麦卡锡令人费解之处在于，"德怀特·麦克唐纳（Dwight Macdonald）写道，"他不具有任何意识形态。"至于像弗里德里希·哈耶克这样的经济学家的著作，贝尔认为它们是胡说八道。他写道："很少有保守派相信，福利国家是'通往奴役之路'。"[10]

大量的经验证据在事实上支持了贝尔的共识理论。自1948年以来，密歇根大学的政治学家们每四年就对选民进行一次采访。他们问选民："你会说某个政党比其他政党更保守或更自由吗？"1948年至1960年间，许多选民无法回答这一问题，有些人的回答很糟糕。研究人员又接着问："当人们说共和党人（民主党人）比民主党人（共和党人）更保守时，这些人想到的是什么？"选民发现这类问题也很难回答。最底层的37%的受访者"无法解释自由主义与保守主义之间的区别"，只有前17%的受访者给出了调查人员认为的"最佳答案"。其他人都介于两者之间，但研究人员非常肯定他们中的很多人只是猜的。[11]当然，具有意识形态思想的政治家和知识分子才会谈论自由主义和保守主义，对普通选民而言，这些术语几乎没有任何意义。

这些研究成果在1960年以《美国选民》（*American Voter*）之名出版，这是一份具有里程碑意义的报告。在此基础上，政治学家菲利普·康弗斯（Philip Converse）撰写了一篇颇具影响力的文章《大众信仰系体系的性质》，文章将美国选民分为政治精英和普通大众两个群体。政治精英消息灵通，他们密切关注政治，一贯地坚持或者像康弗斯所说的那样"局限"于一套政治信仰，因而构成了一种意识形态。但是大众对政治的了解很少，不受任何一套政治信仰的约束。康弗斯认为，密歇根州的选民采访结果显示，政治精英们知道"什么和什么是相配的"（例如，自由放任与自由企业）和"各政党的主张"（民主党支持劳工；共和党人支持企业），但大部分大众则不知道。政治精英的投票更具有党派特征：选民越了解政治，他就越有可能以一种意识形态一贯制的方式投票，不仅仅是追随某个政党，而是遵循某种政治意识形态所规定的一系列限制。康弗斯总结说，对政治所知甚少让选民成了温和主义者。在20世纪50年代，美国有很多温和主义者。[12]

在1960年，没有人能够看到两个发展趋势的合力将影响20世纪后半叶的美国政治。1968年至1972年间，几十年来一直呈下降趋势的经济不平等和政治两极分化开始抬头。工业革命的根本问题并没有得到解决，大众民主的问题也没有解决，甚至就在社会学家宣称意识形态终结之时，一个意识形态的新时代开始了。

1974年，当理查德·尼克松在椭圆形办公室的蓝色窗帘前宣布辞去总统职务时，距离他在莫斯科的"淡黄色厨房"里与尼基塔·赫鲁晓夫进行辩论已经过去了15年，这时，自由主义开始长期衰退，而保守主义则进入了持续的上升期。这个国家又踏上了与内战之前几乎一样的分裂和不平等之路。

I.

加尔布雷思对富裕社会并不满意。他发现这是个自鸣得意和自以为是的社会，并且十分愿意承认贫困是不可避免的。他认为，繁荣的社会是一个无目的的社会。他呼吁提高税收，以建立更好的医院、学校和道路，以此来恢复公有经济。美国人对此不屑一顾，他们打开电视机继续沉溺于这种繁荣之中，但在过滤式电咖啡壶欢快的咕噜声中，可以听到被压抑的绝望声音。它始于对繁荣风险的恐惧，这种风险包括懒惰、乏味和无目的性。历史学家埃里克·戈德曼（Eric Goldman）抱怨说："我们已经实现了难以置信的繁荣，但却被繁荣麻痹了头脑，无所事事地混着日子。"一位记者将20世纪50年代称为"懒散年代"，这也是势利年代。德怀特·麦克唐纳对通过包装和标价而崛起的平庸的大众文化的哀叹令人难忘，他认为大众文化像软饮一样通过无用的平装小说和蹩脚的电视节目形式传输给郊区的中产阶级群体，而评判它们的不是品味，而是销量和收视率。麦克唐纳认为，艺术是社会群体中的个人所创造的，而大众文化是为大众生产和打包的产品。麦克唐纳写道："大众文化以新的方式呈现出它的糟糕，甚至在理论上都不可能具备任何价值。"[13]

1960年，来自北卡罗来纳州农业技术学院的学生在格林斯博罗（Greensboro）的伍尔沃斯午餐柜台举行静坐抗议。贝特曼图片资料馆/盖蒂图片社

尼克松从莫斯科回国后，艾森豪威尔政府宣布了新的决定：发现国家理想。《生活》杂志称："1960年，美国人不再将他们的国家理想视为理所当然，并开始就此展开行动。"艾森豪威尔任命10位知名人物为国家目标委员会成员，这其中包括政治家、编辑、商业和劳工领袖，以及大学校长和慈善机构负责人并要求该委员会为美国确定一组10年的奋斗目标。但有个引人注目的现象揭露了这个时代自由主义共识的虚伪本质：该委员会的成员都是45岁以上的白人基督徒。[14]然而，委员会将要设定的第一个目标将由黑人大学生引导，他们组建了一个没有知名人士的蓝带委员会从1960年开始——使民权成为这个国家的理想。

1960年2月1日，星期一，也就是艾森豪威尔提名国家目标委员会的前两天，在伍尔沃斯商店的一个实行种族隔离的餐馆里，4名来自北卡罗来纳州格林斯博罗的北卡罗来纳州农业技术学院新生拒绝放弃他们在午餐柜台的座位。这不是首次静坐抗议，因为仅在过去3年内就有16个城市出现静坐抗议，但它是第一个引起全国性关注的。那天晚上，这4名学生致电全国有色人种协进会的律师弗洛伊德·麦基西克（Floyd McKissick），希望他能帮助他们扩散消息。第二天，他们和朋友们一起回到了伍尔沃斯，之后又来了更多人，他们轮流坐在镀铬的凳子上。他们建立了一个指挥中心，跟踪在达勒姆市（Durham）和罗利市的计划进展，以展开统一的静坐活动。到了周六，有400多名学生参与了格林斯博罗的静坐活动。该运动席卷了田纳西州，接着横穿南部，蔓延到佐治亚州、西弗吉尼亚州、得克萨斯州和阿肯色州。三月时，静坐出现在40多个城市。几个月内，先后有5万多名学生加入，但有数百人在田纳西州府纳什维尔市（Nashville）被捕。在南卡罗来纳州，警察用催泪瓦斯和消防水管袭击示威者，抓了近400人。摄影师拍下凶狠的白人将牛奶和番茄酱倒在午餐柜台前静坐的大学生头上，愤怒的武装警察用棍棒殴打他们，或把他们拖到人行道上的照片，即使是那些怀疑非暴力抗议理念的学生也从中看到了它的力量。这些学生的抗议甚至赢得了一些强硬的、主张隔离的南方报纸编辑的钦佩，其中包括《里士满新闻导报》的编辑：

> 这里是有色人种的学生，他们穿着大衣和白衬衫，打着领带，其中一人正在读歌德，一人正在根据生物学教材做笔记。在外面的人行道上，是一帮前来寻衅的白人男孩，这是一群乌合之众，他们穿着黑色夹克，夸张地咧着嘴，还有一些人，好家伙，他们挥舞着在上一场绅士之战中南方各州的光荣旗帜。唉！这可引人深思啊。

南方基督教领袖大会的代理主席艾拉·贝克（Ella Baker）邀请学生领袖参加4月复活节周末组织的会议。1903年出生于弗吉尼亚州的贝克曾长期担任全国有色人种协进会的组织者，1938年起开始担任场地协调员，并在20世纪40年代出任南方各分支机构的负责人，她致力于为黑人教师争取同工同酬等多项运动。1958年，她同意加入南方基督教领袖大会，负责一项被称为"公民权运动"的亚特兰大选民登记活动，但她对南方牧师们不重视投票权的行为感到失望，而且她发现马丁·路德·金"过于以自我为中心，也过于谨慎"。1960年，当南方基督教领袖大会试图说服贝克争取让学生们加入初级分会时，贝克拒绝了，转而敦促学生们创办自己的组织。"她没有说'不要让马丁·路德·金告诉你该怎么做'，"朱利安·邦德（Julian Bond）后来回忆说，"但你真的觉得这就是她的意思。"许多学生发现全国有色人种协进会和南方基督教领袖大会过于保守，他们纷纷退会，成立了学生非暴力协调委员会（Student Nonviolent Coordinating Committee，简称SNCC）。他们组建了一支军队，武器是非暴力的直接行动。随后，贝克离开了南方基督教领袖大会并加入了他们。[15]

1960年晚些时候，艾森豪威尔的10位杰出委员提交了他们的报告，他们写道："基于种族歧视被视为道德错误、经济浪费以及存在多重危险性"。他们呼吁联邦政府采取行动来支持投票权，拒绝向实行种族歧视的雇主发放联邦基金，并强调了在教育系统中结束种族隔离的紧迫性。[16]尽管直到11月大选前都没有公布最终的报告，但它的关键内容已经在早些时候透露出来，并且不止一个观察者评论说，该报告是在为共和党入主白宫做准备，与民主党总统候选人约翰·F.肯尼迪做出的竞选承诺不谋而合。哥伦比亚广播公司的霍华德·K.史密斯（Howard K. Smith）说："如果没有充分的证据表明肯尼迪参议员之后完全忙于其他事务，人们会发誓说是他写了这份文件。"[17]

那年秋天之前，肯尼迪这位来自波士顿、风度翩翩的爱尔兰天主教徒的当选前景并不是那么好。因为他对麦卡锡主义保持沉默，自由主义者不信任他，很少人对他抱有信心。当时肯尼迪才43岁，年轻且缺乏经验。林登·约翰逊把他称作"那个小男孩"。

肯尼迪的获胜，部分原因是他是第一个被包装的、经过市场检验的总统，迎合了大众消费的自由主义理念。民主党全国委员会权衡了可能的党内提名人及其纲领，他们不确定如何处理公民权问题，便转向了一个被称为"数据科学"的新领域，这是一个在1960年出现的名词，它的含义是通过计算机对选举进行模拟，来预测不同处理方式的结果。为此，民主党全国委员会于1959年聘请了西模马蒂奇（Simulmatics，意为民调"模拟"）公司，该公司由麻省理工学院政治学家伊契尔·索勒·普尔（Ithiel De Sola Pool）创办。普尔和他的团队从乔治·盖洛普和民意测验专家埃尔莫·罗珀（Elmo Roper）的档案里收集了用过的打孔卡，即在1952年、1954年、1956年、1958年和1960年选举时进行的60多项民意调查的原始数据，并将它们输入一台通用自动计算机。他们利用高速计算和"由历史数据得出的模拟模型"，其目标是推进民意调查和选举预测。普尔和他的同事表示："这样的研究在10年前是不可能进行的。"

普尔将选民归类为480种可能的类型，他解释说："某个选民的类型可能是'东部、大城市、低收入、白人、天主教徒、女民主党'，另一种类型可能是'边境州、农村、高收入、白人、新教徒、男性无党派人士'。"他把问题纳入52种集合："这些大多是政治问题，比如对外援助，对联合国的态度，以及麦卡锡主义，其他所谓的'问题集合'包括民意调查中常见的'哪个党更适合你这样的人'之类。"[18]

西模马蒂奇公司的工作贯穿了整个20世纪60年代，它标志着一个新产业的出现，这一产业对美国民主的意义让公司的同事感到忧虑，这个同事就是政治学家和小说家尤金·伯迪克（Eugene Burdick）。伯迪克因与威廉·莱德勒（William Lederer）合著的1958年的畅销书《丑陋的美国人》（The Ugly American），以及1962年的小说《奇幻核子战》［Fail-Safe，与哈维·惠勒（Harvey Wheeler）合著并改编成由西德尼·吕美特（Sidney Lumet）执导的电影］而出名，此时又出版了小说《480》，书中主要讲述了西模马蒂奇公司所做的工作，以虚构的形式揭露了他所描述的"美国政治中良性的阴暗世界"：

> 这不是大腹便便、叼着雪茄的官员们神秘地操纵"那台机器"的阴暗世界。当然，这种人仍然存在，但他们的力量正在减弱。虽然他们还没有意识到这一点，但他们已经过时了。新的黑暗社会是由清白的好心人构成的，他们用计算尺、计算器和计算机进行工作，而计算机能够储存无限量的信息，以及它们的排序和分类，一个按键就可以复制这些信息。这些人大多受过高等教育，其中不少是博士，我没见过任何人对美国公众怀有恶意的政治意图。然而，他们可能会从根本上重建美国的政治制度，打造一个新的政治体系，甚至调整令人敬畏的美国机构，事实上，他们对此一无所知。他们是技术人员和艺术家，但他们都拼命地想成为科学家。[19]

伯迪克对西模马蒂奇公司工作的前提了如指掌，该公司的前提是，即便选民没有公开表明意识形态，即便他们对"自由主义"和"保守主义"的含义没有概念，仍可能被归到某种意识形态里，以他们的身份特征为基础来划分，如种族、民族、籍贯、宗教、年龄和收入。1960年夏天的民主党全国代表大会之前，西模马蒂奇刚刚完成了第一个工作委托：研究"北方黑人的投票情况"（普尔表示，由于几乎没有黑人能在南方投票，所以模拟他们的投票没有意义）。普尔提交的报告指出，在1954年至1956年间，"北方黑人中出现了小规模，但是明显向共和党的转移，这让民主党在八个关键州失去了约1%的选票"。民主党全国委员会无疑受到了声势浩大的学生静坐运动的影响，它接受了西模马蒂奇公司的报告，并在7月份的洛杉矶大会上决定在竞选纲领中加入民权内容。[20]

民权本来不在参议员肯尼迪的优先考虑中，但抗议活动和预测结果改变了他的路线。为了赢得北方黑人和南方白人的选票，肯尼迪决定以民权代表的身份参选，以吸引那些北方人，他选择了林登·约翰逊作为他的竞选伙伴，希望这位得克萨斯人能够搞定南方人。

大会之后，民主党全国委员会发现西模马蒂奇公司的初步报告充分说明了这一点，它委托普尔另外准备三份报告：关于肯尼迪的形象、关于尼克松的形象，以及关于作为竞选问题的外交政策。西模马蒂奇公司还以不同的方式模拟了肯尼迪会如何谈论他的天主教信仰。西模马蒂奇公司建议，他应该采用"坦率直接而不是回避"的策略。[21]因此，1960年9月12日，肯尼迪在休斯敦进行了坦率而直接的演讲："我相信在一个政教绝对分离的美国，没有一位天主教高级教士会告诉总统（如果他是一名天主教徒的话）该如何行动，也没有一位新教牧师会告诉他的教区居民该投谁的票。"[22]

与此同时，虽然尼克松没有从艾森豪威尔那里得到太多助力，但他赢得了共和党的提名。选战公司在加利福尼亚开展了他的竞选活动，该公司的竞选计划表明"急需发动攻势并开始进攻"，计划建议尼克松忘记"如果他通过与埃莉诺·罗斯福合作的方式并接受耶稣基督和卡尔·马克思的联合支持，人们就不会投票给尼克松的那些自由派民主党人"。本着进攻的精神，尼克松同意与肯尼迪在电视上进行一次多回合的辩论。阿迪莱·史蒂文森曾在1959年主张"将马戏团风格的总统竞选活动转变成一场在全民充分注视下的大辩论"。但实现这一主张的是肯尼迪，他被一位著名的专栏作家称作"有种的史蒂文森"。[23]

1960年9月26日，尼克松和肯尼迪在芝加哥哥伦比亚广播公司的一间空荡荡的电视演播室见面了，没有观众，这场辩论由哥伦比亚广播公司、全国广播公司和全美广播公司进行现场直播。在此时，已有将近十分之九的美国家庭拥有电视机。而在这时，尼克松生了病，在医院里住了12天。他身体疼痛，毫无准备。作为一个技术娴熟的辩手，除了政治利益，尼克松对在电视上露面和最近发生的"厨房辩论"没有什么兴趣，有人只和他简单交代了他与肯尼迪的出场情况。[24]

这些规则是艰苦谈判的结果。这个日程安排要求国会暂时不要理会"联邦通信委员会"关于所有总统候选人（有数百人）都有同等时间的规定。很多谈判都涉及看似微不足道的事情。尼克松不想要脸部的特写镜头，他希望观众只看到一个正在谈话的人，而不是其他人。但肯尼迪想要特写镜头，最终他赢了，作为让步，他同意了尼克松定的规矩，即不能播出任何一个人擦汗的镜头。当然还有其他重要事项。每位候选人都发表了8分钟的开场白和3分钟的总结陈词，各电视网希望尼克松和肯尼迪互相提问，两个人都拒绝了，坚持由一个记者小组提问，这个记者小组是由每家电视网各出一名记者组成，这种模式通常被称为联合新闻发布会。美国广播公司拒绝将当晚的活动称为"辩论"，而是将其宣传为一次"共同露面"，其他人则称之为辩论，有6600万美国人看到尼克松皱眉，这个不当的表情伤害了他。[25]

10月19日，也就是这两位候选人4场预定辩论中最后一场的前两天，马丁·路德·金在亚特兰大的午餐柜台静坐抗议时被捕。他在加入静坐活动之前迟疑了很长时间，但现在他投身于此，而且被判了5年苦役。肯尼迪打电话给金的妻子科雷塔·斯科特·金（Coretta Scott King），肯尼迪的兄弟罗伯特也介入了此事，并使金出狱。与肯尼迪相比，尼克松在民权方面的记录要好得多，但他却什么也没做。后来，他认为这件事使他丢掉了大选，这是美国历史上得票数最接近的大选，肯尼迪以34 221 000票比34 108 000票获得了胜利。

肯尼迪和尼克松在1960年的联合出场是总统大选的第一次电视辩论，第二次能够与之媲美的电视辩论要到1976年。哥伦比亚广播公司照片档案/盖蒂图片社

尼克松认为选举结果受到了操纵，他也许是对的，在伊利诺伊州和得克萨斯州似乎有民主党选民造假。年仅13岁的共和党人希拉里·罗德姆（Hillary Rodham）自愿在芝加哥寻找造假的证据。尼克松说："我们赢了，但他们从我们这里偷走了它。"[26]

尼克松指责民主党，他还怪罪于黑人选民，而他最怨恨的是媒体。

II.

作为史上最年轻的总统，约翰·F. 肯尼迪取代了总统职位上最年长的那个人。当他的手放在那本由他的爱尔兰先祖漂洋过海带来的《圣经》上时，他看起来比以往任何一位椭圆形办公室的主人都更像一位好莱坞电影明星。1961

年1月21日，天寒地冻，呵气成雾，他没有穿外套，就这样开始了他的就职典礼。他以纪念新时代开始："火炬已经传递给了新一代美国人，这一代人在20世纪诞生，在战争中受过锻炼，在艰难困苦的和平时期受过陶冶，他们为我国悠久的传统感到自豪……"[27]

肯尼迪从艾森豪威尔手中接过了火炬。肯尼迪就职典礼的前三天，艾森豪威尔发表告别演说，对美苏军备竞赛发出了严厉的警告。他说："在政府各部门，我们必须警惕军事—工业联合体的正当影响力，无论它是否寻求这样的影响力。""只有警觉而明智的美国公民，才能强迫庞大的工业和军事国防机构与我们的和平手段和目标恰当配合，从而使安全和自由并驾齐驱，同获成功。"肯尼迪在就职演说中回应了他的前任：这两个强大的国家集团都无法从彼此当前的做法中得到安慰，双方都背负了过高的现代武器系统的成本，双方都对致命性原子武器的持续扩散感到惊恐不安，但双方都竞相改变不确定的恐怖均衡，这种均衡恰恰抑制了人类最后摊牌的冲动。[28]

肯尼迪政府的首批行动之一是在1961年3月宣布组建"和平卫队"（Peace Corp）。但是在以希望开始，却以悲剧结束的总统任期内，肯尼迪让这个国家走上了一条不是通往和平，而是通往战争的道路。在世界舞台上共产主义与资本主义的斗争中，肯尼迪决心要争取那些保持中立的第三世界国家，哪怕只是名义上的。[29]

1951年，为了参加参议院竞选，肯尼迪和他的兄弟鲍比在亚洲和中东进行了为期七周的访问，并在越南停留。曾经被法国人长期殖民，从1940年开始又被日本人占领的越南，在第二次世界大战结束后宣布独立（法国后来又发起了一场恢复殖民统治的运动），此时由共产党革命家（曾在1919年巴黎和会上试图与威尔逊会面）胡志明领导。美国对共产主义在东南亚的扩散感到恐慌，这主要是出于意识形态的考虑，但地缘政治和经济因素也起了一定作用。中国和苏联显然享有对东南亚施加影响最有利的位置，这一地区拥有1.7亿人口，但是每个成为共产主义集团一部分的东南亚国家，都意味着日本的贸易损失，况且日本已经丧失了中国这个最大的贸易伙伴。美国想要对该地区施加影响，就必须将对外援助从欧洲转向亚洲和非洲。1949年至1952年间，美国有四分之三的援助是运往欧洲的，但1953年至1957年间，四分之三的援助都给了第三世界，到了1962年，这一比例则是十分之九。当印度支那开始试图推翻法国殖民统治时，美国选择支持法国。由于罗斯福坚决反对殖民主义，美国在二战后备受推崇，但它对法国的援助引发了高涨的反美情绪。法国在1954年输掉了这场殖民战争。根据日内瓦协定，沿北纬17°将独立的越南一分为二，实行南北分治，胡志明和共产党在北方掌权，美国支持的天主教民族主义者吴廷艳在南方执政。从1955年开始，南越成为世界最大的国家建设实验场，在"密歇根州立大学越南顾问团"的建议下培训警察和公务员，修建桥梁、道路和医院。[30]

1958年，一些参议员给每位同僚送了一本伯迪克和莱德勒合著的《丑陋的美国人》，肯尼迪是其中之一，书中讲述的是派驻在虚构的亚洲国家塞克行（Sarkhan）的美国外交官和军人的故事，他们在误解和失败中迷失。莱德勒和伯迪克在后记中实事求是地报道了世界各地"反美主义的上升趋势"，他们认为美国几乎不可能施加政治影响，首先，美国驻亚洲的大使就不会说当地的语言。"在整个阿拉伯世界——有九个国家——只有两位大使语言过关。在日本、韩国、缅甸、泰国、越南、印度尼西亚和其他地方，我们的大使必须借助翻译交谈。"[31]

尽管有伯迪克和莱德勒的警告，但当20世纪50年代末南越爆发共产主义起义后，美国政府提升了干预力度。越南的许多人认为，在南越的1500名美国研究人员和顾问是一个信号，表明美国希望把越南置于自己的殖民统治之下。尽管到1960年，美国在越南的驻军只有680人。[32]

肯尼迪通过知识分子认可的现代化方案来了解越南，尤其是麻省理工学院的沃尔特·罗斯托（Walt Rostrow），他的《经济成长的阶段》（Stages of

Economic Growth，1960年）一书帮助说服了肯尼迪在越南投入更多资源。罗斯托在麻省理工学院的朋友兼同事伊契尔·索勒·普尔在协助肯尼迪当选后，转身投入利用西模马蒂奇公司帮助南越完成现代化的项目。普尔相信，如果有足够多的数据，计算机可以模拟整个社会和政治系统，他最终从"高级研究计划署"得到了2400万美元的合同，用于在越南进行的研究项目。[33]现代化南越意味着修建公路和简易机场，但由于南越与北越的战争，要保证这些公路和简易机场的安全就需要派遣和训练士兵。在肯尼迪被刺杀三周之前，吴廷艳死于一场得到美国许可的政变。到1963年年底，有16 000名美军驻扎在越南。最终，赢得越南战争成了一种使命。[34]

同时，肯尼迪政府在与古巴几近灾难性的对抗中差点部署核武器。艾森豪威尔政府制定过一项计划，该计划表明美国将支持推翻菲德尔·卡斯特罗（Fidel Castro）并入侵古巴的行动。肯尼迪批准了这项计划，但在1961年4月，卡斯特罗的军队击垮了在猪湾（Bay of Pigs）登陆的美国部队。第二年夏天，美国U2侦察机飞越古巴，在那里发现了能够打到美国的弹道导弹。赫鲁晓夫运来了这些导弹，这是全球冷战棋局中最新的一步。1962年10月22日，肯尼迪在一次电视讲话中透露了这些导弹的存在，并主张采取行动。他说："20世纪30年代给我们上了明白无误的一课，如果对侵略性行为放任不管，最终将导致战争。"美国海军封锁了古巴。"从古巴向西半球任何国家发射的核导弹应被视为苏联对美国的攻击，美国应该对此做出全面的报复性反应，这应该成为美国的政策。"两天后，19艘前往美国海军封锁圈的苏联舰艇，有16艘掉头回去了。苏联总理随后向白宫发出了两条完全不同的信息：一条承诺，如果美国结束封锁，苏联将从古巴撤出导弹；另一条的措辞更为严厉。肯尼迪的顾问们强烈建议他忽略第二条，因此，总统只就第一条消息做了回复。赫鲁晓夫同意撤回导弹。[35]

像以往一样，境外的冷战冲突构成了国内民权斗争的背景。为了检验美国政府在州际公共交通中取消种族隔离的保证,争取种族平等大会(Congress of Racial Equality,简称CORE)委派13名训练有素的志愿者——其中有7名黑人和6名白人——让他们作为"自由乘车者"乘坐2辆公共汽车在南方腹地穿行。这些乘车者中大多数是学生,就像神学院学生约翰·刘易斯(John Lewis)一样,他虽然决心要完成学业,却解释说"此时此刻,人的尊严是我生命中最重要的事情"。他们在5月4日离开了华盛顿特区。第二天,总统的弟弟、35岁的罗伯特·肯尼迪在佐治亚大学发表了他作为司法部部长的首次公开演讲,向种族隔离主义者发起攻击。"我们会采取行动……您可能会问,我们是否会执行民权法令。答案是:'是的,我们会的。'"[36]

这个承诺很快就受到了挑战。九天后,在亚拉巴马州的安尼斯顿,一群白人暴徒袭击了自由乘车者乘坐的"灰狗"长途公共汽车,他们打碎车窗,戳破轮胎,最后点燃了汽车。"活活烧死他们!"暴徒们喊道。乘车者几乎无法逃生。当第二辆公共汽车抵达伯明翰汽车站时,一个三K党团伙正在那里守候。罗伯特·肯尼迪下令将乘车者(他们已被打得头破血流)立即疏散,但争取种族平等大会决定派出更多的来自纳什维尔的学生去做乘车者。伯明翰警察局局长尤金·"公牛"·康纳(Eugene "Bull" Connor)让他的警员在公交车站堵截乘车者,并在他们登车前就把他们关进监狱——他们被关押,但没有受到指控——而亚拉巴马州却要看看联邦政府是否会采取行动。

司法部部长向总统报告说:"如你所知,亚拉巴马州的情况正在恶化。"他说服总统打电话给亚拉巴马州州长、民主党人约翰·帕特森(John Patterson),帕特森曾在1960年支持过肯尼迪的竞选活动,但帕特森却拒绝接听电话,公然挑衅总统。在成为州长之前,作为州检察长的帕特森就试图禁止全国有色人种协进会进行活动,1958年,他在三K党的支持下赢得了州长职位。罗伯特·肯尼迪派遣了一名特使前往蒙哥马利面见州长。帕特森对这名来自美国司法部的男子说道:"除了我,这个国家就没有人对那些该死的黑鬼挺直脊梁骨。"特使告诉他,如果亚拉巴马州不保护乘车者的话,总统就会派遣联邦军队,州长这才勉强同意为公共汽车提供从伯明翰到蒙哥马利的警力护送,但当公共汽车抵达蒙哥马利的车站时,另一伙暴徒正等着他们。第一个下车的约翰·刘易斯对一群记者和摄影师讲话,因而暂时没有受到攻击。他对另一名乘车者低声说道:"看起来不对劲儿。"这时,隐藏在车站内的暴徒们现身了,开始殴打记者并袭击乘车者,钢管和拳头并用,还用手提箱打他们的脑袋。当遍体鳞伤、缠着绷带的自由乘车者和1500名黑人在亚拉巴马州议会大厦旁边的第一浸礼会教堂集会并决定下一步该做什么时,3000名白人包围了教堂,亚拉巴马州国民警卫队最终驱散了这些暴力白人。自由乘车者决定继续前进,持续整个夏天。[37]

即使400名自由乘车者在密西西比州被捕,南方的学童在小学门口遭到殴打,争取种族平等大会、学生非暴力协调委员会以及金的南方基督教领袖大会仍然继续以非暴力战略推动种族融合,但他们不得不更多地考虑使用武力,以此对隔离主义活动分子做出回应。伊莱贾·穆罕默德(Elijah Muhammad)是20世纪30年代始于底特律的穆斯林运动"伊斯兰民族"(the Nation of Islam)的创始人和先知,他曾呼吁建立一个黑人州。他最能言善辩的门徒马尔科姆·艾克斯自20世纪50年代中期以来就一直在批评金。他很快获得了一批新的听众。

1941年,马尔科姆·利特尔离开了密歇根州的少年之家,和同父异母的妹妹一同搬到了底特律,1945年,20岁的他因持枪抢劫而被捕。在坐牢的六年时间里,他皈依了伊斯兰教,学习希腊语和拉丁语,并学会了如何辩论。"我一旦开始尝试,"他说,"就一直在辩论。"[38]1952年获得假释后,他在底特律找了一份百货公司的工作,并成为伊莱贾·穆罕默德最有才华和最忠诚的追随者之一。1957年,他在底特律发表演讲,吸引了4000多名听众,他没有遵守"伊斯兰"不谈论选举政治(甚至是投票登记)的规定,问道:"如果黑人拥有完整的投票权,他的角色和地位将会如何?"他的演讲也引起了新闻界的注意。1959年,哥伦比亚广播公司新闻频道由迈克·华莱士(Mike Wallace)配音的5集纪录片《因恨生恨》(The Hate that Hate Produced)为他进行了特别制作,并由非裔电视记者路易斯·洛马克斯(Louis Lomax)报道。(马尔科姆·艾克斯对此片感到震惊,认为它是妄想,甚至到了引发歇斯底里的地步。他与奥森·威尔斯在1938年改编的《世界大战》相提并论。)20世纪60年代早期,在一系列大学举办的辩论中,马尔科姆·艾克斯开始使用融合主义者的观点。1961年,作为"伊斯兰"的发言人,他与贝亚德·拉斯廷在霍华德大学与争取种族平等大会的负责人詹姆斯·法玛尔(James Farmer)在康奈尔大学进行了辩论。在自由乘车活动期间曾在监狱中度过40天的法玛尔强调了非暴力斗争的重要性,但马尔科姆·艾克斯并不喜欢学生非暴力协调委员会和争取种族平等大会,尤其不喜欢南方基督教领袖大会。他喜欢说"任何人都可以坐着……需要一个男人站起来"。[39]

1962年,洛杉矶的警察枪杀了7名黑人穆斯林,这7个人是马尔科姆·艾克斯在50年代筹建的第27号清真寺的成员,当时,他们正将需要干洗的衣物装进汽车,就算越战老兵罗纳德·X. 斯托克斯(Ronald X Stokes)高举双手,但仍然被射杀。之后,马尔科姆·艾克斯首次面对全国观众,他在集会上发表讲话,称此次谋杀是基于种族而非宗教。"这不是穆斯林的战斗,"他说,"这是黑人的战斗。"[40]

1962年出版的《带枪的黑人》(Negroes with Guns)一书论述了黑人社区的许多人呼吁武装自卫。传播基督教和圣洁民主的金哀叹黑人穆斯林已经"失去了对美国的信仰"。与此同时,白人温和派要求学生非暴力协调委员会、争取种族平等大会和南方基督教领袖大会放慢脚步。在一项民意调查中,74%的白人同意"黑人操之过急"的说法,但这一说法只有3%的黑人同意。[41]

1963年4月，金在伯明翰领导了一场抗议活动，伯明翰是美国南部暴力最严重的城市，这是一场计划已久的抗议活动的一部分。从1948年以来，在南方有200多座黑人教堂和房屋遭到炸弹袭击，而在伯明翰的炸弹袭击比其他任何城市都多。金在伯明翰被捕，但发现原来支持他计划活动的人消失了。白人自由派神职人员在《伯明翰新闻》（*Birmingham News*）上谴责他，称抗议活动"不合时宜"。之后，被单独囚禁的金在监狱里写了一封信，他是利用报纸的空白处和探视者偷偷带进来的纸条写的。最后，这封信长达20页，它是美国政治言论中的非凡篇章，证明了黑人事业的紧迫性。

他承认："对那些从未感受到种族隔离的刻骨疼痛的人来说，也许很容易说'等一下'。但是当你看到恶毒的暴徒随意杀死你的父母、随意淹死你的兄弟姐妹；当你看到满怀仇恨的警察诅咒、殴打，甚至杀死你的黑人兄弟姐妹；当你看到你的2000万黑人兄弟中的绝大多数在富裕社会中的贫民窟里苟延残喘时……你就会明白，为什么我们难以等待。"[42]

亚拉巴马州新任州长乔治·华莱士或多或少地回答了他的问题，告诉金必须等到地狱结冰。6月，华莱士说，如果黑人学生试图进入塔斯卡卢萨（Tuscaloosa）州立大学的校园，他会亲自把门锁上。

43岁的华莱士一天三顿饭都以政治为食，睡觉、呼吸和抽烟时也离不开政治。1935年，16岁的他就在州参议院当差。他是亚拉巴马大学的明星拳击手兼班长。学完法律后，他在战时当了太平洋地区的一名飞行员。1946年他参加了州议会竞选，同年尼克松和肯尼迪获得了众议院的席位。他是一个忠诚的南方人，但从来不是一个热心的种族隔离主义者。作为1948年民主党大会的候补人选，他拒绝和其他的南方州民主党党员绑在一起。他赞同史蒂文森的观点，但是到了1958年，他以"和华莱士一起赢"作为竞选口号，在南方邦联旗帜护卫下参加州长竞选，在民主党的初选中他输给了更强烈反对废除种族隔离制的帕特森，而且据说，华莱士向他的支持者保证"不会再有婊子养的能胜过我"¹。1962年，在三K党组织者兼撰稿人的帮助下，华莱士以96%的选票赢得了州长一职。在肯尼迪于华盛顿就职两年以后，华莱士在蒙哥马利邦联国总统雕像的阴影下宣誓就职。华莱士大声说道："今天，我站在了杰斐逊·戴维斯曾经站立的地方，并向我的人民宣誓。""我要说，现在要隔离，明天要隔离，永远都要隔离。"接着，他与州教育界领袖见面并告诉他们："如果你同意整合你的学校，就不会有足够多的州警察来保护你。"5月，当肯尼迪庆祝生日时，工作人员送给华莱士一副拳击手套，因为他即将与亚拉巴马州的重量级选手一决高下。[43]但是，当6月11日这一天到来时，华莱士在国民警卫队抵达后仅仅3个小时就屈服了。

那天下午，金发电报给肯尼迪说"黑人的忍耐可能正处于爆发点"。肯尼迪深思熟虑了几个月之后，决定前往国会与众议院议员会面，他认为现在是向公众讲话的时候了。在当晚的电视上，他对全国人民说："如果一个美国人，因为他的皮肤是黑色的，就不能在开放的餐馆吃午餐；就他不能把孩子送到最好的公立学校；就不能给代表他的公职人员投票；简而言之，如果他不能享受我们所有人都想要的圆满而自由的生活，那么我们中间有谁能够安心地变成他的肤色并身处他的位置？"他谈到了兵役问题，"当美国人被派往越南或西柏林时，我们不会只征调白人。"他援引历史，"自林肯总统解放奴隶以来，已经拖延了100年，而他们的子孙后代并没有获得完全自由。"他要求国会进行新的民权立法。[44]100年太久了，肯尼迪不建议再忍耐。

为了庆祝《解放宣言》发表100周年，贝亚德·拉斯廷受托规划定于1963年8月在华盛顿举行的游行庆祝活动。肯尼迪政府担心发生暴力事件，让军队保持警惕。哥伦比亚特区取消了两场华盛顿参议员的棒球比赛。在一个无云

1　华莱士对竞选官员说过，"这回我输给约翰·帕特森了"（因自己支持种族隔离政策），"但我不会再输了"。意思是他会在种族问题上改变立场，也包括赢得南方邦联、三K党和NAACP的支持。——译者注

的夏日，约有30万人聚集在一起，林肯纪念堂和华盛顿纪念碑从未有过这么多人，金称之为"代表着黑人正当情绪的炎热夏天"。他们乘坐公共汽车、火车和地铁来到这里。一名年轻男子从芝加哥一路踩着滑板溜过来，身上系着一条写着"自由"的腰带。拉斯廷完美地组织了这次游行，活动结束时只有4名与游行有关的人被捕，他们都是白人。[45]

年仅23岁的学生非暴力协调委员会主席约翰·路易斯是个做事认真的人，他走上林肯纪念堂台阶，走到临时搭建的演讲台上的麦克风前，他说他支持拟议中的民权法案，但持很大的保留意见，因为联邦政府说过的每件事情都没有做到。每次他问"联邦政府做了什么"时，底下的人都会激动不已。

当马丁·路德·金登上演讲台，切断了前面演讲的电视台恢复了对他演讲的转播。这是大多数美国人第一次，也是最后一次观看金的演讲，同时也是肯尼迪总统第一次完整地观看金的演讲。[46]

他首先对"历史上为争取自由而举行的最伟大的示威活动"表示欢迎，并向林肯和《解放宣言》致敬，谴责之后100年里仍然束缚着黑人的"种族隔离枷锁和种族歧视锁链"。他讲话缓慢，庄严而正式。他说，《独立宣言》和宪法是一种承诺，承诺保障所有人的权利。"显然，到今天，美国没有实践这一承诺。"这是某种股票，交付时很严格，却满载着悲伤。他要这场运动小心"那惊人的新战斗形式"带来的危险，即会失去白人的支持。他道出了黑人的不满情绪。演讲开始10分钟后，他提高了声音，说道："我们现在不满足，我们将来也不满足，除非公平像大水一样滚滚而下，正义如大河一样滔滔不绝。"他低头看了看演讲稿中后面几行绕口的话——"那么今天，让我们作为国际协会的成员回到我们的社区，推动创造性的不满足"，但他没有念出来。相反，他开始布道。讲台上，站着他后面的玛哈莉亚·杰克逊（Mahalia Jackson）喊道："告诉他们关于梦想的事情，马丁。"他停顿了一下。"我仍然有一个梦想，"他说，"这个梦想是深深扎根于美国的梦想中的。我梦想有一天，这个国家会站起来，真正实现其信条的真谛：'我们认为这些真理是不言而喻的，人人生而平等。'"他找到了自己的节奏，用低沉的声线传达《圣经》的精神。"我今天有一个梦想，"他说道，摇了摇头。"我梦想有一天，幽谷上升。"人们站了起来，低头哭泣。"让自由之声响起！"他喊道。[47]每个城镇村庄的每座钟楼里似乎都响起了钟声：这是正义的钟声。

III.

三个月后，肯尼迪在达拉斯遇刺。不到五年的时间，金也在孟菲斯被枪杀。到了那时，美国自由主义者的梦想已被一连串的子弹和燃烧弹击落，从纽瓦克和底特律的街道到南越的稻田，这些子弹和炸弹如雨点般落下。

从1933年罗斯福就任总统开始，美国自由主义开启了漫长的发展历程，此时达到了顶峰，并在林登·约翰逊执政期间开始下降。罗斯福推行"新政"；杜鲁门承诺"公平施政"；约翰逊则谈到"更优政策"，直到他发觉这听起来让他像个陪衬。他的目标是"伟大社会"，一个伟大的社会不仅是一个富裕的社会，还是一个良好的社会，一个"人们更关心他们的目标质量，而不是商品数量的地方"。他说："伟大社会依赖于所有人的富裕和自由，它要求终结贫困和种族不公，我们要为这个时代全心付出。"[48]

在肯尼迪被暗杀后的第二天，约翰逊会见了"经济顾问委员会"主席沃尔特·海勒（Walter Heller），并告诉他，与他保守派的名声相反，他并不是一个保守派。"如果你看了我的记录，你会知道我是罗斯福的新政主义者。事实上，说实话，约翰·肯尼迪对我来说有点过于保守。"1963年11月27日，约翰逊首次向国会发表讲话时，敦促就民权问题采取行动。"在这个国家里，我们谈论平权问题的时间已经够长了。"他说，"我们谈了100多年，现在是书写下一章的时候了，我们要把它写进法律书籍。"约翰逊常说他的口头禅是"他把事情搞定了"。他想进一步推进肯尼迪的规划，但他也有自己的计划，即他在1964年1月第一次国情咨文中宣布的"向贫困宣战"。[49]

约翰逊曾告诉记者:"当我年轻的时候,贫穷是如此普遍,我们都不知道它还有一个名字。"但是,正如加尔布雷思在《富裕社会》(The Affluent Society)里指出的那样,贫穷并没有被消灭,它只是被遗忘了。"在现代社会历史中,没有什么比人们对不平等作为经济问题的兴趣下降更明显的了。"加尔布雷思写道:"人们已经不再在意不平等问题了。"一些穷人远离城市和郊区,四分之一生活在贫困线以下的人是在农场工作。在肯尼迪读过德怀特·麦克唐纳在《纽约客》发表的一篇长文《我们看不见的穷人》后,肯尼迪政府的"向贫困宣战"于1963年1月启动。在富裕时代,没有一篇文章比它更清晰地阐述了贫穷的残酷。麦克唐纳认为,繁荣使得这个国家既不知道穷人的困境,又对他们的苦难无动于衷。麦克唐纳严厉地控诉了美国中产阶级对那些不太富裕的人的态度,他写道:"穷人所遭受的不公正待遇令人感到无味,这或许可以解释为什么社会其他阶层对穷人不感兴趣……一切似乎都出了问题。他们永远不会赢。因为这太无聊了。"[50]

海勒给了肯尼迪一篇麦克唐纳的文章。1963年2月,该文被全文收录于《国会记录》(Congressional Record)。约翰逊利用国家对这位殉难总统的同情之心,推动国会立法。1964年,他签署了《经济机会法案》(Economic Opportunity Act)和《食品券法案》(Food Stamp Act)。他相信在10年内就可以消除贫困。

约翰逊还有更多的野心。他像以往一样同国会议员激辩,确保《民权法案》的通过,该法案将基于种族、肤色、宗教、性别或民族血统的歧视定为非法,赋予司法部部长强制执行废除种族隔离的权力,允许民权案件从州法院移交到联邦法院,并扩充了民权委员会。约翰逊用精巧的政治言辞说道:"任何纪念演说或悼词都无法比尽早通过《民权法案》能更有说服力地纪念肯尼迪总统。"[51]

1964年，约翰逊乘坐总统直升机在阿巴拉契亚郊区着陆，开始了他的"贫困之旅"，他要去看看德怀特·麦克唐纳所说的"我们看不见的穷人"。林登·约翰逊总统图书馆

马丁·路德·金和马尔科姆·艾克斯都前往华盛顿旁观国会关于《民权法案》的辩论，这是两个人罕见的联合行动。马尔科姆·艾克斯与"伊斯兰民族"的领导层闹翻了。他曾嘲笑1963年8月的华盛顿游行，但他没有听从伊莱贾·穆罕默德的明确命令，还是参加了游行。12月，他应记者要求评论了刺杀肯尼迪事件，而穆罕默德曾特别吩咐说不要就这个问题发表意见。他说，肯尼迪被杀对他来说就像是"鸡回家孵蛋"。在随后的争论中，穆罕默德命令他退出所有公共活动，但是1964年4月，主张黑人武装自己的马尔科姆·艾克斯在克里夫兰发表了名为"选票还是子弹"的演讲，他在发言中认为革命需要选举。[52]这种优势把他带进了国会大厅。

马尔科姆·艾克斯和马丁·路德·金旁观的国会辩论显示出两党内部的断层，民主党人受到了来自南方腹地的挑战，而共和党人的挑战则来自右翼。"我不反对民主党，"马尔科姆·艾克斯说道，"我不反对共和党，我不反对任何东西，我只是质疑他们的诚意。"他说，重点是投票的时间。[53]辩论还暴露了美国政治中最糟糕的阴谋诡计。南方民主党人将提案拖延54天，斯特罗姆·瑟蒙德表示："总统提交到国会要求颁布立法的所谓"民权提案"是违宪的，是不必要的、不明智的，它超出了理性范畴。"[54]来自弗吉尼亚州的种族隔离主义者霍华德·史密斯提出了一项修正案，在该法案中增加了"性别"一词，这一提议如此荒谬，以致他确信这会使立法失败。但是，在缅因州共和党人玛格丽特·蔡斯·史密斯对该修正案进行了积极的辩护之后，修正案通过了，这在争取妇女平等的斗争中，是一项具有讽刺意味的重大成就。[55]

与此同时，争取民主党提名的乔治·华莱士在早期初选中表现出色。在竞选活动中，他听到白人选民表达了根深蒂固的种族仇恨，但这种激烈反应只能收获暴力。在华莱士召集的密尔沃基集会上，一位名叫布朗科·格鲁伯的黑人谈到这座城市："他们殴打83岁的老太太，强奸我们的女人。抢劫、不工作、接受救济。这些人，我们还可以忍受多久？我奔赴瓜达尔卡纳尔岛[1]（Guadalcanal）作战，就为了回到这样的地方吗？"[56]

华莱士寻求提名的终结，不是因为约翰逊受欢迎，而是因为保守派共和党人的加入。来自亚利桑那州的极右保守派共和党人巴里·戈德华特投票反对《民权法案》，明确表示仅凭宪法，他就有理由这样做。"如果我的投票被误解了，"他说，"就这样吧，让我承受它的后果。"[57]《民权法案》的支持者最终突破了阻挠，1964年7月2日，约翰逊在《民权法案》签字，使它成为法律。11天后，共和党全国代表大会在加利福尼亚州戴利城的牛宫体育馆举行，并提名戈德华特为总统候选人。

1960年，戈德华特出版了由别人代笔的宣言：《一个保守派的良心》（The Conscience of a Conservative），这一宣言成了畅销书。在当时，他的立场填补了美国政治话语的空白。他呼吁废除累进所得税，并建议联邦政府舍弃大部分职能，关闭某些部门，并以每年10%的速度裁员。戈德华特还反对最高

---

1 二战中美日交战的战场，战况非常惨烈。——译者注

法院在"布朗诉教育局案"中的裁定,坚决维护州权,这一立场与南方民主党人以及约翰·伯克斯(John Birchers)一致,他们的目标包括弹劾厄尔·沃伦并退出联合国。他们的领头人罗伯特·韦尔奇(Robert Welch)甚至暗示艾森豪威尔可能是一名共产党,伯克斯等人还认为苏联的人造卫星是个骗局。伯克斯特别讨厌肯尼迪,右翼电台评论员汤姆·安德森(Tom Anderson)在密西西比州的杰克逊市说:"我们的威胁不是外部的红色大军,而是内部的粉红色大敌。我们的威胁是三个K——肯尼迪、肯尼迪、肯尼迪。"[58]

认为艾森豪威尔是共产党的阴谋论者看起来很容易成为攻击目标,包括亚瑟·施莱辛格在内的肯尼迪顾问,曾敦促他将共和党与约翰·伯奇协会联系在一起。1961年,肯尼迪开始谈论共和党的"右翼"。在《美国新右翼》(*The New American Right*)一书里,丹尼尔·贝尔认为"右翼"所反对的不过是现代性本身。温和的共和党人也卖力地攻击戈德华特。纽约州州长纳尔逊·洛克菲勒(Nelson Rockfeller)警告说,"极端分子"可能会"颠覆共和党自身"。[59]肯尼迪与戈德华特之间的较量将会很有意思。如果戈德华特能够在1964年赢得共和党提名的话,那么在1960年的辩论中大胜尼克松的肯尼迪显然会同意与戈德华特进行辩论。戈德华特后来说,他和肯尼迪曾计划一起周游全国,在每次短暂停留时都举行辩论,"没有麦迪逊大道,不化妆,不矫饰,只有我们两个人乘坐同一架飞机四处旅行"[60]。

但是约翰逊似乎没有理由同意与戈德华特进行辩论,因为后者赢得提名的机会似乎很渺茫。与戈德华特竞争的洛克菲勒将他描绘成纳粹分子(事实上,戈德华特有犹太血统)。与自由主义者说的大致相同。马丁·路德·金说:"我们在戈德华特的竞选活动中看到了危险的希特勒主义苗头。"在旧金山举行的共和党全国代表大会上,第一位争取大党提名的女性玛格丽特·蔡斯·史密斯拒绝将她的代表资格让给戈德华特,以防止他的提名获得全票通过。[61]

理查德·尼克松与蔡斯·史密斯的原则不同。1962年,尼克松竞选加利福尼亚州州长失败，并且在两年内经历了两次失败，他没有资格寻求总统候选人的提名。尽管如此，他还是在俄勒冈州波特兰市的一个锅炉房内进行了秘密活动。他考虑过他的成功机会。他漫不经心地搞着竞选，漫不经心地和温和派共和党人一起阻止戈德华特参选，同时还漫不经心地支持密歇根州州长乔治·罗姆尼（George Romney）。但当他断定自己没有机会击败戈德华特时，便转而支持戈德华特。接受该党的提名后，戈德华特为自己受到的极端主义指控辩护，但他的言辞使他失去了本可能从党内温和派中获得的一点点支持。"捍卫自由的极端主义绝不是恶意，"戈德华特说，"追求正义时的节制也并不是美德"。洛克菲勒和罗姆尼拒绝为戈德华特助选，而着眼于1968年总统大选的尼克松则不知疲倦地全力以赴：他代表该党的候选人发表了156次演讲。[62]

约翰逊兴致勃勃。"在你心中，你知道他是对的"是戈德华特的竞选口号，约翰逊的竞选活动则报之以"在你肚里，你知道他是个疯子[1]"，或者在影射戈德华特对部署核武器的热情时，则用"在你心中，你知道他会的"。戈德华特曾参与发起保证公立学校中《圣经》阅读和祷告活动的宪法修正案，但是得到福音派基督徒广泛支持的约翰逊确信，戈德华特在这一群体中并不会取得什么成功。大选前几天，比利·格雷厄姆的追随者劝他支持戈德华特，向他发出了100多万份电报和数万封信件。约翰逊急了。"比利，远离政治。"他在电话中告诉格雷厄姆，然后邀请他来白宫度周末，但并没有查阅他的邮件。[63]

11月，戈德华特以超过1600万选票的差距输给了约翰逊，只在他的家乡亚利桑那州和南部腹地的五个州胜出。这样的结果是灾难性的，因此，共和党领导人试图清除党内领导层中的保守派，这意味着要清除女性保守派。

---

1 "坚果"和"疯子"，在英语里是一个词（nuts），俗语中，nuts有脏话的意思，如"傻蛋"。——译者注

菲莉斯·施拉夫利（Phyllis Schlafly）的支持对于戈德华特的提名至关重要，她是全美共和党妇女联合会（the National Federation of Republican Women）主席、前"厨房内阁"成员。1924年出生于密苏里州的施拉夫利，是美国政治史上最具影响力的女性之一。二战期间，她曾在一个弹药厂担任枪手，试射步枪，以便能让自己完成大学学业，之后她获得了"拉德克利夫学院"[1]（Radcliffe）的政治学研究生学位。作为一名虔诚的天主教徒，她一直是麦卡锡的狂热支持者，而她的丈夫则是世界反共联盟（the World Anti-Communist League）的主席。1955年，她以"一名妇女在众议院的位置"为口号竞选国会议员。[64]

1963年，施拉夫利推荐戈德华特为"共和党女子俱乐部联合会"成立25周年庆典的发言人。在那次庆祝活动中，她还进行了一次民意调查：在293名联邦代表中，有262名选择戈德华特作为该党的候选人。保守派女性纷纷拥向戈德华特的"法律和道德运动"以及"美国的母亲道德活动"，后者是一个伪草根组织，它将南希·里根（Nancy Reagan）招进了委员会。但是，虽然保守派女性支持戈德华特，但共和党的主流却没有。1964年的总统选举中，女性选民人数第一次和男性的一样多，但她们的投票与男人不一样。总体而言，比起男性选民，两党的女性选民更有可能把票投给戈德华特。看来，戈德华特的共和党女性不仅脱离了该党，而且也脱离了国家。

戈德华特惨败之后，密歇根州共和党主席和罗姆尼支持者艾莉·彼得森（Elly Peterson）给自己设定了一个在全国共和党妇女联合会的下次改选中罢免施拉夫利的任务。彼得森说，这会很困难，因为"她的组织像坚果的边缘一样无懈可击"。施拉夫利以微弱的劣势被击败，但她对此提出了质疑。当她们开始互相厮打时，警察不得不将女人们从会场中带走。《时代》周刊称，"贵

---

1 只招收女生的七姐妹学院之一，1999年并入哈佛大学。——译者注

妇人游戏"彻底丧失了风度。[65]

施拉夫利不是那么容易被击败的。她并不宣称自己是女权主义者，但她相信女性有助于引领共和党。她抱怨道："党内很多男人明确表示希望女性从事卑微的工作，而在烟雾缭绕的房间里挑选候选人和制定政策，则是男人们的事。"在她关于自己被如何罢免的书里有一幅插图，一个女人站在共和党总部门口，旁边的一个指示牌上写着"保守主义者和妇女请走服务员入口"。在被罢免"共和党妇女分部"主席职位的三个月后，她开始撰写每月时事通讯，并发起了自己的法律和道德运动。[66]这会花费她多年的时间，但最终她将重新夺回共和党。

笨拙的林登·约翰逊因胜利而激动，他决定利用自己这1600万张选票的优势推动他的远大目标。他的民主党在众议院优势明显，形成了所谓的"肥胖的国会"。他知道他的任期不会持续太久。1965年1月，他对他的团队说："遵循人们自然思考的方式就好，因为巴里·戈德华特完全吓坏了他们，我已经失去了那1600万选票里的300万……与国会或其他机构斗争后，我可能将失去另外的几百万。我的优势可能会在几个月内减少到800万。"[67]

约翰逊领导着政治学家所说的"统一政府"，即行政机构和立法机构由同一政党控制，而不是一党占据白宫，另一党左右国会的分裂政府。统一政府和分裂政府立法议程大致相同，但很显然，统一政府

阿贝·福塔斯（Abe Fortas）和约翰逊谈笑风生，照片，冈本洋一摄。1965年7月，在福塔斯获得最高法院席位前一个月，约翰逊向他施展"待遇"手段。林登·约翰逊总统图书馆

会比分裂政府更有成效：他们能使更多的法案获得通过。然而，美国历史上没有一个统一政府像林登·约翰逊政府那样高产。[68]

1937年，约翰逊在华盛顿开始其职业生活，他几乎比所有其他美国总统都更了解政治权力的本质。他每周都会见国会领导人并和他们共进早餐，他会在半夜给参议员打电话。他通过哄骗、威胁等方式提出交易，达成协议。他让国会通过一项教育法案，为低收入家庭的小学和高中学生提供了数百万美元的补助。他说服国会修改《社会保障法》，以建立为老年人提供健康保险的"医疗保险制度"，以及覆盖穷人的健康保险"公共医疗补助计划"，以此来"照顾病人并消除恐惧"，然后他飞往密苏里州的独立城（杜鲁门晚年生活的地方），这样，杜鲁门就可以见证签字仪式。深受感动的杜鲁门说道："你让我成为一个极其快乐的人。"[69]

一连串法案的出台并不仅限于社会改革。约翰逊还说服国会通过一项税收法案，这是在肯尼迪遇刺之前提交给国会的减税政策，是美国历史上力度最大的减税方案。约翰逊希望这项法案能够缓解失业问题。然而却破坏了他的改革计划，就好像砍断了自己的一只脚。

约翰逊向国会推销他的减税方案时说："我想把穷人从吃税人变成纳税人。"根据这种表述，那些社会项目，如1935年实施的"未成年子女家庭援助计划"（Aid to Families with Dependent Children）和1965年实施的"公共医疗补助计划"的受助者是吃税人，其他类型的联邦援助（医疗保险、退伍军人福利和农业补贴）的领取者则是纳税人。20世纪60年代的自由主义者以这种区分方式重创了自由主义。与之前的新政主义者一样，"向贫困宣战"的设计师从未从每个人的利益出发将税基广泛的累进所得税作为公共利益而进行辩护，也没有将它与种族问题分开，也从未将社会保障、医疗保健和失业保险称为"福利"。约翰逊的"经济顾问委员会"对他说，在阐述政府将如何向贫困宣战时，应该"完全避免使用'不平等'或'再分配'等词"。穷人被称为"机会的目标"。[70]

一开始,减税方案起了作用:人们用曾经用来纳税的钱购买商品。1965年,《时代》周刊将凯恩斯放在了封面上,并宣称"现在,我们都是凯恩斯主义者"。[71]但是,其他的则和约翰逊所做的一模一样,他的经济改革因越战升级而被粉碎。

当肯尼迪去世时,罗伯特·肯尼迪强烈要求约翰逊不要放弃越南,而约翰逊则倾向于放弃。到了1965年春天,约翰逊渐渐明白,他无法在不输掉战争的情况下从越南撤军,而且他也不想输。他说:"我不会成为那个目睹南越走上中国道路的总统。"1965年3月,美国开始轰炸越南北部,那年春天,约翰逊投入地面部队。但由于他不想放弃国内事务,便决定隐瞒战争的升级。他在美国介入的问题上撒了谎,而政府则对战争本身撒了谎。截至当年年底,一共有184 000名士兵被派往越南。大学生想方设法逃避兵役。赴越的美军中,穷苦白人和黑人的比例更高。约翰逊故意隐瞒战争成本,最终,为了支付战争的开销需要增税。为了尽可能地推迟这一必然结果,他削减了社会项目的资金。后来他说道:"这个战争婊子杀死了我真正爱过的那位女士——伟大社会。"即使他坚称"这不是约翰逊的战争,这是美国的战争",但抗议者仍高呼:"嘿,嘿,林登·贝恩斯·约翰逊,你今天杀死了多少个孩子?"[72]

1964年,约翰逊以压倒性优势当选,但到了1968年却如此不受欢迎,以致他决定不再竞选连任。约翰逊的妥协、新左派的崛起、种族骚乱、反战运动、白人的抗议,以及右翼对法律和秩序的呼唤,使得自由主义四分五裂,而尼克松则趁势得到了他从加入加利福尼亚惠蒂尔高中辩论队以来一直觊觎的奖赏:白宫。

美国人在客厅观看越南战争。美国国会图书馆

IV.

"在监狱里,和我关在一起的黑人比投票名单上的黑人还要多。"当马丁·路德·金被关在亚拉巴马州塞尔玛市的监狱里时,南方基督教领袖大会在《纽约时报》上刊登了一则广告。民权工作者一直试图在南方腹地进行选民登记,效果不是很好。然而,抗议精神已经传播开来。

1964年,22岁的哲学专业学生马里奥·萨维奥(Mario Savio)在整个夏天——自由之夏——都在密西西比州登记黑人选民。当他秋天回到伯克利时,他领导了反对禁止在校园内发表政治言论政策的活动,他认为公立大学应该像公共广场一样对政治辩论和集会开放。萨维奥说:"在民主社会中作为公民有参与活动的权利。"[73]在一次抗议活动中,警方逮捕了近800名抗议者,之后大学答应了学生的要求。此后,允许在校园内进行政治演讲从公立大学扩展到私立大学。没有这一原则,学生就不可能有机会在校园里集会,以争取公民权利或反对越南战争,或支持或反对其他任何事情,当时没有,以后也不会有。

但是争取正义的斗争使左派分裂。1933年出生在南达科塔州的瓦因·德洛里亚是一名斯坦丁洛克苏族人,他曾是海军陆战队队员。1964年,他被选为美国印第安人国民大会主席。德洛里亚和一些人的动作引起了国家对本土主权长达几个世纪的关注。"我们基本要求的是正义,得到被统治者的同意,有时间发展我们认为应该以自己方式发展的东西。"1965年,他在参议院的某个委员会上说。当民权运动将注意力从废除种族隔离转向投票权时,分裂就开始了。最终,抗议民主党提名大会的代表全部都是白人,学生非暴力协调委员会成立了另一个党——密西西比自由民主党(the Mississippi Freedom Democratic Party),艾拉·贝克负责华盛顿分部,他在杰克逊市的州提名大会上发表了主题演讲。在1964年8月的民主党大会上,党内领导人拒绝让密西西比自由民主党代表团出席,斯托克利·卡迈克尔(Stokely Carmichael)决定放弃政党政治。卡迈克尔自1961年以来一直是个"自由乘车者",1964年毕业于霍华德大学,因其在密西西比州的选民登记工作而获得"高年级人文奖"的提名。"自由派民主党人和戈德华特一样有种族主义倾向。"他总结道。卡迈克尔借用了马尔科姆·艾克斯的"黑色"一词,号召展开新的战斗。"如果我们不能坐在桌前,"学生非暴力协调委员会的一位领导说,"就让我们把桌腿踢掉。"金和南方基督教领袖大会仍然赞成与白人自由主义者合作,而学生非暴力协调委员会越来越偏好黑人意识和黑人力量。"塞尔玛示威"将是他们最后一次并肩作战。[74]

国会通过第十三修正案100年后的1965年1月,林登·约翰逊在华盛顿发表了就职演说,马丁·路德·金前往塞尔玛市,那里的示威者发誓要一路前往蒙哥马利。这是一段55英里的路程,示威者将会经过一个黑人人口超过70%的县，但自从《吉姆·克劳法》实施以来，该县几乎没有任何非裔美国人试图参加投票。1965年3月7日，他们在佩特斯桥（Pettus Bridge）的另一端遭遇了守候在那里的500名亚拉巴马州警察，州长乔治·华莱士下令逮捕任何试图通过大桥的人。

正受"伊斯兰民族"抨击的马尔科姆·艾克斯飞往塞尔玛。虽然南方基督教领袖大会领导人担心他会煽动使用暴力，但他发言支持抗议者。仅仅几周之后，他在纽约的家中遭到炸弹袭击，接着在2月21日，他在曼哈顿被三名"伊斯兰民族"成员用左轮手枪和霰弹枪暗杀。他身中十枪，一枪在脚踝，两枪在腿上，七枪在胸部。[75]"我不同意他的观点。"对此深感震惊的詹姆斯·鲍德温（Iames Baldwin）说道。"当他与街上的人交谈时，"他接着说，"如果有人无视他的结论，他就是那唯一一个会生动描述并记录美国黑人真实情况的人。"[76]

塞尔玛的亚拉巴马州警察在民权游行者多次试图过桥时打碎了他们的头骨，受到电视转播压力的约翰逊在3月15日向国会发表讲话。"在人类无休止追求自由的过程中，有时候，历史和命运在同一时间、同一地点相遇，构成了一个转折点，"他说，"就像在列克星敦和康科德一样，或者像一个世纪前在阿波马托克斯一样。上周的亚拉巴马州塞尔玛也是这样的转折点。"他呼吁国会通过《投票权法案》（Voting Rights Act），并以他标志性的得州鼻音结束发言："我们终将获胜。"看到亚拉巴马州惨况的金，此时已泣不成声。[77]

在约翰逊向国会提交《投票权法案》前一周，他还提交了《执法援助法案》（the Law Enforcement Assistance Act），他希望1965年将会作为"这个国家开始彻底地、明智地、有效地打击犯罪的一年"而被载入史册。"执法援助管理局"（the Law Enforcement Assistance Administration）为八万个犯罪控制项目提供了资金，它的成立大大扩展了联邦政府的警力。参议院司法委员会主席在该法案的听证会上说："一段时间以来，我一直认为执法机构的任务与军队的任务相比并没有多大差别，都是在犯罪发生之前阻止犯罪，正如我们的军事目标是威慑侵略一样。"在约翰逊签署了这一法案之后，他的政府启动了"向犯罪开战"这一计划，这场"战争"使警察有权像军队一样，使用直升机巡逻城市社区，并利用计算机来模拟预测犯罪。那些划拨给城市用于与贫困作战的资金，现在被用来打击犯罪。约翰逊执政时期，课外项目和青少年中心是"向贫困宣战"的组成部分。1969年，正值尼克松执政时期，这些项目由警察管理，是打击犯罪的组成部分。在林登·约翰逊发起打击犯罪之战之后的20年里，被送入监狱的美国人比之前一个世纪的人还要多，占美国人口的25%黑人和拉美裔占到了监狱人数的59%，这个国家的监禁率是其他工业国家的5倍。尼克松废除了约翰逊计划中旨在为儿童和青少年提供服务的内容，但原封不动地保留了以惩罚他们为目的的内容。运转"伟大社会"成了警察的工作。用于城市复兴的一揽子拨款反而被用于建造监狱。詹姆斯·鲍德温说，城市复兴应该被称为"黑人移除"。[78]

1965年8月6日，约翰逊签署了《投票权法案》，但约翰逊所期望的安宁并没有到来。第二天，众议院教育和劳工委员会在洛杉矶的威尔·罗杰斯公园礼堂举行听证会，了解该市未能实施联邦反贫困计划的原因。有1000名听众到场，听证会变成了集会。四天后，洛杉矶中南部瓦茨区（Watts）爆发了骚乱，这是一系列骚乱中的第一起，这些骚乱在随后四个漫长而炎热的夏天蔓延开来并震惊全国。

金飞到洛杉矶宣扬非暴力，但没有人真听他的。除瓦茨区外，洛杉矶市的人口密度为每平方英里5900人，而在瓦茨区是16 400人。骚乱持续了六天六夜，有35 000多人卷入进来。街道被烧毁，34人死亡，近千人受伤。陆军坦克和直升机将美国城市变成了交战区。洛杉矶警察局局长威廉·帕克（William Parker）说，与瓦茨区居民的战斗"很像在和越共作战"。[79]约翰逊问道："难道这个世界颠倒了吗？"[80]

瓦茨的面积是曼哈顿的两倍，却没有一家医院。这是富裕社会吗？瓦茨是一个贫困社会。从外部看，人们似乎用暴力回答了权利，整个自由主义目标似乎都在自行崩溃。

这四个夏天的每一次骚乱都是孤立的，但每次都是以一个北方城市隔离街区中的警察暴力开始，在那里几乎没有任何工作机会，房屋倒塌，投票权也没有终结任何人的苦难。纽瓦克是新泽西州最大的城市，65%的人是黑人，一年里有18名婴儿在蝙蝠肆虐的城市医院里死于痢疾。然而，联邦政府"治理纽瓦克这样的城市已经失败"的观点却遭到了反对，因为联邦政府花在纽瓦克反贫困计划的人均资金比其他任何北方城市都多。[81]

暴力招致更多的暴力。1967年夏天，纽瓦克发生了骚乱，警察的暴行引发抗议，并导致了抢劫和枪击事件。一支4000多人的国民警卫队用路障封锁了14平方英里的城区。在全国电视屏幕上播放的场景中，对一些美国观众而言，纽瓦克就像越南，狙击手致人伤残，平民被屠杀。一周半后的底特律爆发骚乱，在第101和第82空降师的9600名伞兵强制恢复秩序之前，有超过7000人被逮捕，2000多幢建筑物被毁。[82]那年夏天，《美国新闻与世界报道》（U.S. News & World Report）第一页的标题是：《美国能否自我治理？》。[83]

保守主义者有答案：他们可以用钢铁般的意志进行治理。已经55岁，但仍竞选加利福尼亚州州长的罗纳德·里根（Ronald Reagan）宣称骚乱是"在任何情况下公众应向政府寻求答案"这一理念的结果。里根称，自由主义导致骚乱，只有保守主义才能终结它们。

里根是一个充满魅力的优雅男人，他的打扮像新郎一样精心。他在伊利诺伊州长大，是一位皮鞋推销员的儿子，大萧条时期"新政"的慷慨资助使这位推销员得以养活他的家庭。年轻的里根是一位充满激情的民主党人，他能够背诵罗斯福的演讲，以及那些亲密而充满自信的炉边谈话。从一所基督教学院毕业后，里根担任过广播电台和体育播音员，1937年投身电影。战争期间，他为战时信息办公室制作电影。作为一名称职的二流电影演员,里根广受信赖,1947年,他当选为电影演员协会会长,并在那里成为一名反共主义者。1952年,他开始支持共和党候选人。1962年,他注册为共和党人,1964年,他支持戈德华特,他成为一名阳光地带的保守主义者,转换到一项新的事业。

当其他政治家抨击戈德华特时,里根挺身而出。他为戈德华特制作了一支时长半小时的电视宣传片,在这场名为"选择时刻"的演讲中,里根的政治家前途几乎要透屏而出。对里根而言,1964年以及之后每次大选的问题,都重塑了亚历山大·汉密尔顿1787年在《联邦党人文集》里提出的问题。里根不是问一个人能否通过理性和选择,不是靠偶然和武力来管理自己,而是问"我们是否相信自己的自治能力,我们是否背弃了美国革命,并承认高居庙堂之上那一小部分知识精英是否能够比我们自己更好地规划我们的生活"[84]。这不是理性与武力的对抗,而是人民与政府的对抗。

保守派和温和派共和党人的共识并不多,但他们的确同意自由主义是暴力的罪魁祸首。金在从塞尔玛到亚拉巴马州的游行结束时喊道:"多久?不久。因为没有谎言可以永存。"1966年,前大学橄榄球明星、时任众议院共和党领袖的杰拉尔德·福特(Gerald Ford)调转了"多久"问题,问道:"我们要放弃法律和秩序这个文明的支柱多久,就为了支持一个温和的社会理论,说那个用砖砸破你的窗户,或者将燃烧弹扔进你的车里的人,只不过是一个破碎的家庭里被误解、被剥夺的可怜人?"里根在此基础上更进一步。他说:"不应要求劳动人民承担社会中能够照顾自己的那部分人的额外负担,这群人把福利当作一种生活方式,这是以牺牲有责任心的公民为代价的。"他煽动起一种后来被称作"白人的不满"的种族歧视。[85]

为了参加1966年的州长竞选,里根聘请了加州政治咨询公司"斯宾塞-罗伯茨"(Spencer-Roberts)。惠特克和巴克斯特的鼎盛时期已经过去,惠特克已于1961年去世,但斯宾塞-罗伯茨公司仍然使用惠特克和巴克斯特的规则手册。"你知道吗,斯图?"里根对斯图尔特·斯宾塞(Stuart Spencer)说,"政治和演艺事业一样……你有一个很棒的开始,然后一帆风顺,最后完美谢幕。"[86]

在巡回竞选演说时,里根找到了一个新的目标:大学生。他控诉大学生中的"心怀不满者",并在选举日临近时,公开谴责加州大学伯克利分校学生向罗伯特·肯尼迪和斯托克利·卡迈克尔发出邀请的行为,因为前者会谈论民权,至于后者,学生争取民主社会运动(Students for a Democratic Society,简称SDS)曾邀请他在"黑人权力"大会上发表主题演讲。里根警告说:"我们不能让大学校园变成煽动骚乱的基地。"他给卡迈克尔发了一封电报,敦促他拒绝邀请,并暗示学生非暴力协调委员会负责人出现在伯克利会"激起强烈的情绪",这是一种确保卡迈克尔会到场的聪明做法。[87]

联邦调查局一直在对包括马丁·路德·金在内的数百名民权活动人士进行非法监视和骚扰活动,并在1966年,当卡迈克尔开始谈论"黑人权力"和警方暴行时为他建了档,"黑人的命也是命"[1](Black Lives Matter)运动后来采纳了卡迈克尔极力主张的抗议形式。在卡迈克尔准备在伯克利发表演讲的前一个月,亚特兰大的一名白人警察枪杀了一名黑人。因此,卡迈克尔组织了一场抗议活动并在集会上发言,但他的讲话引发了两天的动乱。联邦调查局安排在亚特兰大的一名线人向埃德加·胡佛发了一封加密电报:"卡迈克尔认为黑人应该成立民兵团,用以监视警察活动,他认为警察的任何行动都应受到监视,应该在黑人中成立一个委员会来推进这些事项。"后来,卡迈克尔被指控为煽动骚乱,胡佛也加强了对黑人民族主义仇恨组织的监视。[88]卡迈克尔得以保释,受到里根的挑战,或者说引诱更好,他前往加利福尼亚。

里根将反对自由言论运动作为他州长竞选活动的核心,他承诺会打击伯克

---

1 另译为"黑人的命也很重要"。——编者注

利"持不同政见的少数群体的意见"。在加州大学董事霍尔德曼的督促下,里根日复一日地谈论学生骚乱,这让他的竞选经理深感沮丧,他告诉里根,这个问题在民意调查中没有意义,但里根保证,"它会有的"。[89]在选举日前三周,里根的竞选团队告诉他,如果这些问题能够再次引起公众的注意,他的竞选前景会有所改善。卡迈克尔的到访给里根提供了一个契机,让他有机会将反对学生抗议者的活动与谴责黑人武装联系在一起。里根公开呼吁卡迈克尔不要到加利福尼亚来,希望他的对手、现任州长帕特·布朗(Pat Brown)能够站在他这一边,他知道布朗会拒绝,而卡迈克尔被里根骗了。[90]

25岁的卡迈克尔,消瘦而严肃,他告诉一万名伯克利学生:"这是一次学生会议,因此它应该在校园里举行。"与弗雷德里克·道格拉斯的1860年"言论自由请愿"相呼应,卡迈克尔说,对言论的监管相当于"黑人是否有权利使用他们想要使用的词语而无须经过白人批准"的斗争。随着卡迈克尔和新左派的出现,民权运动改变了轨迹。"六年了,我们一直在说自由,但是我们一无所获。"卡迈克尔在伯克利说道,"我们现在要说的是黑人权力。"曾把林登·约翰逊称为"穷白鬼"的学生非暴力协调委员会成员H. 拉普·布朗(H. Rap Brown)说:"约翰·布朗是我唯一尊重的白人,但他已经死了。黑人运动对白人自由主义者而言毫无用处。我们需要革命者,革命需要革命者。""黑豹党"的创始人休伊·牛顿(Huey Newton)引用毛主席的话说,"枪杆子里面出政权"。[91]

里根以压倒性优势获胜,在国会中期选举中,曾在1964年与林登·约翰逊一起上台的48位民主党人中,有27位未能赢得连任。共和党人赢得了十分之九的新州长席位,并获得了全国各州州议会的控制权。不过1966年的选举与其说是共和党对民主党的胜利,不如说是保守派对自由主义者的胜利。

戈德华特之星坠落,里根之星崛起。作为保守派的旗手,里根是第一个将冷战的紧张态势带入国内政治的国家人物。他担任了两届州长,坚持保守信念，在他的政党右倾时等待时机，他将自己的工作目标定为废除"新政"。

在加利福尼亚州州长办公室里，里根继续坚持法律和秩序言论，并且继续谴责大学校园里的言论自由。1967年5月，当加利福尼亚州立法机构正在讨论一项关于枪支管制措施时，博比·西尔（Bobby Seale）带领30名黑豹党成员带着马格南步枪、霰弹枪和手枪进入加利福尼亚州议会大厦。"黑人乞求、祈祷、请愿、示威，以及进行的其他所有活动，目的就是为了纠正美国种族主义权力结构在历史上存在的长期欺压黑人的错误。"西尔说，"现在是黑人武装起来反抗这种恐怖的时候了，否则就太迟了。"里根后来签署了这项法律，他对媒体说，他认为"今天街道上的公民没有任何理由要携带上了膛的武器"。[92]

约翰逊呼吁成立"全国内乱咨询委员会"（National Advisory Commission on Civil Disorders）来调查骚乱。由伊利诺伊州州长奥托·肯纳（Otto Kerner）主持的"肯纳委员会"发布了一份长达426页的报告，提出投入300亿美元用于城市建设，并且按照保守派的解读，基本上将黑人社区的暴力事件归咎于白人。该委员会建议在公共住房上花更多的钱，制订大规模就业计划，并承诺在公共教育中取消种族隔离。肯纳和他的同僚警告说，如果不改变策略，"可能会导致许多主要城市出现市区种族隔离和半军事化的法律，黑人被迫在隔离区居住会导致全体美国人，特别是黑人的个人自由度急剧下降"。除了关于扩充城市警力的建议，约翰逊对该报告的其他部分置之不理。[93]

每一次种族骚乱、每一次新的公众抗议形式的出现，都使里根的政治资本不断增长。他在1967年表示："言论自由不需要为演讲者提供讲台。我认为不应该让这些人借大学校园的声望表达他们的观点。"[94]当年晚些时候，圣何塞学院的黑人学生在哈里·爱德华兹（Harry Edwards）的领导下提交了一份反对校园内种族主义的抗议书，并威胁要破坏开幕日的橄榄球比赛，这位穿着花衬衫的哈里先生是一位社会学教授，同时也是前铁饼运动员。由于担心发生骚乱,该大学校长取消了比赛,《时代》周刊称这是"第一次因种族骚乱而取消的美国橄榄球比赛"。里根认为取消比赛是"对违法者的姑息",宣称爱德华兹不适合做教育,要求学校解雇他。而爱德华兹称里根"不适合执政",他在两个月后开始组织一场全国范围内的黑人运动员抵制1968年奥运会的运动,这场运动以《星期六晚邮报》(The Saturday Evening Post)上一篇名为《为什么黑人应该抵制白人奥运会》的文章开始,这导致了义愤填膺的"黑人权力"运动对两位奖牌获得者提出抗议(几十年后,在国歌演奏期间下跪的"全国橄榄球联盟"抗议者的灵感即来自此)。[95]

与此同时,对越战升级的激烈抗议刺激了新左翼,他们将言论自由和民权运动结合起来,为杂乱无章且大部分缺乏组织的运动提供了重心和激情。1966年,约翰·刘易斯宣布学生非暴力协调委员会反对越战,并对逃避服兵役的人表示支持,称他们是"这个国家中不愿响应军方征召的人,这种征召将迫使他们在合众国以'自由'的名义对越南进行侵略,并为此献出自己的生命,而'自由'在我们这个国家是如此虚伪"。在伯克利,斯托克利·卡迈克尔曾号召学生烧掉他们的征兵卡。世界重量级拳击冠军穆罕默德·阿里拒绝在越南打仗,他问道:"为什么他们要我穿上军装,到离家一万英里的越南向棕色皮肤的人们投掷炸弹和发射子弹,而且路易斯维尔的黑人却还像狗一样被对待?"马丁·路德·金在1967年加入了反战运动,宣称"我们正在打一场不道德的战争",以此切断了他与约翰逊的联盟,自此,反战言论越来越广泛和深入。[96]

约翰逊在战争中迷失了自己。外交从来不是他的强项。当他发现"治疗"手段对胡志明不管用时,已经太晚了。到1967年,在越南有近50万人的美国作战部队。仅那一年,就有9000名美国人死在越南,战争还花掉了250亿美元的联邦预算。为了支付这笔费用,约翰逊拒绝增税,并且想说服国会减税,这一行为"饿死"了"伟大社会"。当他最后想要增税时,只能通过削减反贫困计划开支来实现。而此时,通货膨胀开始高涨,这使得保守派支持的经济理论变得更加可信。1968年，约翰逊的国防部长、战争建筑师罗伯特·麦克纳马拉（Robert McNamara）不再愿意继续作战，便辞职了。[97]

1968年1月，北越在越南春节期间对整个越南南部，包括美国驻西贡大使馆发动突袭。约翰逊曾经声称北越人很弱，认为这场战争会以美国胜出而结束，而这次春节攻势（又称"新年攻势"）揭露了这是个弥天大谎。3月份，《纽约时报》专栏作家詹姆斯·雷斯顿（James Reston）表示："主要的危机不是越南本身，也不是城市，而是处理这些事情的政治体系已经崩溃。"[98]

当美国人正遭受越南新闻报道打击的时候，总统初选的季节到了。林登·约翰逊以49%的得票率赢得了新罕布什尔州的民主党初选。反战派候选人、明尼苏达州参议员尤金·麦卡锡（Eugene McCarthy）拿下了42%的选票。受到约翰逊险胜的鼓舞，罗伯特·肯尼迪决定参选。曾经在1963年极力劝说约翰逊不要退出越南战争的肯尼迪，现在将这场战争作为"约翰逊的战争"而加以反对。乔治·华莱士也参加了竞选。约翰逊受到左右两派的排挤，一是美国城市的情况，二是越南的情况，这两者通常被放在一起考虑。1966年，因继承法原因而无法竞选亚拉巴马州州长的乔治·华莱士，让他的妻子勒利恩代替他参选（她以2∶1的优势获胜）。1968年，当乔治·华莱士决定争取民主党提名时，斯托克利·卡迈克尔在伯明翰发表讲话说，如果军队给一名黑人士兵一把枪并"告诉他射击敌人……如果他不朝勒利恩和乔治以及小乔治开枪，他就是个傻瓜"。[99]约翰逊甚至要去讨伐巴里·戈德华特的幽灵。1964年芝加哥的一个广告牌上曾经写道"在你的心里，你知道他是对的"，四年后变成了"现在，你知道他以前是对的"。[100]

感到厌倦和沮丧的约翰逊在3月31日宣布他不会竞选连任，他决定致力于结束越战。"鉴于我们以及全世界对和平的希望每天都处于危急状态，"他在电视讲话中说，"我认为我不应该花一小时或一天的时间来处理任何有关个人的党派事务。"大为震惊的《纽约时报》刊登了一个难以置信的三行标题：

约翰逊说他不会参选；

他要让北越收手；

他邀请河内加入和平运动。[101]

但和平不会到来，节制也无法持续。四天后，在孟菲斯一家酒店的阳台上，马丁·路德·金被一名白人刑满释放人员枪杀。消息传开后，130个城市爆发了骚乱。加利福尼亚州的里根几乎没有表示片刻的哀悼，他称金被刺杀是"当我们开始糊弄法律和秩序时所导致的巨大悲剧的一部分，人们开始选择他们要打破的法律"。斯托克利·卡迈克尔宣布是"白人的美国杀死了金博士"，这是在"向黑人的美国宣战"。他告诉华盛顿的一群人"回家，然后拿起枪"。[102]

阿贝·施拉德尔（Abe Schrader）商店的服装工人通过便携式收音机收听马丁·路德·金的葬礼。1968年4月8日。康奈尔大学基尔中心

伤痛欲绝的罗伯特·肯尼迪在印第安纳波利斯市的一辆平板货车后面发表了讲话。"在美国，我们需要的不是分裂；"他说，手里紧张地抓着那张在仓促中写下要点的纸条，"在美国，我们需要的不是仇恨；在美国，我们需要的不是暴力或不法行为，而是对彼此的挚爱、智慧和同情，以及对那些在我们国家内仍然受苦的人的正义感，无论他们是白人还是黑人。"不到两个月后，赢得加州初选的肯尼迪在离开洛杉矶一家酒店的舞厅时被枪杀。[103]

这个国家像沙漠中伏地跪拜的约伯一样哀痛。还有呢？

V.

理查德·尼克松的时刻到了。他以新的政治言论形式为他的反共理念重新确立目标：反对自由主义。正如里根两年前在加利福尼亚州州长的竞选中所做的那样，他以恢复法律和秩序为承诺，展开争取共和党提名并坐上总统宝座的竞选活动。1968年3月7日，他在新罕布什尔州初选前几天的广播讲话中说："我们已经得到充分的警告，我们正面临着在自己的社会中酝酿发动战争的局面……我们已经看到了仇恨在凝聚，我们已经听到了要焚烧和破坏的威胁声音。在瓦茨和哈莱姆、在底特律和纽瓦克，我们已经预见到了暴动组织为明年夏天制订的计划。"他承诺，如果当选，他不会在这些威胁面前畏缩。在新罕布什尔州，他获得了79%的共和党选票。[104]

尼克松知道，骚乱越激烈，来自越南的消息越糟糕，他当选的机会就越大。他认为和平将会阻挡他前往白宫的道路，因而安排在中国出生的美国将军遗孀陈香梅（Anna Chennault）传话给南越，予以承诺，如果能等到大选结束且尼克松获胜之后，南越将会得到更好的和平条件。约翰逊听到相关的谣言，打电话与尼克松对质。尼克松对此矢口否认。约翰逊依旧没能促成和平谈判，这场战争将以无数人的生命为代价又持续五年多的时间。1973年，当轰炸停止时，美国已经向越南及其邻国老挝和柬埔寨投下了750多吨炸弹，相当于100颗原子弹，数量是第二次世界大战所投炸弹的三倍。[105]

金和肯尼迪呼吁和平之处，尼克松和卡迈克尔也一样，他们都明白仇恨的力量。尼克松年轻的政治谋士、擅长数字运算的凯文·菲利普斯（Kevin Phillips）解释说，理解政治就是要知道谁讨厌谁："这是个秘密"。菲利普斯给尼克松的建议被称为"南方策略"，这意味着会为了法律和秩序而放弃民权，以此来赢得南方民主党人的投票，但同时会失去非裔美国人的支持。当尼克松准备参加8月份在迈阿密举行的共和党全国代表大会时，他听从了菲利普斯的建议。菲利普斯的理由是，大选的成败取决于"法律和秩序/黑人社会经济革命综合征"，但是没有必要像乔治·华莱士那样讲话，一切都可以用更巧妙的方法实现。尼克松在迈阿密接受提名的演讲中提到了末日景象，他说："当我们注视美国时，我们看到城市笼罩在烟雾和火焰中，我们在夜里能听到警报声。"但还有另一种声音，一种更安静的声音，一种美国人应该倾听的平静安谧的声音。"这是在骚乱和呐喊声中保持安静的声音，它是绝大多数被遗忘的美国人的声音，他们不是呐喊者，也不是示威者；他们不是种族主义者或病人；他们没有犯下肆虐土地的罪行……他们是善良人，是体面人；他们工作、攒钱、缴税、关心时事。"[106]

共和党采纳了一个施政及竞选纲领，把自己称作反犯罪（和"反肯纳"）委员会："我们必须重新确立原则，即人要对他们所做的事情负责，罪犯要对他们的罪行负责，而年轻人的环境虽然有助于理解该男子的罪行，但并不能作为开脱的借口。"但正如尼克松的顾问约翰·迪恩（John Dean）后来所说的那样，"在尼克松当选之前，我就在炮制他的关于犯罪政策的废话，政策本身是胡说八道。我们都知道，尼克松的竞选活动没有就犯罪问题呼吁采取任何行动，就像拉姆齐·克拉克（Ramsey Clark）在林登·约翰逊任内没有采取的行动一样。我们只是弄出了更大的声响而已。"[107]

共和党人的迈阿密会晤两周之后，民主党全国代表大会在芝加哥召开。反战抗议者与学生争取民主社会运动成员、雅皮士、无政府主义者以及追随者们一起来到了芝加哥。他们遇到了一支由大约1.2万名芝加哥警察、6000名国民警卫队、6000名陆军士兵和1000名便衣组成的宪兵部队。芝加哥市市长理查德·戴利（Richard Daley）坚定地认为法律和秩序应压倒一切，[108]甚至在会议大厅里都有武装警察。民主党现在群龙无首：约翰逊已经下台，罗伯特·肯尼迪被枪杀。约翰逊的副总统休伯特·汉弗莱（Hubert Humphrey）没有参加一场初选就击败尤金·麦卡锡获得了提名，这让党内的左翼人士气愤不已。

11月，尼克松得到了"沉默的大多数"的支持，这群美国人相信尼克松正在为他们说话，他击败了汉弗莱。两党都按照意识形态归类，他们也正在按种族归类。1960年，每五个蓝领工人中就有三个投票给民主党人，而到了1968年，这个比例只剩下三分之一。1960年，三分之一的非裔美国人投票支持尼克松而不是约翰·肯尼迪，到了1972年，只有十分之一的非裔美国人投票支持尼克松而不是民主党候选人、南达科他州参议员乔治·麦戈文（George McGovern）。[109]

20世纪中期的政治共识时代迎来了一个几乎无法估量的暴力结局。1968年之后，美国政治再次受到分裂、怨恨和恶意的影响，甚至连莱昂内·巴克斯特都为此感到遗憾。她在60年代接受采访时警告说，政治咨询必须"掌握在最有道德、最讲原则的人手中。一旦落入那些不关心周围世界的人手中，政治咨询就会受到腐蚀"。[110]

那美国的过去是什么样的？美国历史是谎言吗？民权运动和越南战争引起了人们对美国历史某些方面的关注，然而它们从一开始就被排除在美国的历史教科书之外。1968年成立的"美国印第安人运动"（The American Indian Movement）对这个国家的起源故事提出质疑。1969年，德洛利亚出版了《卡斯特为你的罪孽而死：一个印第安人宣言》，这是当时十年来最具影响力的著作之一。这本书对征服的暴行和美国历史故事中对原住民的残害进行了激烈而深刻的控诉。在这本书出版的那一年,各个部落的印第安人以及美国印第安人运动重新认识到了当地的主权,并要求该岛成为印第安人研究中心。"黑人权力"运动、"奇卡诺运动"(Chicano)以及不断活跃的亚裔美国人运动提出了其他要求。1969年在丹佛,奇卡诺活动家罗多尔福·冈萨雷斯(Rodolfo Gonzales)创建了"正义十字军"(Crusade for Justice),带领墨西哥裔美国学生罢课,以抗议美国历史课程的内容,坚决要求将"我们人民的历史、文化、语言,以及我们对这个国家的贡献"强制纳入这个城市所有学校的历史课本。[111]1969年,旧金山州立大学率先成立了黑人研究专业,之后又成立了奇卡诺研究和女性研究专业以及性和性别研究,其中女性研究专业于1970年首次出现在圣地亚哥的州立大学。街头革命引发了学术革命:美国的新历史。

新的美国历史——连同社会科学以及更普遍的人文科学研究的扩展——早就该出现了。但在越战背景下,质疑学术权威并指出专家的偏见开始陷入了对真相本身的冷嘲热讽。大量大学研究被用于发动和支援越战,这并不仅限于工程和武器技术方面,而且大多数美国人认为这是一场判断失误的战争,也有许多人认为这是一场不道德的战争。冷战要求本国的许多科学家和学者把他们的研究转向追求军事和外交政策目标,越战扭曲了学术本身。在春节攻势之后,参议院的军事支出听证会揭露了许多学术丑

1970年,诗人兼拳击手,同时也是"奇卡诺运动"的领导者罗多尔福·冈萨雷斯在丹佛集会上发表讲话。戴夫·布里施(Dave Buresh)/《丹佛邮报》/盖蒂图片社

闻，其中包括多年以来西模马蒂奇公司在南越的工作，它展开民意调查，通过分析越南村民的梦想来理解叛乱，这是一个与该公司反"城市暴动"的其他研究不无关系的项目。召集听证会的阿肯色州参议员J. 威廉·富布莱特（J. William Fulbright）谴责像伊契尔·索勒·普尔这样的社会学家，说他们未能通过强化民主的传统价值观来"为军工联合体提供有效的制衡力量"，而是"与这一庞然大物同流合污"。诺姆·乔姆斯基（Noam Chomsky）在1969年的《纽约书评》（*New York Review of Books*）中有写，美国的大部分学术生活，包括知识本身，都被用于为一场荒诞的战争做伪证，人们看到的只是参战的年轻士兵，以及反战的年轻学生。"虽然年轻的持不同政见者要求复兴美国，但他们的长辈仍然在继续颠覆它"，富布赖特坚定地谴责这个国家的知识分子"放弃独立，忽视教学，歪曲学术"，并指责大学放弃了它的基本功能，"不仅没有履行对学生的责任，而且"背叛了公众的信任"。[112]

学术界有它的考虑。越南说服了相当多的美国知识分子退出公共生活，理由是，唯一可以维护的道德立场是拒绝参与政策和政治讨论。但在大学里，对肯尼迪、约翰逊和尼克松政府的背叛行为，以及学者和科学家相互串通的揭露，很容易使人陷入幻灭以及深刻疏离美国观念本身。"我学会了鄙视我的同胞、我的政府和整个英语世界，以及种族灭绝和国际征服的历史，"一位60年代的激进分子说道，"然而，我当时只是个小孩子。"[113]

在左派的某些角落里，"一切都是谎言"的想法成为一个时髦的真理。后结构主义和后现代主义不仅充斥着美国的思想生活，也充斥着美国的政治生活。如果一切都是政治，而政治又是一系列谎言，那么就不会有真相存在。社会评论家保罗·古德曼（Paul Goodman）在20世纪60年代末写到他的学生时说："突然间，我意识到他们并不真的相信现存事物的本质。没有知识，只有知识的社会学。他们非常了解物理学和社会学研究是因服务统治阶级的利益而得到补贴并得以展开的，他们怀疑在统治阶级当中是否存在质朴的真理这种东西。"[114]这还是在"水门事件"之前。

与此同时,在右翼世界里,一种新的政治智慧包含了一种新的政治数学,而政治数学又导致了一种新的,甚至更为深刻的犬儒主义的出现。尼克松1968年的竞选活动,连同它的南方战略,出现了不可思议的自我分裂。尼克松几乎是从一上任就开始考虑连任,他计划进行一场更具分裂性的竞选活动,因为这决定了他在总统任期的努力方向。政治战略家凯文·菲利普斯的《新兴的共和党多数派》(*The Emerging Republican Majority*)一书于1969年年末出版。尼克松在圣诞节期间读过此书后,告诉他的行政总管哈里·罗宾斯·霍尔德曼(Harry Robbins Haldeman):"去接触波兰人、意大利人和爱尔兰人,必须学会理解'沉默的大多数'……但不用理会犹太人和黑人。"[115](霍尔德曼,加利福尼亚人,1952年自愿为艾森豪威尔—尼克松的竞选活动服务,并且为了组织尼克松的第一次总统竞选而辞职,他在选战公司学会了如何开展竞选。霍尔德曼曾说:"惠特克和巴克斯特是伟大的老式竞选活动家,资历颇深。")[116]

民主党人规划了取得多数选民的道路,而且对市场划分很有兴趣。菲利普斯的书出版数月后,两位民主党战略家理查德·M. 斯卡蒙(Richard M. Scammon)和本·J. 瓦滕伯格(Ben J. Wattenberg)就发表了他们自己的宣言。像菲利普斯一样,斯卡蒙和瓦滕伯格也正使用计算机来研究选举结果和民意调查。在1970年的《真正的大多数》(*The Real Majority*)一书中,这两个人认为,除了长期决定公民投票的面包和黄油问题,"美国人显然也开始沿着特定的社会情境坐标在政治上站队"。共和党为了利用选民对民权的抵制情绪选择右倾,而一些民主党人正计划左倾。斯卡蒙和瓦滕伯格这样解释:"在新政治的旗帜下,有人建议要组建一个由年轻人、黑人、穷人、受过良好教育的人、与社会脱节者、少数人群体和知识分子组成的新左翼联盟,同时将美国中产阶级,特别是工会中的白人归为'种族主义者'。"斯卡蒙和瓦滕伯格预测,这个联盟将成为民主党的灾难,因此表示坚决反对。他们指出:"美国的绝大多数选民都不年轻、不穷,也不是黑人,他们是中产阶级,是思想中立的中年人。"从统计学角度说,一般选民代表就是俄亥俄州代顿市的那名嫁给了机械师的47岁的天主教家庭主妇:

> 知道代顿市的女士害怕晚上独自走在街上;知道她对黑人和公民权利看法不一,因为在搬到郊区之前,她住在一个全黑人的社区;知道她的姐夫是一名警察,也知道如果她的新社区环境恶化,她没有钱搬家;知道她非常痛心,因为她的儿子要去发现了致幻剂的社区大专院校上学,知道和了解这一切,才是当代政治智慧的开端。

斯卡蒙和瓦滕伯格建议民主党回到中间路线,但他们担心民主党人不会接受他们的建议,尽管他们是对的。[117]

尼克松没有忽视他们的建议。他在出版前三周读到了《真正的大多数》的样书。霍尔德曼在他的笔记中写到,总统"谈到了真正的大多数,他需要把这种想法传达给我们所有的人"。"想要打击色情、毒品和坏人",尼克松说,"我们的策略应该主要针对心怀抱怨的民主党人、蓝领工人和工薪阶层的白人少数民族",并"着手争取47岁的代顿家庭主妇的选票"。尼克松决定在1970年中期选举中改变白宫的战略路线,停止反对民主党"大手大脚"的运动,取而代之的是从大麻到色情这类社会问题出发,以争取蓝领工人选票的活动。他指责副总统斯皮罗·阿格纽(Spiro Agnew)将民主党人赶出政治中心,因为后者把爱德华·肯尼迪(Edward Kennedy)这样的人称为"激进自由主义者"。尼克松的工作人员将这一观点定为竞选用语,敦促他在与选民交谈时传达这样的信息:"今天,少数族裔说你无法在美国实现这一目标。他们真正的意思是,他们拒绝像你那样白手起家的人。他们想要超越你……想要坐享其成。"政治学家安德鲁·海克(Andrew Hacker)在1970年宣布"美国时代的终结",

他认为这个国家不再是一个国家，而是"两亿个自我"的集合。[118]

尼克松的强项一直是外交政策，他对国内政策并不太感兴趣，而将大部分国内事务委派给了他的助手兼国内政策顾问约翰·埃利希曼（John Ehrlichman）。然而，他很有兴趣利用国内政策来更好地分化对手。他称福利国家是"在皮奥里亚修建户外厕所"。他选择了芝加哥大学经济学家米尔顿·弗里德曼（Milton Friedman）在20世纪50年代首次提出的建议来解决失业和救济阶层不断膨胀的问题。1969年8月，尼克松提出的主要内政倡议是一项收入保障计划，他称之为"家庭援助计划"（Family Assistance Plan），它将根除福利制度，取消社工和多个社会项目，并以新形式取而代之——向低于一定工资水平的所有人支付现金。与现有的福利计划不同的是，"家庭援助计划"为穷人找工作提供了动力，现金支付也随收入水平的上升而增加。但当盖洛普的民意测验问道"你支持还是反对这样的计划"时，62%的人表示他们会反对。[119]

在尼克松的第一个任期内，决策圈内的反对势力有所增长。保守派反对"家庭援助计划"，因为这是政府的施舍。左派，特别是"国家福利权利组织"（the National Welfare Rights Organization）也表示反对，因为认为它不够慷慨（他们的海报上写道：干掉家庭援助计划）。尼克松喜欢看他们打来打去。之后，在政治上出现恰当时机时，他放弃了这一计划。他告诉霍尔德曼："让这个计划大出风头，但是要确保它死于民主党之手。"[120]

尼克松和国会较劲并不比某些美国总统更有恶意，但他致力于确保美国人之间处于相互不信任的状态，这确实与众不同。他经常把这项工作中更为恶劣的部分交给阿格纽去做，尤其是在攻击媒体和自由主义知识分子的时候。"分裂美国人民是我对国家政治局势的主要贡献，"阿格纽后来说，"我不仅承认这项指控，而且对此感到有些荣幸。"[121]

尼克松用来诋毁和攻击他国内外对手的许多手段都涉及滥用总统权力这一

问题,这在冷战期间变得司空见惯,当时反共的极端情绪和国家安全的紧迫性压倒了理性判断和法治。其他冷战时期的总统曾利用中央情报局在国外进行秘密行动,利用联邦调查局暗中监视美国公民,并利用美国国税局来审计政敌。但尼克松行为的暴露,部分是因为他自己的偏执、多疑和鲁莽行为。白宫录音带不仅能够证实他的欺骗行为,也为档案馆、为大众带来了一种新的历史证据,这种证据比大多数总统有意识书写的备忘录以及个人回忆录更加详细,而且是第一手证据。录音带的出现最终导致弹劾程序的开启以及尼克松的辞职,但同时也改变了美国人对总统职位的理解,因为录音带改变了历史记录方式,展示了总统最随意的谈话,而从这些谈话中,不难发现尼克松的固执、多疑和狭隘。比如尼克松和霍尔德曼在1971年6月关于电视脱口秀节目主持人迪克·卡维特(Dick Cavett)的谈话:

> 霍尔德曼:我们要和卡维特打一场持久战。
> 尼克松:他真的只是一名左派?这是问题的所在吗?
> 霍尔德曼:是的。
> 尼克松:他是犹太人吗?
> 霍尔德曼:我不知道,但看起来不像。[122]

罗斯福在椭圆形办公室的地板上钻了一些洞,用来收纳给新闻发布会录音的电线。杜鲁门在他桌子上的灯罩里藏了一个麦克风。艾森豪威尔给椭圆形办公室里的谈话录了音,并窃听自己的电话。肯尼迪和约翰逊使用了美国陆军通信兵安装的录音系统。尼克松就职后,曾经下令拆除约翰逊的录音系统,他不想记得打开和关掉开关。不过,他的国务卿亨利·基辛格(Henry Kissinger)格还是让秘书听取会议记录并做笔记。最后,录音系统似乎比秘书团更加简便,但是因为尼克松希望这些录音带能够记录他总统生涯完整而准确的历史足迹,他想要一套能够自动开启、噪音最小的系统。早在1971年,霍尔德曼就安装了一套新的、隐秘的磁带录音系统,该系统具有语音激活功能,并且非常灵敏,可以记录椭圆形办公室、林肯客厅和内阁会议室里的会议和电话。(只有尼克松和霍尔德曼知道这个系统,基辛格和约翰·埃利希曼等人都不知道。)[123]

就在霍尔德曼为白宫安装新录音系统的那几个月里,国防部分析师丹尼尔·埃尔斯伯格(Daniel Ellsberg)一直想办法公开一份长达7000页、47卷的越战研究报告。这份报告是1967年罗伯特·麦克纳马拉在辞职前不久委托制作的。报告后来被称作《五角大楼文件》(*The Pentagon Papers*),记录了一届又一届政府为了在越南推进一场考虑失当、残忍和肆意妄为的战役而撒的谎和犯的错。制作这份报告的埃尔斯伯格准备好了一套复印件,希望它的曝光能够结束这场战争。从1969年开始,他曾试图引起包括基辛格在内的尼克松政府成员的兴趣,但无济于事。他也试图让某位议员把报告泄露出去,但没有成功。1971年年初,他找到了《纽约时报》,6月13日《纽约时报》开始刊登该报告摘录。《时代》周刊这样介绍这份记录:"连续四届政府在印度支那累积了美国的政治、军事和心理赌注",美国政府为保持"美国的权力、影响力和威望而进行了一场长达数十年的战斗……不管越南的情况如何,都在所不惜"。[124]

《五角大楼文件》没有对尼克松政府提出指控,这项研究截止到1968年,如果说有什么影响的话,它的发布还助尼克松一臂之力,使他能够将越战归咎于肯尼迪和约翰逊,但尼克松的助手明白这份研究报告意味着什么。"对普通人来说,这一切都是官样文章,"霍尔德曼告诉他,"但是,在这些官样文章的背后有一件事情很明确:你不能信任政府,你不能相信他们说的话,而且你不能依靠他们的判断。"在任何事情上都害怕被发现的尼克松逐渐确信埃尔斯伯格将报告泄密给《时代》周刊是针对他的一个阴谋。他说:"这是犹太人的阴谋，和支持希斯的媒体是同一个。"他的助手没能改变他的这种看法。德裔犹太人基辛格警告他："如果对此事放任不管，他们会对你做同样的事情。"他说服尼克松，提请司法部禁止《纽约时报》继续刊登报告的任何内容。当案子进入最高法院时，《华盛顿邮报》也开始发表这些文件。6月30日，最高法院裁定媒体可以继续发表报告内容，尽管如此，司法部还是对埃尔斯伯格提出指控。[125]

面对政治对手获得权力的可能性，其他总统只是交给埃德加·胡佛的联邦调查局来处理。但在《五角大楼文件》发布之后，胡佛在进行非法监控和采取其他更不合法的手段时变得更加谨慎。尼克松政府只能自己干这些脏活，其中大部分事情都设法用磁带捕捉，比如在1971年7月，尼克松命令他的员工炸开布鲁金斯学会（Brookings Institution）的保险柜，翻出让约翰逊难堪的越南文件。这时的约翰逊已经离职两年多了，因此这就是一次出于恶意的行动。[126]政府还成立了一个由埃利希曼的前助手、狂热分子G. 戈登·里迪（G. Gordon Liddy）领导的特别调查组，后来他被派到"总统改选委员会"（the Committee to Re-Elect the President，CRP，俗称CREEP）工作。1972年6月17日，星期六，里迪指示五名男子闯入水门大厦民主党全国委员会主席劳伦斯·奥布莱恩（Lawrence O'Brien）的办公室，窃取文件并修复之前安装在办公室电话上的窃听设备。完成这项工作后，本来他们还要前往国会山的乔治·麦戈文竞选总部做同样的事，但他们去不了了，因为他们在水门大厦被逮住了。尼克松在事件发生之前并不知道这件事，但是六天之后的6月23日，他与霍尔德曼讨论如何掩盖这一丑闻的谈话被录在了录音带上。[127]

当尼克松政府秘密地掩饰了丑闻，希望通过总统职权阻止任何人听到录音带上的内容时，尼克松的连任竞选仍在继续。1972年11月，尼克松赢得了61%的普选选票，并成为第一个赢得49个州选票的总统候选人，他只在马萨诸塞州输给了麦戈文。在麦戈文发表败选演说之后，尼克松与基辛格的一次谈话充分体现了他的目的,以及他对助手们认同的渴望。尼克松认为麦戈文的演讲在承认尼克松的胜利时太过吝啬,他称麦戈文是个"小气鬼"。

尼克松:你不同意吗?
基辛格:绝对同意。他心胸狭隘。
尼克松:是的。
基辛格:他小心眼儿。
尼克松:是的。
基辛格:不值得为他生气。
尼克松:对。你可能知道了,我以非常体面的方式回应他。
基辛格:嗯,我认为声明挺好的。媒体每年都找你麻烦,所有的知识分子都反对你,而你再次——
尼克松:没错。
基辛格:——取得了最大的胜利。[128]

1973年1月,在尼克松就职典礼前五天,他宣布越战结束,和平条约将于该月晚些时候在巴黎签署。在20号的就职演说中,他宣告一个由保守派革命运动推动的和平与进步的新时代正式开启。"无论在国外还是国内,现在该是摆脱那种居高临下的家长式——'华盛顿最佳模式'——政策的时候了,"他说,"让我们鼓励国内的每个人和其他国家,自己为自己做更多的事情。"如果美国人对政府过分信任,这不是因为政府不可信任——总统们曾对美国人民撒谎,是因为人们本来能够自己做更多的事情。以越南、柬埔寨和老挝的美国人民的名义发动的暴行、美国街头的骚乱,这些并不是民选高官犯下严重错误,不是向媒体撒谎并违背正义。这些是自由主义的过失,是它教导美国人对政府抱有过高的期望。尼克松称:"我们过度信任政府,提出的要求超过了它力所能及的范围。这只会导致期望值过高，降低个人努力的程度，引发失望和不满，从而侵蚀人们对政府可以做什么以及人民可以做什么的信心。"肯尼迪曾告诫美国人"不要问你的国家可以为你做些什么，而要问你能为国家做些什么"。尼克松则鼓励美国人问问，他们能为自己做些什么。

就职典礼两天后，64岁的林登·约翰逊在得克萨斯牧场庄园心脏病发作。约翰逊在1955年第一次心脏病发作后戒掉了每天抽60支烟的习惯，在从尼克松第一次就职典礼坐飞机回家的路上，他抽了14年来的第一支烟。1月22日，约翰逊独自在家，突然感到胸部疼痛，他打电话求救，但救护人员来得太晚了。

在约翰逊去世10天前最后一次接受逊沃尔特·克朗凯特的采访时，疲惫不堪的他穿着一件衣领有扣的法兰绒衬衫，戴着金属粗框边眼镜，不无骄傲地谈及他在推进民权运动中扮演的角色：1964年的《民权法案》、1965年的《选举权法案》、1968年的《公平住房法案》（*The Fair Housing Act*）、在塞尔玛危机期间的《我们终将胜利》演讲，以及在1967年任命瑟古德·马歇尔为最高法院大法官。约翰逊对克朗凯特说："我们生活在一个快节奏的时代，我们所有人都很不耐烦，更重要的是，我们对同胞的观点、判断、行为、传统以及生活方式都不能容忍。"他迟缓的声音中带着痛苦。约翰逊去世时，瑟古德·马歇尔说："他死于心碎。"[129]

尼克松本人的崩溃来得更慢一些，这是一个他自己造成溃烂的伤口。3月，参议院投票决定召集一个特别委员会调查水门入室盗窃案。5月，尼克松的新任司法部部长艾略特·理查德森（Elliot Richardson）任命阿奇博尔德·考克斯（Archibald Cox）为特别检察官。7月，参议院委员会得知录音带的事情，但当考克斯索取这些录音带时，尼克松以行政特权为由表示拒绝，后来的掩盖行为变本加厉。水门事件的调查显示，里迪的手下曾潜入埃尔斯伯格在加州精神病医生的办公室，对埃尔斯伯格的指控得以撤销。尼克松并不太担心会因腐败而出名，或与深受鄙视的副总统阿格纽一起遭到弹劾（他称阿格纽为"刺客困境")。[130]但是在10月份,阿格纽对偷税指控提出"无可申辩"并提出辞职。10天后,即所谓的"星期六之夜大屠杀"(Saturday Night Massacre),尼克松让理查德森解雇考克斯;当理查德森表示拒绝并辞职后,尼克松将这一任务交给了副总检察长威廉·洛克肖斯(William Ruckelshaus),洛克肖斯也因此辞职。最后,尼克松让司法部代理部长罗伯特·博克(Robert Bork)解雇了考克斯——滥用职权将像幽灵一样困扰着博克、联邦调查局和司法部本身。

1974年8月9日,尼克松乘坐直升机离开白宫。贝德曼图片资料馆/盖蒂图片社

尼克松在一张写给自己的字条中列着他的新年决心:"要像胜利者一样行动"。但他没能阻拦住录音带的公开。最后,1974年4月,他交出了一份长达1300页的有关46盘录音带的笔录。公众这才了解到尼克松易怒、狭隘和睚眦必报的本性。但是,1972年6月23日的笔录不在里面,当委员会索取时,白宫拒绝提供,"美国诉尼克松案"遂提交到最高法院。当大法官们正在审议案

件时，五年前从最高法院退休的已经83岁高龄的厄尔·沃伦心脏病发作。7月9日，大法官威廉·道格拉斯和威廉·J. 布伦南（William J. Brennan）前往乔治城大学医院看望沃伦。沃伦抓住道格拉斯的手，警告说："如果尼克松没有被迫把他与那些涉及他们违法行为的谈话录音交出来，自由很快就会在这个国家消失。"布伦南和道格拉斯向他保证，法院将下令让总统交出录音带。几小时后，沃伦去世了。7月24日，最高法院发表一致意见（尼克松的提名人威廉·伦奎斯特回避）：白宫必须交出录音带。[131]

1974年8月6日，录音带的内容公开了。弹劾似乎是肯定的。为了避免这种情况出现，8月8日，尼克松在白宫办公桌前对着电视摄像机宣布辞去总统职务。在这篇言简意赅的讲话中，他夸耀了自己多项意义深刻且影响持久的外交成就。他促使中美两国在1979年建立外交关系；尽管他所做的一切是为了延长越战，但实际上是他结束了越战；他改善了美国与中东国家的关系；在1959年访问莫斯科时建立的关系基础上，他与苏联就军备限制进行了谈判。除了隐晦地提到"这个时代动荡的历史"，他几乎没有谈及美国国内的情况，事实上，他没有采取措施来减轻动荡，而是加剧了动荡。[132]

第二天早上，他向白宫工作人员告别，他说道："永远记住，其他人可能会恨你——但那些恨你的人不会取胜，除非你也恨他们，然后你就会自我毁灭。"[133]此后，他背负着困境中的国家的重担，弯着腰，沿白宫南草坪红地毯走到一架等候他的直升机前，走上舷梯，停在舱门旁边，转身张开双臂做出他标志性的挥手动作。他走进机舱，尔后飞走了。人们看到他透过防弹窗，最后一次俯瞰华盛顿纪念碑和国家广场，不久前，另一名男子也在这里讲述了一个关于梦想的故事。

第十五章

战线

BATTLE LINES

菲莉斯·施拉夫利在20世纪70年代领导了一场保守派复兴运动，反对平权是它的代表性主题之一。贝德曼图片资料馆/盖蒂图片社

1975年夏季的一天，在白宫三楼阳光房里，贝蒂·福特（Betty Ford）和莫利·塞弗（Morley Safer）分坐在花布沙发的两端，哥伦比亚广播公司《60分钟》节目的记者问第一夫人如何看待平权和堕胎问题。塞弗身穿黑色正装，福特曾是玛莎·葛兰姆舞团的时装模特和舞蹈演员，她穿着一件米黄色的紧领、收腰百褶裙。塞弗一直在问她关于所谓"禁忌"的问题，也对此表示道歉，但

福特夫人坦率地回答了每一个问题，她的回答常常与她丈夫的观点不一致，而且与共和党的立场也不一致。总统看完这一小时的采访后，对妻子说："好吧，亲爱的，我大约丢了2000万张票。"[1]他完全没有说错。

贝蒂·福特的《60分钟》采访节目出现在最高法院"罗诉韦德案"¹做出裁决两年之后，此时，《平等权利修正案》离成为法律只有几个月的时间了。自关于奴隶制的辩论以来，这两个问题合在一起引发了美国政治中最大的分裂。

争议的根源在于宪法本身，但在1963年出现了一个转折点，这一年贝蒂·弗里丹（Betty Friedan）出版了妇女地位委员会（the Commission on the Status of Women）的正式报告：《女性的奥秘》（The Feminine Mystique）和《美国女性》（American Women）。妇女地位委员会由埃莉诺·罗斯福担任主席，保利·默里也是成员之一。委员会是肯尼迪总统在1961年成立的，因为有人抱怨说他是自胡佛以来第一个内阁里没有女性成员的总统。

在《女性的奥秘》一书中，弗里丹为"无法名状的问题"——系着格子围裙的家庭主妇因沮丧、孤独和无聊痛苦而悲叹。她写道："每个住在郊区的妻子都在独自挣扎。"[2]贝蒂·福特本人就存在这个问题。

1964年，已经是四个孩子的妈妈兼国会议员妻子的贝蒂·福特开始在酒精里加止痛药。1965年，她的精神崩溃了，而她的丈夫在这一年取得了新的全国性优势。她后来说："国会得到了一个新的少数党领袖，而我则失去了一个丈夫。"[3]当福特在孤独中挣扎时，弗里丹和默里组织了一些人，在1966年成立了全国妇女组织（National Organization for Women，简称NOW）。[4]第二年，

---

1 得克萨斯州一个化名为简·罗的女士因经济原因想要堕胎，但得州法律不允许，因此她在两名女权主义者帮助下提起诉讼，被诉人韦德是得州达拉斯县的检察官。1973年1月22日，最高法院以7∶2的表决，确认妇女决定是否终止怀孕的权利受到宪法保护。——译者注

全国妇女组织把《平等权利修正案》获得通过作为首要任务,并将堕胎合法化纳入议程。

任何关于女性平等权利、节育或堕胎的论题都不具有党派性质。公众在许多与女性有关的问题上存在分歧,但在20世纪60年代、70年代直至80年代,这些分歧并没有划进政党路线。[5]1980年,两党的领导人才将合法堕胎的内容纳入党纲,但共和党人反对,民主党人支持(两党1976年的党纲都在这个问题上模棱两可)。[6]但是到了20世纪90年代,堕胎已经成为一个压倒一切的党派性问题——一个不断加深党派分裂的定性化问题。[7]

在20世纪70年代之前,枪支所有权和枪支安全立法也不是党派问题,但在那10年间,政治战略家也承担了使枪支问题党派化的工作。党派性的根本特征发生了变化。事实上,保守派战略家和传统基金会(the Heritage Foundation)创始人保罗·韦里奇(Paul Weyrich)发动了一场新的战争。"这是一场意识形态的战争,是一场思想的战争,它是有关我们的生活方式的战争,"韦里奇说,"我认为,我们必须要像从事真枪实弹战争一样进行战斗,并且要有献身精神。"[8]

在20世纪最后的几十年里,对于20世纪60年代一直存在的分歧,自由主义者和保守主义者都将其视为法律和秩序问题,而不是生死攸关的问题。堕胎是谋杀,枪支意味着自由,或者枪支意味着谋杀,而堕胎是自由。如何排列组合取决于党派倾向。1992年,比尔·克林顿试图抛开枪支与堕胎问题上的分歧,将总统竞选活动的口号定为"问题在经济"。[9]但事实证明这是不可能的。特别是在冷战结束后,一场国内的冷战开始了,无法妥协,孤注一掷,谋杀或自由,生存或死亡。

I.

将社会问题纳入党派问题需要做大量的工作,其中大部分由政治战略家和高薪政治顾问完成，而大型计算机和台式电脑的出现让这些工作变得比较容易。20世纪30年代，选战公司开业，乔治·盖洛普开始展开民意调查，而到了20世纪70年代，这一"谎言工厂"已经发展成了一个价值数十亿美元的产业，并且开始影响舆论。这个产业通过煽动愤怒情绪来分裂选民，并证明了越是情绪化的问题就越有可能让选民们投票。最情绪化的问题，也就是那些最有可能争取选票的问题，即堕胎和枪支问题。

互联网将在21世纪的头几十年成为一种极性化机器，快速、高效、廉价，而且几乎是自动化的，但是在20世纪的最后几十年里，极性化工作仍然是由人工来完成的。只有在工作开始之前了解堕胎与枪支问题的区别是什么，才能知道这个项目需要多少劳动力和资金。

在20世纪80年代之前，除了共和党历来比民主党更支持平等权利和计划生育，《平等权利修正案》和女性健康都不是党派问题。"计划生育"是玛格丽特·桑格于1916年创立的避孕组织，但组织反对她的女权主义立场，因而在她1966年去世前几十年就强迫她退出。从20世纪20年代开始，这一组织的领导人一直更倾向于共和党。到了50年代，这些人里很多都是保守派人士——巴里·戈德华特和他的妻子在"凤凰城计划生育委员会"（Planned Parenthood of Phoenix）任职——从政治上讲，计划生育已经成为一种家庭价值观。在推动避孕合法化的过程中，计划生育组织也得到了医生及神职人员的广泛支持。1958年，西奈山医院[1]（Mount Sinai Hospital）产科主任、哥伦比亚大学医学院妇产科临床教授、计划生育医学顾问委员会成员艾伦·F. 古特马赫（Alan F. Guttmacher）向纽约市立医院提出质疑，要求撤销禁止医生发放避孕药具或提供避孕资料的医疗政策。医院的牧师们对他这一举动表示支持。1960年，计划生育组织神职人员国家咨询委员会（Planned Parenthood's Clergymen's National

---

[1] 西奈山医院始建于1852年，是美国历史最悠久和最大的教学医院之一。——译者注

Advisory Council)发布了一项名为"计划生育伦理"(The Ethics of Family Planning)的声明,称计划生育是在履行"上帝的旨意",允许已婚夫妇仅仅为了爱而享受性交。[10]

堕胎合法化运动始于20世纪60年代,这场运动的发起者不是女权活动家,而是计划生育组织的医生、律师和神职人员。1962年,当古特马赫成为计划生育组织的主席时,他发起了一项运动,以确保联邦政府支持穷人的计划生育,解除避孕禁令,并放宽堕胎法的限制。1965年,前总统们——来自共和党的艾森豪威尔和来自民主党的杜鲁门一起担任了计划生育委员会的联合主席,这标志着两党对允许避孕的共同承诺。那一年,在"格里斯沃尔德诉康涅狄格州案"中,最高法院驳回了禁止避孕的州禁令,推翻了对康涅狄格州计划生育诊所负责人埃斯特尔·格里斯沃尔德(Estelle Griswold)的定罪(他因分发避孕药而被捕)。自玛格丽特·桑格因同样的罪名被捕以来,已过去了将近50年。但在"格里斯沃尔德案"中获得保护的避孕权并不牢靠。[11]

制定和批准宪法的男人将妇女、性和婚姻排除在宪法之外。1776年,第一夫人阿比盖尔·亚当斯曾警告她的丈夫说,"别忘了那些女人们"[1],但他忽略了她的建议。在共和国立国文本中忽略女性所带来的后果既持久又具有破坏性。宪法的构建者没能解决奴隶制的问题,从而导致了内战的爆发。他们认为男女不平等或许会导致另外一场内战。在美国的历史进程中,女性经常以隐喻的方式出现在宪法里。性别歧视和种族歧视类似,而禁止某个人做某事的表述,可以被理解为禁止对另外一个人做某种事。然而,这并不是最高法院赋予妇女避孕和堕胎权的论据。在"格里斯沃尔德案"中,法院的判决不是基于平等,而是隐私权。

道格拉斯法官在得到多数人通过的意见书中表示:"我们处理的是比《权

---

1 参见本书第三章第二节。——译者注

利法案》颁布还早的隐私权问题"。虽然宪法或《权利法案》都没有提到隐私权问题，但道格拉斯坚持认为它不是明确表达出来的，而是藏在字里行间，是在"那些赋予了它们生命和存在的那些保障所构成的半影中"。[12]在接下来的半个世纪里，许多案件都试图援引"格里斯沃尔德案"，事实证明这种支持存在缺陷。

1969年，尼克松曾要求国会增加联邦计划生育资金，来自得克萨斯州的功勋海军飞行员、年轻的共和党议员乔治·H. W. 布什（George H. W. Bush）负责在众议院里推动此案。布什说："我们需要让计划生育家喻户晓。"（布什对计划生育的支持广为人知，他甚至得到了一个"避孕套"的外号。）1972年，在"艾森施塔特诉贝尔德案"中，法院将格里斯沃尔德的隐私概念从已婚夫妇延伸到个人。"如果说隐私权意味着什么的话，"布伦南法官写道，"那就是个人的权利，无论已婚还是单身，个人决定都有权不受政府的无端干涉，例如是否生孩子。"[13]

1967年至1970年间，在获得神职人员支持的医生和律师的压力下，立法者开始取消包括加利福尼亚州在内的16个州的堕胎限制，加州的法案由州长罗纳德·里根签署。当天主教会以世界末日般的语言反对纽约的新堕胎法时，新教和犹太教的神职人员则问道："泛基督教主义是否是指责我们鼓吹谋杀和种族灭绝的最佳借口？"1970年，尼克松签署了《公共卫生服务法第十条生育计划法案》（Title X），其中包括军事基地的医生可以进行堕胎的规定。尼克松在当年宣布："任何美国女性都不应因其经济状况而无法获得计划生育的协助。"[14]

但是，即便两党达成的广泛政治共识是支持计划生育的，但女性内部对其他问题的分歧也越来越大。20世纪60年代和70年代的"女性运动"实际上包括三种运动：激进女权主义、自由女权主义的和保守派反女权主义。激进派女性运动来自新左派，在那里几乎找不到对女性受压迫观点的任何支持。"让她们滚到一边去！"一名伯克利的学生领袖说。[15]在被问到女性在黑人权力运动中的地位时，斯托克利·卡迈克尔回答说："女性在这场运动中的地位极为卑下。"激进女权主义者为摆脱女性身份的约束以及柔弱特质的束缚而斗争。她们的论点一开始是马克思主义和经济学，之后迅速转向了文化。1968年，纽约激进派女性苏拉米丝·费尔史东（Shulamith Firestone）为"传统女性"举行了一场葬礼，埋葬了一个金色鬈发的人体模型。1968年，在抗议"美国小姐"的选美比赛时，费尔史东的街头剧形式吸引了全国观众，激进派女权主义者给一只绵羊戴上了"美国小姐"的桂冠，她们在一个垃圾桶里焚烧束腰带、高跟鞋和《花花公子》（Playboy）杂志，并拉起"妇女解放"的横幅，大喊"为了女性的自由"！[16]

虽然卡迈克尔那样说，但激进女权主义深受黑人权力运动的影响，这体现在它对自由主义的蔑视和对分离主义以及自尊主义的强调，并且与新生的同性恋权利运动有着密切联系。同性恋权利运动始于20世纪50年代，并在接下来的十年里变得强劲和激烈。1965年，女同性恋和男同性恋权利活动家包围了联合国大厦、费城的独立大厅和白宫（包围白宫三次）。1968年，在芝加哥举行的同性恋权利会议上，参与者受到"黑即是美"这一标语的启发，称"同性恋即是善"。在1969年警察袭击纽约石墙旅馆（Stonewall Inn）的一年后，同性恋权利团体组织举行从格林威治村到中央公园的大游行。"我们必须公开站出来，不要感到羞耻，否则人们会继续把我们视为怪胎，"一名参与者说，"这次游行是对我们新的自尊心的肯定和宣示。"[17]

相比之下，自由女权主义者从选举权运动、废奴运动和"黑人权力"前的民权运动中汲取灵感、借鉴经验。为了追求平等权利，她们想要通过法律、修正宪法、赢得诉讼案，并让女性当选，并进入政坛。1971年，作家格洛莉亚·斯泰纳姆（Gloria Steinem）、共和党组织者塔尼娅·梅利奇（Tanya Melich）、纽约女议员贝拉·阿布朱格（Bella Abzug）和雪莉·奇泽姆（Shirley Chisholm）

成立了跨党派的全国妇女政治核心小组（National Women's Political Caucus）。第二年，竞选公职的女性人数创造了纪录，其中就包括寻求民主党总统候选人提名的奇泽姆——她们不停地展开竞选活动。在1970年至1975年期间，当选公职的女性人数翻了一番。1971年至1972年的第92届国会通过了比其他任何一届国会更多的女性权利法案，其中包括《公共卫生服务法第九条》（Title □）以及联邦《儿童保育法案》（被尼克松否决）。《平等权利修正案》在1923年首次进入国会，1971年以354：24在众议院获得通过，1972年以84：8在参议院获得通过。它在交由各州批准时取得了巨大胜利，以极大的优势获得批准，在自由主义的马萨诸塞州是205：7，在保守的西弗吉尼亚州是31：0，在无倾向的科罗拉多州是61：0。[18]

在法庭上，自由派女权主义者同样取得了惊人的成就，其中许多案件是由鲁斯·巴德·金斯伯格（Ruth Bader Ginsburg）赢得的，金斯伯格1933年出生在一个布鲁克犹太移民家庭，是一位杰出的青年法学院教授。金斯伯格从1971年开始在最高法院为平权案件进行辩护，她参照了保利·默里利用宪法第十四修正案的策略来消除性别歧视。她反问，难道"女人"不是人吗？第二年，金斯伯格发起了美国公民自由协会的女权项目。1973年，她引用善于雄辩的废奴主义者莎拉·格里姆克的名言对最高法院九名男性法官说："我不要求女性能获得什么好处，我所要求的仅仅是男人把他们的脚从我们的脖子上挪开。"[19]

一种反女性主义形式，是对保守派的女性运动最好的理解，但保守派的女性运动作为对激进派及自由派女权主义、解除避孕禁令和放宽堕胎法限制的反动形式，它出现得最晚。1970年，一位来自印第安纳州韦恩堡（Fort Wayne）的女人似乎被19世纪扫黄战士安东尼·康斯托克（Anthony Comstock）的鬼魂附身，她写信给古特马赫说："每个人都在问'这一代的年轻人怎么了'。好吧，我可以告诉那些人怎么了。他们正在从淫秽的书籍、杂志和电影中汲取垃圾和脏东西！而最悲惨的事实是，许多牧师在这种新的对待性态度上，与那些非基督教知识分子沆瀣一气。这是我们今天惨痛的悲剧之一，上帝一定会让他们受到惩罚。"[20]

宪法制定者并不认为妇女是政治主体，因而宪法能够提供的指导意见很少。在1971年"罗诉韦德案"的首次法庭辩论中，得克萨斯州司法部助理司法部长杰伊·弗洛伊德（Jay Floyd）代表达拉斯郡地区检察官亨利·韦德为该州的反堕胎法辩护，他在法庭上说："美国宪法中没有任何关于出生、避孕或堕胎的内容。"弗洛伊德说的没错。但是法院曾经判决的许多事情在宪法中也没有提到，比如说，从种族隔离学校到窃听电话。现在问题变成了在讨论宪法制定者所理解的受规则影响的人民团体时，我们要依照什么法律原理。男性作为共和国公民进行活动；女性只能作为勉强被认可的公民进行活动。

萨拉·韦丁顿（Sarah Weddington）是得克萨斯州女性"简·罗"（想要堕胎）的辩护律师，她愿意使用法院能够接受的任何论据——自由、平等、隐私、第一修正案、第九修正案、第十四修正案或第十九修正案——只要行得通，都可以。在斯图尔特法官问她宪法中何处支持她的论点时，她指出，"格里斯沃尔德案"所确立的隐私权似乎是一个非常薄弱的基础，不足以构建此案的依据。韦丁顿说："当然，根据'格里斯沃尔德案'的裁决，最高法院的法官们显然对于他们在此案裁定书中所说的权利的特定宪法基础存在分歧。"她还提出了一些其他想法。"我确实觉得第九修正案是自由的安身之所，"她告诉法庭，"我认为第十四修正案也一样。"法官波特·斯图尔特（Potter Stewart）试图使她明确，她的意思是否是要借助第十四修正案正当程序条款。

"我们最初提起这起诉讼，是根据正当程序条款、平等保护条款、第九修正案以及任何可能适用的理由。"韦丁顿回答道。

"以及任何可能适用的理由？"斯图尔特问道。

"是的，没错。"韦丁顿说。[21]

当法院快要对"罗诉韦德案"做出裁决时,尼克松的顾问们发现了一个政治机会。1971年,尼克松的演讲词撰稿人帕特里克·布坎南(Patrick Buchanan)告诉总统,堕胎是"一个日益上升的问题,对天主教徒来说也是一个根本性问题",他建议说"如果总统公开表示反对堕胎,并将其视为对总统本人道德准则的冒犯",他的连任前景将会得到改善。于是一周之后,尼克松抛弃了他先前对堕胎的支持,发表了一份声明,其中提到了他"对人类生命神圣性的个人信仰——包括尚未出生的生命"。他利用天主教徒对堕胎的反对有意将教义绝对论带入政党政治。尼克松的支持者对此表示不满,问尼克松能否回到最初的立场上。布坎南把反对意见抛到了一边:"他若让自己失去天主教徒的支持,还能得到什么?贝蒂·弗里丹吗?"[22]

1973年1月22日,即林登·贝恩斯·约翰逊去世的那天,最高法院给出了对"罗诉韦德案"的裁决,称"隐私权……足以涵盖女性是否终止妊娠的决定"。[23]这是一个永垂史册的裁定,对一些人来说,它是救赎,而对另一些人来说它是罪恶。第二天,尼克松在白宫与助手分享他对裁决的看法,他满不在乎的恶意言论被录音带记录了下来。私下里,他抛开了曾公开援引的"生命神圣性"说"有些时候堕胎是必要的"。例如,在强奸的情况下,堕胎是必要的,或者——他在这里给出了坦率的、关于种族的私人观点——是"黑人与白人"之间的性行为导致的怀孕。[24]

与尼克松不同,贝蒂·福特没有在私下里表达过她对堕胎的真实看法。尼克松辞职几个小时后,她的丈夫就上任了,从那一刻起,她就一直坦率地谈论妇女的权利、堕胎和妇女健康问题。她定期举行新闻发布会,自埃莉诺·罗斯福以来,没有任何一位第一夫人会这样做。在她搬进白宫仅仅几周后,她就发现自己患有乳腺癌,需要进行紧急乳房切除术。她决定不隐瞒这个消息,并鼓励女性接受检查从而挽救她们的生命——乳腺癌是当时25至45岁女性的头号杀手——她公布了她的病情,并允许人们拍摄自己在康复期间的状况。"我认为全国各地都有像我这样的妇女，"她说，"如果我不公开我的情况，她们就会失去生命或者处于危险之中。"[25]她赢得了一大批极为忠诚的追随者，尤其是女性选民。

贝蒂·福特，1977年11月19日，佚名作者摄。出席当年休斯敦全国妇女大会的福特是几位有巨大影响力的共和党人之一，他们反对利用女性在两党之间划界。

美国国家档案和记录管理局

贝蒂·福特对《平等权利修正案》的声援同样广为人知。她花了很多时间打电话给各州争取法案的批准，而抗议者在白宫外高举写着"贝蒂·福特，挂掉电话"的标语。这使得白宫的东翼和西翼之间出现了某种紧张态势，但总统拒绝因压力让他的妻子停止行动，而是开玩笑说："如果我对女性权利说错了一句话，下一次的国宴就会在麦当劳举行了。"[26]

1975年夏天，当贝蒂·福特和莫利·塞弗一起坐在花布沙发上的时候，贝蒂并没有隐瞒她的观点。"我觉得《平等权利修正案》能够在我们建国200周年时通过。"她说希望它能在1976年得到批准。塞弗问她对堕胎的看法，她提到了"罗诉韦德案"："我强烈地认为，如果最高法院表决通过堕胎合法化，这是世界上最好的事情。用我的话说，就是将堕胎从荒蛮之地送到它该去的医院。我认为这是一项非常了不起的裁决。"[27]

贝蒂·福特和莫利·塞弗都不喜欢菲莉斯·施拉夫利（反共斗士、麦卡锡支持者和戈德华特赞助者）将这两个问题紧密地联系在一起。在被共和党领导层驱逐之后，施拉夫利将她的注意力和组织技巧转向阻止女性平等权利实现这一问题上，她的手段是把《平等权利修正案》与"罗诉韦德案"捆绑在一起。1974年形成的《菲莉斯·施拉夫利报告》（*Phyllis Schlafly Report*）中的一篇具有代表性的文章标题是：《〈平等权利修正案〉意味着堕胎和人口缩减》。[28]

贝蒂·福特错误地估计了她的对手，她把毕业于拉德克利夫学院的菲莉斯·施拉夫利当作一个怪人。在第一夫人被问到她是否同意与施拉夫利辩论时，第一夫人说："我不会浪费我的时间。"[29]

菲莉斯·施拉夫利是一个金发碧眼，身材娇小的女人，她穿着熨烫平整的粉色西服套裙和浅口鞋。她喜欢把自己称作家庭主妇和六个孩子的母亲。她是无情的，也是博学的，低估她的人几乎都会后悔。将《平等权利修正案》与堕胎联系起来是一种政治天才的做法。为了更好地与对手辩论，而且她意识到这场政治斗争中的大部分交锋会在法庭上进行，施拉夫利在20世纪70年代获得了法律学位。她不是个怪人，她只是像狡猾的战场大将一样热衷于战斗。

自20世纪30年代以来，保守派一直在努力瓦解"新政"联盟并接管共和党。在70年代和80年代，通过将天主教徒、福音派基督徒和白人南方民主党人拉入自己的阵营这一方式，他们终于成功了。但没有几个保守派政治战略家会因这一成就而赢得赞誉。但是，是施拉夫利用刻着"END ABORTION NOW"（现在停止堕胎）和"STOP ERA"（结束平等权利修正案）的石头，铺就了通往里根革命（Reagan Revolution）的道路。

自托马斯·杰斐逊宣布所有人都应平等以来,已经过去两个世纪了。1976年7月4日,杰拉尔德·福特观看了为纪念建国200周年在华盛顿纪念碑上空燃放的烟花表演后,在入睡前对自己说:"好吧,杰瑞,我猜我们已经治愈了美国。"[30]但越南战争和水门事件的伤疤还没有愈合,选民越来越两极分化,美国人对政府的信任没有恢复,经济也陷入了停滞。

美国的经济增长已经达到顶峰了吗?所有国家的经济都在增长。20世纪70年代,许多美国人开始怀疑他们的国家是否已经开始衰落。美国最好的日子已成历史了吗?它的理想失败了吗?

民主党总统吉米·卡特于1976年当选,在他的执政期里出现的经济衰落和道德低迷被称为"萎靡不振",大多数美国人是在1973年石油输出国组织(OPEC)的石油禁运期间首次感受到低迷的存在。汽油的成本在几个月内增加了五倍,并推高了其他商品的价格。道琼斯指数在1974年的9个月里损失了37%的市值。生产更省油汽车的日本汽车厂商在与底特律厂商的竞争中胜出。重工业,尤其是钢铁工业,大多关闭厂房或搬到了其他国家,这导致在中西部出现了一条"锈带"(Rust Belt)。20世纪70年代,经济增长缓慢、失业率居高不下、通货膨胀率不断上升,这些奇怪而令人困惑的现象折磨着美国经济,经济学家们不得不为这些现象创造一个新的名字——滞胀(stagflation)。[31]

自由主义者将这种萎靡不振的现象归咎于尼克松,以及约翰逊对"伟大社会"计划的背弃,他们认为如果经济正在恶化,那必定是因为自由经济的进程没有完成。保守派认为这种经济局面不是自由主义未竟事业的证据,而是自由主义失败的证据,也是凯恩斯主义经济学执迷不悟的证据:他们认为,经济规划、税收和政府监管束缚了自由市场。

一种符合部分证据(如果不是全部的话)的解释是,始于1870年的持续了一个世纪的经济增长是由发明驱动的,从电力到汽车都是不可持续的。

1970年以后，发明的步伐放缓，成果有限。为美国的每个家庭提供电力、燃气、电话、用水、疏通下水道，也就是取暖、通信和清洁等方面的工作，大约在1940年已经完成，使人们不再互相隔离，并在生活条件和经济产出方面取得了惊人的成绩。1970年以前的医学进步，包括麻醉、公共供水系统、无菌手术、抗生素和X射线，挽救并延长了人的生命。但在1970年以后，很少有发明能够带来如此巨大的改变，相反，它们所提供的改善是缓慢而平稳的。手机很有用，但电话从1876年就已存在。波音707的速度在1958年突破了声速，再快则不切实际。此外，1970年以后，不断出现的经济不平等现象成了美国的生活特色，这意味着新发明的经济利益不成比例地为极少一部分人所享有。[32]20世纪90年代，互联网的兴起将重新设定其中的一些机制，但它所带来的回报不大可能与以前的经济增长相比，相反，它将加剧收入的不平等和政治的不稳定。

与此同时，经济上的步履蹒跚加剧了围绕女性角色和权利的争斗，很快，围绕枪支的斗争也愈演愈烈。从1973年开始，直到90年代，除了一部分最富有的美国人，所有人的实际收入或保持不变，或有所下降，一般男性工人的实际工资下降了10%。为了弥补家庭收入的减少，更多已婚妇女开始外出工作。她们开始要求政府开办托儿所。很快，25岁到54岁的女性中有四分之三的人成为薪资工。[33]

对大多数美国人来说，即便更多的女性外出工作，家庭收入也并没有因此而增加。自由主义者指责保守派，保守派指责自由主义者，而施拉夫利则说服了很多人指责女权主义者。她在1972年写道："女性自由主义是对美国妇女角色的全面攻击——作为妻子、母亲，以及在社会基本单位的家庭中扮演的角色。"施拉夫利最初并没有反对《平等权利修正案》，但是她后来解释说，她逐渐相信这是一项针对女性法定特权和应有保护的阴谋。她把反对《平等权利修正案》与反共联系在一起。她说，苏联女性就拥有"平等的权利"，这意味着母亲被迫"将孩子送到国营托儿所或幼儿园,这样她就可以进入劳动力市场"。早些时候支持《平等权利修正案》的乔治·华莱士那一年作为第三党候选人参选时,改变了立场,他的竞选纲领是:"美国党的妇女要对这个阴险的社会主义计划说'不',这一计划会摧毁家庭,让妇女成为政府的奴隶,让她们的孩子成为国家的被监护人"。[34]

如果说后来导致共和国处于第二次内战边缘的两极分化有一位主导的工程师的话,这位工程师就是施拉夫利。施拉夫利的第一场战斗是在共和党内部,而她的第一次胜利就是战胜了共和党。1854年成立的共和党是改良派的政党,这个政党曾经支持废除奴隶制和妇女权利。1896年时它已成为替大企业说话的政党,而且一直是最支持妇女权利的政党。1940年以来,《平等权利修正案》一直都在共和党的党纲当中。1968年,在第一波反对妇女运动的浪潮中,该党从纲领中剔除了《平等权利修正案》。1972年,尼克松开始将共和党转变为反对堕胎的政党,但早在这一努力取得成效之前,施拉夫利就已经将共和党转变为反对女性平等权利的政党。

在1972年的共和党大会上,共和党女性为恢复该党赞同《平等权利修正案》的纲领而奋斗。[35]为了包抄她们,施拉夫利小心翼翼地集结她的队伍,并贮备意识形态方面的武器,组建了一个名为"STOP ERA"的妇女组织,和对立派的STOP相同,但它是不同名词的缩写——"不能剥夺我们的特权"(Stop Taking Our Privileges,STOP);ERA指《平等权利修正案》。她将部队一路开进前线。1976年的共和党全国代表大会上,一群共和党女权主义者成立了共和党妇女特别工作组(Republican Women's Task Force),为使《平等权利修正案》、生育权、平权措施、联邦政府出资建设的幼儿园以及扩充《同酬法案》(Equal Pay Act)进入党纲而斗争。她们还支持赞成《平等权利修正案》的杰拉尔德·福特作为党内总统候选人,而不是罗纳德·里根。她们只获得了一场惨淡的胜利。福特赢得了提名,但是,党纲小组委员会以一票之差否决了《平等权利修正案》。只是由于福特的激烈游说，《平等权利修正案》才以51∶47在党纲总务委员会惊险过关。[36]

在大选中，女权主义者声称福特输给卡特是因为在保守共和党妇女的威胁下，他拒绝让妻子为他助选（她的竞选活动只停留了9站）。无论原因是什么，福特的失败只会增强施拉夫利的权力。早在1977年，在北卡罗来纳州众议院投票支持《平等权利修正案》4天之后，施拉夫利在罗利市发表讲话，煽动15 000人高举双手并发誓要让任何投票支持该修正案的议员落选。北卡罗来纳州以两票之差未能获得该修正案的批准。[37]

施拉夫利的下一场战斗是针对两党的自由派女权主义者进行的，那时她们正在组织1977年11月在休斯敦举行的全国妇女大会。"我们只想要这个国家历史上第一次有女性相互见面的机会。"夏威夷女议员帕齐·明克（Patsy Mink）说。她要求国会为在州议会代表提名大会之后召开的会议提供资金支持。施拉夫利抗议说，她和任何已知反对《平等权利修正案》的女性都没有被提名为参加会议的组委会成员。她暗示了女权主义者控制了该州。当福特签署了国会为该会议提供500万美元支持的保证书后，《菲莉斯·施拉夫利报告》的头条标题是：《自由主义者和联邦政府如何谋划花掉你的钱》。[38]

全国妇女大会的召开标志着自由派女权主义的高潮，这是第二次制宪会议。自1848年在塞尼卡福尔斯召开第一次妇女权利大会以来，已经过去了漫长而艰辛的125年，那次会议为期2天，当时有300人参加。在1977年的休斯敦，来自50个州的2000名代表以及2万名与会者进行了为期4天的会晤，制订了一项26点的"国家行动计划"。1500名记者对会议进行了详细的报道，这主要是因为会议聚集了全美的女性名人，包括人类学家玛格丽特·米德（Margaret Mead）、网球冠军比利·简·金（Billie Jean King）、"罗诉韦德案"的律师萨拉·韦丁顿和来自电视剧《全家福》（*All in the Family*）的琼·斯特普尔顿（Jean Stapleton），她在其中饰演艾迪斯·本克（Edith Bunker）一角，从中她感受到蓝领家庭主妇的无言痛苦。

2000多名女运动员——从长腿的马拉松运动员到魁梧的曲棍球运动员——在距离休斯敦2600英里的塞尼卡福尔斯点燃了火炬并传递到奥运会会场，[39]这是一场史诗般的女人奥运会。[39]她们带来了由诗人玛雅·安吉罗（Maya Angelou）撰写的新《情感宣言》（*Declaration of Sentiments*），为电视观众所熟知的是她在亚历克斯·哈利（Alex Haley）最新的大片《根》（*Roots*）中所扮演的角色。安吉罗写道："我们保证每个女人都能感受到正义。"[40]在休斯敦，最后一位接力选手将火炬交给了伯德·约翰逊夫人、罗莎琳·卡特和贝蒂·福特，三位第一夫人一起登上舞台。

"我告诉杰里，我决定去休斯敦，并在那里表达我的观点，"贝蒂·福特说，"杰里回答道，'好的，你理应这样做。'"[41]

美国女童子军主席举起从史密森尼协会（Smithsonian）借来的曾经属于苏珊·安东尼的议事槌，请大会保持秩序。后来当选为州长的得克萨斯州县行政长官安·理查兹（Ann Richards）发表了关于《平等权利修正案》的演讲，她谈到她的小女儿"在县小学的历史课本中找不到女性的身影"。（她的大女儿塞西尔·理查兹长大后成了"计划生育委员会"的主席。）[42]

种族问题分裂了激进女性运动并最终导致了这一运动的失败，批评人士预计休斯敦会议也会因种族问题而分崩离析，在女奇卡诺人核心组织退出加州州会议之后，这似乎更有可能发生。但是最后，非白人妇女占了休斯敦大会与会代表的四分之一以上，可以说是少数族裔核心组织（Minority Caucus）挽救了这次大会。[43]

"让这条信息从休斯敦发出去，传播到全国各地，"科雷塔·斯科特·金在介绍核心组织的《少数族裔报告》（*Minority Report*）时说，"有一种新的力量、新的理解、新的姐妹情谊，可以抵御在这里产生的所有不公现象。我们不会再被分裂、再被打败。"[44]

不过施拉夫利还是看到了很多裂痕。有色人种女性作为领导者在大会上占有一席之地，而保守派女性几乎没有任何位置。施拉夫利将支持者派往各州的提名大会，但只有五分之一的当选代表是保守派。

大会提出的两项最具争议的建议是呼吁政府为堕胎提供资金，以及承认女同性恋者和男同性恋者享有平等权利。弗里丹对同性恋权利运动尤其深恶痛绝，她认为这会破坏争取平等权利的斗争，她公开表示对女权主义与女同性恋之间的任何联系感到遗憾。那一年早些时候，流行歌手兼四个孩子的母亲阿妮塔·布莱恩特（Anita Bryant）发起了一场被她称为"救救我们的孩子"的运动。她希望能让孩子们免受男女同性恋教师的影响（她暗示，这些老师会把同性恋思想灌输给孩子们，还会性虐待孩子们）。曾经是俄克拉何马州小姐的布莱恩特现在住在佛罗里达州，是南方浸信会成员，她反对迈阿密禁止就业中性取向歧视的法令，警告人们所多玛和蛾摩拉的覆灭[1]。布莱恩特的努力适得其反。当妇女大会在休斯敦开幕时，布莱恩特对她所谓的"一个组织良好、资金充足、政治激进的同性恋活动家群体"的讨伐已经使得许多自由派女权主义者开始支持同性恋的权利，即便她们以前并不愿意支持。[45]

当弗里丹在关于同性恋权利纲领的辩论中起身发言时，会场一片沉默。出乎大家的意料，她赞成该权利在大会决议中获得通过。在对决议进行口头表决时，大厅里落下了印有"我们无处不在"字样的紫色和黄色气球。[46]

但并不是每个人都在欢庆。"这是个骗局，"来自伊利诺伊州的一位代表称，"本次大会是由女同性恋和激进的女权主义者共同举办的。"全部由保守派人士组成的密西西比代表团跪下来祈祷，举着写有"把她们关进密室"的标语以示反对。当堕胎纲领获得通过时，一些妇女带着一张巨大的胎儿照片冲上讲台，而其他人则流着泪唱道："我们所要说的就是给生命一个

---

1 《圣经》中因同性淫乱而被耶和华毁灭的两座城池。——译者注

机会。"[47]

施拉夫利对在同一天晚上进行的这两次投票感到高兴。她告诉记者："现在很明显，女性自由主义运动意味着政府资助堕胎、政府支持日间托儿所，以及学校中允许女同性恋老师教书。"她说，各州大会对保守派女性如此敌视，以致已经把她们推向了"阻止《平等权利修正案》"组织的怀抱。当全国妇女大会在山姆–休斯敦体育馆举行时，施拉夫利在城市另一边的天体橄榄球场组织了一场反对大会。在这场名为"维护家庭，爱护生命"的集会上，15,000名男女举着写有"上帝创造的是亚当和夏娃，而不是亚当和史蒂夫"等字样的标语牌。[48]

1977年之前，堕胎和平等权利还是两件不同的事，并且有着截然不同的支持者。"爱护生命"旗下的组织对终止《平等权利修正案》运动提供的支持很少。例如，1975年，国家生命权委员会（the National Right to Life Committee）否决了反《平等权利修正案》提案。但是到了1977年，自由派女权主义者几乎把所有反对堕胎的女性赶出了她们的阵营，而在休斯敦，她们也开始从队伍中驱除反同性恋权的女性。施拉夫利欢迎这些政治流亡者加入她这一边。在"维护家庭，爱护生命"的旗帜下，她将之前从事反《平等权利修正案》、反堕胎和反同性恋权利这三个不同的单一事项运动的人团结在一起。[49]

施拉夫利为这些事项的合并制定了组织策略。她的基层战斗人员是全国福音派教会的教区居民。

除了几个例外，一个多世纪以来，福音派一直与政党政治保持距离。自从反蓄奴运动之后，新教教会也从不进行明显的政治活动，但到了20世纪70年代，福音派人士加入了保守派革命，决心要保护家庭和教会不受国家影响。最高法院做出的一系列裁定促成了这一转变。1961年，法院推翻了马里兰州要求雇员表明信仰上帝的法律。1962年，它宣布学校强制性祷告属于违宪，并且在1963年的两项裁定中废除了学校里其他形式的强制性宗教表达：阅读《圣经》

和背诵主祷文。接着在1971年的"科伊特诉格林案"中，法院裁定，实行种族隔离的私立学校没有资格获得免税的待遇。"科伊特诉格林案"之后，私立宗教学校无法再为反对融合的白人提供避难所。受到美国国税局调查的南方教会学校，包括鲍勃·琼斯大学和弗吉尼亚州林奇堡的一所学校，这所学校是由南方浸信会教徒杰里·福尔韦尔（Jerry Falwell）管理的。福尔韦尔一直是《往日福音时间》（Old-Time Gospel Hour）民间电视节目的主持人，这档节目每周一次，带有二三十年代的风格。福尔韦尔也凭借这档节目获得全国各地的追随者。福尔韦尔黑色头发整齐地向后梳着，坐在幕布前，双手放在《圣经》上，用浅显而朴素的语言布道。"科伊特诉格林案"是一个没有伴随解释的裁定，除了所涉及的学校，该案在一开始很少受到外界的关注。后来，对那些拥护种族隔离的冷战保守派分子来说，它有了用武之地：作为一系列裁决中最新的一次，他们攻击它既没有体现宪法第十四修正案中的承诺，也没有遵循法院在"布朗诉教育局案"中的判决，而是助长了共产主义的势力。斯特罗姆·瑟蒙德（Strom Thurmond）说："这种将上帝从我们的国家生活中根除的动力就是认识到美国在世俗化之前是无法有效地进行社会化改革。"[50]

然而，"格林案"的意义是有限的。最后，福音派人士不是被反种族隔离的立场，而是被他们的宗教信仰拉到保守派联盟。无论如何，反对废除种族隔离的声音主要不是来自福音派，也不仅限于南方。相反，它在不同的社区和国家不同地区以不同的形式出现。1974年，波士顿的白人因"强制校车接送"（纽约市学校强制废除种族隔离）而发生骚乱，为"自由摇篮"的故乡赢得了一个新的绰号，即"北方小石城"，这是对1957年恐怖经历的回应。由于无法抵制强制性的废除种族隔离，许多城市的白人要么把孩子送到私立学校，要么搬去郊区，1974年至1987年间，波士顿公立学校的白人学生人数从45 000人减少到16 000人。[51]

传统基金会的创始人保罗·韦里奇和前戈德华特共和党人兼广告直邮经理

理查德·维格里（Richard Viguerie），长期以来一直致力于通过在各种问题上吸引福音派人士的注意，从而将他们引入新的保守派联盟。他们很快就招揽了福尔韦尔，后者在1979年创立了"道德的大多数"（Moral Majority）——这个词是韦里奇模仿尼克松的"沉默的大多数"创造的——以反对"世俗人道主义"。福尔韦尔丢掉了他平实的布道风格，变得越来越尖锐，他宣布："我们正在打一场圣战，而这次我们将赢得胜利。"为了发动这场圣战，福尔韦尔针对一些问题召集他的追随者，而施拉夫利已经围绕着这些问题招募了一支军队：反对同性恋权利、性自由、妇女解放、《平等权利修正案》、托儿所和性教育，以及最重要的——反对堕胎。[52]

福尔韦尔后来强调，对他而言，这一政治运动在1973年得知法院对"罗诉韦德案"的裁定时就已经开始了。但事实远非如此。事实上，南方浸信会在此之前就曾为堕胎法的自由化而斗争。1971年，在密苏里州召开的浸信会教会全国代表大会通过了以下决议："我们呼吁南方浸礼会教友为立法工作，使在强奸、乱伦、有明确证据表明胎儿严重畸形以及经仔细检查确认会损害母亲情绪及身心健康等情形下的堕胎成为可能。"南方浸信会大会在1974年重申了这一决议，并在1976年使用了类似的表达方式。另一位南方浸信会牧师、基督教广播网（the Christian Broadcasting Network）的创始人帕特·罗伯逊（Pat Robertson）称堕胎是"一个严格的神学问题"。福尔韦尔想法的改变和从福音派转而反对堕胎使一些天主教徒感到他的落伍和虚伪。1982年，美国生命联盟（the American Life League）的创始人不无讽刺地说："福尔韦尔五年都不会写'堕胎'这个词。"[53]

对共和党来说，审判的日子已经到了。自1966年当选为加利福尼亚州州长以来，69岁的里根一直是该党最有影响力的保守派人士，尽管他在很大程度上是右翼的立场。虽然他在1976年总统候选人提名时输给了温和的杰拉尔德·福特，但里根及其忠诚的支持者似乎认为，他领导国家的时间现在终于到来了。

里根得到了施拉夫利的支持，而且福音派人士此时也加入了保守派联盟。在竞选期间，福尔韦尔据说走了大约30万英里，"道德的大多数"组织声称在47个州都有分会，并已登记了400万选民。帕特·罗伯逊和来自校园传道会（Campus Crusade for Christ）的比尔·布赖特（Bill Bright，又译白立德）一起在华盛顿筹划了一个有25万保守派基督徒参加的耶稣集会。他们接管了南方浸信会，并在1980年通过了反对《平等权利修正案》、堕胎和同性恋的新决议。[54]

党内的温和派——特别是女性——进行了反击，希望留住权力。在该党1980年年底特律大会的第一天，威廉·洛克肖斯的妻子，有时被称为"共和党的葛罗莉亚·斯泰纳姆"的吉尔·洛克肖斯（Jill Ruckelshaus）在12,000人的平等权利集会上发表讲话。她穿着女性参政主义者的白色服装。"我们党已经拥护了《平等权利修正案》40年，"洛克肖斯指出，"德怀特·艾森豪威尔支持《平等权利修正案》。理查德·尼克松支持《平等权利修正案》。杰拉尔德·福特支持《平等权利修正案》。"然后她恳求道："把我的党还给我！"[55]

曾协助建立全国妇女政治核心小组的塔尼娅·梅利奇谴责"反对女性的共和党战争"，民主党人将此作为自责。共和党全国委员会联合主席玛丽·克里斯普（Mary Crisp）被赶走了。她离开共和党为独立候选人约翰·安德森助选。克里斯普在谈到这个属于亚伯拉罕·林肯和苏珊·B. 安东尼的政党时说："我们正在改变我们的立场，即将把1亿多名美国妇女的权利埋在一堆陈词滥调之中。"[56]

她们的呼声是徒劳的。即使自由派共和党人警告说该党有成为"上帝自己的党"的危险，但保守派仍然掌握着控制权，并且将持续数十年。"我们已经控制了保守主义运动，而保守派则已经控制了共和党，"理查德·维格里写道，"剩下的就看我们是否可以控制这个国家。"[57]

里根赢得了提名，并以他独特的兴奋和坚毅接受了这一提名，他在电台里的声音和电视里的表情都十分完美。"360年前的1620年，一部分家庭勇敢地横跨了大洋，为自己在新的世界开辟一个未来，"他说道，"当他们抵达马萨诸塞州的普利茅斯时，形成了他们所谓的'契约'，即在他们中间建立社区并遵守它的法律协议。"里根引用神圣的天意，提出了一个新的美国契约。他最后说道："我会建议——恐怕我也不用建议——我们在一个默祷的时刻联合起来，开始我们的行动。"然后他低下头祈祷。[58]

里根真挚的温情充斥着大会的最后一晚，但在整个会期占据上风的是以尖刻谴责和冷漠算计为内容的激烈演讲。共和党温和派、平等权利的长期支持者乔治·罗姆尼称《平等权利修正案》的支持者已经沦落为"道德变态"。共和党纲领委员会呼吁从宪法上禁止堕胎。里根的竞选伙伴乔治·布什戏剧性地改变了他对《平等权利修正案》和堕胎的立场。当问及他的转变时，他对这个问题置之不理："我不会在微不足道的细节上纠缠。"[59]

妇女和胎儿的宪法权利可不是单纯的细节问题。《平等权利修正案》和堕胎都不是"楔子"议题。保守派接管共和党——以及后来的国会、法院和白宫——是政治战略家利用了一些问题的结果，而这些问题已被双方的倡导者理解为事关基本权利的问题。和拥有枪支的权利一样，政治家和政治战略家需要这些问题悬而不决：强调权利的脆弱性，就是为了拉选票。

然而，正如维格里指出的那样，保守派对共和党的接管也标志着技术的胜利。第一批大众消费型台式电脑，如苹果Ⅱ（Apple Ⅱ）、康懋达（Commodore）的PET和TRS-80，都在1977年问世。但早在这之前，维格里就一直在使用大型计算机。共和党的技术优势持续了很长时间，共和党全国委员会在1977年购买了第一台大型计算机，而民主党全国委员会在20世纪80年代之前没有自己的大型机。[60] "因为保守派掌握了新技术，"维格里写道，"我们已经能够绕过左派对国家新闻媒体近乎垄断的局面。"维格里认为，新右派并没有真正的新想法，它有的是新工具："使用计算机、直邮、电话营销、电视（包括有线电视）、收音机、录音带和免费电话以及其他方式要求捐款和投票。"维格里是直邮竞选活动方面的专家,他用人口普查、活动财务记录、民意调查和选举数据来定位单个家庭。维格里在1980年报告说:"保守派已经确定了大约400万名捐助者。"16年之前,他制作了第一份名单,上面记录着向巴里·戈德华特捐赠50美元及更多款项的12,000名美国人的姓名和地址。"我估计自由派已经确定捐赠的人不到150万。"直邮和有线电视将选民分割开来,也将公众分成小块群体。保守派没有浪费精力与他们希望接触的目标人群之外的选民交流,这为他们节省了资金,提高了竞选效率;新技术还为候选人进行抨击提供了动机。最重要的是,它允许保守派绕过大众媒体、报纸和广播电视的守门人——他们越来越像保守派眼中的敌人。[61]

在新右派的崛起中,几乎发挥同样影响力的是民意调查行业的发展。从20世纪70年代初开始,乔治·盖洛普的儿子小乔治,一个虔诚的圣公会教徒,开始利用民意调查来评估福音派运动的力量,尽管如评论家指出的那样,民意调查中经常去教堂的美国人所占比例过大,他们的公民意识和社区意识使他们比他们的同胞更有可能参与调查。20世纪30年代提出的"要给予民意调查更广泛的关注"再次出现在70年代。1972年,政治学家利奥·博加特(Leo Bogart)证明了大多数民意调查所做的事情是制造舆论,因为相当一部分美国人对所调查的主题和事项几乎一无所知,也几乎没有任何意见。"民意调查员应该问的第一个问题是,"博加特写道,"'你有没有考虑过这个问题?你有什么意见吗?'"随后,国会对该行业的调查再次带来了一系列令人不安的问题,包括关于民意调查的准确性,以及它们在民主制度中的地位,但拟议中的"民意调查真相法案"未能获得通过。相反,随着配备了电脑的新闻媒体开始展开自己的民意调查,民意调查得到了发展和扩张。在1973年出版的《精确新闻报道:记者应掌握的社会科学研究方法》(*Precision Journalism:A Reporte's Introduction to Social Science Methods*)一书中,俄亥俄州阿克伦市一家报纸的驻华盛顿记者菲利普·迈耶(Philip Meyer)号召记者们进行自己的民意调查:

"如果你的报纸有一个数据处理部门,那它就有键控穿孔机和操作人员。"两年后,《纽约时报》和哥伦比亚广播公司发布了一项联合民意调查——这是首次媒体调查。批评人士指出,从道德角度来看,应该报道新闻的媒体不能同时制作新闻,但媒体发起的民意调查仍然如火如荼。[62]

和内战前几十年的情况一样,当福音派再次进入政界时,党派政治就呈现出宗教的狂热。惊慌不安的政治科学家设计了新的方法,用来量化美国人日益增长的政治热情,包括通过分析唱名投票来衡量国会议员中的两极分化。从衡量结果看,国会的两极分化在内战结束后不久开始下降,并且在20世纪的大部分时间里随着共和党变得更加温和而持续下降。在20世纪70年代,当共和党人变得更为保守时,两极分化开始尖锐起来。南方民主党人向共和党的转移只占这种转变的三分之一。这种转变更多的是堕胎政治化的结果。从1978年到1984年,支持生命权的民主党人和支持选择权的共和党人被赶出了各自的政党。在里根之后,似乎出现了所谓的性别差。从妇女获得选举权的1920年至1980年间,女性倾向于不成比例地为共和党总统候选人投票——如果说差距还很小的话。这种情况在1980年发生了变化,当时有更多的女性投票支持卡特而不是里根,两者差距为8个百分点,可能是因为民主党已开始将自己定为女性党造成的。共和党战略家的结论是,在(白人)女性与(白人)男性的交换中,他们得到了更好的结果。一位共和党顾问在提到民主党时说,"他们在男人中表现得非常糟糕,以致我们在女性中表现不佳的事实,变得无关紧要。"[63]

这种转变是缓慢发生的。直到20世纪80年代后期,共和党人一直比民主党人更倾向于赞成堕胎选择权。[64]但不久之后,这两个政党即按意识形态进行了划分,而且,保守派认为自己是在利用新兴技术完善有针对性的政治信息,而自由主义者认为他们在推进身份政治(identity politics),但他们指的是同一件事:更加割裂、更加愤激的选民,通过计算机生成的邮件和电话名单可以很方便地联系到这些分散、愤怒的选民。

《平等权利修正案》最后的批准机会在1982年。"叮咚，'女巫'死了。"修正案的反对者在庆祝它的失败时唱道。[65]此时，双方都放弃了共和国稳定所必需的政治解决方案——妇女的平等权利，并陷入了看似无休止的分裂政治局面，而且比它几乎所有的缔造者存活得更久，包括菲莉斯·施拉夫利，她最后一次的公开活动是在2016年她去世前的几个月，91岁高龄的施拉夫利支持唐纳德·特朗普做这个国家的下一任总统。

II.

"政府并不是解决问题的办法，"罗纳德·里根在1981年的就职演说中说道，"政府本身才是问题所在。"在宣誓就职两个月后，他告诉保守派政治行动会议（Conservative Political Action Conference）有关他的社会、经济和外交政策规划，其实这是构成一个整体的三个部分："正如我们努力整顿我们的金融体系，重建我们国家的防御体系一样，我们也在努力保护未出生的孩子，结束乌托邦计划者对学童的操纵，并允许在我们的教室中承认上帝的存在。"[66]

极具个人魅力的罗纳德·里根在1980年的竞选活动中向印第安纳州的支持者致意。
Kristoffer Tripplaar/阿拉米·斯多克摄影公司（Alamy Stock Photo）

由各种豁免、优惠、信贷和漏洞堆积而成的复杂且烦人的税法引发了暴动，里根在这样的背景下上任了。在某种程度上，税法代表的是自由主义议题，自由主义者未能守住它，而是与批评者达成了一致。1976年参加竞选的吉米·卡特称这一税法"是人类的耻辱"。1978年加州通过了《第13号提案》，开启了新的坚定不移的抗税行动，该提案通过投票表决将该州的财产税削减了57%，给了加州公共教育体系致命一击。加州选民赞同此项提案的比例是2∶1；《纽约时报》称此次公投是"人民反对大政府的原始呐喊"。汤姆·沃尔夫（Tom Wolfe）则把20世纪70年代称为"唯我的十年"。[67]

里根的经济思想受到了米尔顿·弗里德曼的作品影响，后者在里根的从政生涯过程中从学术群踏入了社会名流。弗里德曼是1946年哥伦比亚大学的博士，并在20世纪40年代和50年代成为知名经济学家，他以反对货币政策和反对凯恩斯主义而闻名。1962年，弗里德曼出版了面向普通读者的《资本主义与自由》（Capitalism and Freedom），他认为个人自由只能通过自由市场体系来保证。1967年，在美国经济协会（American Economic Association）的主席报告中，弗里德曼颠覆了失业与通货膨胀之间关系的传统思维。当20世纪70年代出现滞胀时，显示出了他的先见之明。从1966年到1984年，弗里德曼定期为《新闻周刊》撰写专栏文章，接受了《花花公子》（1973年）的采访，获得了诺贝尔奖（1976年），在《唐纳休访谈》（The Phil Donahue Show）（1979年）中露面，并主持了美国公共广播公司系列纪录片《自由选择》（Free to Choose，1980）。[68]

弗里德曼作为公共知识分子的声望为保守派的减税呼吁提供了助力，1977年，共和党国会议员、前足球明星杰克·坎普（Jack Kemp）率先支持"供给侧经济学"，认为降低税率将促进经济增长。但是，"里根革命的《圣经》"源于《财富与贫困》（Wealth and Poverty）一书，这本书是由乔治·吉尔德（George Gilder）在1981年出版的，里根引用此书的次数比引用其他任何还在世的作家的作品次数都多。[69]

吉尔德出生于1939年，曾在20世纪60年代担任纳尔逊·洛克菲勒、乔治·罗姆尼和理查德·尼克松的演讲撰稿人，此前他在海军陆战队任职，并在哈佛大学攻读本科。他想要像他所迷恋的琼·迪迪翁（Joan Didion）一样写作。70年代初，他遇到了威廉·F. 巴克利（William F. Buckley）并放弃了自由共和主义。他在1973年出版了《性自杀》（*Sexual Suicide*）一书，这本书为他赢得了他所盼望的美国新闻界"坏男孩"的名声，该书是对女权主义的疯狂控诉，使他获得了全国妇女组织和《时代》周刊年度"沙文主义公猪"（Male Chauvinist Pig）的头衔。在《性自杀》中，吉尔德认为女性自由会违反他所谓的"性宪法"，即通过性行为将男人与女人联系起来，并且女人要照顾子女这一不成文的规定。"整个性宪法的基础是母亲这一纽带，"吉尔德写道，"妇女解放运动试图拒绝这一角色。"他指责说，女权主义者正在破坏这种安排，而且要因"富裕年轻人的沮丧和他们对毒品的依赖、富人和穷人的家庭崩溃、不断上升的犯罪率和暴力行为"而受到谴责。他认为"对社会秩序而言，维护性宪法甚至可能比维护法律宪法更加重要"。[70]

八年后，《财富与贫困》一书充当了保守派批判女权主义与拥护"供给学派"之间的桥梁，吉尔德在书中抨击他的保守派同僚在赞扬资本主义时过于克制。史蒂夫·福布斯（Steve Forbes，《福布斯》杂志现任总编）将此书的重要性与亚当·斯密在1776年出版的《国富论》相提并论。对吉尔德而言，财富一直是无私的——资本主义始于给予——"真正的贫困，更多的是心态问题而不是收入问题"，即政府救济所培养出的依赖性。正如吉尔德所看到的那样，职业女性不仅为传统家庭，而且为经济增长带来了问题；她们提高了家庭的收入，但助长了通货膨胀，这个十年结束时通货膨胀已经到了失控的地步。20世纪70年代，吉尔德社会思想的核心是"养家糊口的主力是男人"；80年代，他的经济思想核心是"颂扬不受约束的企业家"。[71]到了90年代，吉尔德扮演数字空想家的角色，提倡无监管的互联网，这是他的第三步。

受吉尔德和供给学派的影响，里根将减税作为其竞选活动的核心内容。在他任职期间，曾在20世纪四五十年代高达90%的最高所得税税率从70%降到了28%。他还削减了某些领域的联邦支出，称"未成年子女家庭援助计划"、医疗补助和其他措施助长了依赖心理和不道德的行为，并破坏了家庭生活，因为这成了很多人不结婚的理由。从1970年到1990年，黑人的非婚生子女比例从38%上升到67%，白人的则从6%上升到17%。"未成年子女家庭援助计划"的受援人数从1970年的740万增加到1980年的1060万。在里根时代的改革中，有100多万穷人失去了食品券。[72]

与此同时，里根政府顽强地捍卫其他形式的联邦援助，将向老年人而非穷人提供的社会保障和医疗保险等计划列为禁区。他还大幅增加军事开支，从1981年到1989年增加了35%，这是有史以来最大的和平时期的军费增长。[73]在里根执政的八年里，国债增加了两倍，从9170亿美元增加到2.7万亿美元；到1989年时已占到国内生产总值的53%。联邦政府的规模也在扩张，雇员人数从290万增加到310万。放松经济管制的代价同样高昂。里根时代放松管制的措施包括储蓄银行和贷款银行出售垃圾债券和高风险证券。许多从联邦监管中解脱出来的储蓄银行和贷款银行肆意妄为并最终走向崩溃，联邦政府花了纳税人1320亿美元来帮助它们摆脱困境。[74]保守党提议削减开支并压缩联邦政府的规模，但后来被称为"里根经济学"的政策却没有这么做。因此，保守派以另外一个宪法要求——持枪权——来回应自由主义者的生育权主张，并以此巩固其权力。

1981年3月，在华盛顿的希尔顿酒店外，丹佛石油公司总裁那患有精神病的儿子、25岁的小约翰·辛克利（John Hinckley Jr.）用一把从达拉斯典当行买来的点22口径的左轮手枪向罗纳德·里根行刺。辛克利在1.7秒内连射了六枪，不仅击中了总统，还击中了一名特区警察、一名特勤局特工和白宫新闻秘书詹姆斯·布雷迪（James Brady）。里根被紧急送进手术室，整个国家因担心而屏住了呼吸。

从历史上看，持枪权和枪支管制不是党派问题，也不是外延的宪法辩论问题。成立于1871年的全国步枪协会曾在20世纪二三十年代为各州及联邦的枪支安全措施的颁布而斗争。1957年，当全国步枪协会迁入新总部时，在大楼的入口处就写着它的座右铭："武器安全教育，射击训练，射击仅为娱乐"。在李·哈维·奥斯瓦尔德（Lee Harvey Oswald）用一把通过全国步枪协会《美国枪手》（*American Rifleman*）杂志订购的意大利军用剩余步枪暗杀了约翰·肯尼迪之后，全国步枪协会在1963年支持国会禁止枪支邮购。全国步枪协会的执行副总裁在国会作证时表示："我们认为任何心智健全的美国人——那些称自己是美国人的人——都不会反对将杀害美国总统的工具纳入这项法案。"全国步枪协会甚至支持在罗伯特·肯尼迪和马丁·路德·金被暗杀后通过的1968年《枪支管制法》（*Gun Control Act*），禁止邮购枪支，限制某些高风险人群购买枪支，并禁止进口军用剩余枪支。全国步枪协会执行副总裁表示，虽然该法案的某些内容"对遵纪守法的公民而言显得过于严格和不公"，但"整体上看来，这一措施似乎是美国体育运动爱好者可以接受的"。[75]

在这次辩论中，第二修正案——"纪律优良的民兵部队对自由州的安全是必要的，因此，人民持有并携带武器的权利不可受侵害"——出现的次数很少，因为它通常被理解为保护公民的共同防御的武器。自这个国家建立两个世纪以来，除了涉及部队驻扎的第三修正案，第二修正案在法院受到的关注比任何修正案都少。这种情况在20世纪60年代开始发生变化，不是因为全国步枪协会开始谈论第二修正案，而是因为黑人民族主义者开始谈论它。1964年，马尔科姆·艾克斯在被枪杀之前不久说："宪法修正案的第二条规定了你和我拥有步枪或霰弹枪的权利。"同样的论点推动了黑豹党（Panther

Party)的成立。[76]

当时，共和党人与支持枪支安全措施的民主党人一样，都是支持法律和秩序运动的一部分。作为加利福尼亚州州长的里根支持枪支安全措施，在1967年签署了《马尔福德法案》(*Mulford Act*)。尼克松的法律和秩序运动以及他对毒品的宣战，都涉及对枪支管制的支持。1972年，认为枪支"令人憎恶"的尼克松敦促国会禁止销售"小型廉价手枪"，他曾私下希望国会禁止所有手枪的销售，他承认，持枪权是宪法理念中荒谬的一部分。他说："我不知道为什么任何个人都应该有权在自己的房子里放一把左轮手枪。"这与里根早些时候的言论呼应。[77]

第二修正案捍卫个人携带枪支的权利，而不是人民组建武装民兵以提供共同防御的权利，但这一想法仅在20世纪70年代，并且是在经历了一场共和党全国委员会领导人之间不同于堕胎争论的斗争之后，才成为全国步枪协会的官方立场。作为反女权主义和反公民权运动的一部分，持枪权成为一种保守的政治运动，一种为白人争取权利的运动。

如果说20世纪60年代有关枪支的争论是发生在黑人权力运动的背景之下，那么在70年代，它的背景则是逐渐活跃的白人权力（White Power）运动。20世纪60年代开始的一场反对民权运动的白人抗议，在70年代和80年代随着移民模式的变化而增强。在20世纪70年代之前，没有任何联邦法律限制移民，但是美国按照移民的原籍地制定了一套配额制度，其中最重要的是1924年的《国籍法》。到了1970年，只有960万美国人（不到美国人口的5%）是外国出生的，这是一个多世纪以来的最低比例，而且这些移民大多来自欧洲。到了2000年，国外出生的美国人的数量增加到3100万，占美国总人口的11%。这些新移民中的大多数是来自拉丁美洲和东亚。在1931年至1965年间，有500万移民进入美国，在70年代是450万，80年代是730万，90年代是910万，这还不算那些偷渡到美国的人。[78]移民问题逐渐成为美国政治辩论的核心。

由于约翰逊1965年的《移民和国籍法》（Immigration and Nationality Act）中的移民模式在20世纪60年代后半期开始发生变化，通常将1964年的《民权法案》和1965年的《选举权法案》列为约翰逊的标志性成就。1965年《移民和国籍法》的目的是粉碎吉姆·克劳式的种族歧视，用一种新的、不因种族或民族而遭到歧视的制度取代旧的配额制度。新的配额制度是等量的——任何国家、东半球任何地方的配额都是相同的——每个国家2万名。它还将每年的移民总数增加到2.9万人。该法案没有设定种族和国籍，而是建立了基于家庭和职业优先顺序。简而言之，从1965年开始，来自发展中国家的人在法律上能够移民到美国。他们进入了一个重新定义公民身份的国家。厄尔·沃伦在1958年中写道："公民身份是人的基本权利，因为它是拥有任何权利之前的基本权利。"

在新制度下，来自非欧洲国家的合法移民人数增加，但来自墨西哥的合法移民人数下降。在1924年的配额制度下，墨西哥和西半球其他地区的移民人数是不受限的，这一制度在1965年终止。1942年以来，允许墨西哥移民劳工成为合法的美国短期合同工计划也已经结束。受1965年之后制度的影响，来自墨西哥的合法移民人数下降了40%。然而，墨西哥移民的总量几乎保持不变：在劳工制度改革后，墨西哥人继续越过边界进入美国的人数与之前大致相当，但每五人中就有两人现在"没有证件"，他们被视作"非法移民"，可能会被驱逐出境。20世纪60年代，墨西哥裔美国知识分子和活动家一直是学术研究和追求移民改革的先锋，这种移民改革是一场种族整合的民权斗争。随着奇卡诺运动的兴起，他们的立场转向了民族分裂主义和民族主义。到了20世纪70年代，由凯萨·查维斯（Cesar Chavez）和联合农业工人联盟（United Farm Workers）领导的老一代墨西哥裔美国人认为墨西哥非法移民会对工会化的努力构成威胁，而年轻的奇卡诺活动家则强烈要求解除移民限制，他们将移民及归化局（Immigration and Naturalization Service，即INS）的"清扫"活动视为野蛮警察国家的行径。20世纪70年代中期，奇卡诺活动家赢得了这场辩论，双方都同意"学会如何保护'没有证件的工人'的权利就是学会如何保护自己"。然而到了90年代，美墨边界实际上变成了一个军事区。[79]

持枪权运动与反移民的敌意紧密相连。正是在对移民的敌意不断上升的这些年里，全国步枪协会从一个体育和狩猎协会，成长为一个强大的政治利益集团。1975年，全国步枪协会成立了一个游说机构，即立法行动研究所（the Institute for Legislative Action），并任命优秀的神枪手和前美国边境管制局局长哈伦·布朗森·卡特（Harlon Bronson Carter）为负责人。不久之后，全国步枪协会的领导层不同意卡特的政治目标，决定迫使他退出，并将总部迁至科罗拉多州的斯普林斯。但是在1977年全国步枪协会的年度会议上，卡特和他的盟友发起反抗并成功地驱逐了旧的领导层，重写了该组织的章程，总部也没有搬到科罗拉多，而是继续留在华盛顿。在该协会总部的大门前出现了一个新的座右铭，取自第二修正案中的第二条："人民持有并携带武器的权利不受侵犯。"[80]

就在卡特成为全国步枪协会的执行副主席之后，有报纸说1931年时他曾在得克萨斯州的雷利多被判犯有谋杀罪，当时他只有17岁。他从学校回家，发现母亲对怀疑偷走了家里汽车的三个男孩无计可施。卡特带着霰弹枪找到了这几个男孩，命令他们和他一起回到他家。12岁的萨尔瓦多·佩尼亚在卡特的谋杀案庭审中做证说，15岁的拉蒙·卡西亚诺拔刀威胁，拒绝跟他回家，卡特开枪击中了卡西亚诺的胸口。卡特被判有罪，但这一判决在后来上诉时被受到法官指示的陪审团推翻了。[81]

美国全国步枪协会会徽

1980年，在卡特的领导下，全国步枪协会支持里根，这是该组织在其长达一个世纪的历史中首次支持某位总统候选人。但是，1981年，辛克利企图像奥斯瓦尔德在1963年暗杀肯尼迪一样刺杀里根，这引起了人们对美国人可以轻易购买和携带各种枪支弹药的关注。紧急接受手术治疗的里根很快就康复了，但是他的新闻秘书詹姆斯·布雷迪因炸裂的子弹击中头部而长期瘫痪。他和妻子后来发起了布雷迪防枪支暴力运动（Brady Campaign to Prevent Gun Violence）。辛克利因精神错乱而被判无罪。尽管里根面临相当大的压力，但他仍坚持反对立法禁止使用半自动武器以及禁止有精神病史的人购买它们。[82] 里根被刺客用手枪击中，他在担任总统期间一直坚决反对枪支法，甚至主张废除烟酒枪械管理局。

生育权和持枪权争议的宪法基础都很薄弱，它们特有的不稳定性使它们对党派目的十分有用：收获似乎总是面临着失去的危险。但它们基础薄弱的原因各不相同。保守派在枪支问题上的立场之所以能上升到党派原则的地位，部分原因在于它在保守派接管司法系统的战略中发挥了作用,而且还将解读宪法的新方式制度化。

保守派认为,自20世纪30年代以来,自由派一直控制着联邦政府、大学、新闻界和法院。而保守主义革命要么要求接管这些机构,要么建立替代机制,或者更实际地从第二种方式入手实现第一个目标。保守派在针对法院执行这一策略时最为谨慎,在很长一段时间内,他们都无法突破选举的困境,便把这一困境归咎于自由主义媒体所扮演的角色。自由主义者在法庭上取得了最伟大的胜利,特别是在"布朗诉教育局案"所带来的权利革命中。在这种情况下,赢得政治胜利的最佳途径似乎是改造法庭,甚至是改变对宪法本身的理解。在20世纪70年代和80年代,这一运动体现在对第二修正案的重新解释、联邦派协会(The Federalist Society)的建立,以及新宪法解释模式的出现,即原文主义(originalism,又译原意主义)。[83]

1982年,犹他州的奥林·哈奇(Orrin Hatch)成为参议院司法委员会宪法小组委员会的主席,并委托对第二修正案的历史进行研究,研究成果是一份名为《持有和携带武器的权利》(The Right to Keep and Bear Arms)的报告。哈奇委员会的结论是,第二修正案已经被误解了将近两个世纪。"宪法小组委员会发现了长期遗失的内容,清楚地证明了宪法第二修正案旨在赋予美国公民以和平方式保管和携带武器的个人权利,以保护自己、家人和自身的自由。"[84]

直到1986年,第二修正案仍然被称为"遗失的修正案"。但到了1991年,一项民意调查发现,美国人对第二修正案比对第一修正案更加熟悉。[85]然而,比起詹姆斯·麦迪逊所写的东西,哈奇委员会更加依赖最近由全国步枪协会提供的奖学金。在1970年至1989年期间发表的赞同全国步枪协会对第二修正案的解释的27篇法律评论文章中,至少有19篇是由全国步枪协会或其他拥有持枪权组织雇用(或为其代言的)作者撰写的。[86]他们认为,这根本不是一种新的解释，而是对旧有的、丢失已久的解释的恢复，这一观点对于宪法原文主义者的工作至关重要，他们试图抹掉几个世纪以来的伴生着解释以揭示宪法的原始含义和国父们的初衷。

在很大程度上，原文主义者的诞生是对最高法院以隐私权为基础的关于避孕和堕胎裁定的回答；如果左派能够在半影和外延中找到权利，那么右派将在墨水和羊皮纸上找到同样的东西。原文主义在法学院中流行起来，特别是借助于1982年在芝加哥大学和耶鲁大学法学院成立的联邦主义者协会；一年后，它在70多所法学院开设了分会。（里根之后的三位共和党继任者——乔治·H. W. 布什、乔治·W. 布什和唐纳德·特朗普——任命的每一位联邦法官，要么是联邦主义者协会的成员，要么得到了联邦主义者协会的支持。）原文主义也成了里根政府司法部的官方政策，由部长埃德温·米斯（Edwin Meese）领导的司法部实际上是一个保守派的智囊团。[87]

1985年，米斯宣布"政府对宪法解释的方式"应该"植根于由起草、提议和批准它的人所阐述的宪法文本"。他称之为"初衷的法理学"，并把它与法学家——他指的是自由主义者——的"滥用历史"进行对比，他们在宪法的"精神"中看到了诸如"人类尊严的概念"之类的东西，并由此将宪法变成了"司法能动主义的宪章"。[88]像"格里斯沃尔德诉康涅狄格州案"和"罗诉韦德案"这样引用所谓隐私权的裁定违反了原文主义的规则，但可以说，"布朗诉教育局案"以及自由派沃伦法院的任何裁决都是如此。

自由派法学家和学者——包括历史学家在内——用争论、嘲笑和怀疑来回应米斯的呼声。威廉·布伦南法官认为，任何曾在档案馆学习或研究过历史记录的人都知道，最好不要相信制宪会议和州制宪会议的记录提供了如米斯所期望找到的那样确定、准确和单一的定论。布伦南称当代法官可以认清制宪者的初衷"只不过是一种伪装成谦逊的傲慢"。至于原文主义者的特殊理解，历史学家倾向于认为它们是荒谬的。历史学家加里·威尔斯（Garry Wills）深刻地批判了对第二修正案的新解释，他指出，第二修正案与共同防御有关，而与狩猎没有任何关系："一个人不会武装起来去对付兔子。"[89]

这些论点几乎没能阻止原文主义影响力的扩大，而"新右派"通过持续的直邮广告、电台热线和有线电视节目将原文主义作为宪法常识向公众传达。[90]许多美国人开始相信原文主义本身就是最初的真相，这种宪法解释的模式可以追溯到18世纪90年代，而不是20世纪80年代。关于枪支的争论陷入了非理性之中。自由主义者经常歇斯底里地反对保守派的持枪权观点，并呼吁采取不可能通过的枪支管制措施，而全国步枪协会则兴高采烈地夸大这些措施的后果。在这种情况下，一些持枪者渐渐担心联邦政府会没收他们的枪支。与此同时，全国步枪协会对第二修正案的解释像原文主义本身一样占了上风。1986年，国会通过了《枪支拥有者保护法》（*Firearms Owners' Protection Act*）——该法案称"根据第二修正案持有和携带武器的公民权利"废止了1968年《枪支管制法》中的部分内容。[91]1991年，沃伦·伯格（Warren Burger）称第二修正案的新解释是"在我一生中所见过的特殊利益集团对美国大众实施的最大的欺诈行为之一，我要重复'欺诈'这个词"。[92]这确实令人震惊。在少数暴力的年代，枪支之于保守主义者就像堕胎之于自由主义者：它是受到宪法保障的个人权利的情绪化产物，政党的操作人员能够有把握让选民参与投票，事实上，这根本没有什么宪法保障。

———

作为自德怀特·艾森豪威尔以来第一位干满两个任期的总统，里根在外交政策上取得成功之后，紧接着又推进了他的国内议程。石油输出国组织的石油危机清楚地表明，美国对外国石油的极度依赖将美国与不稳定的中东联系在一起。1979年1月，在一位名叫阿亚图拉·鲁霍拉·霍梅尼（Ayatollah Ruhollah

Khomeini）的穆斯林宗教领袖的领导下，伊朗革命者夺取了政权，驱逐了美国安插和扶植的暴君。11月，革命者在美国大使馆和伊朗外交部扣押了66名美国人，要求将流亡美国的前伊朗国王遣送回伊朗。这场危机，连同一场失败的救援行动，每晚都出现在电视新闻的报道中；美国广播公司的新闻频道还制作了名为《美国被俘人质》（*America Held Hostage*）的定时报道。1979年12月，苏联入侵阿富汗。通过制裁，卡特从参议院撤回了所谓的"第二阶段限制战略武器条约"（SALT II）的军备限制协议。德黑兰的革命者在里根就职后立即释放了人质，同时最后一次谴责了卡特，这既羞辱了卡特，也将一次不费吹灰之力就取得的巨大政治胜利交到了即将上任的美国新总统手上。[93]

  自艾森豪威尔以来，每一位总统都被这个世界不断增长的核武器所困扰。到了20世纪80年代，对核浩劫的恐惧与对全球环境灾难的日益关注结合在了一起。在60年代早期，负责研究核武器对自然环境影响的科学家们开始注意到，核爆炸破坏了保护地球大气层的臭氧层，这种现象可以通过比较1963年美国和苏联停止核武器在大气层中试爆的臭氧层来观测。与此同时，1962年，蕾切尔·卡逊（Rachel Carson）的《寂静的春天》（*Silent Spring*）一书向公众传达了关于工业污染对水、土壤和空气的影响，并引起了科学关注。《寂静的春天》出版后，美国政府成立了一些咨询和监督组织，包括总统科学咨询委员会的环境污染小组。该小组1965年的报告《恢复我们的环境质量》（*Restoring the Quality of Our Environment*）中附了一份"大气二氧化碳"的附录，对"无形污染物"对整个地球的影响提出了警告。[94]1968年，曾担任卫星研究员，现任内政部副部长助理的大气物理学家兼环境科学家S. 弗雷德·辛格（S. Fred Singer）组织了一场"环境污染的全球影响"研讨会。"大气污染对气候影响"小组收到了四篇论文。[95]（后来被叫作"气候变化科学起源于对核武器放射性沉降物的研究"。）

  核武器的研究通常是保密的，但其他类型的环境研究则不是，并且在这种研究的推动下，环境运动爆发了。1970年，理查德·尼克松成立了环境保护局（Environmental Protection Agency），并扩充了《清洁空气法》（Clean Air Act）；两年后，他又签署了《清洁水法》（Clean Water Act）。但是，特别是第一次从太空中拍摄了地球全景照片后——这些照片成为环保运动的标志——环保主义者指出，大气污染不会受国界线限制，他们开始探讨采取全球性措施的必要性。从20世纪70年代开始，那些呼吁核裁军和武器"冻结"的活动家展开了同样的活动，他们呼吁终止所有的武器测试、制造和部署，这一建议得到了数百名科学家、国会民主党人、主流新教牧师，以及69位天主教主教的支持。[96]

除了环境方面，在军事、道德或政治方面也很快出现了要求冻结武器的呼吁。1982年，《纽约客》发表了由乔纳森·谢尔（Jonathan Schell）撰写的《地球的命运》（The Fate of the Earth）一文，该文四篇连载，这促使田纳西州议员阿尔·戈尔（Al Gore）就"核战争对全球环境的影响"这一主题召开众议院听证会。但此时，里根引领国家走向了另一个方向。1983年3月，他宣布了一项"战略防御计划"（Strategic Defense Initiative，简称SDI）（很快就被人们称为"星球大战计划"），这是一项利用卫星导弹网络来保卫美国免受核攻击的计划。里根希望这一计划能够打破相互摧毁对方的僵局，并在提出计划时称美国可以打一场"能够取胜"的核战争。[97]

但是，如果核爆炸会对整个地球的大气层造成灾难性影响，那么核战争就没有人是胜者。康奈尔大学天文学家的卡尔·萨根（Carl Sagan），同时也是广受欢迎的公共广播公司《宇宙》系列节目的主持人，成了某种科学理论的代言人，他认为，即使是非常有限的核战争也会导致"核冬天"的出现，地球上所有的生命都会终结。然而，批评者指责萨根将未经证实的成果付梓出版，而且更糟糕的是还借助了大众媒体。物理学家爱德华·泰勒（Edward Teller）在《自然》杂志上攻击萨根："用全球毁灭的高度推测性理论——甚至是地球上生命的终结——来呼吁采取某种特定的政治行动，这种行为既不会带来良好的科学声誉，也不能提供理性的政治思想。"里根的助理国防部部长理查德·珀尔（Richard Perle）表示，他希望萨根不要再"扮演政治科学家"。一些环境科学家对"核冬天"背后的科学发起了挑战，指出该结论主要是基于模型的预测，因此，这一学说是不确定的。[98]

保守派利用"核冬天"将他们长期以来对媒体"自由主义偏见"的批评扩展到科学领域。几十年来，不太可能与学术后现代主义者成为盟友的保守派，一直反对客观性的观点。"在任何形式的报纸中都需要公平和诚实，"罗素·柯克（Russell Kirk）在1969年写道，"但是乌托邦式的'客观性'通常是掩盖成见和党派偏见的面具。"柯克和其他保守主义者曾为推翻美国联邦通信委员会1949年的公平原则（Fairness Doctrine）而进行斗争。1959年，修正后的公平原则要求广播公司"对美国人民所面临的最重要问题提供不同的意见"，因为对于"公众争议"，公众要有机会听到双方的意见。保守主义者指出，在20世纪50年代和60年代，保守主义本身一直存在争议，这让他们错误地将自己描述为在重视"公平"的制度下处于劣势。保守派提出了一个市场规则，而不是公共利益规则：如果人们喜欢某个节目，广播公司就可以播放。收视率，而不是由编辑和专家组成的"精英"，将成为真相的仲裁者（这正是沃尔特·李普曼在20世纪20年代曾警告过的恶劣后果）。废除公平原则成为里根政府的优先事项，它与对萨根等反对战略防御计划的科学家的诬蔑行动不无关系。[99]

那些旨在诋毁"核冬天"理论的科学家所持的反对科学观点，与柯克等保守派反对新闻的观点是同一个：像萨根这样的科学家所宣称的客观性，只不过是经过粗略伪装的党派偏见。值得注意的是，最知名的"核冬天"学说的批判者成了最著名的气候变化学说的批判者。"萨根所说的情景可能是对的，"弗雷德·辛格在1983年写道，"但不确定性的范围非常大，以致这一预测并不是特别有用。"辛格曾长期担任大西洋富田公司（ARCO）、埃克森美孚公司（Exxon）、壳牌石油公司（Shell Oil）、太阳石油公司（Sun Oil）以及哈特兰研究所（Heartland Institute）的顾问。哈特兰研究所成立于1984年，隶属传统基金会。（当然，许多科学家都是各种公司和智库的理事会成员。）[100] 该研究所称："尽管环境运动进行了铺天盖地的宣传，并得到主流媒体的认可，但是大多数科学家并不认为人类温室气体的排放是已经证实的对环境或人类福祉的威胁。"1984年，美国宇航局物理学家罗伯特·贾斯特罗（Robert Jastrow）、美国国家科学院前院长弗雷德里克·塞茨（Frederick Seitz）和斯克里普斯海洋研究所（Scripps Institution of Oceanography）的前所长威廉·尼伦伯格（William Nierenberg）共同创立了"乔治·C. 马歇尔研究所"（George C. Marshall Institute），他们意在对抗萨根，他们认为"核冬天"学说不是科学而是政治。贾斯特罗写道："如果'核冬天'的设想是为了这个目的而设计的，那么它就会使苏联领导人大为满意。"1988年，在埃克森美孚公司提供了一部分资金后，马歇尔研究所将重点转向质疑全球变暖背后的科学。"[101]

简而言之，围绕"核冬天"的辩论确立了关于气候变化争论的主题和战线，在冷战结束很久之后的21世纪，这一学说就非常流行了。冷战之所以终结，是因为到了1984年，苏联的经济几乎崩溃。这一年，里根参与竞选连任，美国经济有所改善，股市正站在牛市的大门口。伴随着电视广告里的农民、市郊的父亲、身穿白色婚纱的新娘以及美国国旗的特写镜头，里根的竞选活动宣布"美国再次迎来了晨曦"。［保守的佐治亚州国会议员纽特·金里奇（Newt Gingrich）对此次广告宣传抱怨说："他应该反对自由派和激进分子。"这是加剧极端分化的信号。］里根赢得了近60%的普选票和除明尼苏达州之外的所有州，因为明尼苏达州是他的竞争对手沃尔特·蒙代尔（Walter Mondale）的家乡。（蒙代尔还赢得了哥伦比亚特区。）[102]

1985年，美国和苏联拥有的导弹弹头储备加起来超过了六万枚。苏联领导人米哈伊尔·戈尔巴乔夫（Mikhail Gorbachev）开始推进公开性政策，开放社会，改革苏联崩溃的经济。为了限制国防开支，他同意在日内瓦进行一系列有关武器限制的谈判。会谈停滞不前，显而易见，戈尔巴乔夫的地位已大幅削弱。

冷战持续了将近半个世纪。这太糟糕，太可怕了，它持续的时间太长了，让人无法想象它会结束。当冷战结束时，当共产主义开始在整个苏联阵营中崩溃时，许多美国人开始认为，好像罗纳德·里根有着强大的手臂和钢铁般的意志，拯救了这个国家，乃至整个世界。

共产主义的垮台解放了东欧，但它也释放了一种不受管制的资本主义，它会扩大经济上的不平等，破坏世界秩序的稳定，并最终威胁美国在这个秩序中的地位。如此大规模的变革不是没有先例的。在19世纪末，资本主义一直未曾受到限制，只是在"进步时代"和"新政"期间受到监管。帝国、国家和意识形态在此之前也曾兴衰起伏，就像在第二次世界大战期间，以及随后新秩序出现时一样。然而，如果美国人考虑过共产主义垮台和冷战结束的后果，能够明智地回顾过去用以预测未来，他们将无法想象信息技术革命会抵制监管，并威胁新政治秩序的建立。

里根积累了大量的政治资本，开始着手改革司法体系。原文主义是推翻自由派沃伦法院所做裁决的一种策略。另一种策略是以自由派法官替代保守派法官，先从下级法院的任命开始。里根在竞选时承诺，他只会任命重视"家庭价值观"的法官。自由派将其视作暗语，真正意思是"白人基督徒"。艾德温·米斯负责选定了369名地区法院和上诉法庭的法官，比以往任何总统任命的法官人数都多。在这369名法官中，只有22名是非白人。待到里根任职期满时，他任命的法官已占联邦法院所有法官的近乎半数。[103]

1982年，里根任命芝加哥大学法律教授安东宁·斯卡利亚（Antonin

Scalia）任华盛顿特区巡回法庭大法官；4年后，又将斯卡利亚任命为最高法院大法官。斯卡利亚是联邦派协会的成员，是9个孩子的父亲，也是一名虔诚的天主教徒。他成为最高法院最有学问和善于雄辩的原文主义支持者。在那些试图解释宪法和试图弄清宪法创造者原意的法官之间，斯卡利亚指出，原文主义其实是减轻恶行的。"宪法保障的目的……是为了准确防止法律反映原初价值的某种变化——社会在接受宪法时觉得没必要出现的那些变化。"斯卡利亚写道。[104]

1986年，斯卡利亚进入高级法院，正好在法院就"鲍尔斯诉哈德威克案"以标志性的5：4的票数做出拒绝推翻佐治亚"禁止同性恋"裁决之后。同性恋权利运动在20世纪80年代公共健康危机出现的情况下仍不断高涨。1981年，艾滋病（AIDS）首次被确认为一种疾病；1984年，艾滋病毒（HIV）感染者受到隔离。到1989年，国家疾病控制中心（CDC）确认艾滋已感染了82 764个美国人，有46 344人因此丧命，估计未报告的病例有这个数字的10倍之多。20世纪80年代，有四分之三的病例是男同性恋者。基督教同盟称此病是上帝的报复——帕特·布坎南说过"自然在实施恐怖的惩罚"——但里根对此表示沉默：他到1985年才公开谈到艾滋，还是在一个新闻发布会上被问到这一疾病时提到的。而联邦政府对科研和公共健康服务的支持仍然显得欠缺和不足。[105]

"鲍尔斯案"是同性恋非刑事化法制运动的一部分，是建立在"格里斯沃尔德诉康涅狄格州案"为开端的一系列有关隐私权的案例基础之上的。法院驳回了这一论点："没有证据表明家庭、婚姻或生育与同性恋行为之间存在联系。"所以，案件的焦点不是隐私权问题，而是"参与同性恋鸡奸的基本权利"的主张，而法院认定，这种权利并不存在。（站在多数派的路易斯·鲍威尔大法官又一次对他的职员说，"我相信我从来没见过同性恋。"但鲍威尔不知道的是，那名职员，还有鲍威尔以前的若干职员在私下都是同性恋者。）哈里·布莱克门（Harry Blackmun）法官则持异议，认为案子应归为隐私权案："如果这项权利还意味着什么的话，那么它意味着他们要坚持并实践自己的选择，但这是'基督徒不愿亲口说出的恶心犯罪'，而佐治亚州却在起诉它的公民对自己生活中最亲密的行为做出了选择。"[106]

自由派法律学者和法理学家长期对宪法争论中的隐私权问题感到困惑，因为涉及隐私权问题，必然联系到对女性、性和家庭权利的理解。在"格里斯沃尔德案""罗案"和"鲍尔斯案"中，代表原告提交法官顾问提纲的组织包括"美国公民自由联盟""计划生育"组织和拉姆达法律保护和教育基金会（Lambda Legal Defense and Education Fund），它们都指责法庭忽略了平等权，而是将其观点建立在这些案件的隐私性上。[107]1982年，在批准《平等权利修正案》截止期过后，好像妇女和同性恋男人不仅得到平等权，（最好）也得到了隐私权。"隐私权好像从天上掉下来的一件礼物。"备受争议的女权法学理论家凯瑟琳·麦金农（Catharine MacKinnon）在1983年说道。1985年，鲁斯·巴德·金斯伯格在华盛顿特区上诉法庭任职，对最高法院"在对待正当程序/个人自治为论题的对待生育自主权没有明确地与歧视妇女相联系"表示遗憾。金斯伯格发现法庭对"罗案"的论据不足有若干理由，其中有一点就是完全没有注意到对妇女歧视的问题，或对女性"面对男性、社会和国家时的独立、自主和平等公民权利"的忽略。[108]

长期困扰着女权主义者的隐私权问题，在男同性恋权利者那里愈显困惑。男同性恋活动家（尤其考虑到里根政府在艾滋带来的痛苦危机面前不管不问的态度）强调要争取曝光度、声誉、公开身份的紧迫性和重要性。"沉默=死亡"是"行动起来"组织（ACT UP）和"艾滋释放能量同盟"（AIDS Coalition to Unleash Power）的口号，他们于1987年在华盛顿特区举行了抗议活动。同性恋权利运动面对亲权家庭的权利论调，并注意到隐私权在生育权案件中可能达到的极限，因此改变了行进方向。20世纪90年代，隐私权仍然是生育权运动中的一个"热词",堕胎运动开始变得比较隐蔽,也难以继续开展,因为平等权成了同性恋权利的"热词"——特别是在反歧视斗争(旨在反同性恋法)最后变成了"同性婚姻"战斗的时候。[109]

每场有关性和生育的斗争,都影响到最高法院在有关宪法的历史阐释中所处地位的争论。在"鲍尔斯案"中,大法官拜伦·怀特(Byron White)在多数派所做的结论中写到,同性恋权利并非根植于传统,相反,同性间的性行为(禁令)却根植于传统,而且这些禁令有"古老的根源"。"我不能同意那种在几百年间一直遭受谴责的行为如今变成了一种基本权利。"大法官鲍威尔同时也写下了他的意见。大法官布莱克门反对这样借鉴历史:"我不能同意多数人信念的时间长短,或他们捍卫自己信念的激情能逃过本庭的立法审查和监督。"[110]

1988年3月,"行动起来组织"示威者在纽约百老汇举行抗议活动,现场有人举着写有该组织口号"沉默=死亡"的牌子。克莱·沃克(Clay Walker)摄

1987年，在制宪会议200周年以及罗伯特·博克提名的爆炸性辩论期间，原文主义在美国法理学中的地位引起了公众的注意。那年5月，大法官瑟古德·马歇尔（民权运动的杰出老政治家）发表了一次演讲，他提出，纪念宪法200年大会"让人们骄傲地认为，那些在费城辩论和妥协的人的远见，它们促成了我们现在所享受的'更完美的联邦'"。马歇尔在他的职业生涯中有一半的时间在与"普莱西诉弗格森案"斗争，他对当时社会盛行的对1787年宪法以及原文主义虔诚信仰的怀旧之情表示了强烈的不满。

"我不能接受这种邀请，因为我不相信费城大会上诞生的宪法的含义永远是'固定的'。"马歇尔说，他内心坚定的信念如同他在"布朗诉托皮卡教育局案"法庭上所表现的一模一样。"我也看不到缔造者们……如何深不可测。相反，他们设计的国家政府从一开始就存在缺陷。"[111]

马歇尔发表意见后几个星期，里根总统提名博克为大法官。博克是全国著名的保守派理论家，尼克松在"星期六之夜大屠杀"后许诺过给他这个职位[1]。他的提名得到联邦派协会的大力支持。博克对宪法阐释的见解非常狭隘怪异。他认为，在宪法列出的所有权利之外，不存在其他基本权利。"原始初衷只是宪法决策的法律基础。"他写道。而且，直到1989年，博克仍在争辩，第二修正案只保证"各州成立民兵的权利，而不是说个人可以携带武器"，他不相信"格里斯沃尔德案"所说的隐私权存在，但他相信隐私权已经成为"司法权力的一种非结构性来源"。[112]

在博克之前，最高法院法官的提名一直是由参议院司法委员会自动通过的，而且在这一点上往往达成共识。两党的共识和对权力分立的尊重，到博克这里成为终结。在里根宣布他的提名后不到一小时内，马萨诸塞参议院议员爱德华·肯尼迪发表讲话，宣称"罗伯特·博克的美国是这样一片土地：妇女被

1　参见本书第十四章第五节。——译者注

迫到陋巷去堕胎，黑人必须在餐台前分坐，无赖的警察可以随便破门而入，学童不能学习进化论，作家和艺术家作品会受到审查，政府的大门、联邦法院的大门对数百万的公民紧闭"。[113]

世界末日的言论从一开始就渗透到美国的政治中。当时，约翰·亚当斯的支持者曾经警告说，选举托马斯·杰斐逊为总统，人们将生活在一个没有上帝的世界里。但随着博克被提名，有关世界末日的言论进入了法庭，仿佛正义本身已经变成了一种反乌托邦。

并非所有的反博克运动都像肯尼迪演讲那样声音高亢。格里高利·派克（Gregory Peck，曾因把一位律师比喻为"杀死一只知更鸟"而出名）为一则温和的电视广告提供旁白，提醒美国人要警惕博克赞成人头税并反对1964年《权利法案》这一行为，他敦促选民打电话给他们的参议员，要联合起来一同反对博克的提名。[114]但事实是残酷的，司法职位的提名已经暴露了付费政治广告的本质。参议员司法委员会自己举行的听证会也同样在电视上播出，而且他们的态度要比广告词温和得多。

电视上播放的听证会能让美国人快速浏览国家历史，并提出反对意见。博克梳着一头精心打理的红灰色卷发，留着胡须，与讨论言论自由和妇女权利的参议员的形象形成了鲜明的对比。他引用了本杰明·富兰克林在制宪会议闭幕时的言论。他谈到如何回答黑人法典的问题，谈到起草第十四修正案的委员会，以及"普莱西诉佛格森案""布朗诉教育局案"和"格里斯沃尔德诉康涅狄格案"（博克对委员会说，康涅狄格州禁止避孕的法律是"疯狂的"，但法院在"格里斯沃尔德案"的裁决更糟："简直是空穴来风，没有任何宪法依据。"）。他还就原文主义和自由主义谈到平等权利修正案，谈到"鲍尔斯案"。最后，参议院以58票对42票否决了他的提名。[115]

博克被拒绝五个月后，他在联邦主义者协会年会上发表讲话，听众胸前都别着徽章，上写"重新提名博克"。"博克"成了一个动词，意指通过政治行动推翻司法职位的提名。基督教同盟的拉尔夫·里德（Ralph Reed）许诺，总有一天他们会"博克回来"。[116]

左派和右派的战线其实在宪法文本中已经确定了。各条战线是最近形成的，但问题都是原来的问题。美国的每代人都在争论这些问题。女人是人吗？隔离是平等吗？国家在保护公民不受歧视过程中扮演什么角色？基于种族的歧视，是与性别有关，还是与性活动有关？言论自由到底有没有上限？

博克听证会——广义来说，是最高法院的重组和提名流程的政治化——标志着（20世纪50年代）威廉·西沃德所谓的"无法遏制的冲突"的转变。它的重要性仅次于里根时代的另一个传统：里根在结束冷战时扮演的角色。可悲的是，共产主义的没落，国外敌人的失败，只会让美国人开始准备迎接国内战争。

没有任何一次单一行动能比1989年"柏林墙"的拆除更能很好地表达冷战的结束。
路易斯·韦加（Luis Veiga）/盖蒂图片社

在20世纪最后的25年时间里，全球变暖取代了核武器末日成为对人类所在星球的主要威胁。气候变化改变了美国的外交政策，也影响了美国的国内计划。同时，气候变化还表现出另一种党派分裂"保守派拒绝承认气候变化科学，并将环境科学列入其他机构，如新闻和法院，这些机构由于自由派的偏见而无法得到信任"。

1987年6月，里根访问柏林，并提出要求，"戈尔巴乔夫先生，打开这扇门！拆毁这堵墙！"几个月之后，两位领袖签署了立即销毁中程、短程导弹的条约。[117]曾经是苏联权力和共产主义压迫的典型象征的柏林墙，在1989年倒塌，成为一片废墟。戈尔巴乔夫下台，不过那时，苏联帝国已经塌陷。

到1991年，持续了40多年的冷战出人意料地结束了。一座座导弹筒仓关闭，导弹地洞废弃。天晴了。海平面上升了。

III.

在冷战结束和全球"反恐"开始前这段时间，美国人陷入了内部冲突，流血事件和受伤事件不断，政治冲突接踵而来。他们为持枪、堕胎、宗教、同性恋权利、环境问题不停地进行战斗。他们在学校、法庭、媒体、大学战斗。他们用言语进行战斗，为了言语而战斗。他们用牙齿、指甲、钩针和铁钩进行战斗，他们坚信自己在为美国的真理而战，但事实上，他们的战斗纯粹是为了政治权力。

"一轮仇恨让位于下一轮仇恨。"亚瑟·施莱辛格厌倦地写道。这绝不是说所有的美国人都活跃于意识形态领域；说实话，并没有很多人愿意这么做。只有那些认为意识形态对美国政治文化产生了偏颇影响的人才会积极参与。用他们的话说，政治对手不再仅仅是对美国同样忠诚的党派成员；他们是国家的敌人。在失去了作为统一意识形态的反共主义后，保守派更倾向于另一种接近本土的理论：反自由主义。"对我来说，不存在什么'反冷战'之说，"欧文·克里斯托尔（Irving Kristol）在1993年说，"到目前为止，我心中的冷战非但没有结束，反而愈演愈烈，因为美国生活的一个又一个领域被自由主义精神无情地腐蚀了。"自由派奉行抱怨性和藐视性政治，任何与他们政见不同者都成了种族主义者、性别歧视者、阶级歧视者或恐同人士，他们认为这群人都是傻蛋。在大学校园内，他们通过了"仇恨言论"准则，禁止发表他们所谓的冒犯性言论。他们绝不允许异议存在。[118]

然而，每个人似乎都在为女性而战，她们无法融入宪法，但也不能被排除在外。尼克松前演讲撰稿人帕特里克·布坎南开始宣战。布坎南被福特解雇，但后来被里根聘请为通讯总监。在1992年共和党全国代表大会上，党内失去了乔治·H. W. 布什的提名，布坎南利用他对布什的支持攻击民主党候选人、阿肯色州州长比尔·克林顿和他"买一送一"的妻子希拉里·罗德姆·克林顿[1]。希拉里也在为变革而斗争，这将使她成为公众敌意的焦点。[119]

"朋友们，这是激进的女权主义，克林顿夫妇将把他们的意愿强加在美国的头上。"布坎南挥舞着反女权主义的旗帜说："要求堕胎、同性恋权利、歧视宗教学校、女性加入作战团体，都是最高法院的试金石，这就是变革。好吧，但这不是美国人渴求的变革，不是美国人想要的变革，不是这个我们称作'上帝之国'的国家所能容忍的变革。"人群中发出呼声，"加油，帕特，加油！"[120]

对右翼的许多人来说，比尔·克林顿和希拉里·罗德姆·克林顿代表着20世纪60年代的成熟。博克称他们为"60年代的人格化已经达到了中年早期，但仍背着原来意识形态的行囊"[121]。对女权主义的反击唤起了基督教右翼对"家庭运动"的热情，希拉里·罗德姆·克林顿明显成为一个容易受到攻击的目标。她在随后的几十年一直都是被攻击的目标，不仅是在丈夫竞选期间，以及

---

1 即前文提到的希拉里·罗德姆。——编者注

在丈夫担任总统期间，这些攻击还贯穿了她后来在参议院的整个职业生涯，以及她作为国务卿期间，包括两次竞选总统，尤其在2016年面对唐纳德·特朗普的竞选活动中，她似乎运气欠佳，受到的攻击更甚。

希拉里·克林顿是个极具智慧、永不放弃、讲求实际的人。1947年，她出生在芝加哥，最初是个共和党人。作为一名年轻的政治家，希拉里在13岁就为尼克松游说。17岁的时候，她是个"戈德华特姑娘"。1965年，她带着自己那本戈德华特的《一个保守派的良心》去到韦尔斯利学院[1]（Wellesley）读书，在大学里当选为"青年共和党"主席。1968年，希拉里在国会山实习，有机会得以参加在迈阿密举行的共和党全国代表大会，但她的反战观点，连同她的女权主义思想，使她逐渐远离了"大老党"。同许多女权主义者一样，她是在共和党逐渐放弃支持女性平等权利后慢慢离开的。1969年，她作为韦尔斯利学院学生会主席，成为首个在毕业典礼上发表演讲的学生；她的演讲成了《生活》杂志的头条新闻。1970年，在妇女选民联盟成立50周年之际，她戴着黑色臂带在该联盟发表讲话，悼念在肯特州被国民警卫队射杀的学生。第二年，她遇见了比尔·克林顿，两人都是耶鲁大学法学院的学生。毕业后，她去了首都华盛顿。在水门事件弹劾调查期间，她担任众议院司法委员会的专职律师。次年，她和克林顿结婚，但没改为丈夫的姓，而是保留了自己的名字。（1982年，为了丈夫的政治生涯，她才正式称自己为希拉里·罗德姆·克林顿。）[122]

共和党正在迅速失去女性成员。但希拉里·罗德姆于1972年加入的民主党也在经历一场变革，这在20世纪是前所未有的：它在肆意地剔除自己的根基。

1　韦尔斯利学院，成立于1870年的私立大学，是马萨诸塞州的一所特殊高等学府，只招收女生。2015年才开始招收男生或变性生。是美国最优秀的女子学院之一。——译者注

在1992年的竞选中，比尔·克林顿和希拉里·克林顿频频同时出场。
辛西娅·约翰逊（Cynthia Johnson）/盖蒂图片社

自1896年威廉·詹宁斯·布莱恩开始崛起时，民主党一直就是个劳动党。但在20世纪70年代初期，当共和党招募蓝领白人，特别是失去制造业工作的男性时，民主党开始放弃蓝领工会工人（特别是白人），以照顾女性、少数族裔、当时所谓的"知识分子工人"、工程师、科学家和分析学家，这些人都是白领，却被技术公司、大学、咨询公司和银行的台式电脑所代替，从而挤到了社会上。[123]

民主党注定要成为一个知识政党而不是劳动党。被新兴的高科技产业迷住的民主党领导人，对推动人口和政治变革的机器寄予了信心。二战结束后，随着工业生产的下降，知识型工人成为增长最快的职业群体。冷战时期由政府资助的科技项目衍生出庞大的民用分支：科技公司如雨后春笋般兴起，主要集中在大学密集的城市郊区，如波士顿、纽约、纽黑文、费城、亚特兰大、芝加哥、西雅图、洛杉矶、安阿伯[1]（Ann Arbor）、麦迪逊、奥斯丁、博尔德（Boulder）、查珀尔希尔（Chapel Hill）和旧金山。如果群体不大，这些居住在城郊并且从事科技活动的自由派都对民主党产生了巨大的影响。他们支持其他受过高等教育的自由主义者的竞选，从1972年的乔治·麦戈文到1988年的迈克尔·杜卡基斯（Michael Dukakis），再到2004年的约翰·克里。但这些竞选都以惨败告终。

新民主党对当时世界的理解是技术官僚主义、精英领导主义和治疗主义，他们相信，科技可以解决政治、社会和经济方面的所有问题，他们还认为自己的成功要归功于自己的天赋和动力，而那些成就较低的人则是因为缺乏才能和干劲。他们往往不知道自己的生活有多少是受政府政策的影响，比如说政府科研基金、地产分域法以及有限慈善公约，这些政策在纯白人居住的郊区或他们居住的某些奢华地区建设了高质量学校。尽管政府援助以各种方式使他们的生活和工作条件得以改善，但他们倾向于反对政府援助。他们相信个人的成就，相信自我的力量，他们把其他人（特别是在个人成就上不如他们的人）的政治优势看作个人的、心理上的欠缺：比如说种族主义，他们认为种族主义不是结构性问题，而是无知造成的偏见。[124]

这一政治阶层的某些观点基于电脑出现带来了神秘感。大型IBM电脑和打卡机的出现，在"新左派"看来，是官僚性组织，是非人性化的。学生是大学机器中的关键齿轮，应征学生是战争机器上的齿轮，而战争机器本身就是一台电脑。1964年，在伯克利示威的言论自由活动人士将穿孔卡片挂在电脑上，上面写着："我是加州大学的学生，请不要折叠、弯曲、捶打或撕扯我。"[125]个人电脑是对打孔卡的一种改变，它源于20世纪60年代旧金山湾区的反文化

---

1 安阿伯，当地华人称其为安娜堡。——编者注

思潮，是对IBM机器的一种反驳。这种思潮最强劲的推动者是斯图尔特·布兰德（Stewart Brand）。他从斯坦福大学毕业后加入"肯·凯西和快乐的恶作剧者"，并于1967年在加州旧金山门洛帕克创办了《全球目录》（*Whole Earth Catalog*）杂志，目的是给成千上万名大学辍学者提供一个家，使他们居住在一个亲密的群体中，也让更多梦想着辍学的人"回归大地"。[1971年，《全球目录》获得了美国全国图书奖，销量达250万册。它什么都卖——从米尔顿·弗里德曼的《资本主义与自由》（1.5美元），到大众汽车的零件，到DIY安葬品（50美元），即后来的"自己动手，Do-it-Yourself"，到"怎样组装一台数字电脑"的说明书（4.45美元）]。[126]布兰德说，"一个靠个人能量和亲和力的世界正在出现，这是个人靠自己所受的教育、找到自己的灵感、建构自己的环境，和感兴趣的人分享自己的探索范围"对"新地方自治主义者"（New Communalists）来说，辍学意味着进入另一个领域。心念和良知、太阳和土地、屏幕和键盘。1967年，一个嬉皮街（Haight-Ashbury）诗人发表了一首诗，开头是这样的："我爱思考/（越快越好）/想象是在一个控制论的牧场/人和电脑在一起/共同相处/活在编程的和谐里/像是纯净的水/与晴朗的天空相拥。"这并非不合时宜，就这同一群人，纯粹的嬉皮士，却在关于女人的问题上通常抱有相当传统的观念。20世纪60年代和70年代，在"回归大地"社区阅读《全球目录》的读者，想象他们居住在美国的边疆——女人做面包，纺毛线，母乳喂养后代并保留种子。[127]

布兰德对行星思维，即"整个地球"很感兴趣，他设想了一个由计算机组成的全球网络，将世界各地的人们完美地团结在一起。这首先需要每个人都拥有计算机才能实现。1968年，布兰德在旧金山电脑工业大会上协助制作了"演示之母"的展品，以展示个人计算机的原型，凯西后来将其称为"酸之后的下一个发明"。1972年，布兰德在《滚石》（*Rolling Stone*）上发文谈计算机，写道："无论你是否有心理准备，计算机正出现在所有人面前。"[128]比尔·盖茨（Bill Gates）和保罗·艾伦（Paul Allen，两人在西雅图相识时还都是大男孩）在1975年成立了微软公司，公司有句座右铭是："每张桌子上都有一台个人电脑。"在丘珀蒂诺市（Cupertino），史蒂夫·乔布斯（Steve Jobs）和斯蒂夫·沃兹尼亚克（Stephen Wozniak）于1976年成立了"苹果公司"，于次年发布了"苹果II"。到1980年，"苹果公司"的上市股票价格打破了福特汽车公司在1956年创下的纪录。[129]到20世纪90年代，富裕的硅谷创业家们引领改组后的民主党，朝着设定的优先目标进发。1972年年初，民主党全国代表大会为其代表团设立了配额，要求妇女、少数民族和青年的人数占有一定比例，但没有为工会成员或工人阶级设立配额。新规定使职业技术人员有机会在党内出头，改变民主党的行进路程，这一改变很大程度上是受民主党策略学家弗雷德里克·达顿（Frederick Dutton）的《权力源泉的变更》（*Changing Sources of Power*）（1971）的影响。达顿认为民主党的未来依赖于年轻的职业专家，而不是过去的工会成员。[130]科罗拉多参议员加里·哈特（Gary Hart）在1974年取笑"埃莉诺·罗斯福民主党"古板、老派，跟不上那群使用电脑的年轻人的节奏。媒体将哈特的选区称为"叫吃民主党"[1]（Atari Democrats）。[131]

个人电脑的热情支持者将之称为"人民的力量"，但他们的意思是运用电脑武装个体力量。支持大型企业的共和党仍和IBM保持密切联系，号称人民党的民主党和苹果公司保持密切联系，抛弃了那些没有能力或没有兴趣拥有自己电脑的人。党内的另一翼——"知识工人而非自动化工人"——想向中心靠拢，靠近成立于1985年的民主党领袖委员会，后来比尔·克林顿和阿尔·戈尔也加入进来。他们把自己叫"新共和党"，把1980年卡特的失败和1984年蒙代尔的失败归咎于他们对工会的支持和他们老派的"新自由主义"。[132]"多亏了微电子科技几近神奇的能力，我们战胜了经济萧条。"共和党的《新民主》

1　最后一步棋，必须做出反应的意思。类似于围棋中的"叫吃"和中国象棋中的"将"。——译者注

报纸在1995年刊发的一篇文章中这样说。萧条政治已近死亡，在这个新的、前景光明的微晶片时代，人们将进入"充裕政治"时代，那些落在后边的人——"失败者……可能没有，或不能参与到知识经济大潮的人"——就"像不识字的农民加入了蒸汽时代的大潮"一样。[133]这个政党像醉汉一样跌跌撞撞，对技术乌托邦主义失去理智。

比尔·克林顿入主白宫时才46岁，但已是满头灰发，他身高6英尺2英寸，拥有着一张20世纪30年代喜剧小丑般的笑脸，有南方浸礼教牧师般的口才，也有布鲁斯蓝调般的粗哑嗓音。他成长于阿肯色州的贫穷小城霍普（Hope）——是个霍普[1]孩子。他一路攀爬到白宫，凭的是他的人格魅力、刻苦用功和良好运气。在越南战争期间，他逃避了兵役。在拿到罗得岛奖学金并于耶鲁大学法学院毕业之后，他开始从政，年轻的妻子一直陪在他身边。和许多前任总统和后任总统一样，他想讨人喜欢，渴望别人敬仰，但和大多数总统不一样，克林顿一直是一副穷样，一直长着一张娃娃脸。1978年，他当选为阿肯色州长时才32岁，结果他成了新旧民主党之间的过渡桥梁。一个普通背景的南方白人，他的成功得益于民主党过去的根基。克林顿是一名受过常春藤联盟教育的进步者，一直在为人权奋斗，他又有民主党新时代的根基，然而，这个人却一直都是个无赖。

1992年，克林顿竞选民主党总统候选人的时候几乎落选，因为他在外的名声就是个花花公子。街头小报上登出了有关克林顿婚外恋的若干指控，但他和妻子出现在电视直播《60分钟》的时候，两人紧挨着坐着，他也承认这些事"导致婚姻痛苦"。在谈到涉及隐私问题的时候，他拒绝直接回答任何有关出轨的问题。[134]他还表示，他的候选人资格为新闻提供了一个摆脱天天

---

1 Hope，作为地名，译为霍普；英文意思是"希望"。——译者注

谈论色情机会。

前一年，在参议院对布什总统提名的最高法院法官克拉伦斯·托马斯（Clarence Thomas）的确认听证会上，法院之争遇到了性别之争。1987年，瑟古德·马歇尔在一次会议上被问及最高法院日益保守的性质时说，"别担心，我肯定能活过这些小杂种。"但是，由于患者有青光眼、听力丧失和其他疾病，马歇尔决定于1991年从最高法院退休。[135]为了弥补这一空缺，布什提名了托马斯（早期布什曾任命他为华盛顿特区巡回上诉法庭的法官）。确认听证过程中，法律教授安尼塔·希尔（Anita Hill）提出了指控。托马斯是她以前的老板，她指控托马斯曾对自己有过性骚扰。电视转播的听证会甚至展示了包括图片在内的细节。尽管希尔的证词强有力，但参议院还是批准了对托马斯的任命。

一年后，克林顿认为，电视听证会影响了公众话语的价值，于是拒绝提供任何细节，以此来试图躲避别人对他与一名叫詹妮弗·弗劳尔（Gennifer Flowers）多年婚外情的调查。克林顿在《60分钟》采访中说："这不仅仅是在检验我的素质，媒体新闻的素质同样受到了考验。"这种说法根本站不住脚，尤其是在某些场合，克林顿非常愿意讨论一些其他总统候选人和官员会不屑一顾，甚至认为有损总统尊严的问题。比如，1994年，在一次MTV资助的节目上，有个高中生问他穿的是拳击短裤还是普通内裤，他毫不犹豫地回答："通常是穿内裤。"[136]

克林顿的两届总统任期让党内的左派沮丧，让右派生气，并以丑闻收场。他虽然赢得了1992年大选，但得到的却是自伍德罗·威尔逊之后最低的一次普选票——只有43%。他把医疗改革作为自己的第一项任务，这一改革已在近一个世纪的时间里被提上日程。"如果我不能把这件事办好，我当时就不该竞选总统。"他说。他把这项提议交给了夫人，任命她为"国家医疗改革工作队"

的主管，并称她为自己的"鲍比·肯尼迪"[1]。[137]

在丈夫当选总统之前，希拉里·罗德姆·克林顿就是一个筹划已久、随时准备上任的政治家。她读了43本有关总统夫人的传记，早已准备好怎样扮演自己的角色。在克林顿执政100天之后，《名利场》（Vanity Fair）杂志在《第一夫人》专栏称她拥有"前所未有的政治野心"。杂志报道："作为白宫的第一位工薪母亲，作为第一位从不道歉的女权主义者，作为可能是世界上最重要的女人，她不仅想拥有一切，而且想完成一切。"她再次改名，让人们称她为"希拉里·克林顿"。希拉里·克林顿搬入白宫后六个星期，贝蒂·福特前来造访。但希拉里·克林顿不是贝蒂·福特，她手下有更高级的工作人员，比副总统阿尔·戈尔任命的职员级别更高。[138]

希拉里·克林顿的特遣队最后拿出了一份1342页的提案，主要内容是关于雇主支付的医疗保险。在1949年惠特克和巴克斯特竞选的重演中，保险公司和保守派政策团体花费了数亿美元在广告和游说活动上，试图挫败这一提议。有一组系列广告是以一对夫妇（哈里和露易丝）为主角，主要讲他们后悔在"政府官僚设计的医疗保险计划"下没有做选择，最后用的结束语是"了解事实吧"。

比尔·克里斯托尔（Bill Kristol）和他父亲一样，是个出色的保守派作家和策略专家。他敦促共和党拒绝任何医疗保健方面的交易，以便向公众表明"民主党福利国家的自由派仍在倒退"。（保守派可能也担心，如果民主党在通过医疗保健计划上获得成功，那将使民主党的势头无法阻挡。）当时的第一夫人在国会仍是个新手，但她敦促丈夫不许妥协；克林顿在1994年国情咨文演讲中承诺，他将一票否决不能提供覆盖全民的任何医保提案。中期选举时，共和党成为国会中的多数，几十年来首次赢得参众两院的多数。但由于希拉里的

---

1 即"副手"的意思。——译者注

提案内容复杂，外加保守派人士讨厌总统夫人，最终没能通过。提案失败与没能让步于党派之争的新政治文化，甚至从未达到再次投票的地步。[139]

克林顿的医保计划失败对其总统任职颇有损害。1993年，他任命鲁斯·巴德·金斯伯格为最高法院大法官，这是他作为自由主义者所能留下的难以替代的影响。但克林顿内阁中的百万富翁太多，甚至超过了布什任职时代，这使他开始趋于右倾，而且在中期选举之前，他的大部分规划就开始倾向于继续实现里根和布什当年的设想。[140]。他不顾劳工同盟的反对，最终促成了北美自由贸易协定（NAFTA）的签署。他重拾尼克松在1971年发动的"反毒品战役"和里根在1986年推动的"反毒品滥用提案"。1994年，纽特·金里奇提出保守倾向的"与美国有约"的同年，克林顿签署了一项新的犯罪法案，延长了强制性犯罪判决，并确定了对"可卡因轻度依赖者和依赖者"[1]的比例为100∶1。（法案同样包括一条攻击性武器的禁令，有效期10年。）国会黑人核心小组（Congressional Black Caucus，简称CBC）支持这项提案；其他人则不然。全国有色人种协进会说这是对"美国人的犯罪"。国会黑人核心小组想引进一项"种族正义法案"，包含判罪时涉及种族歧视的条款；共和党威胁说这种法案必然会遭到否决。犯罪立法通过时，自由派高兴地吹嘘他们在犯罪面前更加强势。"民主党自由派拥护10万名警察，"在宾夕法尼亚州斯克兰顿（Scranton）长大的硬派参议员说道，"民主党自由派赞成新增12.5万间国家监狱。"[141]

两党合作的措施引发了一场社会灾难，一个大规模监禁的时代到来，在这个时代，大约每一百个美国成年人中就有一人入狱，这基本上是全世界最高的比例，是全球平均入狱人数的四倍。1994年的犯罪法案并不是导致比例上升的原因，这种情况早已经开始，而且不管怎么说，监狱里的大多数人并非因触犯

1　"轻度依赖者"约每周用一次毒品，重者更多。轻度依赖不算犯罪，重度则不同。——译者注

联邦法而入狱（他们被判有罪是基于各州的州法）。但联邦治罪法案改变了地方起诉率，特别是新的判决机构的情况变得更糟。从1985年到2000年的监狱人口中，有三分之二都与毒品犯罪有关。大多数参与毒品犯罪的美国人都是黑人。"反毒品战就是新的《吉姆·克劳法》。"贴在加州电话亭上的小广告这样说，这是社会科学家的观察结果，虽然痛心，但也对此表示同意。[142]

克林顿在反毒品、反犯罪和反枪支问题上与各方达成了协议，因为他不仅相信妥协对党派关系的重要性，他还必须要让别人喜欢他。特别是他在健康医疗提案中受到挫折之后，就离中心更远了。他在福利问题和经济立法上做出的政治妥协，最后证明和他的反犯罪提案的结果一样。1996年，克林顿和他的新民主党精英团队与保守派找到了共同的事业，在众议院议长金里奇的领导下，他实现了他的竞选承诺，即"以我们所知的方式结束福利"。克林顿政府与那些将福利描述为依靠政府使人们陷入贫困的人站在一起，废除了对抚养未成年子女家庭的援助。在新政策下，福利留给各州政府管理。（克林顿否决了一个共和党版本的提案，该提案终止通过"公共医疗补助计划"对穷人提供健康保障。）[143]

1999年，在另一项去除"新政"长期影响的政策中，克林顿在撤销《格拉斯-斯蒂格尔法案》，即《1933年银行法》的文件上签字。撤销这项立法，意味着解除商业银行和投资银行之间合作关系的禁令。克林顿的财政部部长拉里·萨默斯（Larry Summers）称，"在20世纪即将结束之际，我们终于可以用21世纪的以法制为基础的金融系统替代旧的、充满各种限制的框架。"废除该法案后，不受约束的证券业实现了创纪录的利润。到20世纪最后十年时，一家大公司的执行总裁平均收入几乎是普通员工的400倍。而且，就在此后不久，在2008年全球经济滑坡的危机中，萨默斯所说的21世纪的经济体系，面临着全面崩塌的危险。[144]

远在"叫吃民主党"经济体系失败之前，尽管有比尔·克林顿勉强维持的中间派立场，但中央政策实则难以为继。持枪权运动和反堕胎运动煽动极端主义者的愤怒。一种新型政治运动成为党内左派和右派的活动特色。

"身份政治"（identity politics）可以追溯到共和国成立之日。宪法为了代表权问题，把一些人的价值算作正常人的五分之三，这形成了一种身份认同的政治：白人优势。"政府是以白人为基础的建国先父们创建的。"史蒂芬·道格拉斯在和亚伯拉罕·林肯辩论时说。"政府是为白人及其后代子孙建立的。"林肯当然表示异议。"没有理由说，在这个世界上的黑人就不能享有《独立宣言》中所说的自然权、生存权、自由权和追求幸福的权利，"他是这么回答的，"我认为他所说的那些人大多是指白人。" 推翻斯蒂芬·道格拉斯的身份政治，即奴隶主、后来的三K党和移民限制主义者的认同政治，是一个多世纪以来为废奴、解放、选举权和民权进行斗争的结果。

另一种自称的"身份认同政治"出现于20世纪中期，它源于黑人权利、同性恋运动，特别是女权主义运动。1977年，马萨诸塞州剑桥市的一群黑人女同性恋女权主义者在一份宣言中创造了这个词。[145] "最深刻、最激进的政治直接来自我们的个人身份认同，而不是设法去结束别人的压迫。"她们写道。20世纪初期，左派的政治倾向变革来自农民和劳工群体的联盟。20世纪70年代，随着对移民敌意的上升，那些长期受到歧视的种族群体，包括墨西哥裔美国人、美洲原住民和亚裔美国人，在群体内部和群体之间达成政治上的共识，他们强调个人身份的不同，但并不是像早期的身份政治那样强调自己的种族优越感，他们强调的是自己受到了持续的、明显的压迫。

到20世纪80年代，受创伤心理学和大众文化的影响，左派放弃了在不同方面达成的共识，转而支持对痛苦的沉思和表达，这是一种表达情感和苦难的政治。如果右翼不把自己描述为参与身份政治的群体，他们也会采取同样的模式。值得注意的是，全国步枪协会激发了美国白人的不满，尤其还引发了长期以来对非裔美国人和新移民的不满。左翼和右翼都接受了一种新的政治风格和文化风格——控诉和愤慨。[146]

一个因枪支和堕胎而分裂的国家孕育了新一代的国内恐怖分子。1977年至2001年间，一群反堕胎活动的人，有些与所谓的救援行动组织有关，他们袭击了372家提供堕胎的医疗诊所，炸毁了41家，烧毁了166家，并杀死了7名诊所的医护人员、警卫和志愿者。[147]白人团体声称这是要捍卫私人民兵团体携带枪支的权利。1993年，在得克萨斯州的韦科（Waco），烟酒枪炮及爆裂物管理局包围了一处宗教楼群，说是搜查违法武器，结果导致76名"邪教"成员惨死，其中包括25名儿童。所谓的"邪教"，其实就是由一个叫戴维·考雷什（David Koresh）的人组织的团体。两年后，曾参与美国军队步兵团在科威特作战的蒂莫西·麦克维（Timothy McVeigh）开车炸毁了俄克拉何马城的一座联邦大楼，造成168人死亡，包括大楼幼儿园里的15名婴儿和儿童。麦克维说，他轰炸这座大楼是要报复联邦政府在韦科的行动。爆炸发生前三年，他曾写信给纽约一家小报的编辑。"美国中产阶级的梦想几乎已经消失，取而代之的是那些挣扎着出去卖杂货的人，"他写道，"怎么能让那些官员睁开双眼？美国在严重衰落。"[148]

与此同时，对好莱坞大亨和国际交易商来说，对网络商务和对冲基金经理来说，90年代是人们赚钱的大好时期。在克林顿政策引领下，全民收入普遍上升。但中产阶级，特别是农村白人中产阶级，状况却在恶化。导致这种衰落的原因是什么？保守派和自由派相互指责，阴谋理论家指责邪恶的精英政府。俄克拉何马城爆炸事件和韦科事件，推动了保守派广播节目主持人亚历克斯·琼斯（Alex Jones）的崛起。他在1996年推出了一档名为《最终版》的节目，他声称国家政府实际上是俄克拉何马城爆炸事件的幕后操纵者，司法部早已开始了一个谋杀考雷什及其追随者的计划。琼斯声称自己是无党派人士。他说："我不在乎比尔·克林顿或布什州长，如果你问我，我认为他们都是精英主义者留下的垃圾。"[149]

琼斯疯狂的阴谋论远远超出了普通的政治对话。但普通政治对话与混乱和煽动之间的界限已然开始模糊。新思想和新形式的政治沟通越来越无法容忍不同的政见和更广泛的差异。

左派的身份认同政治在学术界变得特别强大，在那里，不同意属于特定身份群体的人的独特地位就是违反保守派所喜欢嘲笑的"政治正确性"，暗指斯大林主义。芝加哥大学文学评论家艾伦·布鲁姆（Allan Bloom）在1987年出版的《闭塞美国心灵》（The Closing of the American Mind）一书中，哀叹真理的丧失："教授可以绝对肯定的一件事是——几乎每个进入这所大学的学生都相信，或说他相信，真理是相对的。"新左派的退伍军人也为这种现状感到遗憾。托德·吉特林（Todd Gitlin）于1995年写道："在身份政治上浪费时间，强化群体之间的界限，坚持个性只是他们的标签，都是美国的悲剧。"吉特林曾是20世纪60年代学生争取民主社会运动的主席，他指出了这场悲剧的讽刺意味："左派曾经代表普世价值观，今天似乎在为特定的身份说话，而长期与特权利益联系在一起的右派则声称捍卫共同利益。"[150]

左派对公开辩论的承诺化为乌有。1974年，一个英国学生团体发起了一场无平台运动，禁止向任何"持有种族主义或法西斯观点"的人提供平台，这使得左派开始向右派转变。德裔美国学者赫伯特·马尔库塞（Herbert Marcuse）就是其中之一，马尔库塞在一篇广为流传的文章中指出，自由派想要公开辩论是荒谬的，因为言论自由已成为一种压迫形式。另一种影响是从20世纪80年代开始的创伤领域的研究，它将文字理解为一种心理伤害。到90年代初，由于种族批判理论的影响，包括德里克·贝尔（Derrick Bell）在内的黑人法律学者提出了一种言论不平等的理论，350多所美国大学采用了他的关于"仇恨言语"的说法，也有很多黑人学者表示反对。"可以肯定的是，黑人仍然处于第一修正案法学的前线，但这一次我们是在前线的另一边作战。"小亨利·路易斯·盖茨（Henry Louis Gates Jr.）在1996年伤心地写道。在许多黑人活动家和黑人知识分子看来，保护言论自由的政治已经不再重要，它成为在道义上抑制"仇恨言论"的关键问题。校园里的仇恨言论规则经常被用来攻击那些它们原本应该保护的人。在一代人之前，限制仇恨言论是联邦调查局特工调查民权活动家的重要项目，现在却成了大学负责的工作。在密歇根大学的演讲规则实施不到两年的时间里，有超过20名白人学生指责黑人学生发表种族主义言论。[151]

几乎在同一时间，左翼和右翼都不愿意表达不同意见，开始瓦解培育公正辩论的思想架构：左派破坏了大学的思想架构，右派破坏了媒体的思想架构。1987年，在总统否决了国会阻止废除公平原则后，里根政府终于成功地废除了长期以来一直寻求的公平原则。这项否决意味着拥有联邦许可的广播公司，既没有义务将播出节目专门用于公共利益，也没有义务代表反对派的观点。随着国家免费电话号码的出现和调频时段的成立——这意味着音乐电台基本上放弃了调幅频道，将那些频道留给其他节目——"公平原则"的废除使新的保守派谈话电台成为可能。1987年，美国大约有240个谈话节目电台；到1992年，谈话电台达到了900家。[152]

在谈话电台主持人中，最著名的是精力充沛的拉什·林堡（Rash Limbaugh）。他从1988年夏天开始在全国的56个电台做广播谈话。他通常没什么面对面的谈话对象；他夸夸其谈，他胡言乱语，他躲开公众给别人打电话。他是一个具有挑衅性的人物，在广播时发泄了那些被认为是无法言说的仇恨和怨恨。"他说的就是我所想的。"听众说。他的受欢迎程度可以从写着"拉什是对的"的保险杠贴纸上看出来。共和党政治战略家兼电视制片人罗杰·艾尔斯（Roger Ailes）在1990年与林堡会面，随后，很快开始制作林堡的电视节目，尽管失败了，但艾尔斯确信他为保守派新闻找到了一个归宿。1992年，当艾尔斯和林堡一起访问白宫的时候，布什总统认为他可以给林堡拎包。[153]

莱昂内·巴克斯特于2001年去世，享年95岁。曾经，她很担心艾尔斯，因为他是看着她长大的。[154]俄亥俄出生的艾尔斯在成为尼克松顾问（之一）的时候一直在电视台工作。不久他就从娱乐转向了政治，但当时他的任务是将两者结合在一起。1980年至1986年间，他曾帮助13位共和党参议员和8位国会议员竞选，其中包括菲尔·格拉姆（Phil Gramm）和米奇·麦康奈尔（Mitch McConnell）。[155]在广播谈话和有线电视出现的早期，在互联网出现的10年前和社交媒体出现的20年前，艾尔斯就开发了一种新的、颇有先见之明的通信理论，这在他1988年出版的《你就是信息》（*You Are the Message*）一书中有比较详细的阐述。艾尔斯认为，民意调查、市场研究和电视收视率都表明，最受欢迎的广告是简单的、即时的和带有情感的。这种见解不仅适用于洗涤剂和情景喜剧，也适用于人。电视遥控器在20世纪70年代后期变得司空见惯，在有线电视节目开始的那一刻，观众就可以随便换台。（"咬音"这个术语是在20世纪70年代创造出来的，因为那时有了遥控器，观众在更换频道之前连一个句子或一个短语都听不完。）人们就像电视节目一样，艾尔斯解释说：一个人在更换频道前只会忍受七秒钟。"这就是我所说的喜爱因素。"他写道。[156]

"点赞之举"像他之前的"谎言工厂"一样，驱动着美国的政治沟通渠道——在脸书崛起的几十年前。实际上，"点赞之举"已经取代了"公平原则"。在保守派长期寻求的变革中，收视率压倒了公众利益，这一变化可能首先在总统候选人之间的电视辩论中体现出来。在1960年尼克松和肯尼迪公开辩论之后，16年来再没有出现过总统大选辩论，直到1976年福特同意和卡特公开辩论。（福特相信他别无选择，只能同意，因为在宽恕尼克松之后，他的信任度已经在最重要的民调中跌了30个百分点。）1980年，约翰·安德森代表独立党与卡特和里根竞选，出资主办辩论的"女性选民联盟"规定，参加大选辩论的候选人必须赢得全国民调中至少15%的支持率。接受调查的民众承认，这个要求有点站不住脚，因为民意调查并不十分可靠。与此同时，作为解除"联邦通信委员会"对运营管制活动的一部分，里根政府决定允许电视广播公司（而不是非营利组织）赞助辩论，尽管女性选民联盟主席多萝西·赖丁斯（Dorothy Ridings）曾对此发出过警告。她告诉参议院委员会说，那些热衷于获得最高收视率的广播公司会迎合候选人，特别是观众，把辩论做得热烈可观，但并不考虑这是否能帮助选民了解候选人或他们争论的问题。[157]

由于这一推动，电视广播公司得到了主场辩论的控制权，初选辩论变得更加喧闹，而大选辩论的资助方则被一个无党派的总统辩论委员会接手。不过，辩论的基调是由艾尔斯设定的。他指导里根如何解除蒙代尔的武装，让他不要把年龄作为一个问题，"我不会利用我的对手的年轻和缺乏经验来达到政治目的。"里根说。他在1988年与迈克尔·杜卡基斯进行第一次辩论之前就平复了乔治·H. W. 布什的敏感情绪。杜卡基斯当时是马萨诸塞的州长，他支持推翻禁止鸡奸和兽交的州法。"如果你在那方面遇到麻烦，你就骂他是强奸动物的人。"艾尔斯低声对布什说。就在布什准备上台讲话的时候，那天晚上的辩论主持人、出生于得克萨斯州的新闻主持人丹·拉瑟（Dan Rather）模仿爱德华·R. 默罗（Edward R.Murrow）[1]的风格，直接对着镜头向观众道歉："这场辩论中的有些用词在英语中并不常见，但所有词汇都是由候选人本人和他们背后的竞选经理严格控制的。"[158]

女性选民联盟发布新闻谴责辩论是"对美国选民的欺诈行为"，这种情况下的辩论只会变得更糟。电视收视率逐级上升，一浪高过一浪。1992年，比尔·克林顿的竞选活动确保候选人都能获得足够的表现空间，这一行为可能会让罗斯·佩罗（Ross Perot）看起来像个孩子。克林顿善于交际，颇具魅力，他行动敏捷，喜欢新兴的市政厅谈话模式，就是那种候选人随便接受观

---

1 另一位著名新闻家，主持人。二战时期就已经出名。——译者注

众面对面提问的方式。这一点，保守的、在新英格兰长大的布什做不到。他看手表的时候被摄像机拍下来，后来他承认自己当时在想，"只能再容忍你十分钟的废话。"[159]

最激烈的指控来自74岁的沃尔特·克朗凯特。1990年，克朗凯特说："辩论是如今竞选活动最没意思的一部分，这是我们向美国人民展示对国家问题的理性阐述，并提供问题解决方案的一种替代手段，但候选人只参与了其中诋毁重要话语架构的一部分。他们应该受到破坏选举进程的指控。"[160]

克朗凯特和电视新闻黄金时代的其他老将为新时代感到悲哀：有线电视新闻的崛起。美国有线电视新闻网（CNN）每天24小时播送新闻，从1980年开始，到1985年才首次公开它开始营利的消息。到1990年，CNN已覆盖美国5300万个家庭。这个数字再度上升，是到1991年以后。因为它当时对波斯湾战争进行了实时实地的报道，这是美国领导的一项行动，旨在将萨达姆·侯赛因（Saddam Hussein）政权的伊拉克军队赶出科威特。微软全国有线广播电视公司（MSNBC）于1996年7月开始播出，当年晚些时候，又有福克斯新闻公司（Fox News）开播，由艾尔斯经营，由一位澳大利亚小报的大亨、著名保守派人物鲁珀特·默多克（Rupert Murdoch）拥有。此前一年，默多克资助了一本叫《标准周刊》（*Weekly Standard*）的保守派杂志，该杂志在华盛顿编辑出版，比尔·克里斯托尔是合作编辑。在默多克的资助下，艾尔斯白手起家创办了"福克斯新闻"。他后来回忆说："我们没有任何新闻采集，没有演播室、设备、员工、明星、人才，也没有任何人的信任。"[161]

许多人认为艾尔斯的冒险令人瞠目，因为他没有新闻学背景，还常说他看不起记者。一个政治人物——共和党的拥护者——管理新闻机构，似乎违反了新闻界的基本标准，但艾尔斯坚称福克斯新闻会拯救新闻业。"我们要恢复新闻所缺乏的客观性，"他在新闻发布会上说，"我们期望做最好的、最无偏见的新闻。"[162]

自由派为此打了个寒战。总统高级顾问乔治·斯蒂芬诺普洛斯（George Stephanopoulos）[1]问，为什么上过MSNBC电视台首播的比尔·克林顿不能上福克斯新闻台，乔治说："好吧，有一件事告诉你，MSNBC不归鲁珀特·默多克所有，也不归罗杰·艾尔斯经营。"[163]但MSNBC并不比福克斯新闻缺少党派倾向；只是倾向不同而已。

有线电视新闻中根深蒂固的党派关系侵蚀了民主审议机构。有线电视新闻的兴起首先加剧了国会内部的对立，其次加剧了选民之间的两极分化。在广播电视统治全民见解的时期，即1950年至1980年间，那时只有三个电视网，美国广播公司、哥伦比亚广播公司和国家广播公司，全国的两极分化达到前所未有的最低点。有线电视新闻强化了选民的观点，限制了他们接触其他观点的机会，从而使他们的党派倾向更加明显，但有线电视也有另一个影响：当电视上只有美国广播公司、哥伦比亚广播公司和国家广播公司三个频道时，而且每个电视网都在下午6点半播新闻，在美国，那些对政治不太感兴趣的人，往往是温和派，通常在观看。因此，他们会去参加投票。保守派谴责广播新闻是自由主义者，但实际上，它是在尽最大的努力以争取最多的观众，将偏向性作为优先选项，并为以前不懂政治的选民提供政治教育。当有线电视台播出新闻以外的东西时，对新闻不感兴趣的观众就看别的节目，并且决定不去投票。对政治最不感兴趣的人，对党派最不感兴趣的人，干脆就不去投票，等于说退出了选民群体。[164]

与此同时，全时段有线电视新闻的兴起造就了一支大军——名副其实的政治评论家和电视台权威专家，并为在职人士和求职人士提供了无限的在线空间，培养了一个电视明星的政治阶层。马克·莱博维奇（Mark Leibovich）在《纽约时报》上写道："它通过电视创造了一个高层次的混杂人物群，他们的

---

1 每天都会在新闻节目中出现的著名电视主持人和政治顾问。——译者注

头衔远超他们的职业身份。他们根本就不是记者、战略家或政治家,只不过是温室里的普通公民。"他们长得英俊、漂亮,看起来很相像,他们的言论听起来也很相像。他们不说"我不知道"或"让我想一想"。他们皱着眉头,撑大鼻孔,相互攻击,像是斗鸡场上咆哮的公鸡。白宫变成了斗鸡场。1995年,克林顿的新闻秘书迈克尔·麦克里(Michael McCurry)开始每天举行电视新闻发布会。克林顿的竞选活动在他的战争室和白宫西厅都有记录。当克林顿竞选团队和他的政府离开政界时,他们向政策制定者兜售人脉,赚了一大笔钱。在高级顾问拉姆·伊曼纽尔(Rahm Emanuel)离开克林顿白宫和竞选国会议员之间的两年半时间里,他为一家投资银行工作,由此赚了1800多万美元。政治腐败和道德违规的机会是无穷无尽。在丑闻的驱动下,电视收视率的机会也是无限的。1996年,CNN拥有6000万观众;MSNBC拥有2500万;福克斯则拥有1700万。两年后,由于一则新闻报道的播放,导致福克斯的黄金时段收视率增加了400%。[165]

"水门事件"以另一种方式启动了一个政治时代,在这个时代里,政治对手们试图通过道德调查来推翻对方,而不是击败对方的论点,或赢得选举。1970年至1994年间,对联邦公职人员提起公诉的数量,从几乎为零增加到1300多例。在电视听证会、电话谈话节目以及法庭上进行的这些毫无意义的斗争,搞垮了许多政治家。它们还侵蚀了公众对政治家所属机构的信念,主要是侵蚀对国会、总统职位和最高法院的信念。[166]

1995年7月,俄勒冈州路易斯克拉克学院21岁的毕业生莫妮卡·莱温斯基(Monica Lewinsky)去白宫实习。11月,她与总统之间就传出了绯闻,绯闻竟在媒体上炒作了16个月之久,主要内容是说她在椭圆办公室或旁边某个房间给总统做过口交。据传,她后来说,她当时的头衔应该是"给总统'吹箫'的特别助理"。[167]

别的总统也有桃色故事,包括罗斯福和肯尼迪,但他们有幸处在一个媒体不想为私事曝光的时代，报界也私下同意不做任何报道。与此相比，克林顿和莱温斯基的桃色关系出现在一个特殊时期，这是最大的麻烦。不仅如此，整个国家正处在反对工作场所性骚扰的运动之中。克林顿在这件事上的愚蠢做法、他的不负责任，以及他的鲁莽都让人难以理解。他是右翼电台崛起后第一位上任的民主党总统。数百万美国人每天都听到电台对他长达几个小时的攻击。右翼对克林顿及其妻子的攻击是残酷无情的，无论这些攻击指控是否有价值，更多的其实根本没有任何价值。林堡指责希拉里·克林顿掩盖了一起谋杀案，这是他在发给办公室的传真中看到的传言。"这是传真中说的。"林堡在抵挡他人的诽谤时说。[168]无论其他总统做过什么或没做过什么，在这种情况下，克林顿相信他能躲过这一劫，第一，躲过桃色事件，第二，掩盖事实。这是荒谬的。

克林顿从他上任那刻起就一直受调查。克林顿夫妇在阿肯色州达成的一项土地交易，涉及白水河（White River）的开发项目，以及阿肯色州前雇员保拉·琼斯（Paula Jones）提起的民事诉讼。都是保守党政治行动委员会精心策划的。琼斯声称比尔·克林顿于1991年在一个酒店房间里对她进行过性骚扰。从1994年开始，这些指控由布什的前首席司法官肯尼斯·斯塔尔（Kenneth Starr）负责调查，他被任命为独立法律顾问。保拉·琼斯声称克林顿曾要求她亲吻他的阴茎。她在法律宣誓书中声称，她能描述克林顿阴茎的"特色"。在克拉伦斯·托马斯听证会之后，琼斯的指控代表着保守派的回归。她的故事爆发出来的那个月，即1994年3月，全国三大电视新闻网播出了126篇关于"白水事件"的报道；从1月到3月，共播出了42篇拟议中的有关医疗保健计划的报道。[169]

第十五章 战线

批评家对RIP政治（揭发、调查、起诉）[1]感到绝望，导致了从"水门事件"到"白水事件"的所有政治丑闻的出现。斯塔尔是个不知疲倦的调查员。他花了数年时间和数千万纳税人的钱追查每条线索，一直追查到一件染有总统精液的蓝色连衣裙。1996年，一位名叫琳达·特里普（Linda Tripp）的前白宫助手在五角大楼遇见了莱温斯基，她俩都在那里上班。特里普于1997年开始记录她与莱温斯基之间关于克林顿的谈话，然后她把这些录音带给了琼斯的律师。（特里普还告诉莱温斯基，那件蓝色连衣裙永远不要洗。）此时，克林顿已帮助莱温斯基在纽约找到了另一份工作。在了解录音带之后，斯塔尔又开始调查总统可能妨碍司法公正的问题。[170]

莱温斯基的故事不是在《纽约时报》或《华尔街日报》这样的有记录的报纸上爆出来的，而是在互联网上，1998年1月17日星期六晚上11点27分，《德拉吉报道》的创始人麦特·德拉吉率先披露了这一消息。克林顿请他的内部民意测验专家迪克·莫里斯（Dick Morris）进行一次即时民意调查，以此决定采取何种行动。莫里斯告诉总统，美国人不会原谅他有外遇。《华盛顿邮报》在1月21日刊登了这个故事。那天下午，克林顿同意接受公共广播公司吉姆·莱勒（Jim Lehrer）的采访。当天晚上，在白宫日光浴室举行的一次会议上，行政办公室副主任哈罗德·伊克斯（Harold Ickes）告诉总统，这次采访是一场灾难。"你看起来像一条丧家之犬，有人只想把你踢得屁滚尿流。我一生从未见过如此恶劣表现，没有人相信你。"五天后，克林顿在罗斯福厅当着他妻子的面发表讲话说"我和那个女人没有发生性关系"。第二天早上，在《今日》节目中，希拉里·克林顿称这些指控是"右翼的一个巨大阴谋"。[171]

为了报道莱温斯基的故事，罗杰·艾尔斯开创了一档晚间6点的新节目，

---

1 揭发、调查、起诉（Revelation, Investigation, Prosecution）三个词的缩写正好是RIP。同时，RIP是墓碑上的常见缩写，是"安息吧"（Rest In Peace）的意思。——译者注

叫"特别报道",由布里特·休姆(Brit Hume)主持,把评论员比尔·奥赖利(Bill O'Reilly)的"奥赖利要素"节目从6点挪到了8点。这个节目播出时,福克斯新闻在收视率战中击败了MSNBC,直逼CNN。党派报道发表党派意见:当众议院投票弹劾总统时,58%的独立党人和84%的民主党人都表示反对,而三分之二的共和党人会支持弹劾。福克斯新闻没有垄断对莱温斯基事件的深入报道。广播、电视新闻、杂志和报纸纷纷报道了总统与实习生交往的每一个新细节,其中包括"将大雪茄插入她阴道"这种细节。然后,像大多数美国人所认为的那样,他还在国家电视台和大陪审团面前撒谎。专栏作家罗森塔尔在《时代》杂志上写道:"这个国家陷入了白宫肮脏的泥潭",还有"顺着肮脏流出来的玩世不恭"。1998年9月,斯塔尔向众议院提交了长达445页的调查报告,以及2600页的文件证据。其中包括克林顿怎么努力掩盖事实的细节,这些细节极端荒谬、令人尴尬、可怕至极。专栏作家安德鲁·沙利文(Andrew Sullivan)写道:"克林顿是一个文化毒瘤,一个玩世不恭、自恋和欺骗的毒瘤。"[172]但是,毒瘤病源在别的地方。

美国从18世纪90年代或者说从19世纪50年代开始就忍受党派关系的折磨。但从20世纪90年代开始,国家一直陷入认识论的深渊。保守的媒体机构建立在现有媒体机构存在偏见的基础之上,又在此基础上拒绝真理可能来自权衡的不同观点,这才是党派争端的关键所在。保守派媒体机构设计了一套针对异议的全能保障措施。正如一位历史学家所说的那样,"像《纽约时报》这样的媒体批评自由主义政策时,保守派媒体活动人士就不把事实当作证据,而是作为该政策失败的证据。即使是自由派《纽约时报》也不得不表示认可……因此,那些似乎削弱了自由主义偏见指控的证据,可以重新解释为支持这一指控。"[173]

国家在相互确认的政治认识中迷失了方向。没有真相,只有暗示、谣言和偏见。没有任何合理的解释,只有阴谋。白宫雇佣私人侦探寻找斯塔尔和其他调查人员的背后污点。选民认为这项调查应该像克林顿本人那样受到谴责,或者受到更多谴责。一半左右的女性认为，新闻报道有点过分了。尽管如此，她们还是指责共和党人使总统出丑了。共和党希望在1998年的中期选举中获得更多席位，但没能成功。选举结束后，已有第二任妻子的众议院议长金里奇得知自己与一名比他小23岁的国会助理的婚外情即将曝光，于是决定辞职，指责那群"食人族""逼迫他辞职"。[174]

莱温斯基丑闻在后来留下了不可磨灭的痕迹。它削弱了自由主义。自由党几乎不惜一切代价为克林顿辩护，将他描绘成受害者。格洛莉亚·斯泰纳姆和其他反对将克拉伦斯·托马斯作为性骚扰实施者的著名女权主义者，都站在克林顿一边，这些人通常还是年轻女性，包括他手下雇用的女性，几乎以付出整个女权主义事业为代价为他辩护。托马斯曾一度暗示他正在遭受"高科技私刑"。在《纽约客》上写到莱温斯基调查案时，托尼·莫里森[1]（Toni Morrison）说，"尽管他是白皮肤，但这是我们的第一位黑人总统。"他是那么酷，那么时髦，那么隐忍，他把长期调查比作一场私刑。"通奸问题很严重，但这不是全国性灾难。"莫里森说。[175]但比尔·克林顿不像克拉伦斯·托马斯那样受到更多的私刑。

1999年2月12日，参议院以微弱的优势否决了两项弹劾指控：伪证罪和妨碍司法公正罪。四天之后，保罗·韦里奇发出了一封信，宣布基督教右翼的失败。基督教联盟陷入债务，而且受到联邦选举委员会和国税局（IRS）的调查，事实上，其成员数量在1997年已经开始暴跌，但这并不是韦里奇所说的那种失败。即便基督教联盟已经崩溃，保守派也赢得了选举并任命了他们的法官，但他们没能阻止韦里奇所说的"文化崩溃"成为一条"不断扩张的下水道"。"我不再相信有什么道德的大多数，"韦里奇写道，"我不相信美国大多数人在本质上和我们持有相同的价值观。"如果真的具有相同的价值观，他

---

1 黑人女作家，1993年诺贝尔文学奖获得者。——译者注

说，"比尔·克林顿在几个月前就会被赶出白宫。"[176]

　　文化战争的帷幕落下了。安东尼·刘易斯（Anthony Lewis）在《纽约书评》上写道："政治权利人物想取代总统，他们几乎要获得成功了。克林顿的愚蠢正中他们下怀，但这并没能改变这个国家已接近政变的事实。"[177]许多美国人最期待的是国会能在某次会议上尽可能取得多的成就，这是为了避免政府停止运作，最好能在预算上达成一致。政府已经变得一团糟，发动"政变"（coup d'état）成为每个总统任期内的正常内容。接下来的三位总统，乔治·W. 布什、巴拉克·奥巴马和唐纳德·特朗普，每一个想反对他们的人都会称他们"违宪"。众议院议员可以要求启动弹劾程序，有兴趣记录政治财产的收藏家可以在1994年以后的任何一年参加政治集会，以此来编制材料，呼吁结束每一届美国总统的任职。"弹劾克林顿！"各种颜色的标语都这么写着。"弹劾奥巴马！"这些标语钉在前院。"弹劾特朗普！"这些标语用胶带绑成一捆塞进邮箱里。

　　1999年夏，在一个被丑闻、名人、卑鄙和政治复仇充斥的国家，有一种谣言开始蔓延，说53岁的唐纳德·特朗普打算竞选总统。特朗普出生于1946年，是皇后区一名房地产商的儿子。1964年，他毕业于纽约军事学校，在那里，他被称为"女士心中的男人"。他考虑过去南加州大学学习电影，但最后决定先去福特汉姆大学（Fordham University），然后去著名的沃顿商学院，于1968年毕业。[178]他后来说，他当时大部分时间都在阅读联邦政府资助的住房项目取消抵押贷款的清单。他加入了父亲的事业，开始用实力征服曼哈顿。1973年，司法部指控特朗普和父亲违反了1968年颁布的《公平住房法》。"我们从来没有歧视过，也永远不会歧视这项法律。"特朗普这样告诉《纽约时报》。[179]在各党派恨不得把女性当成男性的年代，希拉里·罗德姆离开了共和党，成为民主党人，但唐纳德·特朗普做了完全相反的选择。20世纪70年代，特朗普开始向民主党捐款。"为政客提供资金是非常标准的行为，而且也是纽约市开发商所能接受的简单事实。"他在1987年出版的畅销商业书《做生意的艺术》(*The Art of the Deal*)中解释道,那是他第一次想竞选总统的一年。当时,特朗普在媒体上是个大人物,一个长期进出于破产法庭的叫卖贩子,但在谈话节目中是一个可靠的赚取收视率的人(在那里,他通常被称作"精明的骗子")。作为全球职业格斗场上的积极参与者,特朗普卷入的是表现身价的、应付突袭的政治领域。1984年,他自荐担任苏联的武器谈判代表。"我需要一个半小时的时间来学习导弹知识,"他告诉《华盛顿邮报》说,"其实我认为我已经知道了好多。"[180]1987年,特朗普飞往新罕布什尔,迎接他的是"特朗普竞选总统"的标语。"我不是因为想竞选总统才到这里,"他说,"我来,是因为我受不了我们的国家被别人欺负。"他承诺消除国内预算赤字,让像日本、沙特阿拉伯和科威特这样的国家偿还债务,"如果你找到合适的人去问他们,他们会偿还的。"[181]

20世纪90年代,从某些领域的统计来讲,美国的经济蓬勃发展。网络公司的股票一直在上升,到克林顿第二任期结束时,美国失业率下降到4.1%,而美国的产量几乎占全世界总产量的四分之一。这是前所未有的成果,即使是大英帝国在1913年生产高峰时也无法企及(英国当时占世界总产量的8%)。但对没有受过大学教育的美国人来说,特别是对那些没有高中文凭的人来说,他们得到的实际工资是并没有提高,或者说逐渐下降。然而,对富人和名人的崇拜已遍布全国,从《富人和名人的生活方式》节目(从1984年到1995年一直播出)到纽约金牌房地产大亨唐纳德·特朗普的崛起,全国弥漫着对富人和名人的崇拜。[182]

在莱温斯基丑闻期间,特朗普被称为"两度离婚、追逐玩偶的社交名流"。作为一个有名的登徒子,对于这起桃色事件,他兴高采烈地发表了自己的观点。"莱温斯基丑闻"把特朗普从一个流行文化名人和商人提升成一位政治评论员。"保拉·琼斯是一个失败者,"他在国家广播公司《与克里斯·马修斯练球》节目中说道，"但事实是，她可能在把总统拉下马的过程中负有间接责任。"克林顿的声明是"一场灾难"，特朗普认为他应该遵守第五修正案的条款。特朗普说，如果克林顿是和一个超级模特，而不是和莱温斯基发生性关系的话，他会对克林顿更加尊重。[183]

特朗普热衷于留在聚光灯下，他出版了一本新书，叫《美国：值得我们拥有》（The America We Deserve），其中包含了他想说的竞选宣言。在"我该竞选吗"一章中，特朗普提到了民调对他名声的认可度："我并不感到惊讶，97%的美国人知道我是谁。"他的支持者推出了一个网站，www.thedonald2000.org。《国家询问报》（National Enquirer）对100名读者进行了调查，这些人都喜欢特朗普。特朗普说，《国家询问报》的读者才是真正的"人民"，"我觉得真正喜欢我的人是工厂工人、建筑工人、出租车司机。富人不喜欢我。"《国家询问报》也允许特朗普发布报告，"民意调查结果真的让人难以置信。"[184]

特朗普很清楚地知道他会面对什么。他说他会选择奥普拉·温弗瑞（Oprah Winfrey）作为他的竞选伙伴，如果这种安排让人觉得可笑，那是他们的错。事实上，这种安排确实让人笑了。"特朗普先生是否想确定，美国政治生活中是否还存在一个有流氓的地方。"《纽约时报》报道说。但特朗普知道美国人处在迷失状态。"我决定考虑竞选，是因为我确信美国的主要党派都迷失了方向，"他解释道，"共和党人，尤其是国会中的共和党人，都是右翼的俘虏。民主党人又被他们的左翼俘虏。我没有听到有人在为处在国家中心地位的男女工人说话，几乎没人关心普通民众的利益与政客议程之间关系的事情。"[185]

特朗普夸耀他的传奇交易，但他对选民真正的吸引力是他的个人魅力和性感外表，他对专栏作家莫林·道得（Maureen Dowd）说，"我认为我和其他候选人之间的唯一区别，是我更诚实，我的女人更漂亮。"他的候选资格并没有超出他的谈话要点，但他确实提出了政策建议：为了扭转预算赤字，他建议通过向净收入超过1000万美元的人和垄断组织征收14.25%税金筹集5.7万亿美元。至于经济计划的其余部分，他说："决策将会制定出来。"在谈到他可能推出的外交政策时，他得罪了法国（"一个可怕的伙伴"）、德国（"他们在军事上失败了"）、日本（"剥夺我们的大联盟"）和沙特阿拉伯（"我的意思是，他们赚的那些钱"），并建议如果当选总统，他将兼任美国贸易代表。"我向你保证，"他在福克斯新闻上说，"我将结束他们对美国的剽窃和掠夺。"[186]

严肃的政治评论员并没有提升他的候选资格，他们认为他是一个小丑。"在唐纳德·特朗普与总统之间唯一存在的东西，是对美国人民的良好评价。"报业联合组织专栏作家马克·希尔兹（Mark Shields）写道。到2000年1月，"www.thedonald2000.org"网站域名要卖掉。"这些人是不是有点傻，"特朗普在当月晚些时候观看大老党初选辩论时说，"他们就是失败者。谁会选这样的人当总统？"[187]

那年赢得提名的共和党候选人是乔治·W. 布什，曾任得克萨斯州州长，是前总统的儿子。小布什毕业于耶鲁大学，是一位虔诚的基督教徒，随着他的加入，保守主义有了新的面貌、新的声音和新的口号："富有同情心的保守主义"。"大型政府不是答案，"布什在共和党大会上讲，"但官僚体制的替代品不是漠不关心，它是要把保守价值观和保守理念推向意义深厚的、为了正义和机遇而进行的斗争。"共和党演讲词作家戴维·弗鲁姆（David Frum）的论述消除了人们的怀疑，他开玩笑说，"喜欢保守主义，但讨厌争论堕胎？试试我们新的富有同情心的保守主义——伟大的意识形态品味，这不会引起更多的争议。"[188]

不会引起过多争议也未必。这个国家在思想上长期分裂，结果分裂出两边平衡的局面。2000年的大选是个让人从头至尾都咬手指的紧张过程。大选结束后，谁都没办法清楚地宣布选举结果。美国政治战场上有两支最令人畏惧的强大力量——有线电视和最高法院，它们做出了第一次，也是最终的裁决。

就在大选之夜的晚上8点之前，网络宣布戈尔以非常接近的投票赢得了佛罗里达州。当晚，福克斯新闻否定了网络对戈尔胜利的预测。艾尔斯聘请了布什的堂兄约翰·埃利斯（John Ellis）来主持福克斯新闻的《决策台》。凌晨2点过后，在与布什的兄弟，佛罗里达州州长杰布·布什（Jeb Bush）通过电话后，埃利斯喊道，"杰布，我们赢了！"（后来，在众议院委员会面前，艾尔斯说没有任何理由说服他不要雇用埃利斯。"恰恰相反，"他说，"在大选举之夜与他的高层人士交谈，我认为他是一位优秀的记者。"）[189]福克斯新闻后来宣布，布什当选。

四分钟后，美国广播公司、哥伦比亚广播公司、国家广播公司和CNN跟随福克斯新闻的公布，称布什为美国下一任总统。垂头丧气的戈尔打电话给布什表示认输，但几分钟后，在像海藻一样纠结的情绪中，戈尔表示不能认输，在第二个电话中他告诉布什，"你弟弟不是这件事的终极权威。"那天晚上，CNN的一条电视新闻评论说，这是"破坏民主政体和新闻事业的灾难性事件"，而且会"制造更多随之而来麻烦"。[190]新闻报道没抓住这一要点。美国的政治电视转播创造了这种气候，其实早在布什面对戈尔的好几年前，电视对美国政治的报道就创造了这种气氛。

戈尔对选举结果提出质疑。他赢得了超过50万票的普选票，这一点毫无疑问。这也就是说，这次选举只需要少数几张选票就可以获得佛罗里达州的选举人票。佛罗里达最高法院支持戈尔的要求，在四个县进行人工重新计票。随后，重新计票开始，选举结果和美国总统究竟是谁这一悬念持续了36天。令人惊讶的是，12月12日，最高法院取消了重新计票进程，以5：4的投票，推翻了下级法院的决定。

第十五章　战线　　745

1787年9月，当美国人首次要求辩论宪法时，许多人对最高法院的权力感到疑惑。2000年12月，人们再次发出质疑，因为最高法院行使了一项前所未有的权力，占多数的五位大法官是由里根或布什命名的，他们的决定基于第十四修正案的平等保护条款（一项主要是为了保护非裔美国人的补充条款）。[191]
"我们可能永远不会完全确定今年总统选举的胜者是谁，但失败者的身份已经完全清楚，"大法官约翰·保罗·史蒂文斯（John Paul Stevers，他都80岁了，是福特任命的）带着激烈的反对口气写道，"这是国家对法官作为公正法治监护人的信任。"[192]

克林顿担任总统的最后一天，他做的最后一件事情是（为了获得起诉的豁免）承认他在调查宣誓时有撒谎行为，此举是为了豁免起诉。他和夫人离开白宫时收到了价值19万美元的礼物。《华盛顿邮报》的一篇社论敦促乔治·W.布什和劳拉·布什（Laura Bush）清点白宫剩下的汤匙，并形容克林顿夫妇"不懂尴尬"。希拉里获得了800万美元的签书合同；她和比尔买了两套价值数百万美元的房子。[193]

在2000年的选举中，一场关于重新计票的斗争让结果在数周内仍有疑云。

勒弗朗（LeFranc）/伽马图片社/盖蒂图片社

"我们的国家在分裂的地基上崛起。"新总统在戈尔承认败选之后说。[194]但是这个国家,它刚刚连接了互联网的一座座房子,就面临倒塌,首先轰然倒塌的是双子大厦。

第十六章
美国纷争
AMERICA, DISRUPTED

沦为废墟的世贸中心建筑群，2001年9月23日，佚名作者摄。9·11事件发生后，位于纽约市中心的世贸大厦变成了一片废墟。美国国家海洋和大气管理局

第一架飞机撞上纽约世贸大厦北楼顶层的时间是2001年9月11日早晨8点46分。CNN删掉了广告，播出的是世贸大厦的画面，在几乎万里无云的蓝天下，灰色浓烟从钢铁和玻璃的黑色裂口中翻滚涌出。这本是很平常的一天，有5万人在高达100层的世贸大厦双子大楼上班。就在那天早晨9点差一刻的时候，已经有近2万人上班了，他们穿着帆布鞋，戴着小帽子，带着笔记本电脑和拉杆

包。楼内的通告让人不知所措，一会儿说撤离大楼，一会儿说不撤，一会儿说上楼，一会儿说下楼，大多数人都决定撤离，而且也都在朝楼下走。1000多名消防员、急诊医生、警察全部赶到现场参加救护。楼上的人，有的被困在了顶层，忍受着难以忍耐的热度，这让他们无法呼吸，他们冒着摔死的风险跳楼，不想被活活烧死。有一对夫妻，跳楼的时候是手拉着手的。从远处看，他们像是一对纸娃娃。

早晨8点52分，另一架飞机（联航175航班）上的乘客彼得·汉森（Peter Hanson）给爸爸打了个电话。他让父亲向当局报告，他坐的飞机已被劫持。32岁的汉森和夫人一起带着两岁半的女儿旅行，他们本来要去迪士尼乐园。"我看到他们（劫持者）已经在驾驶舱了。"汉森小声对爸爸说。乘客在想怎么才能把飞机从恐怖分子的控制下夺回来，但恐怖分子手里有刀和棒子，还说有一颗炸弹，他们好像已经把机长杀了。9点整，汉森又给爸爸打电话，"天哪，我的天哪！"他喊道。三分钟以后，联航175航班的飞机撞向了世贸中心的南楼。

电视台在实时报道北楼的大火；播音员和记者看到飞机撞击南楼、引发火球造成爆炸的情况。这看起来是不可能的事情，连20世纪50年代好莱坞灾难片：道具、模型、电报和锡罐内容物泄露、爆炸，这都不可能发生，即便金刚从帝国大厦飞落，哥斯拉爬上自由女神像，也不可能发生这样的事情。"天哪，我的天哪！"即便美国广播公司新闻主播说，"主啊！"警笛在尖叫，街上的人们在哭喊。

上午9点37分，在首都华盛顿特区，第三架遭劫持的飞机以每小时530英里的速度撞向了五角大楼。劫持者本想劫持第四架飞机，即美联航93号班机，用以撞向国会大厦或者是白宫。但这架飞机和前三架不一样，前面的三架飞机都是准时起飞，但这架飞机晚点半个多小时，于早晨8点42分才起飞。9点23分，联航指挥中心发出一条信息，"小心任何闯入驾驶舱的行为。"9点26分，93

号航班上的机长带着些许疑虑回复，"请确认最后一条信息。"两分钟后，劫持者占领了驾驶机舱。随后的几分钟内，飞机上33名乘客中的10人和幸存的2名机组成员设法打出了电话。他们知道了世贸中心的袭击事件，正准备往回飞。9点47分，已是四个孩子的母亲的空姐西西·莱利斯（CeeCee Lyles）给丈夫打电话留言。"我希望能再看到你的笑脸，宝贝，"她声音哽咽，"爱你。"十分钟后，乘客和机组人员商量该怎么做，准备冲向驾驶舱。飞机开始摇晃。10点3分，联航93号航班扎进了宾夕法尼亚尚克斯维尔（Shanksville）的一块野地里，距华盛顿只有20分钟的路程。四架飞机上的人无一幸存。

在纽约，紧急救援人员到达倒塌大楼现场，救出数几千人，但燃烧的飞机燃油温度超过一千度，熔化着摩天大厦的钢梁。上午9点58分，南楼塌陷，直接塌陷到地面，像电梯落下一样，里面的所有人都遇难了。CNN一直跟踪报道五角大楼的撞击事件，此时切换到纽约现场，电视屏幕上显示的只有云层，一时间，看着屏幕就像从飞机上看着窗外，一片白。北楼在10点28分倒塌。CNN说："无法用语言来表述。"

似乎还会发生更多的袭击事件。"我们还有飞机。"一个劫机者说。民用航空当局和军方航空航天司令部缺乏应对自杀式劫机袭击的经验和常识，从他们之间磕磕绊绊的对话就能看出，美国军方对此突发事件没有任何抵抗能力。大约在10点15分左右，副总统授权空军击毁联航93号班机，但他不知道这趟班机已经遭遇了可怕的结局。到了中午，全美机场的所有飞机都不许起飞，联邦大楼工作人员全部撤离，大使馆关闭，几百万人在默默祈祷。副总统从白宫挪到了地下防空洞，那时，总统正在佛罗里达参观一所小学。危急时刻，他也已经飞往内布拉斯加州奥马哈的一个安全地方。这场灾难中近3000人死亡。[1]

"美国受到了攻击。"CNN网站头条说。CNN那天的报道包括视频、图片库、时间节点记录、各国领导人的评论以及紧急求助联系方式。[2]纽约时报网站（NYTimes.com）发布了幻灯片、地图、飞行路线图和各地献血站点。[3]德拉吉报道的网站首页贴出一对警铃和一个问题："到底是谁干的？"[4]福克斯新闻网站（Foxnews.com）开启了一个不间断的特别报道专栏：《恐怖主义袭击美国》。[5]

那天晚上，信心坚定的总统发表电视讲话。"伟大的民族行动起来保卫伟大的国家。"乔治·W. 布什说。甚至在夜幕降临之前，他就承诺美国将发动一场"反恐战争"。[6]

19名曾在基地组织受过训练的人发动了这场袭击。这是一个伊斯兰恐怖组织，领头人是奥萨马·本·拉登。政治科学家萨缪尔·P.亨廷顿在1993年《外事杂志》（Foreign Affairs）上发表的文章中预言说，布什的言论以及他领导的政府中的新保守主义者言论都将"反恐战争"描述为一场不可避免的冲突，是"文明冲突"的一部分。曾经有国王之间的战争，有因意识形态争端引发的战争，但这些时代都已过去，亨廷顿说，未来的战争是西方文明和伊斯兰世界之间的战争。西方国家对阿拉伯石油的依赖，以及伊斯兰宗教激进主义的兴起导致了1979年美国在伊朗的人质危机和苏联入侵阿富汗，再后来就是1990年爆发的第一场波斯湾战争。[7]

"美国成为攻击目标，因为它是世界上自由和机遇最明亮的灯塔。"布什说。[8]当时还是伊利诺伊州参议员和宪法学教授的巴拉克·奥巴马在芝加哥报纸上发表了不同的看法。"这场悲剧的根源是我们缺乏从攻击者角度解析的基本理解"，那是一种"在贫穷、忽视、无助和绝望环境下酝酿的变态行动"。[9]

在9·11事件后，长期分裂的美国人又重新团结起来，这一现象后来成为一个民族神话。更准确地说，在事件发生后的几天，政客和作家表达的观点与布什在国际舞台以及奥巴马在社区报纸上所表达的那种悲哀的斯多葛主义截然不同，他们都遭到了强烈的谴责。其中包括苏珊·桑塔格（Susan Sontag），她将此次恐怖袭击事件的源头追溯到美国的中东政策——支持暴君、中央情报局推翻中东领导人,以及正在进行的轰炸伊拉克行动。既然承认这不是对"文明""自由""人性"或"自由世界"的"懦弱"攻击,而是对这个自称超级大国的攻击,是对美国联盟采取的行动,那又有什么意义呢?桑塔格在《纽约客》上问。"说到勇气(道义上讲是中性词):无论人们对周二屠杀的肇事者怎么说,他们都不是懦夫。"[10]在《华盛顿邮报》上,查尔斯·克劳萨默(Charles Krauthammer)指责桑塔格"道德迟钝"。[11]从右翼来看,曾在保拉·琼斯法律团队工作的专栏作家安·库尔特(Ann Coulter)在9月13日的《国家评论》上写了篇文章,同时也发布了网络版。在阿拉伯世界任何人之间划出的任何区别都是不必要的,就像对袭击的任何调查一样。库尔特写道:"现在没必要花费宝贵时间去找到直接参与这次恐怖事件的具体某个人……我们应该直接打入他们的国家,杀死他们的领导人,并将那些人转变为基督教徒。"[12]两周后,《国家评论》的编辑宣布,他们不该发表库尔特的文章,随后停止了她的专栏。[13]"我相信那些异教徒、堕胎者、女权主义者、男女同性恋者,他们正积极努力使之成为另一种生活方式,美国公民自由联盟的人,'美国之路'的人,所有试图使美国世俗化的人,我敢指着他们的脸说:'你促成了这件事的发生。'"杰里·法尔威尔(Jerry Falwell)在袭击事件发生后这样说道。[14]但他同样受到了谴责,其中包括来自总统的指责。[15]

亚历克斯·琼斯是一个"集束炸弹"型广播电台的主持人,在雷达监控之下飞入这个遭受耻辱的地方。他在空袭事件的当天下午,通过100多个合作电台,从奥斯汀向全国实况播出新闻评论,时间长达五小时。他开始播音时,不带同情,没有悲伤,没有恐惧,而是有点沾沾自喜地说:"好吧,我一直警告过你们,至少快五年了,从世贸中心,到俄克拉何马城,到韦科事件,所有的恐怖主义都是政府行为","他们要以此为借口对你们的家庭实行军事戒严。大量证据表明:他们要么是挑衅阿拉伯人,让他们这样做,要么就是与联邦政府共谋这么做"。(那年初夏,琼斯发出警告:"打电话给国会,让他们知道政府正在策划恐怖主义。")9月11日,他在报道当天早上的事件时,就像在读事故日志,只是补充了自己的细节——"六个街区以外的尸体,及其胳膊、大腿,遍地都是……"这期间有所打断,是出现了亲历者现场报道的消息,听上去像奥森·威尔斯的《世界大战》(The War of the Worlds)。像威尔斯一样,琼斯经常以警告的形式来证明自己的可信度——"我们不知道这些报告中有多少消息是准确的"——尽管纽约的外科医生都在进行截肢手术,护士也在处理伤者烧伤的皮肤,消防员们筋疲力尽,却依然在挖掘瓦砾,寻找幸存者,但琼斯还在做骇人听闻的警告。"我会告诉你内幕,"琼斯大声说道,"98%的可能性是政府策划并操纵这次爆炸事件。"[16]

2001年至2016年间,纸质日报逐渐衰落,广播电视遭受冷落,这导致了纷繁复杂的政治混乱,仿佛新闻世界突然出现在游乐园的一座虚拟城堡。从博客、网站报刊到新闻社交媒体,就如同游乐园里的过山车、水滑梯和茶碟旋转座椅一样,新闻的来源就像这些令人眩晕的游乐设施一般,如霓虹灯般闪光,伴随着惊恐和讶异的尖叫。脸书于2004年推出,视频网站YouTube于2005年推出,推特于2006年推出,苹果手机于2007年推出。截至2008年,推特已拥有上百万用户,六分之一的美国人都有智能手机。六年以后,这些数字已经攀升至极点:"推特"有2.84亿用户,三分之二的美国人拥有智能手机。他们在乘车的时候、走路的时候都抱着手机,他们在G-能量(惊呼狂叫)的影响下发出激动的尖叫。

新的新闻资源通常是未经编辑的,事实未经证实,政治立场不明确。"另类"政治团体把20世纪90年代的文化战争带到了网上;"汤博乐"(Tumblr)为左翼,"讨论区"(4chan)为右翼,他们发表的东西都是歇斯底里的,带有仇恨、蔑视和讽刺的言语。汤博乐用虔诚的呐喊指责白人特权,他们发出警告,要求安全空间,"讨论区"发表白人至上主义和反女权主义言论,用的是反讽手法和谋杀威胁等方式。[17]在一种类似于冷战回归的政治风潮中,俄罗斯赞助的黑客组织冒充美国人，创造了虚假的推特和脸书账户发布网络帖子，目的是破坏主流新闻的权威，加大美国的党派分歧，激起种族和宗教仇恨，以此煽动美国的内乱。在这种情况下，疯狂的阴谋理论家接触到一群新的读者和观众，但从更广泛和更深层次的意义上来讲，在一个网络奇观不断、企业和政府受到大规模监控的时代，几乎所有的政治见解都像是阴谋。

回想起来，琼斯是在这件事情上表现最糟糕的一个人，就如同在游乐园里致命且荒谬地模仿斯蒂芬·金（Stephen King）的小丑一般。9·11事件之后，他一时间失去了一些分支合作电台，但他似乎并不特别需要无线电网络。1999年，他推出了一个名为"信息战"（Infowars）的网站，在这个网站上，他向全世界展示了自己作为一名公民记者的形象，是一个通过互联网这种新的、不受任何限制的媒体为真相而战的斗士。9月11日，"信息战"网站警告联邦政府，"他们正准备从根本上改造我们的社会。"那一天，琼斯发起了所谓的真相运动，这是一个阴谋论者的派别，他们坚信政府是9·11事件的背后操纵者。琼斯后来还详细阐述说，副总统对联航93号班机乘客的反抗行为感到失望。"如果它能击中目标，"琼斯说，"政府就会坍塌，总统会宣布全国戒严。"[18]

满怀恶意的琼斯操纵着美国人的政治想象，他好像拿着一把钢锯，其实就是一只破扫把，结果当然是表现出张牙舞爪、咬牙切齿的模样。2008年，当巴拉克·奥巴马与希拉里·克林顿在一场激烈的竞争中竞选民主党总统候选人提名时，琼斯和其他阴谋派变成了"出生地怀疑者"（truthers and the birthers）：他们认为出生在夏威夷的奥巴马——在两份夏威夷报纸上报道，并记录他的出生证书——其实出生于肯尼亚。阴谋派的说法不切实际，但很多美国公众开始关注"巴拉克·侯赛因·奥巴马"这个名字，特别是在美国宣布与奥萨马·本·拉登和萨达姆·侯赛因为敌的时候。有人让奥巴马改个名字，奥巴马拒绝了。他还拿他的名字开玩笑。"人们叫我亚拉巴马，"他在巡回竞选时说,"他们还叫我'你妈妈'(Yo Mama),其实他们都是我的支持者!"[19]

奥巴马非但没有改名,还使自己的故事独具特色,成了自己的签名。他在2008年竞选中提出"希望"和"变革"的口号,唤起了人们对国家长期追求的自由和平等的极高热情。这一口号来自本杰明·富兰克林、安德鲁·杰克逊和弗雷德里克·道格拉斯的传统,他用自己的生活来隐喻美国的历史。但奥巴马的故事并不新鲜。"我是一个肯尼亚黑人男人和一个堪萨斯州白人女人的儿子,"他说,"他们都是我生命中的一部分,也是美国的一部分。"奥巴马的美国家庭概念包括各种肤色的人,是一个大世界的一部分。"我有兄弟姐妹,侄女侄子,叔舅和表兄,各个种族、各种信仰都有,分布在三个大洲,而且只要我在世一天,我就不会忘记这世上有哪个国家的人会有我这样的故事。"[20]

奥巴马是美国有史以来第一位黑人总统,这中间经历了几个世纪的奋斗——逃跑、叛乱、战争、放逐、游行和法庭斗争,以及数目惊人的牺牲。"巴拉克·奥巴马是塞尔玛桥的终点。"曾在塞尔玛长征奋战过的约翰·路易斯说。[21]奥巴马的成功开创了美国历史的新时代,摆脱了这个国家令人厌恶的种族暴力传统,最终实现了美国建国文件中的承诺。但2009年,在奥巴马上任时,他继承和推行的却是一种混乱的民主制度。美国卷入了两场海外战争,没有多少民众支持,也没有什么可实现的目标,参军的人来自穷人阶级,这场战争看似得到富人阶层的支持。国家经济下滑,股票市场出现了美国历史上最可怕的崩盘现象。劳工阶层在一代人的时间内没看到工薪的增长。三分之一的黑人男子(20至29岁)都在监狱里或处于保释期。[22]两党逐渐被挖空——外层看似强硬,内部完全空虚。而最近出现在网上的政治辩论,已经变得疯狂、绝望和偏执。从1958年到2015年,民调人员调查的"基本相信政府"的美国人占比从73%下降到了19%。[23]40年来,保守派对政府和媒体的无情攻击,造成了公众既不信任媒体又不信任政府的局面。40年的政治认同粉碎了罗斯福时代的自由主义，奥巴马政府如同行走在一片破碎的玻璃碴上。

即使奥巴马拥抱分散在各个大洲的表兄弟家族，国家主义甚至白人至上主义仍在美国和欧洲以民粹主义运动的形式不断增长，这些运动呼吁限制外国移民，建立贸易壁垒，并且在某些情况下，放弃国际气候协定。右翼又发起了新的运动——2009年的"茶党"和2010年的"另类右翼"。左翼也发起运动：2011年的"占领派"（Occupy），2013年的"黑人的命也是命"。左翼活动分子，包括那些与反法西斯抵抗组织结盟的人，他们自称发动的是国际运动，但新美国民粹主义和复兴的白人民族主义在其他国家也有类似的运动。无论他们的政治分歧如何，但他们的政治风格都是一样的。在一个迅速变革的时代，"极左派"和"极右派"都意识到历史本身是一种阴谋，这种意识是由互联网在无形之中以匿名的形式且相当急切地推动形成的。在网上，宇宙似乎只是一系列寻求解释的模式，提供给那些不愿相信任何权威，而只相信自己狂热、鲁莽和寻求刺激的政治力的人。

2011年，随着2012年大选临近，这位上了年纪的纽约商人，同时还是电视明星，也时常是总统候选人的唐纳德·特朗普和那些"出生地怀疑者"站到了一起，质疑在任总统的公民身份。在这个最高法院裁定任何非洲人后裔都不能成为美国公民的国度里（"德雷德·斯科特案"），若说奥巴马不是美国公民，那就是掀起长达几个世纪的民族仇恨。像9·11事件的阴谋理论家一样，关注奥巴马的阴谋理论家（在很多情况下是同一帮人）永远能在他们的故事中添加细节：总统出生在内罗毕；他在雅加达的伊斯兰学校上过学；他暗地里是穆斯林；他更像他父亲，是一个反帝国主义的非洲民族主义者；他的使命是把美国变成非洲。[24]右翼学者迪内希·德萨扎（Dinesh D'Souza）警告说，"世界上最强大的国家，正按照20世纪50年代非洲卢奥部落人（Luo tribesman）的梦想来治理。"[25]

特朗普绕过报纸和电视，直接向他的支持者发表广播，并通过他的推特账户在网上发起竞选活动。"一个'非常可靠的消息来源'打电话到我的办公室告诉我,奥巴马的出生证明是假的。"他在2012年的推特上说,并直接指名奥巴马。[26]特朗普在2015年寻求共和党提名时没有取消这一说法。[27]他竞选的核心承诺是在美墨边境修建一堵隔离墙。9·11事件之后,一场已经沉沦了数十年的白人民族主义运动开始复兴,他们追求两个目标:保留南方邦联的象征;结束深色皮肤人种的移民。[28]特朗普在纽约特朗普大厦发表演讲,宣布自己要做候选人,把进入美国的墨西哥人称作"强奸犯"——借用了安·库尔特的《美国的阿迪奥斯》(¡Adios, America!)书中的说法。[29](在移民和其他许多方面,库尔特将自己标榜为一个在谎言世界里勇敢说出真相的人。"美国的每个精英群体都处于和民众对立的一边——媒体、民族活动家、竞选活动的巨款捐赠者、华尔街、千万富翁的农场主,还有自由派的'教会',"库尔特写道,"媒体在任何事情上都撒谎,但移民问题集中体现了他们的撒谎行为。")[30]奥巴马许诺希望和变革。特朗普许诺让美国重新强大。

希拉里·克林顿在2008年民主党提名中输给了奥巴马,于2016年重新赢得了提名,有望成为第一位女总统。她的竞选团队误判了特朗普,不仅未能解决蓝领选民的痛苦,还得罪了特朗普的支持者——称其中一半人为"一群可怜人"。米特·罗姆尼(Mitt Romney)在2012年作为共和党候选人也做了同样的事情,他以极度蔑视的态度,将"47%"的美国人——奥巴马的支持者——当成"认为自己是受害者"。[31]至此,政党政治已经抛弃了任何国家目标的意识,在四年时间里,每一位总统候选人都宣称,美国很大一部分人不值得他们关注,也不值得他们鄙视。

特朗普获得提名后,在英国数据公司剑桥检测实验室(Cambridge Analytica)帮助下,发起了反对希拉里的运动,称她应该进监狱。"她是个卑鄙且心理变态的人,是个来自地狱的恶魔,她一旦掌权,就会试图摧毁这个星球。"琼斯说。他开始出售"希拉里进监狱"的T恤衫。"把她锁起来!"特朗普的支持者在集会上说。[32]

在那些年里，美国历史变成了一道伤口，一次又一次地流血。实现宪法承诺的成果已经失去了。时间似乎在后退，也好像在向前。美国人为正义、权利、自由等事情斗争，也为美国在痛苦邪恶的世界上的地位而斗争，这种斗争不仅仅是网上。这个国家的立国之本和众多人民为之奋斗的每一条真理都受到了质疑。真理本身的观念也受到了挑战。唯一一致同意的事实似乎是相信欺骗无处不在。2008年，奥巴马竞选活动组建了一个真理小组。[33]"你撒谎！"一位南卡罗来纳州国会议员在2011年国会联席会议期间向奥巴马总统致电。"你这是假新闻！"特朗普在白宫一次活动中对CNN记者说。[34]

"现把下列事实向公正的世界宣布"，杰斐逊在《独立宣言》中写道，并通过诉诸真理建立一个国家。但是，2015年12月2日，特朗普在特朗普大厦通过网络电话出现在"信息战"网站上时，似乎以前政治中留下的理性辩论，探究和好奇，证据和公正等东西，都消失了。在早些时候的竞选集会中，特朗普曾说过，9·11事件发生时，他一直在顶层房间里看电视，他看到了"成千上万的人"的镜头，而那时那刻穆斯林则在新泽西的屋顶上欢呼。[35]琼斯祝贺特朗普，说在这一点上是正确的。（事实上，特朗普的说法没有得到证实和确认，也没有找到过这样的镜头。）琼斯滔滔不绝地谈论特朗普竞选的历史特性。

"你所做的是史诗级的，"琼斯告诉特朗普，"这是乔治·华盛顿级别的。"

"你的声誉令人惊叹，"特朗普对琼斯说，"我保证不会让你失望。"[36]

五天后，特朗普呼吁"全面禁止穆斯林进入美国"。[37]替代监视塔的是墙。

从2001年9月11日恐怖袭击，到15年后特朗普于2016年11月8日当选总统，美国在浓密的烟云中迷失了方向。政党体系崩溃，媒体破碎，三个政府分支机构也分裂了。有人担心美国的政治进程是由俄罗斯人操纵的，不知为什么，好像苏联人最终赢得了冷战。对那些观察家，包括《民主如何结束》（*How Democracy Ends*）、《自由主义的失败》（*Why Liberalism Failed*）、《右派如何失去理智》（*How the Right Lost Its Mind*）和《民主如何死亡》（*How Democracies Die*）的作者们来说，特朗普的上台好像意味着内战可能爆发，美国实践好像已经失败，民主本身好像有死亡的危险。[38]

I.

1999年，恐慌开始。电脑程序员预计2000年1月1日零点后的第一秒钟，全世界的电脑都会崩溃，因为电脑不会处理不是以"19"开始的年份。在21世纪开始之前，甚至少数政治上的反乌托邦主义者就预测过千年文明的崩溃或民主的当场死亡；美国面临着令人窒息的千年末日的警告，一只闹钟在嘀嗒作响，这不是原子时代的"末日之钟"在计算全球的毁灭，而是一场灾难，一只"千年虫"隐藏在电脑程序中，在电脑的母版微处理器中，在世上的每台电脑上。经过多次缝缝补补，这个问题终于解决了，世界末日避免了，数字预言转而去预测太空时代的和平、统一、和谐的准确日子的到来——其中引领动力之一就是互联网。

2000年春天，网络时代华丽、朋克、荧光油墨的《连线》杂志宣布，互联网事实上已经治愈了一个分裂的美国："作为一个国家，由于互联网和公共生活的融合，我们有更好的教育，更多的宽容，更多的联系，党派、宗教、地理、种族、性别和其他传统的政治分歧，正在让位于一种新的标准——连线——作为一种政治态度和社会态度的组织原则。"[39]在美国历史上所有眼界广阔的技术推动者眼中，从电报到收音机，很少有人会声称能达到如此令人眼花缭乱高度。

整个20世纪，作为自由国家，民主价值观和法律制度的捍卫者，美国在世界上处于无可匹敌的地位。从北约到北美自由贸易协定，各国之间的关系都受到协议、自由贸易协定的制约。但是，从2001年开始，随着反恐战争的开始，美国破坏，甚至放弃了它所协助建立的规则，包括禁止酷刑和禁止侵略战争。[40]到2016年，"以任何必要手段"无视对行为的限制已成为美国国内政治特征。"如果你看到有人准备扔番茄，"特朗普在艾奥瓦州的竞选集会上告诉支持者，"就狠狠揍他一顿，好吗？"[41]无数因素促成了这些变化。但是，21世纪初的反恐战争引发了美国道德权威危机，这一事件若是抛开互联网的崛起是无法理解的，互联网拥有其他基于规则的秩序所不具备的条件：无法律限制，以及不负责任。

《连线》杂志位于旧金山的总部大楼，照片，维克托格里加斯（Victorgrigas）摄。《连线》杂志于1993年创刊，到2000年时宣布互联网将引领着"一个国家，互通互联"的实现

因特网的发展始于20世纪60年代末的计算机网络（ARPANET）。到20世纪70年代中期，国防部高级研究计划局的网络已发展成为一个国际网络：简称互联网。1989年，在日内瓦，英国计算机科学家蒂姆·伯纳斯-李（Tim Berners-Lee）提出了一种协议来链接他称之为万维网的网页。美国的第一个网页创建于1991年，由斯坦福大学完成。伯纳斯-李提出的简洁协议传播速度很快，首先是跨大学，然后普及到公众。第一个广泛使用的网络浏览器"马赛克"（Mosaic）于1993年推出，它使任何人只要用一台连接到互联网的个人电

脑，就可以通过一次又一次点击浏览世界各地的网页。[42]

1993年3月创刊的《连线》杂志标志着网络文化的反文化起源。它的早期贡献者包括斯图尔特·布兰德和约翰·佩里·巴洛（John Perry Barlow），巴洛是一个戴着金色项链、围着围巾、留着胡子的神秘主义者，多年来为"死之华乐队"（Grateful Dead）写歌词。在《连线》中，反主流文化的无等级、无组织的和谐世界的梦想，在新的数字乌托邦主义中得到了体现，就像每根互联网电缆都是一串爱情珠子一样。布兰德在《时代》上写了一篇文章，《这一切要归功于嬉皮士》，他认为，"60年代无可取代的宝藏是计算机革命。"[43]

但在20世纪60年代和90年代之间，计算机革命已经发生了变化，从最左翼变成了最右翼。《连线》的主编是路易斯·罗塞托（Louis Rossetto），他是一位自由主义者和前无政府主义者，因对"主流媒体"的影响而闻名。在杂志的发刊号上，罗塞托预测互联网将带来"深刻的社会变革，唯一能与它相提并论的就是火的发现"。互联网将创建一个新的世界秩序，除非它不能算是一种秩序；它将是一个开放的市场，不受政府干预，它是一片边疆，是狂野的西部。1990年，巴洛协助建立了电子前沿基金会（Electronic Frontier Foundation，简称EFF），以促进这一愿望的实现。（后来，EFF主要担心的问题是知识产权、言论自由和隐私问题。）1993年，《连线》宣布："网络空间的生活似乎正朝着托马斯·杰斐逊所希望的方向发展：建立在个人自由优先基础上的，致力于多元化、多样性的社区。"[44]

数字乌托邦的智囊团是纽特·金里奇的进步与自由基金会（Progress and Freedom Foundation），成立于1993年（后来以道德调查为主项）；它的关键思想家是乔治·吉尔德，现在又复活了。金里奇于1995年出现在《连线》封面上，吉尔德于1996年出现在封面上。金里奇正在国会争取新的电信法案，这是联邦通信委员会自1934年以来对《联邦通信法案》（本身是1927年《联邦无线电法案》的修订版）的第一次重大修订，他的目标是确保新媒体与电台或电视不同,这意味着将超出政府监管范围。1994年,金里奇的进步与自由基金会在科罗拉多州的阿斯彭(Aspen)召开会议,吉尔德与未来学家阿尔文·托夫勒(Alvin Toffler)和埃丝特·戴森(Esther Dyson)以及物理学家乔治·凯沃斯(George Keyworth,里根的前科学顾问)共同起草了一份《信息时代大宪章》。[45]它奠定了金里奇希望通过的法案的基本框架。新"大宪章"的起草者宣称"网络空间是最新的美国边疆",他认为虽然工业时代可能需要政府监管,但知识时代却没有监管。他们的"大宪章"宣称,"如果要有一个'知识时代产业政策',它应该专注于消除竞争障碍,并大幅放松对快速增长的电信和计算行业的管制。"[46]

金里奇实现了他的愿望。1996年2月8日,比尔·克林顿在美国国会图书馆阅览室签署了《电信法案》;他先在纸上签字,然后用数码笔在电子设备上签名,这是互联网实时报道的一件事。[47]如果当时很少有人注意到,克林顿批准这一令人震惊的法案,将证明他总统任期内一项持久而可怕的遗产:它解除了对通信行业的管制,实际上是解除了所有"新政"的反垄断规定,允许对媒体公司进行整合,禁止对互联网进行监管,从而带来了灾难性的后果。

尽管如此,美国政府会设想对互联网立法——即使只是承诺不对其进行监管——这使互联网自由主义者感到震惊。在克林顿签署法案的那一天,前嬉皮士巴洛成了世界银行家和亿万富翁的宠儿,他在瑞士达沃斯"世界经济论坛"上发表了一篇"网络空间独立宣言":

> 工业世界的政府们,你们这些令人生厌的铁血巨人,我来自网络一个崭新的心灵家园。作为未来的代言人,我代表未来,要求过去的你们别管我们。在我们这里,你们并不受欢迎。在我们聚焦的地方,你们没有主权……政府的正当权力来自被统治者的同意。你们既没有得到我们的同意,我们不会邀请你们。你们不了解我们,也不了解我们的世界。网络世

界并不处于你们的领地之内。[48]

他把这段话贴到网上,成为广泛传播的帖子之一,据说像病毒一样,引发了大面积"感染"。

对政府毫无用处的网络乌托邦派完全忽略了一个不方便的事实,当然不只是互联网本身,几乎所有用于网络浏览的工具,还有数字化时代的其他发明,都是由纳税人的资助、政府的资助研究才成为现实。仅举一例,苹果手机的发展完全取决于苹果公司毋庸置疑的非凡独创力,但它同样依赖于美国政府资助的研究,早期若干关键技术的开发也是如此,包括全球定位系统、多点触摸屏、液晶显示器、锂离子电池和无线移动网络。然而,巴洛和他的追随者坚信互联网完全存在于政府控制之外,如同它已飞跃到空中,规则不可思议(拉丁文mirabile dictu),无从捕捉,超越在世俗社会和法律规则之外,处于网络空间的无国界迷幻般的世界之中。"我请求你们这些过去的人离开,什么也别管。"巴洛恳求道。但如果未来主义者对过去不感兴趣,他们好像对未来也不够谨慎。除了极少数例证,早期的互联网支持者们,尽管他们从联邦政府慷慨的政策中获益良多,但他们一直在为放松管制和反垄断措施而战。他们对这些措施可能对美国乃至全球的收入不平等和政治分裂造成的严重后果没有任何担忧。[49]

互联网是一个信息和思想的无底洞,它对知识的传播产生了深远的影响,尤其是对知识的传播速度和传播范围,而智能手机加速了这两方面的传播。如果说它在人类历史上不像火的发现那么重要,那么它的重要性至少与印刷机的发明可有一比。它加速了学术研究、科学研究、医学发明和教育发展,它有助于商务运作和商业交流。但在最初的20年时间里,互联网没有预测到,它在经济和政治领域的后果通常是比较可怕的。在美国政治中,社会稳定不依赖于少数富人的财富,而是取决于多数人的舒适程度;它取决于安全感,取决于对共和政体的承诺,而不是富足。互联网没有摧毁美国的中产阶级,但确实让它衰落了。互联网推动了经济的增长,为一小部分人带来了巨大财富,而同时,穷人变得更穷,中产阶级在逐渐消失。事实证明,工业时代的反垄断法非但没有过时,反而在信息时代迫切需要。互联网连接的承诺,自由主义者和无政府主义者幻想一个没有政府的世界,产生的无非是一个断开联系、令人忧心的世界。

随着硅谷的发展,它赢得了自由飞翔的声誉,它吸引了年轻一代的自由主义者,这些人并非来自反文化,而是新右翼。1967年出生于德国的彼得·泰尔(Peter Thiel)先后就读于斯坦福大学和斯坦福法学院,1987年,他在欧文·克里斯托尔的资助下创办了《斯坦福评论》(*Stanford Review*)。它旨在对抗校园多文化主义、女权主义和政治正确性,这些东西在斯坦福的兴起,令泰尔感到非常失望。他在《多元神话》——20世纪90年代的《上帝和人在耶鲁》(*God and Man at Yale*)简写版中曾经提到。乔治·吉尔德和罗伯特·博克是泰尔心目中的英雄。(博克论述反托拉斯法的作品使更多人了解了硅谷的自由主义。)在短期从事律师和股票交易员的职业生涯之后,泰尔于1996年回到加利福尼亚,正好赶上互联网商业流量限制解除,互联网迅速发展的繁荣时期。每天都有一万个网站上线,像是野地里生长的罂粟花。1996年,鲍勃·多尔(Bob Dole)成为第一位拥有个人网站的总统候选人。1994年亚马逊成立,1995年雅虎成立,1998年谷歌成立。1998年,泰尔与人共同创办了在线支付PayPal,希望它能让全世界的公民从政府管理的货币中解放出来。他承诺说:"在线支付将使世界各地的公民比以往任何时候都能更直接地控制他们的货币。"[50]

硅谷的企业家——几乎总是个男人——成为第二个镀金时代的无与伦比的英雄。泰尔是个受保护者,是20世纪70年代乔治·吉尔德在反对女权主义的斗争中所保护的赚钱养家的男人,他被拯救了,并新近被视作拯救了整个国家。

他每天都在进行数十亿美元的互联网交易。四年来，网络公司的价值（其中许多公司并没有赢利）上涨了3000%。到1999年，43岁的比尔·盖茨已成为世界上最富有的人，而微软公司成为历史上第一家市值超过5万亿美元的公司。[51]

从本杰明·富兰克林到托马斯·爱迪生，发明家一直被称作"进步人士"，而硅谷却有不少"破坏性的创新者"。语言在积淀，承载着几个世纪的重量。从历史的角度看，创新的观念与进步的观念是对立的。从宗教改革到启蒙运动，甚至从世俗的角度说，进步都意味着道德的改善，是从原罪到救赎，从错误到真理的旅程。另一方面，创新意味着不够谨慎和轻率的变革。18世纪的保守派称雅各宾派是"政治革新"，埃德蒙·伯克曾嘲笑法国大革命为"创新的反叛"，还有联合联邦党人，反对杰斐逊，宣布自己是"创新派的敌人"。[52]19世纪，进步的意义逐渐狭义化，通常只意味着技术上的改进。20世纪，创新概念开始取代进步概念，但在这个意义上使用"创新"一词，同样意味着不同的东西，具有更严格的商业化含义。1939年，经济学家约瑟夫·熊彼特（Joseph Schumpeter）在一项具有里程碑意义的商业周期研究中，使用"创新"来表示将新产品推向市场，这种用法的传播速度很慢，而且只在经济和商业的专业学术文献中传播。1942年，熊彼特又将"创造性破坏"理论化，在广岛事件之后，这种语言几乎没有人用过。[53]"进步"一词也引发了批评，在原子弹时代，这个词让许多人认为是不雅的。事实上，在机器中找不到救赎；相反，创新逐渐成为一种通用的替代品，一种没有良好效果的进步。创新可能会让世界变得更好，也可能不会；关键是，创新不关心结果是否有益，它只涉及新颖、速度和利润。

"破坏"一词在20世纪90年代进入市场。破坏某些东西就是把它拆碎。"破坏性创新"的主要倡导者是哈佛商学院教授克莱顿·克里斯坦森（Clayton M. Hristensen）。1997年，克里斯坦森出版了《创新者的窘境》（The Innovator's Dilemma），这是一本面向企业家的商业《圣经》。他认为那些只做"持续创新"(细致、小巧、逐步完善)的公司往往会被超越:巨大的变化使他们能够为更广大的市场生产更便宜、更低端的产品。IBM在大型计算机上进行了持续创新,这是一种面向大企业销售的大型昂贵产品,而苹果主打普通人可以买得起的个人电脑,它就做到了破坏性的创新。[54]

9·11事件之后,破坏性创新——一种建立在薄弱的经验证据基础上的理论——成了福音,成为一种信仰体系,在这个快速变化且恐怖的时代,成为一种应对不确定性的方式。恐怖主义本身就是破坏性创新,比传统战争更廉价,更快捷。破坏性创新的福音赞扬行为鲁莽和无所顾忌。马克·扎克伯格(Mark Zuckerberg)于2004年创立了"脸书",当时他还不到二十岁,其中部分资金来自泰尔。欣然接受破坏性创新鲁莽的他说道:"除非你破而后立,否则这样的速度太慢了。"谷歌的座右铭是"不作恶",不过,如何避开罪恶似乎是由市场的力量决定的。公司失败和整个行业都意味着失败;破坏性创新开始向社会达尔文主义靠拢。总而言之,政府在限制企业行为过程中没有扮演任何角色:那是工业时代的解决方案,而现在是知识时代。[55]

从美国民主的优势来看,破坏性创新的首批受害者之一是纸质报纸,它从美国独立战争时就开始为选民提供相关政治和世界信息。本杰明·富兰克林曾经写道:"印刷工人所受的教育有这样一种信念:当人们的意见不一时,双方都应在平等基础上让公众听到自己的声音,而且当真理和谬误公平竞争时,前者总是能战胜后者。"[56]社会上有很好的报纸,也有糟糕的报纸。但公众没有见到报纸的时候,人们也不知道没有报纸将会如何生存,或没有报纸建立的言论自由,公民社会将会生存在怎样的基础之上。无论怎样,不谈历史,不谈自由,不说报纸编辑的任何判断,任何颠覆性创新者的信息决策都不能宣布报纸已经终结。

通信行业放松管制为大规模合并创造了条件:通用电气收购了美国无线电公司和国家广播公司;时代与华纳合并,然后又与"美国在线"(AOL)合并。大公司内的报纸对读者的负责程度远低于股东的负责程度。(《纽约时报》《华盛顿邮报》和国家公共广播电台是少数例外。)快速增长的网络公司是报纸广告收入的主要来源；在互联网泡沫破灭期间，这些公司要么削减广告预算，要么取消广告；他们也转向了在线广告。读者发现他们可以从新闻综合体那里免费获得新闻，他们从报纸上得到新闻故事并重印、转发。报社开始解雇一批经验丰富的编辑和记者，然后缩小规模，再然后就是停业关门。[57]

"互联网是我们见过的最具民主化的创新，"民主党总统候选人霍华德·迪恩（Howard Dean）的竞选经理在2004年表示，"甚至比印刷媒体更具民主。"当时许多记者都表示同意。汤姆·布罗考[1]（Tom Brokaw）谈到"新闻民主化"，特别是保守派记者庆祝"精英力量"的破灭，因为"精英力量"确定了什么是新闻，什么不是。[58]与报纸和广播电视新闻相比，互联网提供的信息令人叹为观止，但它是不平衡、不可靠的，除了在某些情况下，它也不受编辑和事实检查标准的限制。互联网并没有让寻求新闻的人获得"免费"，还让他们受到了极大的冲击。它加速了信息的传递，但是对信息的选择，比如说搜索新闻的引擎，则是由美国商业史上最大、最不受限制的垄断集团控制的。2004年，谷歌上市，到2016年，它控制了近90%的市场份额。[59]

互联网改变了公共领域，模糊了政治科学家几十年来所谓的"政治精英"和"大众"之间的界限，但它没有使政治民主化。相反，互联网加速了政治变革的进程。涉及辩论和审议的公民身份模式，早已让位于涉及消费和说服的公民身份模式。通过互联网，这种模式被一种公民身份模式所取代，这种模式是通过博客发帖和维持的极端个人主义驱动的，这是一种新的自恋文化的产物，由数据分析的超聚合驱动，是一种新的威权主义工具。在线收集的数据使网站、搜索引擎以及社交媒体公司得以对用户进行剖析，并充当销售产品的公

1　美国国家广播公司《每夜新闻》节目著名主持人。——译者注

司，而不是关注公众利益的新闻机构，仅提供自己同意的新闻和观点，然后让他们变得激进。通过电话进行民意调查的方式被收集信息和数据分析所取代。社交媒体从脸书开始，迅速发展，打破常规，加剧了普通美国人的政治孤立，同时加深了左翼和右翼的两极分化，使人们的政治身份自动化，同时促成了一种遥远、模糊、无奈的政治参与模式。[60]在无线移动世界中，神秘的记忆之弦，把这个国家维系在一起的永恒真理的纽带，消失得无影无踪。

2001年9月20日，布什向国会和处于动荡的美国发表讲话时表示，"我们的反恐战争始于基地组织，但它并不会就此结束，直到全球范围内的所有恐怖组织都被发现、阻止以及消灭后，这场反恐战才会结束。"布什承诺不仅要摧毁9·11事件的肇事者，还要摧毁恐怖主义本身。这不仅仅是时间上的剑拔弩张。到2006年，美国国家安全战略的既定目标是"结束暴政"。就像对贫困的战争，对犯罪的战争以及对毒品的战争一样，反恐战争可以被认为是永无止境的。[61]

恐怖主义不尊重任何国界，也不承认任何法律。反恐战争可能会做同样的事情。1980年，23岁的奥萨马·本·拉登参加了反对苏联占领阿富汗的抵抗运动，为其提供资金并建立支持者联络网。1988年，当圣战者获胜并且苏联同意从阿富汗撤军时，本·拉登组建了基地组织，作为未来"吉哈德"（Jihads，即圣战）的基地。本·拉登不是牧师，也不以任何方式代表伊斯兰教，但他确实用宗教术语描述他的运动，以此作为一种政治煽动。在整个阿拉伯世界经济衰退，政治动荡和暴力宗派活跃的时代，他呼吁对美国人展开圣战，他称这些人为无神教的唯物主义者。本·拉登认为，美国人玷污了伊斯兰世界，破坏了穆斯林的信仰，引发了欧洲、亚洲、非洲和中东穆斯林之间的战争。他在给美国的一封信中写道："告诉你，你是人类历史上的最糟糕的文明，这真令人感到难过。"1990年，在美国人推翻萨达姆·侯赛因的统治之后，他敦促沙特王室支持圣战重夺科威特,但相反,沙特人欢迎美国军队进入沙特阿拉伯。本·拉登谴责美国的"占领",并为包括自杀性爆炸袭击在内的恐怖主义行动招募和训练部队。1996年,中央情报局成立了一支特别部队,打击基地组织和本·拉登,此时本·拉登向美国宣战,并向塔利班(Taliban)寻求庇护,激进的伊斯兰宗教激进主义者接管了阿富汗,并将其重建为一个宗教国。1998年,本·拉登呼吁对所有美国人进行宗教裁决,称"谋杀美国人"是"世界伊斯兰阵线"中"每个穆斯林在任何国家都应尽的个人义务"。[62]

9·11事件之后,布什政府要求塔利班交出本·拉登。塔利班拒绝了。2001年10月7日,美国对阿富汗发动了战争。在联盟伙伴的帮助下,战争的直接目标是打败基地组织,更为遥远的目标是扶植民主选举的亲西方政府取代塔利班政权。[63]它成为美国历史上历时最长的一场战争。

布什政府认为反恐战争是打击世界各国敌对政权的一个机会,理由是他们庇护和资助恐怖分子。在1998年至2011年间,美国军费开支几乎翻了一番,以调整后的美元计算,每年高达7000多亿美元,这超过了盟军与轴心国作战的全部费用。布什在2002年的国情咨文中,将伊拉克、伊朗和朝鲜描述为另一个轴心。他说:"像这样的国家及其恐怖主义同盟,构成了邪恶的轴心,他们武装起来威胁着世界和平。通过寻求大规模杀伤性武器,这些政权产生了日益严重的危险。他们向恐怖分子提供这些武器,让这些人有机会发泄他们的仇恨。"尽管他有激烈的言论,但布什在非常痛苦地忍耐着,尽量不去谴责伊斯兰教本身,不去煽动更多的仇恨。"所有美国人都必须认识到,恐怖面孔并不是伊斯兰教的真面目,"他在那年晚些时候说道,"伊斯兰教是一种为全世界十亿人带来安慰的信仰,一种让每个种族成为兄弟姐妹的信仰,也是一种基于爱,而不是仇恨的信仰。"[64]

布什政府很快在反恐战争中开辟了第二战线。2003年,另一个由美国领导的盟军入侵伊拉克,目的是铲除萨达姆·侯赛因政权及其大规模杀伤性武器。这场战争的策划师是新保守主义者，他们对乔治·H. W. 布什过早从中东撤军，在把萨达姆赶出科威特后，未能占领伊拉克并推翻萨达姆政权感到遗憾。除少数例外，民主党人和共和党人都支持对阿富汗和伊拉克的战争，但对伊拉克战争的支持从一开始就比较有限，并且，后来事实证明，侯赛因并没有大规模杀伤性武器。"2003年，美国入侵了一个并没有威胁我们的国家，这个国家的人并没有攻击我们，也没有想要与我们开战，我们要解除它的武装，结果发现它并没有这些武器。"帕特·布坎南写道。他责怪新保守派操控保守派运动，对保守派运动带来的负面影响表示非常后悔。他抱怨说："新保守派占领了右翼的基础、智囊团和主流期刊，并重新定义保守主义。"[65]

反恐战争与早期的美国战争不同。它是由从未服兵役的男女军人在华盛顿领导的。在中东，则是一支完全由志愿者组成的部队作战的。他们所做的牺牲，美国平民并不支持，也并不知道，甚至未曾考虑过。在阿富汗和伊拉克，美国政权建设的努力都失败了。越南战争是一场糟糕的战争，而且是一场远程战争，它所带来的牺牲也不尽平衡，但人们都分担了——并且提出了抗议。在距离美国很远且很少有美国人去的阿富汗和伊拉克，参战的美国人只有很少一部分，在2001年至2011年间，只有不到百分之零点五的美国人服过现役。几乎没有任何国会议员见过这样的战斗，也几乎没有家庭成员见过这样的战争。艾森豪威尔曾说过："如果有人坐在这把椅子上，他不像我一样了解军队作战的情况，只能希望上帝会帮助这个国家。"乔治·H. W. 布什是美国最后一位在军队服过役的总统，他懂战争，因而害怕和厌恶战争。[66]但他的继任者缺乏这种见识。越南战争期间，乔治·H. W. 布什通过在得克萨斯的空军国民警卫队服役从而避免了参加战斗。比尔·克林顿和唐纳德·特朗普也躲过了征兵。战争结束后奥巴马已经成年了。这些人中没有谁的儿子或女儿在军队服过役。[67]

伊拉克战争使美国士兵陷入镇压叛乱的泥潭中。
马特·卡尔迪（Matt Cardy）/盖蒂图片社

反恐战争有反对者，其中有些反对者还参加了战争。2011年，皮尤研究中心的一项研究报告称，曾参加阿富汗和伊拉克战争的美国退伍军人中，有一半人认为阿富汗战争不值得去打，近60%的人认为伊拉克战争更不值得去打，而且有三分之一的人认为两场战争都不值得花那么多钱。[68]安德鲁·J. 巴塞维奇（Andrew J. Bacevich）是反恐战争最严厉的批评者之一，他毕业于西点军校，是一位职业军官，在1970年和1971年参加越南战争后，他晋升为上校军衔并成为历史学教授，但他的独子在伊拉克遇难。巴塞维奇是天主教徒和保守派人士，他认为，虽然现在很少有美国人在军队中服役，但美国人和美国政府"已经成为军国主义的受害者，以一种浪漫的观点看待士兵，倾向于将军事力量视为国家伟大的真实衡量标准，超出了武力效率的期待值"。不知何故，巴塞维奇写道，美国人接受了美国注定要进行永久性战争的事实，而没有表示过异议："美国公民基本上丧失了质疑国家安全政策基本原则的能力。"[69]

第十六章　美国纷争　771

　　阿富汗和伊拉克的战争绝不是毋庸置疑的，但争论相对很少的原因不仅与平民和军人之间不断扩大的差距有关，还与破坏性创新的后果有关。在这个国家的许多地方，日报上并排发表的专栏文章都已消失。选民们被划分为不同的党派，这些党派在意识形态上又被分类，一种新的政治体制——保守派媒体，已经给主流媒体贴上了"偏见"的标签，并嘲笑它们放弃了冷静的辩论。到那时为止，报纸上严谨的研究探讨还不能够辨别出党派偏见。尽管如此，保守派仍坚持认为偏见存在，警告读者和听众远离非保守派媒体，并通过坚持除保守派媒体以外的任何东西都是自由媒体这一观点，使观众不可能受非保守派的劝说。[70]这种批评不仅适用于新闻，也适用于各种知识的传播。"科学已被腐蚀，"拉什·林堡在2009年的广播中说道，"我们知道媒体已经被腐蚀了很长时间，学术界也已经腐败。他们所做的一切都不是真实的。那都是谎言！"[71]

　　林堡在越南战争期间长大，但没有在军队中服役（显然是由于囊肿），他极力支持反恐战争。[72]罗杰·艾尔斯同林堡一样，既没有在越南看到战斗，也没有在军队服役（艾尔斯患有血友病），他强烈支持美国在阿富汗和伊拉克的军事行动。他的网络福克斯新闻不仅报道了战争，还为战争打气。9·11事件发生后，福克斯新闻的主播和记者开始佩戴国旗徽章，一些记者，包括哥伦比亚广播公司的莫利·塞弗谴责这种做法。艾尔斯对他不予理睬："我对杀死婴儿有些不忍，但是涉及佩戴徽章，我像赞成堕胎一样表示支持。"美国入侵伊拉克时，福克斯新闻播出了一条实时字幕："反恐战争"。福克斯新闻副总裁约翰·穆迪（John Moody）发布了早间备忘录，其中包括当天报道的大纲。2003年6月3日，他写道："总统正在做的是他的前任不敢做的事情：将美国的中东和平提案提交给阿拉伯峰会。布什面对的显然是一群持怀疑态度的人，他的政治勇气和战术策略在我们今天的报道中值得特别注意。"2004年3月23日，早前有报道称，9·11事件委员会在调查布什政府对于恐怖袭击的疏忽程度时，穆迪写道："不要把它变成'水门事件'。请记住这场悲剧带来的短暂的民族团结。我们不要亵渎这一点。"穆迪的编辑指令中禁止使用某些词语。2004年4月28日，他写道："让我们把我们在前景中看到的美国海军陆战队称为'神枪手'，而不是带有负面含义的狙击手。"沃尔特·克朗凯特在备忘录泄露后说："我从来没有听说过任何网络或合法新闻机构这样说过，不管是报纸还是广播。"[73]

保守派媒体机构在一个掩体里进行广播，这个掩体是用来对付持不同政见者的。那些听过拉什·林堡广播的人，以及几年前从当地报纸和网络电视上得到消息的人，现在有可能只看福克斯新闻，如果他们看报纸，也只能阅读《华尔街日报》——与福克斯新闻一样，《华尔街日报》从2007年开始由鲁珀特·默多克拥有。搜索引擎引导林堡的听众、福克斯新闻的观众、《华尔街日报》的读者访问保守网站，只是强化了这一观点。"这是一个鱼和熊掌兼得的最好的办法，"迈特·拉巴什（Matt Labash）在2003年的《标准周刊》中写道，"批评别人不客观。随你怎样去主观。这是一个很棒的小球拍。我很高兴我们找到了它。"[74]

诚然，五角大楼的文件能够充分证明往届政府也撒了谎。但是，在寻求中东政权更迭时，布什政府驳回了专家们的建议，采取了一种激进的后现代主义观点，即所有知识都是相对的，这是一种政治主张的较量，而不是客观事实的较量。这种观点不仅体现在其发动伊拉克战争的决定上，还体现在2000年竞选团队反对重新计票的论点上，以及2001年布什退出气候变化协议《京都议定书》（Kyoto Protocol）的立场上。[75]2002年，布什的一位高级顾问告诉《纽约时报》的记者，记者们"相信解决方案来自对可辨现实的审慎研究"，但"世界不再是这样运转了。我们现在是一个帝国，当我们行动时，我们创造自己的现实"。[76]互联网的文化和结构使公民有可能生活在自己的现实中。

持有偏见的记者开始发现，像政治真相新闻网（Polit Fact）这样的在线政治事实核查网站，对政治家的言论都要进行"测谎器"（Truth-O-Meter）式的核查。"我不喜欢词典或参考书：他们是精英主义者。"讽刺作家斯蒂芬·科尔伯特（Stephen Colbert）在2005年说道，他在讽刺乔治·H. W. 布什的同时创造了"真实性"（truthiness）一词。"我不相信书。他们说的都是事实，但没有走心，而这正是今天使我们国家分崩离析的原因。"[77]但最终自由主义者会通过模仿对方来回应保守媒体——两只松鼠，在同一棵树上互相追逐。

"他知道多少，什么时候知道的？"这是"水门事件"中面临的紧迫问题。"其他人还知道更多吗？真相到底是什么？"这是布什时代面临的问题。

作为以法治为基础的自由世界秩序的领导者，美国进入了一个危机时期。在反恐战争期间，这个国家蔑视自身基本原则、日内瓦公约、国际法和基本人权，对可疑的恐怖分子施行酷刑和未经审判的监禁。

2001年10月26日，布什签署了《爱国者法案》（*Patriot Act*），授予联邦政府新的权力，可以进行监控和情报收集，预防和调查恐怖主义行为。在9·11恐怖袭击发生后不到两个月，法案就在两院获得通过，在如此疯狂的环境下，任何立法者若是跨越级别都会被贴上不爱国的标签。在国会大厦外，美国公民自由联盟和电子前沿基金会是该法案的众多反对者之一，理由是它违反了公民自由，尤其是违反了第十四修正案规定的正当程序。布什的总检察长约翰·阿什克罗夫特（John Ashcroft）为《爱国者法案》辩护，称反毒品战争就是反恐战争的先例。阿什克罗夫特说："大多数美国人几十年来都希望用来打击有组织犯罪和毒品犯罪的执法工具可以保护我们的生命和自由不受恐怖主义的袭击。"[78]

2001年11月，布什签署了一项关于"在反恐战争中对某些非公民进行拘留、处理和审判"的军事法令。非美国公民的疑似恐怖分子将被国防部部长"拘留在指定的适当地点"。如果受到审判，他们会被军事委员会进行审判并判刑。普通的军法规则在这里不适用。战争法、美国法在这里也不适用。[79]

战争的进行将永远是对建立在正义基础上的国家的挑战。它会让人想到国家的历史，它的早期奋战、胜利以及失败。在反恐战争期间，在1798年与法国的准战争通过了《客籍法和镇压叛乱法》期间，在第一次世界大战的《间谍法》和第二次世界大战期间罗斯福的"日本拘禁令"期间，这些都是阴谋。但随着布什在2001年11月的军事法令的出台，反恐战争就像是另一架飞机，攻击着美国的法律大厦，一直攻击到它的根基，攻击到古老的、中世纪陪审团审判和真理之战的根基。

"你一定是在开玩笑吧。"阿什克罗夫特在阅读法令草稿时说。他本以为，对参与策划9·11事件的人的起诉，将由他的部门进行刑事处理——像以前他成功处理过恐怖案件一样，走正当程序。国家安全顾问康多莉扎·赖斯（Condoleezza Rice）和国务卿科林·鲍威尔（Colin Powell）只是在电视上看到布什签署命令时才得知这一消息。在最终草案中，司法部完全被排除在起诉程序之外：恐怖主义分子嫌疑人将被无起诉监禁，拒绝了解他们的反抗证据，如果受到审判，则会在没有既定规则的情况下被法院判刑。该命令认为"美国地区法院审理刑事案件时普遍认可的法律原则和证据规则"不切实际。这对建立真相和保障公正以及对几个世纪以来创立和完善的传统，都会带来很多麻烦。"现在，有些人说，好吧，这与美国的传统法学大相径庭，"副总统切尼说，但"我们认为它能确保这些人能受到他们应受的对待。"[80]

布什政府对阿富汗和伊拉克战争、对军事法庭和《爱国者法案》的行动，都运用了广泛的总统权力理论。控制白宫的政党倾向于喜欢总统权力，但当他们失去白宫时，就会改变主意。从伍德罗·威尔逊到罗斯福和林登·约翰逊，民主党曾喜欢总统权力，并试图拓展，而共和党人却试图限制总统职权。从理查德·尼克松任总统开始，民主党人和共和党人互换立场，共和党人为尼克松和里根扩大总统权力。但是，保守派扩大总统权力的努力

第十六章 美国纷争　775

在乔治·H. W. 布什政府达到了一定的高度，在国家遭受前所未有的袭击时达到了高峰。[81]

从2001年秋开始，美国军方在阿富汗发放传单，为抓获与基地组织和塔利班有关系的人士提供5000至25 000美元的奖金。"这足以照顾你的家人、你的村庄、你的部落，以及你的余生。"传单上写道。（当时阿富汗的平均年收入不到300美元。）国防部部长唐纳德·拉姆斯菲尔德（Donald Rumsfeld）说："这像是12月在芝加哥飘下的雪花。"（与布什核心圈的许多人不同，拉姆斯菲尔德是一名老将，他在20世纪50年代曾担任海军飞行员。）[82]数百人在国外被围捕，布什政府需要考虑将他们安置在哪里。接管位于堪萨斯州莱文沃思（Leavenworth）的联邦监狱，并重新开放自1963年以来就关闭的加州恶魔岛（Alcatraz），这些方案都在考虑范围之内，但最后都被拒绝了，因为在堪萨斯州或加利福尼亚州，恐怖分子嫌疑人可能会依州法和联邦法向美国法院提起上诉。迪戈加西亚岛（Diego Garcia）是印度洋上的一个岛屿，因为它恰巧属英国领土，受英国法律管制而遭到拒绝。管理层最终选择了关塔那摩（Guantánamo），这是一个位于古巴东南端的美国海军基地。关塔那摩不是美国或古巴的一部分，是世界上已知的最后无人区之一。布什政府的律师约翰·约（John Yoo）称其为"外层空间的法律等同物"。[83]

2002年1月9日，约翰·约和同事向国防部提交了第一份所谓的酷刑备忘录，其中，他们得出的结论是，包括《日内瓦公约》在内的国际条约"不适用于塔利班民兵"，因为尽管阿富汗自1956年以来一直是《日内瓦公约》的一部分，但它是一个"失败的国家"。备忘录认为，国际条约"不保护基地组织的成员，作为一个非国家成员不能成为战争的国际协议方"。两天后，20名囚犯戴着镣铐、头巾，蒙着眼睛，抵达关塔那摩监狱。不久，更多的监管营建立起来，用来关押更多的囚犯，最终关押了来自48个国家的779名囚犯。他们不能被称为罪犯，因为犯罪分子必须有犯罪指控，也不能被称作囚犯，因为战俘拥有权利。他们是"非法战斗人员",白宫法律顾问阿尔贝托·冈萨雷斯（Alberto Gonzales）称他们是"新型战争"中的"被拘留者",尽管这种做法与酷刑本身一样古老。[84]

白宫以酷刑来回应恐怖主义,它放弃了战争法,放弃了法律规则。除了历史的重要性、数百年的政治哲学和国际法的分量,尤其是作为获取证据的无效手段之外,酷刑的另一个障碍依然存在：美国在1988年签署了《禁止酷刑和其他残忍、不人道或有辱人格的待遇或处罚公约》。2002年8月,冈萨雷斯在一份长达50页的备忘录中提到了这一异议,备忘录试图将"残忍、非人道或有辱人格"行为与构成酷刑的行为区分开来。例如,"剧烈疼痛"被定义为导致"死亡、器官衰竭或导致重要身体机能丧失的永久性操作的疼痛"。（根据参议院军事委员会稍后公布的会议纪要显示,中央情报局反恐中心首席法律顾问建议,"如果被拘留者死亡,就是你的错"。）酷刑备忘录中描述的方法包括：脱衣,佩戴手铐脚镣,暴露于高温之下,性羞辱,对家庭成员的威胁,溺水,以及用狗咬。许多这种形式的折磨,包括剥夺睡眠和半饥饿,来自美国空军1957年的一项名为"共产党试图从空军战俘那里获取虚假供词"的研究。包括科林·鲍威尔在内的美国高级安全顾问反对白宫所谓的"强化审讯技巧"。包括阿什克罗夫特在内的其他人则敦促一定要慎重考虑。"为什么我们要在白宫谈论这件事呢？"据说他曾在一次会议上提出警告,"历史不会做出善良的判断。"但国防部部长的立场占了上风。在一份批准美国军方使用审讯技巧的清单上,拉姆斯菲尔德写道："我每天要站立8—10小时。为什么不把站立时间限制为4小时？ D. R.[1]"[85]

酷刑并非仅限于关塔那摩。在伊拉克,美国军方在阿布格莱布（Abu Ghraib）监狱有酷刑；2002年,在阿富汗的喀布尔中情局监狱和巴格兰

---

1 唐纳德·拉姆斯菲尔德名字的英文签名缩写。——译者注

(Bagram)空军基地,两人因被铁链吊在囚室的天花板上死亡。在法学院和公民自由组织中,反对《爱国者法案》和对待可疑恐怖分子的行为一直在进行。在巴拉克·奥巴马2003年竞选参议院期间,他称《爱国者法案》是"违反基本原则的一个很好的例子",他反对在缺乏正当程序的情况下逮捕和审判可疑恐怖分子。直到2004年《纽约客》和《60分钟》报道阿布格莱布监狱虐待事件以及美国公民自由联盟发布酷刑备忘录之后,美国公众才了解到发生了什么。2006年6月,在"哈姆丹诉拉姆斯菲尔德案"中,最高法院裁定,如果没有国会授权,总统缺乏建立军事委员会的权力。六个月后,国会批准了建立委员会,但在2008年,法院认定这一行为也属于违宪。[86]尽管如此,建立国家基本制度至关重要的因素,已经受到严重影响。

最高法院的裁决既没有纠正共和国的行为,也没有治愈国家的分裂。在布什执政的两届任期内,公民收入不平等扩大,两极分化更趋严重,如同在克林顿和里根时期一样,在奥巴马和特朗普统治下也会如此。布什时代的减税政策将储蓄的45%用于收入最高的1%的人,而最贫困的60%则为13%。在2004年和2008年,选民们在住宅前院张贴竞选标语,或在私车保险杠上粘贴助选标签的比例甚高,是1952年以来最高的。国会议员不再后悔超越党派,而是庆祝这种现象。即将离任的共和党众议院多数党领袖汤姆·迪莱(Tom DeLay)在2006年的告别演讲中说:"对近来政治党派分离的共同怨恨,其实只是一种隐晦的抱怨,它不是近期政治保守主义的抬头。"[87]

迪莱因涉嫌洗钱被起诉,而且还涉及与俄罗斯政府和游说者有关的各种政治贪婪行为。像迪莱这样的党内人士,在党派偏见方面拥有经济利益:国家党派越多,他们为再次当选筹集的资金就越多,离职后,他们可以赚到更多的钱。在20世纪90年代之前,当一个新的政党接管国会或白宫或两者兼而共有时,改选意味着被赶出办公室的政客连同他们的工作人员离开这个城市。这种情况已经不存在了。相反,政治家们留在了华盛顿,成为专家、政治顾问、管理顾问，或者很可能成为游说者，或者——对于那些顾忌最少的人——成为以上所有职业的人。他们通过演讲、出售回忆录、兜售他们的人际关系、出现在电视台上，赚取了巨额资金：有线电视台要填补24小时的播出时间，每天的所有时间都需要有人说话，说法越愤怒，越具有对抗性，收视率的评级就越高。《纽约时报》的马克·莱博维奇在2013年观察到，"业内人士一直都在这里。但他们现在更多的是作为一个群体：更正大，更光明，更网络，并且更加努力。"[88]

布什的总统任期以全球经济崩溃而告终，这颗定时炸弹在里根政府时期开始嘀嗒作响。克林顿政府没有办法解除这枚炸弹，相反，它通过废除"新政"的《格拉斯-斯蒂格尔法案》的部分内容，为放松金融业的管制做出了贡献。就像美国历史上的所有金融崩溃一样，从1792年的恐慌开始，它似乎是突然发生的，但回顾过去，这似乎是不可避免的。

华尔街从顶部摇摇欲坠。大多数受难者都在底层。首先下跌的是金融服务巨头贝尔斯登（Bear Stearns）、雷曼兄弟（Lehman Brothers）和美林（Merrill Lynch），它们曾在高风险的次级抵押贷款中非常活跃。道琼斯工业平均指数在2007年10月是14 164点，但到2008年年底已经降至8776点。美国失业率上升了近5个百分点。房产价值下降了20%。在布什执政的最后几年，有近90万处房产被贷款银行收回。数百万美国人失去了家园。[89]

在曾经挂满竞选标语的院子里，"布什/切尼'04"或"凯瑞/爱德华兹：一个更强大的美国"，"取消抵押品赎回权"和"出售"的标志已出现在门前的胶合板上。处处可以看到黄色丝带在树上飘动，以纪念参战的士兵。处处可以看到小旗，还有涂着红、白、蓝三色的标语：让我们的部队回家。然而，在阿富汗和伊拉克这片遥远而动荡的土地上，战争一直在继续，偶尔会从电视、手机的上看到一闪而过的废墟和瓦砾。

II.

巴拉克·奥巴马有一张瘦长的脸，耳朵很大，皮肤是铜色的，他说话有时像传教士一样，有时像教授一样，但话语间总是带着学者的平和，坚定且克制。在2009年1月的一个非常寒冷的星期二，奥巴马在他的就职演说中说道："我们的人民一直忠于我们祖先的理想，忠实于我国的创始文献。"这是美国首都有史以来听众最多的一次演讲，超过150万人。那是一个充满希望和变革的日子，也是一个需要戴帽子和手套的日子。

他的声音节奏分明，有着马丁·路德·金的抑扬顿挫，也有富兰克林·德拉诺·罗斯福的坚定不移。人们开车几小时、几十个小时专门去看他的宣誓就职。"我觉得如果你有机会去听葛底斯堡演讲，或者当汉克·亚伦[1]（Hank Aaron）打出他历史性的本垒打时，你会有这么大精神吗？"来自亚特兰大的39岁城市规划师丹尼斯·马德森（Dennis Madsen）告诉美国有线电视新闻网。来自孟菲斯的八岁女孩贝瑟尼·多克里（Bethany Dockery）戴着一顶粉红色的帽子，穿着粉红色外套，在奥巴马宣誓就职时欢呼雀跃。"这让我们感觉很好，"她的母亲哭着说，"因为我们终于有了机会。"[90]

时机已到，奥巴马说："让我们选择更好的历史。"[91]对奥巴马来说，更好的历史意味着与逆境和不平等的长期斗争，这是几代美国人为繁荣和正义所做的努力。他的就职典礼标志着美国历史的一次转折，但在这个弯道上还有一个急转弯。

他想成为一名作家。他出版了第一本书《我父亲的梦想：一个种族与传承的故事》（*Dreams from My Father: A Story of Race and Inheritance*），那时他33岁，还未竞选公职。"他的生活是一本开放的书，"他的妻子米歇尔后来

1　美国职业棒球运动员，棒球名人堂成员。——译者注

巴拉克·奥巴马2009年的就职典礼在首都广场吸引了有史以来数目最多的听众。
罗宾·贝克（Robyn Beck）/法新社/盖蒂图片社

说，"他写了，你可以读。"当他还是一个小男孩时，他就一直在考虑种族和传承问题。"在某种程度上，"他曾对一位记者说，"我是已经发生的很多变化的一种象征。"[92]但他还是通过写作表明自己的立场。

奥巴马的外公斯坦利·邓纳姆（Stanley Dunham）于1918年出生于堪萨斯州的威奇托，他以探险家亨利·莫顿·斯坦利（Henry Morton Stanley）的名字命名，亨利·莫顿·斯坦利的著作包括《最黑暗的非洲》（*In Darkest Africa*），该书出版的时间正好是奥巴马的父亲侯赛因·奥巴马在肯尼亚的坎亚迪昂（Kanyadhiang）出生的时候。第二次世界大战期间，侯赛因·奥巴马在缅甸担任英国军队的厨师，斯坦利·邓纳姆在美国参军，后来被派往欧洲。在威奇托，他的妻子马德林在波音公司协助制造了B-29轰炸机。奥巴马的父亲巴拉克·侯赛因·奥巴马出生于1936年；他的母亲斯坦利·安·邓纳姆（Stanley Ann Dunham）生于1942年。1960年9月26日，理查德·尼克松和约翰·肯尼迪首次辩论的那天，17岁的斯坦利·安·邓纳姆在夏威夷大学一堂初级俄语课上遇到了23岁的巴拉克·侯赛因·奥巴马。就在选举日那天，她怀孕了。他们二人于1961年2月2日在怀卢库县法院登记结婚，就是在肯尼迪就职典礼两周之后。在美国的21个州，这种婚姻本来是非法的，因为它违反了种族通婚法（这条法律至1967年"拉文诉弗吉尼亚案"才被最高法院推翻）。两个家庭都没有同意这一桩婚姻。据他的出生证明显示，巴拉克·侯赛因·奥巴马二世于1961年8月4日晚7点24分出生于檀香山的卡皮奥拉尼妇产科医院。[93]

奥巴马小时候和祖父母一起住在夏威夷——他的父母已经离婚——年轻的巴拉克·奥巴马是一个爱读书的人。他沉迷于詹姆斯·鲍德温和杜波依斯的书。"到了晚上，我就关上房门，"他后来写道，"在屋里坐着和文字较劲，纠结于突然出现的绝望观点，试图理解我所在的世界，理解我的出生与它的各种联系。"从哥伦比亚大学毕业后，他在南芝加哥做社区组织者，在刚刚选出第一位黑人市长的城市扎根。他加入黑人浸信会，并开始和一位叫米歇尔·罗宾逊（Michelle Robinson）的雄心勃勃的年轻律师约会，这位律师是奴隶制下男女奴隶的后代。在哈佛大学法学院，他曾担任劳伦斯·特拉伯[1]（Laurence Tribe）的研究助理，他一直在寻找看似不可沟通的论点之间的共同点，这也将成为奥巴马的标志性举措：调和看似不可调和的各种差异。[94]

美国自伍德罗·威尔逊之后就没有学者来担任总统了。在芝加哥大学法学院，奥巴马开设了一门关于种族和法律的专题课，相当于讲美国的历史，从安德鲁·杰克逊和印度人迁移，一直到重建时期和《吉姆·克劳法》，从争取民

---

1 劳伦斯·特拉伯，1941年出生于中国，是一名美国白人律师、著名学者、哈佛大学教授。——译者注

权到罗纳德·里根到反歧视行动。后来，在竞选期间，当他的课程大纲在网上发布时，左翼右翼的宪法学者都对其公正性表示赞赏。奥巴马作为一名教授，培养了参与、开放的辩论价值观：学生们根据他们的"全方位观点"进行评分，因为他们展示了"对意见多样性的全面审视"，并且有证据表明已经打破了"试图找出问题的复杂性的艰辛努力"。[95]法学院课堂上的东西在华盛顿是否能起作用，还无从得知。

1996年，这位教授竞选州参议院席位，并为美国的分歧架设了一座桥梁，右翼"以家庭价值观和道德责任感的语言劫持了更高的道德基础"，而左翼放弃了这一立场，需要重新找回它，因为道德责任感的语言是整个国家共同需要的。"我们必须采用相同的语言——这些在我们家庭中受到鼓励的相同的价值观——彼此关爱，相互分享，为彼此牺牲——并将它们应用于全社会。"[96]

奥巴马将建国性语言与宗教传统语言结合在一起。他入选美国参议院，是参议员中唯一的黑人成员。2004年，他受邀在民主党全国代表大会上发表主旨演讲。他写了一篇关于《圣经》的演讲——"我是我兄弟的守护者"——如《独立宣言》所说，"我们认为这些真理是不言而喻的"，他把两者都当作祈祷。（就像他前面的威廉·詹宁斯·布莱恩一样，奥巴马曾与一位莎士比亚演讲教练共事过。）他演讲的方式有时候像传教士，有时候像法庭律师，他让所有听众震惊不已。"有些人正想分裂我们，那些宣传大量消极的广告商在这么做，他们接受任何形式的政治，"他说，"那好吧，我今晚对他们说，没有自由主义的美国和保守主义的美国，世上只有一个美利坚合众国。"[97]

"奥巴马狂热"在那天晚上开始了。他年轻英俊，颇有魅力，他的言辞打动人心。记者们尤其感到震惊。他在参议院就职之前，甚至有人问他是否打算竞选总统，那是他回避不了的问题。他并不喜欢他在参议院的职位。他告诉朋友说，如果在任期结束后仍留在华盛顿，那么"杀了我"。[98]他发现血腥刻薄的党派关系令人发狂。如果自由派认为他们可以把保守派视为敌人来对待,那么他们就是傻子。他说,美国人民"不认为乔治·布什是吝啬或有偏见的"。相反,他继续说道:"他们对入侵伊拉克事件的夸大感到愤怒,担心我们不必要地疏远世界各地现有的潜在盟友,并对阿布格莱布监狱发生的事情感到羞耻,这件事违反了我们的国家理想。"[99]

2008年,奥巴马竞选民主党总统候选人提名,他的口号是"*Sí, se peude*"(Yes, we can. 是的,我们可以。)标语取自1972年凯萨·查维斯和德洛丽丝·韦尔塔(Dolores Huerta)的联合农业工人联盟运动。他的工作简历很单薄。他利用他的才华、性格和故事参与竞选。有人说他太黑了,有人说他还不够黑。在与60岁的希拉里·克林顿选票非常接近的激烈的竞争中,他从反对伊拉克战争中获益,而克林顿当时在参议院投的是赞成票。虽然希拉里一开始得到了非裔美国选民和领导人的大力支持,但这种支持却被她的丈夫给毁掉了。因受奥巴马风度和魅力的威胁——比自己更酷、更黑、更正直——比尔·克林顿指责奥巴马及其支持者狡诈,从而疏远了黑人选民。"我认为他们在我身上打种族牌。"前总统抱怨道。[100]

在一个人们喜欢走极端的时代,奥巴马在政治上表现出理性和冷静,在宗教问题上表现坦率。他说他的信仰是"接受怀疑、不确定和神秘"。他对美国的信仰——"对简单梦想的信念,对细微奇迹的坚持"——这一点不容置疑。[101]在战争年代和经济衰退时期,他突出的是里根的乐观情绪,似乎也在坚持着罗斯福的政治承诺。

奥巴马的候选资格刺激了原本无动于衷的选民群体,也改变了竞选活动的性质。2008年的投票率是自1968年以来的最高值。奥巴马的对手是备受赞誉的亚利桑那州的长期共和党参议员约翰·麦凯恩(John McCain,他曾是越战俘虏),奥巴马以超过900万张的选票获胜。除此之外,他还在社交媒体上击败了麦凯恩。72岁的麦凯恩这一代人,尚未掌握新式政治沟通方式。奥巴马竞选团队在社交媒体巨头脸书上的追随者是麦凯恩的4倍，在推特上的追随者则惊人地达到了后者的23倍。他的数字团队在名为"为改变投票"的网站上登记选民。他的支持者发送短信"HOPE"（希望）加入他的名单，仅在大选日就收到多条信息。当他胜选时，超过100万美国人收到了这样一条信息，写着："所有这一切都是因为你。谢谢。巴拉克"[102]。

奥巴马承诺"希望"和"改变"。起初，他似乎准备同时兑现两项承诺。他以压倒性优势入主白宫，掀起一阵历史之风，赢得参众两院的多数席位。事实证明这是一种变幻无常的风。

为解决布什在任最后几个月困扰市场的全球金融崩溃问题，他要求国会批准一项8000亿美元的经济刺激计划，记者称其为"新新政"。《经济学人》则称为"罗斯福狂躁症"。但奥巴马不是罗斯福，他的政府没有起诉那些从事不法行为而导致金融灾难的人。他的经济计划拯救了银行，但没有拯救失去存款的人。在奥巴马上任的第一年，普通美国人失去了工作、房产和退休金，而华尔街38家大公司高管赚了1400亿美元，全美排名前25位对冲基金的经理平均赚取了4.64亿美元。[103]

奥巴马最大的倡议是《经济实惠的医疗保健法》，该法案于2009年年底在参议院通过，2010年年初在众议院以"刀刃差"微弱差距通过：219票对212票。这是美国一个多世纪（自进步党）以来首次提出的国家医疗保健计划。希拉里·克林顿在1994年提出的计划失败了。（奥巴马的灵感来自林肯传记，他把政治对手放在自己的内阁中，任命希拉里·克林顿为国务卿。）但是，废除该法案的愤怒情绪削弱了这场胜利，其实反对派运动早在立法通过之前就已经开始了。

在奥巴马就职典礼的前一天，福克斯新闻开播了一档新节目，由无线电脱口秀节目名人格伦·贝克（Glenn Beck）主持。贝克将奥巴马与墨索里尼进行了比较。他把自己的电视工作室变成了一个老式的教室座谈会现场，里面有粉

第十六章 美国纷争   785

笔和黑板，还有橡木书桌，他向观众讲述美国历史，讲奥巴马所代表的一切都是对建国先父的背叛。如果贝克的活动与亚历克斯·琼斯和阴谋派有什么不同的话，那就是在同样的敌意中培养着同样的历史种族仇恨。3月，贝克发起了一场名为"九一二"的运动，目的是恢复美国人在9·11事件中双子塔遭袭击后第二天所感受到的民族团结。奥巴马经济计划和医疗改革计划的反对者呼吁成立一个新的"茶党"，以抵制联邦政府的暴政。2009年春，全国各地的"茶党"在城镇公共街道举行集会，他们手里挥舞着宪法。他们打扮成乔治·华盛顿，托马斯·杰斐逊和本杰明·富兰克林的样子，戴着三角帽和喷粉假发，穿

2009年4月15日报税日举行的抗议活动，标志着"茶党"运动的诞生，它反对奥巴马"改变"的口号，主张回归建国先父创立的原则。
埃马纽埃尔·迪南（Emmanuel Dunand）/法新社/盖蒂图片社

着护膝马裤和系扣背心。他们相信美国历史就在他们这边。他们希望让美国再次伟大，这在后来成为唐纳德·特朗普的竞选口号。

随着"茶党"的出现，保守派媒体和保守派运动融为一体："茶党"在某种程度上是福克斯新闻打造的政治产品。阿拉斯加州前州长萨拉·佩林（Sarah Palin）在全国的聚光灯下获得了一时荣耀，因为麦凯恩在2008年将她作为自己的竞选搭档，她与福克斯签订了每年一百万美元的合同，并开始在"茶党"集会上发表讲话。格伦·贝克开始主持《创始人的星期五》节目。福克斯新闻主持人肖恩·汉尼蒂（Sean Hannity）开始启动《自由树》节目。[104]

但"茶党"不仅仅是福克斯新闻的产物，也是一场严肃的"草根"运动。一些"茶党"成员尊重全国步枪协会对第二修正案的解释，或者密切关注学校的祈祷，或反对同性恋婚姻。一些人抱怨全球化，抱怨移民和贸易协议，他们回应20世纪20年代的孤立主义者和本土主义者的恐惧和担忧。大多数人心中都存有很长时间对民粹主义的不满，尤其在税收方面，还有他们反对联邦政府操纵医疗保健计划，就像他们对一个多世纪以前那些计划的态度一样。

在21世纪，"茶党"将19世纪的民粹主义与20世纪的原旨主义结合在了一起。民粹主义者将他们的痛苦归咎于联邦政府的决策者和华尔街的"肥猫"。原旨主义者寻求一种补救措施，以恢复宪法的原始含义。

这并非无关紧要，这场运动绝对是以白色人种为主的，它所想象的历史也是绝对白色人种的历史。这并不是说"茶党"成员是种族主义者——尽管许多自由主义者确实这么说过，但通常没有多少根据——相反，美国的历史故事由于没有被完整、充分地表达而变得贫乏。整体故事也遭到拒绝。"美国的土地上到处都是我们祖先的尸体，经历了400年，至少三次战争。"詹姆斯·鲍德温于1965年写道。鲍德温还写道："为了所有的人，我们恳求美国人民做的事情仅仅是接受我们的历史。"[105]然而，真正接受历史的时刻还没到来。

如果大多数"茶党"担心他们的税收，那么也有少数人确实反对共和国政体性质的不断变化，理由是它变得越来越不太照顾白人了。他们反对黑人总统的想法，好像他们在重新使用罗杰·塔尼在1857年"德雷德·斯科特案"中的论点——当时他的判决是非洲后裔不会成为美国公民。他们打出了标语："弹劾奥巴马，他违宪"。[106]

2010年12月，69岁的佛蒙特州参议员伯尼·桑德斯（Bernie Sanders）在参议院进行了一次长达八个半小时的演讲——中间没有吃喝，没有坐下休息，甚至没有上厕所。场下没有听众，只有各种相机。桑德斯不是在向他的参议员同事讲话，他是试图通过社交媒体直接与公众沟通。"我当天的演讲是全世界推特上被转发最多的事件。"桑德斯后来说。

1941年，桑德斯出生于布鲁克林，他曾是芝加哥大学的人权活动家和反战活动家，领导过反种族隔离的校园静坐，也曾在学生非暴力协调委员会中工作。芝加哥大学毕业之后他搬到了佛蒙特，在那里竞选伯灵顿市市长。他在里根就任总统的同一年就职。十年后，他作为佛蒙特州唯一的国会议员前往华盛顿。他告诉《纽约时报》说，作为国会唯一的社会主义者议员，我应该受到奖赏，"不能受到惩罚"。他说，"他们想干什么？能把我踢出党吗？"[107]桑德斯在参议院的职业生涯开始于2007年——奥巴马曾在2006年为他竞选——一直没有太出色的表现。但在经济衰退期间，他成为华盛顿为数不多的知名人士之一，在这座物欲横流的城市，他愿意谈论贫困。

这些数字令人震惊。1928年，美国1%顶尖家庭的收入占全国总收入的24%；在1944年，他们获得了11%的收入，这个比率几十年来保持不变，但在20世纪70年代开始上升。到2011年，美国1%的家庭收入再次占全国收入的

24%。2013年，美国人口普查局报告的基尼指数[1]（Gini index）为0.476，是有史以来富裕民主国家的最高指数。与美国相似的收入不平等的国家包括乌干达（0.447）和中国（0.474）。[108]

桑德斯是个社会主义者，他心目中的英雄是尤金·德布斯[2]（Eugene Debs）。第一次世界大战期间，他曾录制过德布斯最著名的演讲。"我反对每一场战争，只有一场例外，"德布斯当时说，"我全心全意支持那场战争，因为那是场世界性的社会革命战争。在那场战争中，我准备以任何必要的方式参加革命，打击统治阶级，一直打到路障街垒。"近一个世纪之后，人们听到桑德斯的回声，好像历史是一卷磁带，放完了卷回去再放。"这个国家正在经历一场战争，"桑德斯说，"我不是指伊拉克战争或阿富汗战争。我说的是一些最富有和最有权势的人对工薪家庭发动的战争，对我们国家正在消失和萎缩的中产阶级发动的战争。"[109]

2010年，在一系列使医疗改革得以通过的协议中，民主党同意延长布什时代的减税政策，桑德斯是国会少数反对者之一。他在八小时的演讲中说："奥巴马总统曾表示，他会尽最大努力反对共和党对富人减免税收，并赞成延长失业金补偿时间。但现实是，斗争不能简单地在首都特区的环城公路内进行。我们的工作是呼吁绝大多数美国人民站起来说：等一下。"[110]

到2011年，桑德斯的呼喊不再是旷野中唯一的声音。2009年，加州大学开始进行反对救助计划，反对学费上涨和预算削减的抗议活动，学生占据了一座校园大楼，举起标语，上面写着"占据一切，无须他求"。占据校园运动开始在社交媒体上传播，采用的口号是"我们是99%"。"占领华尔街"运动从

---

1 基尼系数是国际通用的衡量一个国家居民收入差距的指标。基尼系数最大为1，最小是0，接近0表明收入分配趋向平等。国际惯例把0.2以下视为收入绝对平均，0.4-0.5视为收入差距较大，基尼系数达到0.5以上，则表示收入悬殊。——译者注
2 尤金·德布斯（1855—1926），美国杰出的工人运动领袖，社会主义宣传家，1900—1920年5次被提名为社会党的总统候选人。——译者注

2011年9月开始进行，参与运动的人在纽约祖科蒂公园进行露营抗议。活动持续了两个月，吸引了数千人助威。几个月后，"占领"活动已在600多个美国社区以及全球数百个城市展开。桑德斯在"占领华尔街"期间说："我们迫切需要劳动群众聚集在一起，站在华尔街说，企业化的美国已经够了，足够了。我们需要在这个国家重建中产阶级。"[111]

"占据"活动的所有言论，并不代表劳动阶层全体，绝大多数是代表都市民众和白人，大多数抗议者是学生或是有工作的人。它不具有真正的领导力，接近直接民主模式，缺乏特定的、可实现的政策目标，追求高级理想，比如重塑政治体系，"无须他求"。但它确实让桑德斯在全国范围内声名鹊起，并为一场运动奠定了基础，这场运动将使他成为自1912年西奥多·罗斯福以来最引人注目的进步派参加总统竞选的人物。

如果"茶党"将民粹主义与原旨主义结合起来，"占领"运动就会和社会主义结合起来。右翼"茶党"和左翼"占领派"一起对华盛顿发起了攻击，他们认为联邦政府对普通美国人的生活漠不关心。共和党人和民主党人都没有改变他们这种想法。

奥巴马团队前往华盛顿是蔑视那里的"华盛顿内幕"，其中包括那里的赚钱机构、交易撮合者和党派间的任人唯亲。这种虔诚信念并没有持续下去。奥巴马2008年的竞选经理戴维·普劳夫（David Plouffe）称，共和党"是一个由煽动愤怒和争议的人组成的政党，他们为自己赢得名声并赚了一大笔钱"。2010年，普劳夫赚了150万美元，他的收入包括波音公司和通用电气的管理咨询，以及华盛顿演讲局预订的演讲。总的来说，媒体没有把政治家当回事。记者已成为驻伊拉克的"嵌入式"记者；更多的人"嵌入"了华盛顿。新闻界与白宫和国会工作人员的社交是如此的轻松快乐，以至一位政治家的妻子向孩子的生日派对发出邀请时，可能会不厌其烦地宣布这是"非正式的，不会留下记录"。但事实上，几乎任何事都会被记录在案，而且记录很明显。在线新闻的节奏快如赛车——每日电子新闻邮件、博客、推特——都表现出疯狂且荒谬的关注和立场，程度有大有小。"华盛顿所谓的常设机构从来没有这么多媒体人。"马克·莱博维奇报道说。他们基本上是一个白人男性群体。他们手持苹果手机，耳朵里插着无线接收器。他们气喘吁吁地发出报道。"他们具有攻击性，技术娴熟，专注于快速接触最重要的事实。"莱博维奇写道，"谁赢了？谁输了？谁在小题大做？"[112]

奥巴马在芝加哥大学法学院的教学大纲里的信条，到了人人自大、戴着蓝牙耳机且口袋满满的华盛顿，已经难以作为口号。"就你们正面对的问题提出全方位的意见，"他教导学生说，"表现你们对问题或主题的各种意见的深度思考。"正在筹集资金准备为众议院连任的议员们，预定了一次电视的上镜档期，他们可没这么想。毫不奇怪，奥巴马政府发现很难与国会沟通，新总统承诺冷静和合理的审议在荒唐的首都被证明是站不住脚的。

总统的冷漠使他免于争吵。他签署的《医疗保健法案》也是一项复杂的立法，对那些可以通过嘲笑或解释，或两者兼而有之来赚钱的人而言，这是一场盛宴。萨拉·佩林说，奥巴马的医疗保健计划将导致多份"死亡名单"的出现，简单地说，这是荒谬和不现实的。这——连同民主党的反应——是一种令人愤慨的论断，引发了网络流量大增，似乎已成为一种虚拟货币。疯狂意味着金钱。"我们得到报酬，让共和党人惹民主党人生气，他们是活该，"一位共和党游说者告诉《赫芬顿邮报》（*Huffington Post*）说，"这是世界上最简单的事情，就像在得到报酬的同时让你爱上你的母亲一样。"占美国经济五分之一的医疗保险改革起来错综复杂，主要是游说者的利益。"复杂性和不确定性对我们有利。"民主党游说者，比尔·克林顿的前任白宫总长约翰·波德斯塔（John Podesta）的兄弟托尼·波德斯塔（Tony Podesta）说。[113]这意味着医保有更多的客户。

最高法院在2010年"联合公民诉联邦选举委员会案"中裁定，限制政治行动委员会和其他团体的财政支出行为属于违宪。此项裁决后,有兴趣从政治腐败中获利的人赚取了更多的钱。1882年,罗斯科·康克林告诉最高法院,在他协助起草第十四修正案时,为了保护公司的权利,委员会同意将"公民"(citizens)一词改为"个人"(persons),这一具有深远影响的举措将一次又一次地创造司法历史。早期的裁决赋予公司作为"个人"的某些自由[1](特别是洛克纳时期的自由合同),而"公民联合会"授予公司第一修正案的言论自由权。到2014年,法院授予公司第一修正案的宗教言论自由权。在这个具有里程碑意义的案例中,以宗教为由反对避孕的人所拥有的公司可以拒绝为其雇员提供节育保险,理由是其公司拥有的第一修正案的权利。[114]

然而,在学院和大学校园里,学生继续抗议,他们不是为了言论自由,而是反对言论自由。自20世纪90年代以来,每一项在法庭上受到质疑的有关仇恨言论的条款,在法庭上都被认定为违宪。[115]这些条款有些被解除了,有些被否定了。2014年,芝加哥大学发布了一份关于言论自由的报告:"这所大学的基本承诺坚持这样一条原则,辩论或商讨不会受到压制,因为有些人,甚至大学社团大多数成员提出的见解是令人反感的、不明智的、不道德的或者是错误的。"[116]不过,这一代在仇恨言语中长大的年轻美国人,他们拒绝辩论活动本身。他们试图让来访的演讲者闭嘴,不仅包括半疯狂的煽动者,而且包括严肃的学者和可能存在争议的公众人物,从康多莉扎·赖斯,到资深政治专栏作家乔治·威尔(George Will),到联邦调查局前局长詹姆斯·科米(James Comey),都在其中。

虽然校园抗议者压制了人们言论自由的权利,但最高法院依旧保护公司的言论自由。当公民联合会的洪水冲击宪法大坝时,资金从东到西覆盖了美国政治的广阔平原。"茶党"运动很快被政治人物的活动淹没了。"茶党"运动开

---

[1] 这个名字是根据最高法院1905年在对洛克纳诉纽约州的官司中的判决命名的。此判决反对纽约州为面包师规定最多工作时间。见本书第十章第一节。——译者注

始后的五年时间内，包括"茶党快线"和"茶党爱国者"在内的主要组织，在竞选活动和选举中只花费了不到5%的资金。[117]

这些钱没有换来任何东西，只换来了更多的敌视。自由派专栏作家迪翁尼发现了一种模式：候选人和政党都会做出巨大承诺，但当他们获得权利又未能兑现承诺时，就会指责某种阴谋——任何形式的阴谋：新闻的阴谋、富人的阴谋、"国家深层"的阴谋（包括特朗普第一任期间的联邦调查局的阴谋）。然后，他们发现媒体愿意向读者提供各种形式阴谋的证据，无论这些阴谋是否是炮制的。保守派评论员戴维·弗鲁姆（David Frum）提出不同的判断："美国的媒体文化已被重塑，成为一个为人们提供事实的'定制媒体'。"[118]在这种情况下，任何政党都很难长期拥有多数人支持。民主党在2010年失去了众议院多数，2014年失去了参议院，2016年失去了白宫。

唐纳德·特朗普不在白宫时，他辱骂政府。他在白宫时，辱骂新闻媒体。他还辱骂国会，辱骂移民。他辱骂朝鲜，辱骂他的员工。他骂得面红耳赤。

特朗普在职业摔跤界众所周知，他把竞技场的策略带入了政界，而这种策略又来自电视真人秀的情节剧，这是特朗普很熟悉的另一种类型，他从2004年开始出演一档名为《学徒》（*The Apprentice*）的节目。在《学徒》中，特朗普的标志性台词是"你被解雇了"。在职业摔跤中，作为face（正派）的英雄与作为heel（反派）的恶棍对决；他们每次交手，都共同演绎出他们故事的新篇章。他们说着台词，并相互鞠躬。

在奥巴马总统任职后不久，特朗普就开始了他的比赛，就好像他是face，而总统是heel。他假笑着嘲笑，一副自命不凡的样子。他希望把奥巴马解雇。2011年年初，他呼吁奥巴马向公众公布"长篇"出生证明，暗示总统有些隐藏的东西。"他没有出生证明，如果有的话，那证书上有些东西对他来说非常不利，"特朗普说，"现在，有人告诉我——我不知道这对他是否有害，但也许会有害——说他的'宗教'可能是'伊斯兰'。"[119]

这些表演意图传达给了事先准备好的观众。如果民意调查可以信任（一个可疑的命题）的话，在特朗普开始想象与奥巴马较量之前，超过五分之二的共和党人认为总统肯定或可能出生在另一个国家。另一项难以信任的民意调查显示，超过三分之一的美国人相信，"有可能"或"非常可能"："联邦官员要么参与了对世界贸易中心和五角大楼的袭击，要么没有采取任何行动阻止袭击。"[120]

"真相阴谋派"和"出生地阴谋派"的理论一直是亚历克斯·琼斯兜售的内容。到了2011年，《德拉吉报道》开始与"信息战"网站联系，琼斯的观众比拉什·林堡和格伦·贝克的观众加起来都多。（琼斯对这两个人不屑一顾。"林堡就是个婊子。"他说。）"我们对夏威夷当局今天发布的奥巴马出生证明进行了调查，那份文件是个粗制滥造的骗局。"琼斯在白宫2011年4月底发布的长版出生证书后写道。《德拉吉报道》与这个故事有关。在报告发布之后，另一项盖洛普民意调查再次（令人怀疑地）表示，近四分之一的共和党人仍然相信，奥巴马绝对或可能是在外国出生的。[121]

2012年2月26日，在全国性种族煽动的气氛中，一个叫乔治·齐默尔曼（George Zimmerman）的28岁男子在佛罗里达州奥兰多附近的社区周围徘徊，他打911报告说"看到一个真正可疑的家伙"。其实他看到的是17岁的塔拉万·马丁（Trayvon Martin），马丁正走路去附近的一家商店。齐默尔曼下了车，用口径为9毫米的手枪射杀了手无寸铁的马丁。齐默尔曼告诉警方，马丁袭击了他。齐默尔曼体重250磅，马丁只有140磅。马丁的家人说，他们听到孩子通过手机求救。马丁最终没活下来，但齐默尔曼六个星期以后才收到指控。3月8日，塔拉万·马丁的父亲特雷西·马丁在奥兰多召开新闻发布会，要求公布911报警的电话录音。"我们认为这里不存在正义。"他说。[122]

如果没有另一次枪杀事件，马丁的死也可能不会引起全国的关注。在乔治·齐默曼杀死塔拉万·马丁的第二天,一个叫莱恩的17岁男孩走进克利夫兰外约30英里的沙登高中的自助餐厅,拿出一把点22口径的手枪,开枪杀死了三名学生并使另外两人严重受伤。[123]

那时,美国是世界上个人枪支拥有率最高的国家,比枪支拥有率第二高的也门高出两倍。美国也是所有富裕民主国家中杀人率最高的国家,几乎是法国、德国的四倍,英国的六倍。在21世纪初期的美国,枪支谋杀案占所有谋杀案的三分之二。[124]这些事实都没有阻止最高法院于2008年在"哥伦比亚特区诉赫勒案"中的裁决,裁决判定1975年的《枪支管制条例法案》违反宪法,斯卡利亚法官写道:"第二修正案保护个人与民兵组织无关的拥有枪支的权利。"全国步枪协会的新负责人预计法庭会公开审判,并告诉《美国枪手》杂志,从第二修正案的角度来看,2012年总统大选"可能是我们有生以来最重要的一次选举"。[125]

枪击事件发生在街角、商场、医院、电影院和教堂。自1999年以来,这个国家一直在悼念学校枪杀事件的死难者——当时在科罗拉多州科伦拜恩的一所高中,2名高年级学生开枪杀死了12名学生、1名教师,然后自杀。2007年,23岁的弗吉尼亚理工大学高年级学生赵承熙(Seung Hui Cho)在布莱克斯堡(Blacksburg)向50人开枪,在他自杀之前打死了32人。[126]就在马丁在佛罗里达被杀的第二天,俄亥俄州的一所高中发生枪杀事件,与弗吉尼亚理工大的枪击案相比,这只是一起较小的悲剧,但它给佛罗里达声称乔治·齐默尔曼有权射杀塔拉万·马丁的说法蒙上了一层阴影。

1980年至2012年间,美国49个州通过了法律,允许枪支拥有者在外出时携带隐藏的武器,称这是为了个人保护。(伊利诺伊州是唯一不让步的州。)2004年,布什允许1994年《布雷迪法案》到时过期,该法案禁止拥有、转让、生产半自动攻击性武器。2005年,佛罗里达州通过了一项"坚守立场"的法律,豁免公民在面对死亡威胁时使用致命武器,即便他们可以安全逃脱。更多的州随后出台类似的立法。[127]允许携带隐藏的自卫武器被理解为：不是公民社会的失败，不用感到悲哀，这是一种公民行为，值得自豪，这符合法律和秩序，人人如此。

奥巴马拒绝接受这一观点。"如果我有个儿子，"总统在3月23日的新闻发布会上说，声音明显有些颤抖，"他看起来会像塔拉万。"[128]那天晚些时候，共和党总统候选人里克·桑托勒姆（Rick Santorum）在路易斯安那西门罗的射击场外发表演讲，他在那里用1911式点45口径的勃朗宁手枪射出了14发子弹。他告诉人们，"在这里，我能够行使的是宪法保障的基本自由之一，即携带武器的权利。"一位女士喊道："你假装就是奥巴马吧。"[129]

4月2日，成千上万的学生在亚特兰大集会，人们举着标语，上边写着"我是塔拉万·马丁"和"不许开枪！"。[130]就在他们集会抗议的时候，一个名叫万·戈（One Goh）的43岁男子走进奥克兰一所小型基督教学院的教室，拿出一支点45口径的半自动手枪，让学生都靠墙站立，说道："我要把你们所有人都打死。"然后他就开枪了。同一天早上，在俄克拉何马州塔尔萨（Tulsa），有5人在街上被枪杀。一项名为"随机射击行动"的调查让塔尔萨警察找到了19岁的杰克·英格兰（Jake England），他的父亲两年前遭到枪杀。复活节的星期天，又有两名大学生在密西西比州被枪杀。[131]

3月20日，美国司法部宣布将对塔拉万·马丁的死亡事件进行调查。4月7日，马丁的父母出现在"早安美国"节目上。五天后，寻求2012年共和党候选人提名的纽特·金里奇称第二修正案是"普遍人权"。特朗普认为这是一个再次对总统出生证明表示质疑的合适时机。5月，在特朗普支持米特·罗姆尼成为共和党候选人之前，他表示，"许多人并不认为这是一份真正的出生证明"。[132]

奥巴马在2012年赢得了连任，民主党控制参议院。几周后，在12月的一个悲惨日子里，在大雪覆盖的康涅狄格新英格兰纽敦（Newtown），一个患有精神病的20岁的孩子开枪打死了他的母亲，然后全副武装，前往他原来的小学。他射杀了6名教师和教职人员以及20个年幼的孩子，这些孩子中最小的只有5岁，这是对小学一年级的大屠杀。

奥巴马在白宫说："我知道美国所有父母都感受到我所感到的巨大的悲痛。"他控制不住自己的眼泪，"我们的心都碎了。"[133]然而，奥巴马政府没能在共和党的国会中通过控枪法案，国会仍不惜一切代价坚决捍卫公民携带枪支的权利，称对小孩子的屠杀是为了自由应该付出的代价。

奥巴马的第二个任期以国内预算斗争和中东泥潭为标志。2011年，美国军队找到并杀死了奥萨马·本·拉登，奥巴马从伊拉克撤回了最后一批美国军队。然而，奥巴马的外交政策看起来毫无目标，充满了随意性和暂时性，这影响了他的地位和国务卿希拉里·克林顿的地位。随着阿富汗战争的继续，伊斯兰武装分子在2012年袭击了利比亚的美国政府设施，到2014年，一个自称"伊斯兰国"的新恐怖组织已经控制了伊拉克的领土。美国在中东的国家建设项目遭遇失败。奥巴马是《爱国者法案》、关塔那摩监狱和伊拉克战争最初的反对者，他领导的政府，通过国家安全局的一个秘密项目加强了监视，对泄露美国在中东行为的人以及安排暗杀活动的人进行起诉。批评者称，反恐战争是一场彻头彻尾的灾难，占领阿拉伯国家只能产生更多的恐怖分子，反恐战争的每个想法都是错误的。恐怖主义是一种犯罪行为，历史学家安德鲁·巴塞维奇认为，这需要警方行动和外交行动，而不是军事行动。[134]

由于国防预算庞大，联邦政府确定的税收政策不可动摇，他们甚至无法探讨支出的优先选项。众议院领袖同时也是威斯康星州共和党人保罗·瑞安（Paul Ryan）提议将最高收入的个人所得税税率限制在25%——这是安德鲁·梅隆时代以来美国从未有过的税率。在248名共和党国会议员和47名共和党参议员中，除13人外，其他人都签署了反对增加任何所得税的协议。奥巴马政府希望将最高税率提高到39%，这是一项由无党派国会研究服务机构支持的建议。但参议院共和党反对该机构的报告（例如，发现"给富人减税"一词存在偏见），在国会研究服务机构长达一个世纪的历史中，这是它首次强制撤回报告。[135]

国会为"富人减税"一词的含义斗争之时，政治学家提出了一个令人痛苦的问题：民主对财富和收入不平等的承受程度有多大？2004年，美国政治科学协会的一个工作组得出结论，日益严重的经济不平等现象正威胁着美国的基本政治制度。四年后，一本700多页的学术论文集将其论点表达在书名之中：《不可持续的美国》（*The Unsustainable American State*）。2013年，联合国报告得出的结论是，不断增加的收入差距，不仅是导致世界政治不稳定的原因，也是全球经济增长放缓的原因。第二年，皮尤研究中心进行年度调查，看44个国家在哪五种威胁"对世界构成最大威胁"，大多数国家都将宗教和种族仇恨置于名单的首位。但是美国人选择了收入不平等。[136]

随着2016年大选临近，不平等论题似乎有望得到候选人的关注。寻求民主党提名的伯尼·桑德斯将不平等作为竞选活动的核心，这导致了一场呼吁进步式经济改革的运动。但希拉里·克林顿，最终的民主党候选人，未能在这个问题上获得实质性的支持。不太可能得到共和党候选人提名的唐纳德·特朗普则会指责那些移民。

奥巴马在第二任期内开始打击枪支暴力，但这不是枪支管制运动，这是一场种族正义运动。2013年，在佛罗里达州的陪审团宣布乔治·齐默尔曼与塔拉万·马丁死亡有关的指控无关之后，组织者开始在"黑人的命也是命"（#BlackLivesMatter）的标签下发表推文。非裔美国人自艾达·B.韦尔斯反私刑运动之前就一直反抗国内恐怖行动、国家暴力和警察暴行，"黑人的命也是命"就是"黑人权力"运动的新版，他们使用具有颠覆性创新技术：智能手机和应用程序，通过互联网直播捕捉和传输实时视频。如果你遵守的基本法律鼓励治安维持,那么数据分析服务会生成自己的报告文件。纽特·金里奇坚持认为第二修正案是一项人权,但数据计划提出了一种观点,即互联网的所有用户都是记者,每个人都可以是丑闻揭发者,上传数据本身就是一项人权。"数十亿漫游的摄影记者将他们的人生体验上传到网上,这非常壮观。"在一个数据计划广告中,大量打了马赛克的图片配音这样说。"我的苹果5手机可以看到每个角度,每个场景,以及整个人类的画廊。我需要,不,我有权利不受限制。"[137]

"黑人的命也是命"通过摄影将非裔美国人的经历,甚至可能将弗雷德里克·道格拉斯在一个半世纪以前预测的经历展现在人们面前。通过摄影,目击者甚至受害者自己都捕捉到了年轻黑人男子的经历,他们世世代代被警察挑出来,在汽车里被隔离,在街角被拦下,被推搡、搜身、拳打脚踢,甚至被杀害。2014年,密苏里州弗格森(Ferguson,距离圣路易斯不远)的警察在街上开枪打死了18岁的迈克尔·布朗(Michael Brown)。目击者通过智能手机拍下了事件的经过。全国各地的目击者抓拍了一起又一起警察开枪打人的事件。警方在克利夫兰的城市公园开枪打死了12岁的塔米尔·赖斯(Tamir Rice);赖斯只是拿着一把玩具枪而已。明尼苏达警方开枪杀死了费兰多·卡斯迪尔(Philando Castile),他车上的后置箱里有一把注册枪证的手枪,他也试图告诉警察这件事。卡斯迪尔的女朋友把现场在网上进行直播。"社交媒体帮助'黑人的命也是命'组织反抗这种暴力。"《连线》杂志说。然而,这场运动无法获得胜利成果。一场接一场的枪杀都记录在视频里,并公布在互联网上,但在所有案件中,警官最后只是被指控为有执法错误,不予追究。[138]

"黑人的命也是命"呼吁国家惩罚针对非裔美国人的暴力行为,包括警察暴行、种族歧视判决和大规模监禁。不出所料,这一运动并没有使控枪立法成为优先事项,尤其是它的先辈们,包括黑豹党。黑豹党曾主张黑人必须武装自己,并通过解读第二修正案(全国步枪协会全面采纳)来强化他们的观点。

与此同时，20世纪70年代首次划定的控枪和堕胎战线上，一触即发的战斗继续在街头和投票箱上进行，特别是在法庭上继续进行。当时出现了一种模式。第二修正案聚集了更大的力量，事实上，这是由白人发起、为白人利益的权利斗争。黑人、妇女和移民的公民权利陷入停滞，甚至倒退状态。但同性恋的权利提升了。

在21世纪初期，虽然其他民权主张失败，但同性恋权利运动，即拥有新称呼的LGBT[1]运动，取得了标志性的胜利，主要是利用自菲莉斯·施拉夫利《反女性平权法案》（STOP ERA）运动以来，回归家庭的言论给保守派带来的胜利。2003年，在"劳伦斯诉得克萨斯州案"中，最高法院推翻了自己在1986年"鲍尔斯案"中的裁决，认定得克萨斯的鸡奸法属于违宪。大法官桑德拉·戴·奥康纳（Sandra Day O'Connor）在同期的一个案件中说，她的决策是基于第十四修正案提出的平等保护条款，因此断定得克萨斯州法律存在性别歧视：一个男人不能因为和某个女性有任何活动而被起诉，但可以因与某个男性有活动而被起诉。奥康纳的推理标志着法律在向LGBT诉讼的方向前进，日益转向婚姻平等。在"劳伦斯案"判决后不到一年，马萨诸塞州最高法院让这里成为第一个允许同性婚姻、享受宪法权利的州。[139]

"布朗诉董事会案"发生在2015年春，也就是"格里斯沃尔德诉康涅狄格州案"中有关避孕措施的、具有里程碑意义的裁决之后的第50年。"奥贝格费尔诉霍奇斯案"实现了四对夫妇的请愿，他们在肯塔基州、密歇根州、俄亥俄州和田纳西州寻求解除同性恋婚姻的禁令。2004年，俄亥俄州通过了一项法律，规定"只有一个男人和一个女人之间的婚姻才是合法的，才能得到这个国家的认可"。2011年，詹姆斯·奥贝格费尔（James Obergefell）和约翰·亚瑟（John Arthur）已经在一起将近20年了，但那年，亚瑟被确诊为肌萎缩侧索硬

---

1 LGBT是"女同性恋、男同性恋、双性恋者以及变性恋者"的简称。全称是lesbian, gay, bisexual, and transgender.——译者注

化症[1]，一种在晚期会痛苦不堪的绝症。2013年，他们一起飞往没有同性婚姻禁令的马里兰州，在机场的停机坪上举行了婚礼。四个月后，亚瑟去世，享年48岁。按俄亥俄州的法律，对亚瑟的"遗孀"来说，他算是一个外人。[140]

在"奥贝尔格费尔诉霍奇斯案"的裁决中，最高法院宣布，国家禁止同性婚姻的决定属于违宪。在纽约市石墙旅馆，这是运动圣地，人们聚集在烛光下，拥抱着，无声痛哭。这是一场漫长而艰苦的斗争，然而，当胜利来临时，感觉像柏林墙倒塌一样意外和突然。前一分钟还有一堵墙；下一分钟，则是碧蓝的天空。

在半个世纪的有关生育和同性恋权利的诉讼中，对保守派的基督徒来说，"奥贝格费尔诉霍奇斯案"的胜利标志着，这是自20世纪60年代性开放战争以来的一次重大失败。在"格里斯沃尔德案"和"奥贝格费尔案"之间，基督徒加入并改造了共和党，却没能成功地阻止文化结构的转变。很多人觉得被背叛，甚至被抛弃了，回到完全背离他们基本信仰的世俗世界。保守派基督徒一直认同好莱坞，因为他们认为好莱坞敢于在电影和电视上宣扬性和暴力，所以将它作为这种结构变化出现的代理人。但随着包括色情在内的娱乐视频在网上传播，保守派基督徒和其他人一样，开始怀疑互联网对信仰、传统和社区的影响。《美国保守党》（*American Conservative*）编辑罗德·德雷尔（Rod Dreher）在一本以"后基督教国家的基督徒策略"为主题的书中写道："使用技术就是参加一种文化礼仪，如果我们不留意，它就会把我们训练成一批接受现代性核心真理主张的人——世界上唯一的真理就是我们在无尽地追求自然本性的时候选择赋予它我们想要的意义。"[141]

互联网在21世纪前一二十年的政治动荡中究竟发挥了什么作用还不确定，但在9·11恐怖袭击事件发生后，美国人开始相信阴谋论并恐惧外敌入侵。

---

1 肌萎缩侧索硬化症（Amyotrophic Lateral Sclerosis，简称ALS），是一种选择性侵犯运动神经元的慢性疾病。——译者注

不同的人恐惧不同的阴谋，但他们的恐惧都呈现出相同的形式：入侵者闯入美国生活并破坏美国的民主。互联网本身不就是入侵者吗？"网络乌托邦"[1]（Cyberutopians）说不是，他们指责奥巴马的2008年竞选，从"茶党""占领运动""黑人重要"到"阿拉伯之春"，从政治黑客、匿名黑客到"维基解密"，他们认为长期期待的政治民主化终于到来了。"新的信息启蒙正在曙光中。"希瑟·布鲁克（Heather Brooke）在《数字化革命》（*The Revolution Will Be Digitised*）中写道："技术正在打破地位、阶层、权力、财富和地理的传统社会障碍，取而代之的是相互合作和一切透明。"[142]

从另一个角度看，网络社交媒体也为狂热主义、威权主义和虚无主义提供了温床。它还特别容易被人操纵，尤其是被外国特工。在互联网上，一切看起来都很新，尽管大部分内容很旧。"另类右翼"是理查德·斯宾塞在2008年创造的一个词，与旧的右翼无关，但它根植于19世纪60年代的反公民权利的三K党和20世纪20年代的反移民党。它的风格——浮躁和色情——源于20世纪60年代的反主流文化运动。"另类右翼"没有受到太多保守主义的影响，反而受到性解放运动的影响更多，它觉得自己有犯罪倾向，是一种反文化，因而抛弃了"道德大多数"的道德主义，以及任何形式的道德主义，认为新保守主义者建立的安全状态无法应对文明冲突，反而扶持了威权主义。[143]

斯宾塞是杜克大学的历史学博士生，离开大学后成为一名编辑，后来成为他口中"21世纪，欧洲人意识和认同运动"的领袖。"另类右翼"在白人优先的意识形态和厌恶"建立保守主义"意识的推动下，把厌女症变成了一种修辞风格，把反对移民当成主要政策问题。2011年，斯宾塞成为国家政策研究所的所长，他的网站在2014年公布，"对美国白人来说，移民是一种代理人战争——战争是最后的防线——他们痛苦地认识到，除非采取重大行动，否则他

---

[1] 这是个网络自创词，基本含义是通过网络到达理想乐园，勉强译作中文"网络乌托邦"。——译者注

们的子孙将生活在一个外国人统治的、充满敌意的国家。"[144]

"另类右翼"唯一新鲜的东西是它在网上找到了一个家,像红迪网(Reddit),特别是"讨论区"(4chan)这样的论坛上一样,大多数用户都是年轻白人,他们嘲笑电脑文化,哀叹西方文明的衰落,攻击女权主义,嘲笑辱骂女性,使用新纳粹模式,发布色情内容,甚至浏览新的破坏性媒体网站,特别是布莱巴特新闻网——始建于2007年,曾经是美国最受欢迎的网站之一。[145]

"另类右翼"在网络上的对手,有时被称为"另类左翼",他们一方面涉及汤博乐和其他平台的亚文化,另一方面涉及校园政治,无休止地追求越来越小的利益。如果说"另类右翼"喜爱使用厌女式的网络霸凌和新纳粹的meme(迷因),"另类左翼"青睐的模式则是标题党和多愁善感、毫无意义的愤怒——"你的瑜伽练习是文化挪用的8个标志"——以及对种族主义、性别歧视、同性恋恐惧症和变性恐惧症的道貌岸然的指责。2014年,脸书为超过50种不同性别的用户提供身份注册的选项;对此感到困惑的人在网上被指责有偏见;公众羞辱成为一种政治话语,与网络上极左派和极右派一样,如果不是更过分的话。在佛罗里达州的奥兰多的一家同性恋夜总会发生了恐怖袭击事件,49人被杀,"另类左翼"在事后互相攻击,说对方违反了"交叉政治"规则,这种规则错综复杂,涉及身份苦难和个人性情。作家安吉拉·纳格尔报道说:"一位推特上著名的国际主义者告诫那些曾称这是美国历史上最大枪击案的人,提醒他们最糟糕的是'伍迪德尼'[1]。""其他类似发推特的人,反对别人

---

1 这是美国历史上故事较多的一个典故。"伍迪德尼",又译"受伤的膝盖"(wounded knee)。"南达科他州的伍迪德尼是1890年美国军队与特顿苏人武装冲突的事发地。美国兵试图镇压印第安宗教活动(鬼舞),认为它对白人社会构成了威胁。冲突的结果是部落印第安人大量被杀。1973年,新兴美国印第安运动的成员武装起来,占领伍迪德尼村(苏人保护区的一部分)达两个多月之久,要求联邦政府进行印第安政策和部落政局改革。"(见艾伦·布林克利:《美国史》,邵旭东译,海南出版社,2009)——译者注

在报道中称呼他们是Latina/o，而不是用Latinx，而其他人则肯定枪手患有精神疾病，而不是他对'伊斯兰国'的忠诚才导致开枪。其他人不甘示弱，愤怒地回复说，那些说枪手有精神病的人，是在歧视残疾人。"[146]

"千禧一代"（Millennials）是在网上长大的一代美国人，也是在互联网上找到了自己政治风格的一代人。2016年大选时，大多数年轻的合格选民都从2006年推出的脸书新闻频道中获得消息。他们中没有很多人——比他们之前的任何一代人都要少——相信政党、教会或公共服务。反文化的口号"质疑权威"已经失去了意义；很少有机构再掌握权力。数据计划的卖家建议人们可以把自己的东西都上传到互联网上，自拍并发帖展示自己，放弃社区群体和探究真理。搜索引擎的卖家说，任何人想知道的事情都可以通过点击我这儿找到。"最终你身上会有一种植入物，"谷歌联合创始人拉里·佩奇（Larry Page）说，"如果你想了解一个事实，它就会告诉你答案。"[147]但是人在线上，每个人最终还是独自一人，要想确切地知道一件事，其实特别困难，除了知道如何喜欢和被喜欢，还有就是如何讨厌别人和被别人讨厌。

伯尼·桑德斯的支持者（许多都和"占领派"有关）为维护自己的权利，在2016年费城民主党全国代表大会召开时举行抗议示威

III.

"我以前和其他一些人一起坐在这些桌子旁边。"杰布·布什的竞选经理说。这是一间相当于一个网球场大小的房间,墙壁涂成了马提尼-橄榄绿,2016年美国总统候选人的竞选经理坐在一张宽大的会议桌旁,给大家做大选后的汇报。听众大多都是勇士,战争结束之后,他们从死人堆里爬出来,大多面目冷漠无情。他们曾聚集在哈佛大学肯尼迪学院,像听竞选经理自1972年以来每次在总统大选后所做的报告一样,为期两天,什么都谈。他们所谈的大多数都是商店里的话,特别随意。没人谈美国、政府或共同利益。坐在那个房间里,看着这一切,就像在肉贩大会上的一头猪:很多谈话是关于刀具的最新技术和最好的、最美味的肉食,但谁也不会假装对这头猪有什么感情。

特朗普总统在2017年上任后不久,站在希拉里·克林顿画像前接待来访白宫的客人
奥德·圭鲁奇(Aude Guerrucci)/盖蒂图片社

2016年的选举是技术冲击的产物：竞选期间，最重要的政治沟通形式是唐纳德·特朗普的推特账户。它导致了新闻界的危机，媒体的证据和问责标准受到匿名来源和泄密者的挑战，其中一些证据是俄罗斯政府发起的政治干预活动中的一部分，被称为"巨魔工厂"。这次选举从美国政治的深处挖掘出由来已久的仇恨，揭示了中产阶级日益萎缩的可怕政治后果。它表明了共和国政治稳定对妇女不平等的宪法地位所应付出的代价，它标志着保守派基督教联盟的终结，也揭露了两个主要政党的黯淡和空虚。

共有17名候选人竞选共和党的提名。在汇报会上，竞选经理谈论他们的候选人和竞选，就像骑师谈论他们的马和跑道上的情况一样。"我们的策略是保持低调。"佛罗里达州参议员马克·卢比奥（Marco Rubio）的竞选经理说。威斯康星州州长斯科特·沃克（Scott Walker）说："这是场道路漫长的比赛。"特德·克鲁兹（Ted Cruz）的经理谈到了他赛马比较喜欢的那条跑道。特朗普以前的竞选经理、CNN新闻分析师科里·莱万多夫斯基（Corey Lewandowski）发言的时间最长。他的马最好、最漂亮，跑得也最快，并且跑了"总统职位历史上最超乎寻常的比赛"。他讲了一个故事，很可能是虚构的：2012年，米特·罗姆尼驾豪车参加竞选活动。但是，在最后一分钟，他跳上了一辆雪佛兰。这不是说特朗普。特朗普通常是坐飞机满世界跑。"我们的目标是确保我们以民粹主义者的身份竞选，依靠我们的财富竞选，而不是逃避它，我们要用非常规手段垄断媒体的关注，"莱万多夫斯基幸灾乐祸地说，"我们知道，当唐纳德·特朗普发一条推文时，福克斯新闻会进行直播。"他说，现场集会时代已经结束。报纸，报纸广告？都无所谓了。"唐纳德·特朗普从电视台直接买版面。"他没有在任何跑道上，而是在飞机上。[148]

南卡罗来纳州参议员林赛·格雷厄姆（Lindsey Graham）的经理指出，福克斯新闻决定使用民意调查来决定谁参加了首轮辩论，每个候选人将站在台上什么位置，以及每个候选人将获得多少拍摄时间，这在很大程度上取决于这个决定。在2016年的选举中，民意调查成了一个接近"杜威打败杜鲁门"比例的丑闻，业内人士曾预见这一丑闻的到来。在2012年的总统大选期间，1200家民意调查组织通过拨打30多亿通电话进行了37 000次民意调查。大多数的美国人（超过90%）拒绝与他们交谈。米特·罗姆尼的民意调查者甚至在大选的早晨还相信罗姆尼会赢。 2013年的一项调查显示，四分之三的美国人根本不相信民意调查。但据推测，有十分之九的美国人不信任民意调查，以至拒绝回答任何问题，这意味着民意调查的结果根本没有任何意义。[149]

"选举投票已处于危机之中。"美国民意研究中心前主席在2016年大选前几个月写道。当乔治·盖洛普在20世纪30年代创立民意调查行业时，回应率——受询问者回答调查问题的百分比——远高于90%。但到80年代，比率已经降到了约60%。到2016年大选时，回应率已经下降到了个位数。预测一次又一次失败了。2015年，民调未能预测本杰明·内塔尼亚胡（Benjamin Netanyahu）在以色列获胜，也未能预测英国工党的失利以及希腊的公投。2016年，民意调查未能预测到英国脱欧，即大不列颠和北爱尔兰退出欧盟。[150]

民意调查越不可靠，新闻界和政党对它的依赖度就越高，这让它的可靠性越来越低。 2015年，在大选初期，福克斯新闻宣布说，若能参加首次黄金时段的辩论，共和党候选人必须"进入最近五次全国民意调查结果的前十名"，而上台辩论的候选人顺序将由他们的民调分数来决定。（民调结果和排位在早期曾被用于排除第三党候选人参加辩论——这种做法导致"联邦选举委员会"接收大量投诉——但都与主要政党候选人无关。）共和党全国委员会没有反对这个决定，但这个决定让很有信誉的民意调查组织感到震惊。玛瑞斯特舆论研究所（Marist Institute for Public Opinion）称福克斯新闻计划"滥用民意调查"。皮尤调查研究室主任斯科特·基特（Scott Keeter）说："我觉得民意调查不足以决定头条新闻辩论。"皮尤、盖洛普、《华尔街日报》、国家广播电视台的民意调查受访者都拒绝参与问询调查。[151]

民意调查让特朗普进入了共和党辩论，并把他放在了中心舞台上，宣称他是胜利者。"唐纳德·J. 特朗普控制了《时代》周刊的民调。"在第一场辩论之后，特朗普竞选团队在其网站上发表了一篇文章，其中有报道称，据《时代》周刊报道，47%的受访者表示，特朗普会赢。《时代》周刊的"民意调查"是由网上"娱乐休闲在线制作平台"（PlayBuzz）运作的，"娱乐休闲"是一个带病毒内容的提供商，它将"测验、民意调查、列表和其他有趣的东西"嵌入网站上，就为了吸引流量。"娱乐休闲"在网上即时投票中收集了来自《时代》周刊网站访客的七万张"投票"。《时代》周刊发布声明："这项民意调查的结果并不科学。"[152]名声较差的其他网站根本懒得发表任何免责声明。

很多人呼吁人们关注民意调查的弱点，或分析一种调查与另一种调查之间的区别，但都不是很成功，也不是诚心诚意的。《纽约时报》刊登了一篇名为《总统民意调查：如何避免被愚弄》的文章。民意调查推动了更多的民意调查。好的民意调查推动民意调查，不好的民意调查也推动民意调查，当不好的民意调查推动好的民意调查时，它们就都不再那么好了。然后，媒体提醒读者、听众和观众关于民意调查的问题，民调并没有阻止新闻机构报道民调结果。2015年8月，在共和党首轮辩论的第二天，《石板报》发表了一篇名为《特朗普是否真的赢得辩论？如何理解所有那些即时民意调查说'是'》的文章，尽管《石板报》也进行了自己的实时民意调查："现在第一次共和党总统辩论结束了，权威人士和政治家将会嘲笑说，这对每个候选人的竞选活动究竟意味着什么。谁胜利了？谁在挣扎？谁将把辩论带向大选的荣耀？谁是命中注定失败者？"他们做出了与盖洛普20世纪30年代同样的民粹主义承诺。"电视谈话负责人无法决定这次大选，"《石板报》的民意调查分析人士（他的头衔是"互动编辑"）说，"最后是美国人民决定一切。"[153]

每个主要的民意调查组织在2016年大选中都出现了误测，他们预测希拉里·克林顿会获胜。这是一场比分接近的大赛。克林顿赢得了普选票；特朗普赢得了选举团票。肯尼迪学院在选举结束后的汇报中最早正式地预测了正确的结果。

在共和党竞选经理完成盘点后，民主党人发表讲话。"很多人可能不记得，希拉里在职业生涯的后期才参与选举政治，"她的竞选经理罗比·穆克（Robby Mook）说，"她从'儿童保护基金'开始……"克林顿的竞选团队没能说出有关希拉里·克林顿的任何新内容，她已经是美国人非常清楚的一位候选人。穆克显然没什么可以补充的。伯尼·桑德斯的竞选经理看起来很沮丧，他摇了摇头说："我们差一点就赢了。"[154]

总的来说，对于希拉里·克林顿的失利，没有公开更明显的解释。奥巴马未能培养出新一代的政治人才。民主党全国委员会认为克林顿的提名，甚至她的胜利都是意料之中的事，已经不用竞争。但克林顿把时间都投到了与从好莱坞到汉普顿的富裕的沿海自由派一起筹款上，没有在摇摆州开展竞选活动，也几乎不愿意与蓝领白人选民交谈。在特朗普获得提名后，她也没有做任何事情，只是说他的性格有缺陷，尽管特朗普最直言不讳的支持者从一开始就说这种方法会失败。

当有关特朗普说接近女性的最佳方式是"摸她们的身体"的录音曝光之后，克林顿的竞选团队认为特朗普的政治生涯已告终结。但即使这样，也没有阻止保守派基督徒对他的支持。"尽管媒体试图将特朗普的个性描绘成一种人格崇拜，但很讽刺的是，选民并不是因为他的个性感到狂热，"安·库尔特在《我们信任特朗普》（像她以前仓促写就的文章一样，将模糊的事实避而不谈）一文中写道，"我太忙，来不及做脚注。"说到特朗普的恶习和欺骗行为，库尔特正确地预测了他的支持者会是心平气和的。"特朗普做的没有哪件事是可以得到宽容的，"她写道，"除了他提出的改变移民政策。"[155]

菲莉斯·施拉夫利是美国保守派贵妇，2016年3月，她在圣路易斯的一次集会上为特朗普提供了她最早的也是最重要的声援之一。她已经91岁了，声音颤抖，但力量不减。她穿着粉红色的正装，金发蓬松，像以前一样完美无瑕，她告诉人们，特朗普是一个"真正的保守派"。对特朗普来说，施拉夫利代表着她长期以来领导的运动的高潮，20世纪50年代的反共运动，到60年代的戈德华特运动，到70年代的反"女性平权法案"，再到80年代的"里根革命"。自9·11事件以来，施拉夫利一直在呼吁结束移民，并在边境建立围栏，特朗普呼吁建造一堵墙的倡议赢得了她的信任。"唐纳德·特朗普让移民问题成为真正现实问题，"施拉夫利说，"因为奥巴马想改变我们国家的特征。"[156]

那年夏天，施拉夫利参加了共和党全国代表大会，庆祝特朗普历史性的提名。她坐在轮椅上，看起来很虚弱，脸色苍白，但她还是用她标志性的坚定信念讲话。她说，她希望人们记住她"展示了草根阶层能够崛起并击败当权派的精神，因为这就是我们对'平权案'所做的，我认为这也是我们要选唐纳德·特朗普要所做的事"。施拉夫利于2016年9月5日去世。她为支持特朗普所写的《保守派特朗普案件》在她死后的第二天就发表了，呼吁保守派基督徒支持特朗普，因为他在移民问题和堕胎问题上的立场："基督教在世界各地受到攻击——最严重的攻击来自伊斯兰世界，但在国内也受到了阴险的宗教自由的攻击。"[157]

大选前几周，特朗普在圣路易斯的一座漂亮的教堂前举行的施拉夫利葬礼上致辞。"菲莉斯是美国第一。"特朗普从祭坛上说道。他举起手指，仿佛在发誓："我们永远、永远不会让你失望。"在选举日，根据当场选举后的民意调查显示，52%的天主教徒和81%的福音派人士都投票支持特朗普。[158]

特朗普的当选标志着反"女性平权法案"的最终和永久的胜利。然而持不同政见的保守派基督徒认为，这也标志着基督教保守主义的终结。"虽然唐纳德·特朗普在天主教和福音派的大力支持下赢得了总统职位，但是像特朗普那样顽固不化、凶狠斗争、道德妥协的人，将使恢复基督教道德和社会团结的想法成为妄想，"大选后罗德·德雷尔写道，"他不是美国文化衰落问题的解决方案，而是问题的症状。"[159]

德雷尔呼吁基督徒参与"数字禁食，把它作为一种苦行"。其他反对特朗普的保守派人士正在努力解决右翼派袭击对传统权威和知识来源的影响，尤其是媒体带来的影响。"我们已经成功地说服了我们的听众，忽视任何来自主流媒体的信息。"前保守派电台谈话主持人查理·赛克斯在大选后发表了一篇名为《右翼是如何失去理智的》叛教行为的报道。[160]

左派将责任推给别人。希拉里·克林顿主要将自己的失利归因于她的电子邮件。她指责联邦调查局，尽管她和她的支持者也指责伯尼·桑德斯，因为他造成了民主党内部的分裂。[161]在肯尼迪学院大选后的汇报会上，克林顿竞选团队和主流媒体都不披露自己在大选中发挥的作用。在晚餐后的一次关于媒体在选举中的作用的恳谈会上，美国有线电视新闻网总裁杰夫·扎克（Jeff Zucker）驳斥了CNN可能在报道中犯下错误的每一种说法——比如说，CNN给特朗普的播出时间，包括长时间等待候选人出现在某处，实况转播上可能出现一个没有人的背景舞台。"坦白来讲，我认为那是胡说，"扎克在回应这些抱怨时说，"唐纳德·特朗普多次在CNN上出镜，那是因为我们要采访他，他也同意，我们也请求过其他候选人前来做采访，但他们拒绝了。"[162]

"那你真的出现空台了吗？"有观众喊道。

扎克拒绝回答。"我们请求唐纳德·特朗普上场，他同意了，他也回答了现场问题，但其他候选人被邀请——"

"那不是真的！"另一位竞选经理尖叫着打断。

扎克："我知道那种情绪在不断升温……"[163]

恳谈会的主持人,"彭博政治"作家萨沙·伊森伯格(Sasha Issenberg)呼吁大家保持冷静,"让我们转向一个不那么有争议的话题——假新闻。"[164]

在竞选期间,在网上获得新闻的选民阅读了很多故事,这些故事显然是不真实的,纯粹是虚构的,还有一些是俄罗斯宣传人员写的。俄罗斯总统弗拉基米尔·普京不喜欢希拉里·克林顿,而特朗普钦佩普京。在特朗普执政的第一年,国会要调查特朗普的竞选活动是否与俄罗斯政府有所勾结,俄罗斯政府是否干预了竞选结果,这似乎即将引发党派之争、点燃种族和宗教信仰之火,更为严重的后果是:摧毁美国人对彼此的信任和他们对政府体系的信仰。[165]

无论如何,并非所有新闻造假的人都是俄罗斯人。来自凤凰城的37岁有抱负的喜剧演员保罗·霍纳(Paul Horner)为了赚钱,写了一篇虚假的支持特朗普的新闻,他惊讶地发现特朗普的工作人员,如莱万多夫斯基,把他的故事转发到了社交媒体。霍纳在接受《华盛顿邮报》采访时说:"他的竞选经理转发了我写的关于一个抗议者的故事,我因此赚了3500美元。"他说:"这是我编的,我在克雷格列表网站上发了一条假广告。"霍纳其实不支持特朗普,他后来说,"我写的所有故事,都是为了让特朗普的支持者看起来像傻子一样去分享我的故事。"(霍纳在大选后不久就死了,可能是因为吸毒过量。)[166]

霍纳可能会因人们将他编造的故事作为新闻转发而感到惊讶,但大量的重新转发不是由人,而是机器人完成的。在选举前的几个月里,推特有多达4800万个虚假账户,机器人在发推文,并重新转发虚假新闻。在脸书上,一条假新闻可能会像真新闻一样出现在新闻推送频道上。[167]

在肯尼迪学院论坛上,主持人伊森伯格把问题交给分管全球通讯、营销和公共政策的脸书副总裁埃利奥特·施拉格(Elliot Schrage)。

"你是在什么时候认识到假新闻存在问题的?"伊森伯格问道。

"我们作为新闻传播机构,假新闻问题在过去一年中确实浮出水面。"施拉格说。[168]

国会随后对脸书进行调查，调查内容包括它究竟知道什么，什么时候知道的，以及为什么它没采取任何措施。[169]马克·扎克伯格看起来好像有朝一日也会竞选美国总统，他根本没理会有关脸书在"疯狂"选举中扮演的角色问题。在随后的国会调查中，脸书很不情愿地承认，一个与克里姆林宫相关的错误信息组织，即互联网研究机构，从脸书购买了煽动性的政治广告，该广告被1.26亿美国人点击阅读，其目的是分裂美国人和干涉大选。[170]后来脸书公司向剑桥分析公司——一家由特朗普竞选活动控制的数据公司——提供了超过8700万用户的私人数据。

不过施拉格并没有提到这些。脸书只是到最近才开始思考它是否应该成为一个"新闻机构"——"我想应该是在过去的三到六个月的时间里。"他解释说——结果证明了这一点。施拉格是一位专门从事收购和兼并的公司律师，没有证据表明他懂新闻、报道、编辑、新闻判断或公共利益。当他不安地谈及脸书出现的乳头照片（已被归类为黄色）时，但那也可能真的是合法的新闻报道——美联社的凯瑟琳·卡罗尔（Kathleen Carroll）插嘴说道。[171]

"我能说说比乳头更复杂的新闻判断吗？"

施拉格缩坐在椅子上。

在特朗普任职的第二年，司法部想起诉与互联网研究机构有关的13名俄罗斯人，指控他们"冒充美国人并以虚假的美国人身份发帖"，还有"盗用美国人真实身份"在社交媒体上发布消息来干扰美国的政治制度，其中的策略包括"支持当时的总统候选人唐纳德·J.特朗普的竞选活动……并贬低希拉里·克林顿"。他们还被指控破坏共和党候选人特德·克鲁兹和马克·卢比奥的竞选活动，支持伯尼·桑德斯和"绿党"候选人吉尔·斯坦的竞选活动，利用脸书和推特酝酿政治异议情绪——通过虚假的"黑人的命也是命"和"美国穆斯林"社交团体账户，组织亲特朗普反克林顿集会，上传帖包括以下的主题标签：#Trump2016、#Trumpin、#IwontProtectHillary，#Hillary4Prison。[173]随后还会有更多的爆料。

在选举后的小组讨论中，伊森伯格问《华盛顿邮报》著名编辑马蒂·巴伦（Marty Baron）是否考虑过不发表"维基解密"（2006年成立的匿名消息网站）有关民主党全国委员会电子邮件的内容。"维基解密"的创始人朱利安·阿桑奇（Julian Assange），是一位澳大利亚的计算机程序员，称该网站是按照泄露五角大楼文件的兰德公司前分析师丹尼尔·埃尔斯伯格的风格设计的，但阿桑奇住在厄瓜多尔驻伦敦大使馆，与艾尔斯伯格没有一点相似之处。俄罗斯黑客已经潜入民主党全国委员会的服务器，阿桑奇在"维基解密"上发布了黑客攻击窃取的电子邮件，包括《华盛顿邮报》在内的一些媒体决定引用的电子邮件的内容，这些邮件后来被证明是由一个主权国家黑客入侵的。[174]

巴伦一贯表现得平静和深沉，此时也变得急躁，他回避伊森伯格的问题，顾左右而言他，《华盛顿邮报》毫不犹豫地发布了电子邮件的内容，因为"克林顿竞选团队从未说过他们作假"。[175]

伊森伯格问施拉格，为什么在脸书新闻推送前不对新闻故事做事实核查。施拉格说这是脸书的"学习曲线"。他躲过了这一问。"我不清楚，世界上有18亿人，生活在不同的国家，使用不同的语言，最为明智的策略是开始雇用编辑。"他说。[176]正如国会听证会随后证实的那样，脸书几乎没有任何计策，不管明智与否，只是最大化地增加用户量和他们在脸书上所消费的时间。

"新闻判断呢？"观众中有人喊，将问题指向会议主持者。

扎克耸了耸肩。"在一天结束时，这全取决于观众。"[177]他得到的回答是

---

1 美国社交媒体上的标签，它们不符合拼写和语法规范，大致可译为"赞成特朗普当选""希拉里入狱"等。——译者注

观众的一片嘘声。

长期以来，卡罗尔是新闻专业领域的杰出代表，是普利策委员会的成员，她对讨论进行了总结。"我知道有些组织或记者或观察家认为媒体应该披上褐衣，我认为那是胡说。"她说。[178]那晚的节目结束了，没有任何竞选组织、有线新闻、社交媒体表达遗憾或意见。

这次大选几乎把这个国家分成了两半。它引起了人们的恐惧，煽动了仇恨，并使人们对美国在世界的领导地位，以及民主本身的未来产生了怀疑。但悔恨会等到另一天。补救办法也是如此。

> 如果我们灭亡了，敌人的狠毒将只是这场灾难出现的次要原因。主要原因是一个大国的力量，受到盲目的误导，甚至看不到眼前斗争造成的危害；这种盲目不是自然或历史的偶然事件造成的，而是由仇恨和虚荣引起的。
>
> ——莱茵霍尔德·尼布尔：《美国历史的讽刺》
> (*The Irony of American History*)
> 1952

结语：论题的答案
EPILOGUE: THE QUESTION ADDRESSED

制宪会议召开的那个夏天，费城异常热，但到了9月中旬，当最后一批代表骑马回家时，天气开始变化。到了10月，当《联邦党人文集》的文章开始登在报纸上，要求美国人辩论"人类社会是否真的有能力靠思考和选择建立一个良好的政府，还是他们注定永远要依赖偶然和暴力的政治体制"这一问题时，天上的空气如同你咬一口秋天的苹果一样爽脆。11月，当最后的苹果被榨成苹果汁的时候，气温开始急剧下降。圣诞节后的第二天，特拉华河结冰，并持续了几个月之久，在整个寒冷的冬季，冰冻的地面延伸至南方的萨凡纳。[1]

自那以后的几年一直都比较热。宪法制造的氛围已经消失了。在制宪会议期间，费城的年平均气温是52华氏度（约11摄氏度）。[2]在巴拉克·奥巴马总统任期结束时，气温升至59华氏度。[3]当全球开始变暖时，陆地的温度上升速度超过了海面温度，海洋也开始升温。冰山开始融化，海平面上升，风暴更多了。[4]在唐纳德·特朗普宣布美国从近两百个成员国组成的《巴黎气候协议》退出后不久（他称此举为"重新确立美国主权"），一万亿吨的、大小相当于特拉华州的冰山在南极洲坠落。[5]

数百万年来，各大陆架逐渐漂移，互相远离。1492年，它们在美洲连在了一起，成了新大陆。16世纪的征服者对正义的本质进行辩论。17世纪的不同政见者希望能和上帝亲近。18世纪的理性主义者想从过去解脱出来，找到一个新的开端，一个超越时空的地方。

美国建国开始于"隔断"行动："在有关人类事物的发展过程中，当一个民族必须解除它和另外一个民族之间的政治联系……出于对人类舆论的尊重，必须宣布他们不得不分离的原因。"[1]美国宪法渴望建立一个更完美的联盟，但正是奴隶和奴隶的后代，通过解除与暴政的联系，通过平等纽带的帮助实现了这个联盟的承诺。这些新联系将美国人彼此捆绑在一起，将它和世界捆绑在一起。电报线从海底横跨大西洋。然后有了蒸汽船、飞机、超音速飞机、卫星、污染、原子弹、互联网。"在最初，全世界都像美洲。"约翰·洛克写道。冷战结束时，一些评论家得出结论说，美国已成为全世界，就好像美国的实验已经结束，取得了无可匹敌的胜利。

其实，美国的实验还没有结束。一个诞生于革命的国家会永远与混乱作斗争。一个建立在普遍权利基础上的国家将永远与特权主义搏斗。一个为确立财富等级而推翻出生等级的国家永远不会得到宁静。一个移民国家无法关闭边界。一个出生在矛盾中的国家，在奴隶制土地上的自由，在征服地的主权，将永远在战斗，为了它的历史意义而战斗。

水面仍在上升。特朗普的选举掀起了一场浪潮。不少政治评论员宣布共和国时代终结。特朗普的言论是天启式的和绝对的；他就职演说的主题是"美国大屠杀"。他的批评者的言论同样是反乌托邦式的——愤怒、受伤、毫无希望。[6]

特朗普开始执政后，美国人为移民、枪支、性、宗教而战。他们也为雕

---

1 这段话出自《独立宣言》第一段。——译者注

像、纪念碑、牌匾和名字而战。美国史的幽灵震动了他们心中的锁链。在马里兰州的弗雷德里克,一辆雪佛兰皮卡车将罗杰·坦尼(判决德雷德·斯科特案的大法官)的青铜半身像,从市政厅拉到镇外的墓地。在圣路易斯,起重机拉起两块邦联州纪念碑——基座上喷涂了"黑人的命也是命"和"结束种族主义"(字母均为大写)字样——把它们存放到储存室。新奥尔良准备拆除四名南方邦联领导人的雕像,结果导致了一场混乱,从分裂主义者曾经描述的"血海"中向外渗透,犹如大坝决口。在弗吉尼亚州的夏洛茨维尔(Charlottesville),罗伯特·E.李的雕像从基座上被拉了下来,武装的白人至上主义者在这座城市游行;一个人撞到了一名反抗议者,并把她打死了,好像内战从未结束,她是北方联邦的最后一个牺牲者。[7]

美国建国所依据的真理是平等、主权和认同,这在内战后被多次重复。现代自由派源于这种政治基础,而美国抛弃了孤立主义,将这一愿景带给了世界:法治、个人权利、民主政府、开放边界和自由市场。为了国家建国真理的承诺,一个多世纪的艰苦奋斗让这个国家团结在一起——在为了人权的长期艰苦奋斗过程中团结在一起。然而,这个国家一路走来,却经历着一次又一次分裂。

保守派基于自由主义的失败(始于20世纪60年代)提出自己的主张——当时身份认同观念取代了平等观念。自由派赢得法庭的胜利,但失去了州众议院、州长和国会的席位。到20世纪90年代,保守派的罗伯特·博克坚持认为:"现代自由派基本上与民主政府不一致,因为它所要的结果是不允许普通人进行自由选择。因此,自由派只有通过那些在很大程度上不受民意支持的机构进行治理。"[8]但自由派的问题不在于它没有赢得民众的支持,而在于没有尝试摒弃选举政治,反而去支持司法救助、政治舞台和净化运动。

保守派把它对政治权利诉求的赌注押在赢得选举、赢得历史上。1955年,威廉·巴克利在《国家评论》中写道:"站在历史的角度上,我们要大喊停止。"从希望的历史上停止,保守派开始希望历史回归,尤其是通过提倡原文主义,沉迷于回到国家的建国之初。"从1607年到1965年英语殖民者的到来,"纽特·金里奇在1996年写道,"从詹姆斯敦的殖民地和朝圣者,到托克维尔的《论美国的民主》,直到20世纪40年代和50年代的诺曼·罗克韦尔(Norman Rockwell)的绘画,这当中有一种连续的文明构建在普遍接受的法律和文化原则之上。"[9]金里奇认为,自1965年,即林登·约翰逊签署《移民法案》以来,这种文明已经败落了。金里奇对美国过去的描述是一种幻想,这对他的政治很有用,但对历史毫无用处——它无视差异、暴力和正义的斗争。它也破坏和贬低了美国的实验,使它不那么大胆,不那么有趣,不那么暴力,不再是一部激动人心、令人惊叹、鼓舞人心、惊天动地的史诗,而是一篇愚蠢、令人安心的睡前故事。然而,那个童话故事中加入了"茶党"的热切渴望和政治绝望,他们支持唐纳德·特朗普承诺的"让美国再次变得伟大"。怀旧情绪不仅限于美国,在世界各地,当民粹主义者在陷入困境时,他们总是从历史的想象中寻求安慰。民族国家的命运似乎并不确定;民族主义者对未来提出的建议很少,只能通过讲述过去的伟大寓言来获得权力。

巴拉克·奥巴马敦促美国人"选择我们更好的历史",这是一个更漫长、更艰巨、更棘手,但到最后更令人振奋的故事。但是一个国家不能选择它的过去,它只能选择未来。在21世纪,亚历山大·汉密尔顿意义上的那种选择,更多的是与互联网海洋中漂流的选民们的最终决策相关。一个人能通过反思和选择来管理自己吗?汉密尔顿想要知道,或这些人注定会通过暴力而被统治,被汹涌的浪涛猛烈抨击?

国家的航船蹒跚而行。自由派被微风吹倒。他们忘了修补船上的风帆,任由帆布在狂风中翻滚、撕裂,帆索也乱了套。他们蜷缩在甲板下面,他们没有想出一条路线,看不到地平线,也没有控制住任何一个指南针。在甲板上,保守派把船板拉起来,点燃了愤怒的篝火:他们为追求民意,摧毁了真相本身,砸断了整艘船的桅杆。

这将落在新一代美国人的肩上,他们会想到祖先所做的事情,去深入探寻厄运般的大海。如果他们想要修理破烂的船,他们需要砍倒鹿出没的森林里最雄壮的松树,竖起一根新的桅杆,让它直刺阴云密布的天空。他们得用锋利的扁斧,把木材砍成木板,笔直而坚挺。他们要用强大的臂力拧实所有的钉子,用灵巧的手指轻柔地握着针线,仔细地缝制粗糙的风帆。仅知道热量、火花、锤子和铁砧是不够的,他们还得在烈火中锻造一只理想的锚。为了能让这艘船闯荡风浪,他们要学习一种古老的、几乎被遗忘的技术:用星星导航。

鸣谢
ACKNOWLEDGMENTS

众所周知，每本书的写作都要花费作者一生的心血。如此，追求真理应该是恰当的。几十年来，我一直在教授这本书中的大部分内容，首先，我应该感谢的是我的学生，他们对问题的探索增加了我的好奇心，挑战了我的假设，促进了我对问题的理解。

其次，我要感谢我的同事。为了写这本书，我从事了令人难以置信的愉快工作，学习并写下了我以前从未研究的许多人物、事件、思想和机构，也阅读了几代杰出的美国历史学家和政治学家的著作。我还在其他方面借鉴了他们的专业知识。极其慷慨的同事们让我阅读他们的手稿，给我提供阅读书目，和我讨论历史上一些令人纠结的节点。特别感谢戴维·阿米蒂奇（David Armitage）、戴维·布莱特（David Blight）、登美子·布朗-纳金（Tomiko Brown-Nagin）、戴维·卡拉斯科（David Carrasco）、琳达·科利（Linda Colley）、南希·科特（Nancy Cott）、诺亚·费尔德曼（Noah Feldman）、加里·格斯尔（Gary Gerstle）、安耐特·戈登-里德（Annette Gordon-Reed）、约翰·哈珀姆（John Harpham）、伊丽莎白·欣顿（Elizabeth Hinton）、亚当·霍克希尔德（Adam Hochschild）、托尼·霍维茨（Tony Horwitz），玛雅·加萨诺夫（Maya Jasanoff）、沃尔特·约翰逊（Walter Johnson）、珍·卡明斯基（Jane Kamensky）、詹姆斯·克洛彭堡（James Kloppenberg）、安·玛莉·利平斯基（Ann Marie Lipinski）、路易斯·梅南（Louis Menand）、查尔斯·梅尔（Charles Maier）、莉萨·麦格（Lisa McGirr）、朱莉·米勒（Julie Miller）、玛莎·米诺（Martha Minow）、本杰明·纳达夫-哈弗里（Benjamin Naddaff-Hafrey）、拉提夫·纳色尔（Latif Nasser）、莎拉·菲利普斯（Sarah Phillips）、李·普莱斯（Leah Price）、艾玛·罗斯柴尔德（Emma Rothschild）、布鲁斯·舒尔曼（Bruce Schulman）、埃里克·西曼（Erik Seeman）、罗杰斯·史密斯（Rogers Smith）和肖恩·威伦茨（Sean Wilentz）。

我在以下各个学院的讲座中讲过这本书的几个版本，从现场听众那里得到了受益匪浅的评论：美国海军学院"乔治·班克罗夫特纪念讲座"；普林斯顿大学"斯宾塞·特拉斯克"的讲座；印第安纳大学的"彭定康讲座"；西北大学的"理查德·利奥波德公共事务讲座"；哈佛大学肯尼迪学院的"西奥多·H. 怀特新闻与政治讲座"；多伦多大学有关政治思想史的"F. E. L. 普里斯特利纪念讲座"；康涅狄格大学（斯托斯市）的"杰出访问学者讲座"；凯斯西储大学的"卡拉汉杰出讲座"。我在哈佛大学研讨会期间得到了特别重要的批评建议，包括来自历史系、"尼曼基金会"和"宪政政府计划"的建议，还获得了剑桥大学"美国历史研讨会"和纽约"美国大都会艺术博物馆"的建议。

这一范围的所有著作都是我长期劳动的结晶。为了写这本书，我曾多次重新阅读我以前听说过的故事——在演讲上，在文章中，在书里——了解所有事情的历史，从税收、债务和政治咨询的历史，到简·富兰克林、安德鲁·杰克逊、伍德罗·威尔逊和巴拉克·奥巴马的生活。我从早期的教学、科研和写作中得到了自由，特别是我最初为《纽约客》所撰写的那篇文章。我将无限的谢意，献给杂志的编辑亨利·芬德尔（Henry Finder）。那本杂志的读者可能会认识到旧杂志文章的鬼魂还在页面上萦绕，但以新的形式，以完全不同的目的呈现了出来——还有像链子一样叮当作响的尾注一直伴唱。

诺顿的乔恩·德宾（Jon Durbin）曾问我是否会写这本书，我觉得他可能疯了，但我很高兴他这么问。也谢谢蒂娜·班奈特（Tina Bennett），她为我加油助威。彼得·佩利扎里（Peter Pellizzari）、西拉·韦布（Thera Webb）和肖恩·拉威利（Sean Lavery）帮我核查史实，使我规避了许多错误。珍妮特·伯恩（Janet Byrne）极其谨慎、聪明睿智地对文字进行了逐字编辑。让人钦佩的彭布罗克·赫伯特（Pembroke Herbert）编辑了所有插图。丽贝卡·卡拉米米多维克（Rebecca Karamehmedovic）跟进所有版权问题。诺顿的玛莉·潘托利（Marie Pantojan）和堂·里夫金（Don Rifkin）奇迹般地让一切都在轨道上正常运行。诺顿编辑罗伯特·威尔（Robert Weil）的热情和智慧也是无可匹敌的。

感谢亲爱的朋友：阿德里安娜·奥尔蒂（Adrianna Alty）、埃莉斯·卜罗奇（Elise Broach）、珍·卡明斯基、伊丽莎白·坎纳（Elisabeth Kanner），莉萨·洛维特（Lisa Lovett）、莉斯·麦克纳尼（Liz McNerney）、布鲁斯·舒尔曼（Bruce Schulman）雷切尔·斯特德曼（Rachel Seidman）和丹尼斯·韦布（Denise Webb）。感谢我的父母保罗和多丽丝·里克。还有致吉里克家的迪恩、西蒙、奥利弗和提姆：祝爱，永恒。

注释
NOTES

说明：

这本书引用了无数的原始史料和大量的学术文献。我试着找出书中内容的主要来源，并保持引用的简短。我更喜欢引用第一手史料而不是二手文献。引文的完整标题只出现在初次引用时。对于那些很容易在网上找到的著名演讲和公开文件，例如就职演说、提名接受演讲、政党平台信息和手稿收藏的在线版本，我通常只提供一个出处而非链接。涉及我为《纽约客》撰写的文章所做的研究时，我经常引用原始资料而不是我的文章。

引言：论题的起因

[1] *New-York Packet*, October 30, 1787.

[2] September 12, 1787, *The Records of the Federal Convention of 1787*, ed. Max Farrand, 3 vols. (New Haven, CT: Yale University Press, 1911), 2:588.

[3] "An Old Whig IV," [Philadelphia] *Independent Gazetteer*, October 27, 1787.

[4] James Madison to William Eustis, July 6, 1819, in *The Papers of James Madison*,

Retirement Series, ed. David B. Mattern, J. C. A. Stagg, Mary Parke Johnson, and Anne Mandeville Colony, 12 vols. (Charlottesville: University of Virginia Press, 2009), 1:478–80.

[5] *New-York Packet*, October 30, 1787.

[6] Ibid.

[7] Michael Holler, *The Constitution Made Easy* (n.p.: The Friends of Freedom, 2008).

[8] Benjamin Franklin, "Observations on Reading History," May 9, 1731, in *The Papers of Benjamin Franklin* (hereafter *PBF*), online edition at Franklinpapers.org.

[9] David Hume, "An Enquiry Concerning Human Understanding [1748]," *Essays and Treatises on Various Subjects* (Boston: J. P. Mendum, 1868), 54.

[10] For example, Ross Douthat, "Who Are We?," *New York Times* [hereafter NYT], February 4, 2017.

[11] Thucydides, *History of the Peloponnesian War*, Book I, ch. 1; Herodotus, *The Essential Herodotus*, translation, introduction, and annotations by William A. Johnson (New York: Oxford University Press, 2017), 2; Ibn Khaldûn, *The Muqaddimah: An Introduction to History*, trans. Franz Rosenthal (1967; Princeton, NJ: Princeton University Press, 2005), 5.

[12] Sir Walter Ralegh, *The Historie of the World* (London: Walter Burre, 1614), 4.

[13] Thomas Paine, *Common Sense* (Philadelphia: R. Bell, 1776), 17, 12. James Madison, Federalist No. 14 (1787).

[14] Paine, *Common Sense*, 18.

[15] Carl Degler, *Out of Our Past: The Forces That Shaped Modern America* (New York: Harper & Brothers, 1959), xi.

[16] The letter was originally published as James Baldwin, "A Letter to My Nephew," *The Progressive*, January 1, 1962; a revision appears in James Baldwin, *The Fire Next Time* (1963; New York: Vintage International, 1993), 3–5.

[17] Ibid.

第一章：过去的本质

[1] Christopher Columbus, *The Diario of Christopher Columbus's First Voyage to America, 1492–1493, Abstracted by Fray Bartolomé de Las Casas*, transcribed and translated by Oliver Dunn and James E. Kelly Jr. (Norman: University of Oklahoma Press, 1989); Las Casas, summarizing a passage by Columbus, wrote "vireon gente desnuda" ("they saw naked people"); I have changed this to "we saw naked people," which, as is supposed, is what Columbus wrote. On the history of the diary, see Samuel E. Morison, "Texts and Translations of Columbus's of the Journal of Columbus's First Voyage," *Hispanic American Historical Review* 19 (1939): 235–61.

[2] Columbus, *Diario*, 63–69.

[3] Columbus, "The Admiral's Words [c. 1496]," in Ramón Pané, *An Account of the Antiquities of the Indians* [1498], ed. José Juan Arrom, trans. Susan C. Griswold (Durham, NC: Duke University Press, 1999), appendix.

[4] Pané, *Antiquities of the Indians*, 3.

[5] Ibid., introduction.

[6] Ibid., 3, 11–12, 17.

[7] Ibid., 20.

[8] Gonzalo Fernández de Oviedo, *Historia General y Natural de las Indias*, as excerpted in *1492: Discovery, Invasion, Encounter: Sources and Interpretations*, ed. Marvin Lunefeld (1529; Lexington, MA: D.C. Heath and Company, 1991), 152–53.

[9] Pané, *Antiquities of the Indians*, 31.

[10] David A. Zinniker, Mark Pagani, and Camille Holmgren, "The Stable Isotopic Composition of Taxon-Specific Higher Plant Biomarkers in Ancient Packrat Middens: Novel Proxies for Seasonal Climate in the Southwest US," *Geological Society of America* 39 (2007): 271.

[11] Charles Darwin, *On the Origin of Species by Means of Natural Selection*, 4th ed. (London, 1866), 375.

[12] On the debate over population figures, see Charles C. Mann, *1491: New Revelations of the Americas before Columbus* (New York: Knopf, 2005), 92–96, 132–33.

[13] Useful sources include *Handbook of North American Indians* (Washington, DC: Smithsonian Institution, 1978, 2008); Alvin M. Josephy Jr., *America in 1492: The World of the Indian Peoples before the Arrival of Columbus* (New York: Vintage Books, 1991); and Daniel K. Richter, *Facing East from Indian Country: A Native History of Early America* (Cambridge, MA: Harvard University Press, 2001).

[14] Irving Rouse, *The Tainos: Rise and Decline of the People Who Greeted Columbus* (New Haven, CT: Yale University Press, 1992).

[15] Broadly, see Charles Maier, *Once within Borders: Territories of Power, Wealth, and Belonging since 1550* (Cambridge, MA: Harvard University Press, 2016).

[16] George Bancroft, *The Necessity, the Reality, and the Promise of the Progress of the Human Race* (New York: New York Historical Society, 1854), 29.

[17] On the native peoples of North America, see Daniel K. Richter, *Before the Revolution: America's Ancient Pasts* (Cambridge, MA: Harvard University Press, 2011). On Zheng He, see, for example, Louise Levathes, *When China Ruled the Seas: The Treasure Fleet of the Dragon Throne, 1405–1433* (New York: Simon & Schuster, 1994). On the Maya, see Inga Clendinnen, *Ambivalent Conquests: Maya and Spaniard in Yucatan, 1517–1570* (New York: Cambridge University Press, 1987). On West Africans, see John Thornton, *Africa and Africans in the Making of the Atlantic World, 1400–1680* (New York: Cambridge University Press, 1992).

[18] Samuel Purchas, *Purchas His Pilgrimage; Or, Relations of Man . . . from the Creation unto This Present* (London, 1614).

[19] Samuel Purchas, "A Discourse of the diversity of Letters used by the divers Nations in the World," in *Hakluytus Posthumus, or Purchas His Pilgrimes*, 20 vols. (Glasgow: James MacLehose & Sons, 1905), 1:486.

[20] *Diario,* 63–69.

[21] Stephen Greenblatt, *Marvelous Possessions: The Wonder of the New World* (Chicago: University of Chicago Press, 1991), ch. 3.

[22] See Tzvetan Todorov, *The Conquest of America: The Question of the Other*, trans. Richard Howard (New York: Harper and Row, 1984).

[23] Quoted in J. H. Elliott, *The Old World and the New, 1492–1650* (1970; New York: Cambridge University Press, 1992), 10.

[24] Amerigo Vespucci, *Mundus Novus: Letter to Lorenzo Pietro di Medici*, trans. George Tyler Northrup (Princeton, NJ: Princeton University Press, 1916), 1.

[25] Sir Thomas More, *Utopia*, ed. Edward Surtz (New Haven, CT: Yale University Press, 1964). On the traveler's voyage with Vespucci, see 12–13.

[26] Isidore of Seville, *The Etymologies of Isidore of Seville*, translated and introduced by Stephen A. Barney et al. (New York: Cambridge University Press, 2006), introduction.

[27] John R. Hébert, "The Map That Named America," *Library of Congress Information Bulletin* 62 (September 2003).

[28] Quoted in Eric Williams, *Capitalism and Slavery* (Chapel Hill: University of North Carolina Press, [1944] 1994), 4.

[29] Pané, *Antiquities of the Indians*, 35.

[30] All of these numbers are estimates and all are contested. On European migration, a useful introduction is Bernard Bailyn, *The Peopling of British America: An Introduction* (New York: Knopf, 1986). For African numbers, see David Eltis, *The Rise of African Slavery in the Americas* (New York: Cambridge University Press, 2000), a study of the Voyages Database: Estimates, *Voyages: The Trans-Atlantic Slave Trade Database,* http://www.slavevoyages.org, accessed June 2, 2017. For the continuing controversy over indigenous population, see, for example, Jeffrey Ostler, "Genocide and American Indian History," *Oxford Research Encyclopedia of American History* (New York: Oxford University Press, 2016).

[31] Quoted in Elliott, *The Old World and the New*, 76.

[32] Elliott, *The Old World and the New*, 59–61; Adam Smith, *An Inquiry into the Nature and Causes of the Wealth of Nations*, 3 vols. (1776; New York: Collier, 1902), 2: 394. On the rise of capitalism, see Joyce Appleby, *The Relentless Revolution: A History of Capitalism* (New York: Norton, 2010). On the long history of slavery, see David Brion Davis, *The Problem of Slavery in*

Western Culture (Ithaca, NY: Cornell University Press, 1966), and David Brion Davis, *Inhuman Bondage: The Rise and Fall of Slavery in the New World* (New York: Oxford University Press, 2006).

[33] Thornton, *Africa and Africans in the Making of the Atlantic World*, chs. 3 and 4.

[34] Columbus, *Diario*, 75.

[35] On the environmental consequences of 1492, see Alfred W. Crosby, *The Columbian Exchange: Biological Consequences of 1492* (Westport, CT: Greenwood, 1972), and Alfred W. Crosby, *Ecological Imperialism: Biological Expansion of Europe, 900–1900* (Cambridge: Cambridge University Press, 1986). The quotation is from Crosby, *Ecological Imperialism*, 166.

[36] Quoted in Crosby, *Ecological Imperialism*, 175.

[37] Crosby, *Ecological Imperialism*, ch. 9.

[38] David J. Weber, *The Spanish Frontier in North America* (New Haven, CT: Yale University Press, 1992), 1–4.

[39] Quoted in Crosby, *Ecological Imperialism*, 215, 208.

[40] Aristotle, *Politics*, Book One, parts 1, 3–7. And, broadly, see Anthony Pagden, *Spanish Imperialism and the Political Imagination* (New Haven, CT: Yale University Press, 1990), ch. 1; Lewis Hanke, *The Spanish Struggle for Justice in the Conquest of America* (Philadelphia: University of Pennsylvania Press, 1949); James Muldoon, *Popes, Lawyers, and Infidels: The Church and the Non-Christian World, 1250–1550* (Philadelphia: University of Pennsylvania Press, 1979); and James Muldoon, *The Americas in the Spanish World Order: The Justification for Conquest in the Seventeenth Century* (Philadelphia: University of Pennsylvania Press, 1994).

[41] Antonio de Montesinos, December 21, 1511, Hispaniola, as quoted in Justo L. González and Ondina E. González, *Christianity in Latin America: A History* (New York: Cambridge University Press, 2007), 30. On the relationship between Christianity and human rights, see Samuel Moyn, *Christian Human Rights* (Philadelphia: University of Pennsylvania Press, 2015). Moyn writes: "Without Christianity, our commitment to the moral equality of human beings is unlikely to have come about, but by itself this had no bearing on most forms of political equality—whether between Christians and Jews, whites and blacks, civilized and savage, or men and women" (6).

[42] The Requerimiento, 1513, in *Major Problems in American Indian History: Documents and Essays*, ed. Albert L. Hurtado and Peter Iverson (Boston: Houghton Mifflin, 2001), 58.

[43] Miguel León-Portilla, *The Broken Spears: The Aztec Accounts of the Conquest of Mexico* (1962; Boston: Beacon Press, 2006), 137.

[44] Weber, *The Spanish Frontier in North America*, 14–17.

[45] Bartolomé de Las Casas, *A Short Account of the Destruction of the Indies*, ed. and trans. Nigel Griffin (1552; New York: Penguin Books, 1992).

[46] Lewis Hanke reconstructs the debate in *All Mankind Is One: A Study of the Disputation*

between Bartolomé de Las Casas and Juan Ginés de Sepúlveda in 1550 on the Intellectual and Religious Capacity of the American Indians (DeKalb: Northern Illinois University Press, 1974). For the arguments made by Las Casas and Sepúlveda, see Bartolomé de Las Casas, *In Defense of the Indians*, ed. and trans. Stafford Poole (1542; DeKalb: Northern Illinois University Press, 1974), and Juan Ginés de Sepúlveda, *Democrates Alter: Or, On the Just Causes for War Against the Indians* (1544).

[47] Richard Hakluyt (the Younger), "Discourse of Western Planting," 1584, in *Envisioning America: English Plans for the Colonization of North America, 1580–1640*, ed. Peter C. Mancall (Boston: Bedford Books, 1995), 45–61.

[48] Constance Jordan, "Woman's Rule in Sixteenth-Century British Political Thought," *Renaissance Quarterly* 40 (1987): 421–51; Natalie Zemon Davis, "Women on Top," in *Society and Culture in Early Modern France* (Stanford, CA: Stanford University Press, 1975), 124–51.

[49] Ken MacMillan, *Sovereignty and Possession in the English New World: The Legal Foundations of Empire, 1576–1640* (New York: Cambridge University Press, 2006), 82.

[50] On this triangulation, see Jill Lepore, *The Name of War: King Philip's War and the Origins of American Identity* (New York: Knopf, 1998), 9.

[51] See Stephen Greenblatt and Peter G. Platt, eds., *Shakespeare's Montaigne: The Florio Translation of the Essays: A Selection* (New York: New York Review of Books, 2014); on Ralegh reading Montaigne, see Alfred Horatio Upham, *The French Influence on English Literature from the Accession of Elizabeth to the Restoration* (New York: Columbia University Press, 1908), 289–93.

[52] Michel Montaigne, *The Complete Essays of Montaigne*, trans. Donald M. Frame (Palo Alto, CA: Stanford University Press, 1965), 80, 152.

[53] Quoted in Karen Kupperman, *Roanoke: The Abandoned Colony* (Totowa, NJ: Rowman and Allanheld, 1984), 17. See also Kathleen Donegan, *Seasons of Misery: Catastrophe and Colonial Settlement in Early America* (Philadelphia: University of Pennsylvania Press, 2014), ch. 1.

第二章：统治者和被统治者

[1] Gregory A. Waselkov, "Indian Maps of the Colonial Southeast," in *Powhatan's Mantle: Indians of the Colonial Southeast*, ed. Waselkov et al. (Lincoln: University of Nebraska Press, 2006), 453–57.

[2] James Stuart, *The True Law of Free Monarchies* in *The Political Works of James I*, ed. Charles Howard McIlwain (Cambridge, MA: Harvard University Press, [1598] 1918), 310. And see Glenn Burgess, "The Divine Right of Kings Reconsidered," *English Historical Review* 107 (1992): 837–61.

[3] "The First Charter of Virginia, April 10, 1606," in *The Federal and State Constitutions,*

Colonial Charters, and Other Organic Laws, ed. Francis Newton Thorpe, 7 vols. (Washington, DC: U.S. Government Printing Office, 1909), 3:3783. On Jamestown, see James P. Horn, *Adapting to a New World: English Society in the Seventeenth-Century Chesapeake* (Chapel Hill: University of North Carolina Press, 1994), and Karen Kupperman, *The Jamestown Project* (Cambridge, MA: Harvard University Press, 2007).

[4] "The First Charter of Virginia, April 10, 1606."

[5] Ibid.

[6] David Armitage, *The Ideological Origins of the British Empire* (New York: Cambridge University Press, 2000); Linda Colley, *Captives: Britain, Empire and the World, 1600–1850* (London: Jonathan Cape, 2002); David Armitage and Michael J. Braddick, eds.,*The British Atlantic World, 1500–1800* (New York: Palgrave Macmillan, 2002).

[7] Daniel J. Hulsebosch, "English Liberties Outside England: Floors, Doors, Windows, and Ceilings in the Legal Architecture of Empire," in *The Oxford Handbook of Law and Literature, 1500–1700*, ed. Lorna Hutson (Oxford: Oxford University Press, 2017), ch. 38.

[8] John Locke in *Second Treatise of Government and a Letter Concerning Toleration*, ed. Mark Goldie (1690; New York: Oxford University Press, 2016), 4, 63.

[9] Paine, *Common Sense*, 12.

[10] Edward Coke, *The First Part of the Institutes* (1628; London, 1684), 97b. On the process of preparing charters, see Ken MacMillan, *Sovereignty and Possession in the English New World: The Legal Foundations of Empire, 1576–1640* (New York: Cambridge University Press, 2006), 79–86. On Coke, see Daniel J. Hulsebosch, "The Ancient Constitution and the Expanding Empire: Sir Edward Coke's British Jurisprudence," *Law and History Review* 21 (2003): 439–82. For a dissenting view on Coke's contribution to the 1606 charter, see Mary S. Bilder, "Charter Constitutionalism: The Myth of Edward Coke and the Virginia Charter," *North Carolina Law Review* 94 (2016): 1545–98, especially 1558–60.

[11] John Smith, *Complete Works of Captain John Smith*, ed. Philip L. Barbour, 2 vols. (Chapel Hill: University of North Carolina Press, 1986), 1:l viii. I discuss Smith and the Jamestown colony in *The Story of America: Essays on Origins* (Princeton, NJ: Princeton University Press, 2012), ch. 1.

[12] Kupperman, *The Jamestown Project*, 58, 64–68.

[13] John Smith, *Captain John Smith*, ed. James Horn (New York: Penguin Group, 2007), 44.

[14] Ibid., 42; Smith, *Complete Works*, 1:207.

[15] Edmund S. Morgan, *American Slavery, American Freedom: The Ordeal of Colonial Virginia* (New York: Norton, 1975), chs. 3 and 4.

[16] Morgan, *American Slavery, American Freedom*, 78.

[17] *A True Declaration of the Estate of the Colonie in Virginia* (London, 1610), 11.

[18] Smith, *Complete Works*, 2:128–29.

[19] Smith, *Captain John Smith*, 1100–1101; Smith, *Complete Works*, 1: xiv.

[20] Thomas Hobbes, *Leviathan* (1651; Oxford: Clarendon Press, 1909), 96–97. On Hobbes and the Virginia Company, see Noel Malcolm, "Hobbes, Sandys, and the Virginia Company," in *Aspects of Hobbes* (New York: Oxford University Press, 2002), 53–79.

[21] Morgan, *American Slavery, American Freedom*, 108–9, 158–59.

[22] Martha McCartney, "Virginia's First Africans," *Encyclopedia Virginia*, Virginia Foundation for the Humanities, July 5, 2017.

[23] Sowande'M. Mustakeem, *Slavery at Sea: Terror, Sex and Sickness in the Middle Passage* (Urbana: University of Illinois Press, 2016), introduction and ch. 5 (quotation, 117). Also see Marcus Rediker, *The Slave Ship: A Human History* (New York: Viking, 2007).

[24] Samuel Morison, introduction to William Bradford, *Of Plymouth Plantation, 1620–1647* (New York: Knopf, 1952), xxvi–xxvii.

[25] Bradford, *Of Plymouth Plantation*, 3, chs. 9 and 10.

[26] Stephen Church, *King John: And the Road to Magna Carta* (New York: Basic Books, 2015), 21.

[27] Quoted in Nicholas Vincent, ed., *Magna Carta: A Very Short Introduction* (Oxford: Oxford University Press, 2012), 15–16. And on the general question, see R. C. van Caenegem, *The Birth of the English Common Law* (Cambridge: Cambridge University Press, 1973), 2–3.

[28] Vincent, *Magna Carta*, 12.

[29] David Carpenter, *Magna Carta* (New York: Penguin, 2015), 252.

[30] Quoted in Carpenter, *Magna Carta*, ch. 7.

[31] Church, *King John*, 148; Carpenter, *Magna Carta,* 81; Nicholas Vincent, ed., *Magna Carta: The Foundation of Freedom, 1215–2015* (London: Third Millennium Publishing, 2015), 61–63.

[32] Church, *King John*, 210.

[33] Magna Carta, 1215, in G. R. C. Davis, *Magna Carta* (London: British Museum, 1963), 23–33.

[34] Quoted in *The [Cobbett's] Parliamentary History of England*, ed. William Cobbett and J. Wright, 36 vols. (London, 1806–20), 2:357.

[35] On this transformation, see Leonard W. Levy, *The Palladium of Justice: Origins of Trial by Jury* (Chicago: I. R. Dee, 1999); John H. Langbein, *Torture and the Law of Proof* (1977; Chicago: University of Chicago Press, 2006); Paul R. Hyams, "Trial by Ordeal: The Key to Proof in the Early Common Law," in *On the Laws and Customs of England: Essays in Honor of Samuel E. Thorne,* ed. Morris S. Arnold et al. (Chapel Hill: University of North Carolina Press, 1981); Robert Bartlett, *Trial by Fire and Water: The Medieval Judicial Ordeal* (Oxford: Clarendon Press, 1986).

[36] Barbara J. Shapiro, "The Concept 'Fact': Legal Origins and Cultural Diffusion," *Albion* 26 (1994): 227–52; Barbara J. Shapiro, *A Culture of Fact: England, 1550–1720* (Ithaca,

NY: Cornell University Press, 2000). See also Lorraine Daston, "Marvelous Facts and Miraculous Evidence in Early Modern Europe" *Critical Inquiry* 18 (1991): 93–124; Mary Poovey, *A History of the Modern Fact: Problems of Knowledge in the Scieuces of Wealth and Society* (Chicago: University of Chicago Press, 1998); Lorraine Daston, "Strange Facts, Plain Facts, and the Texture of Scientific Experience in the Enlightenment," in *Proof and Persuasion: Essays on Authority, Objectivity, and Evidence* ([Tournai]: Brepols, 1996), 42–59.

[37] James I, Speech in the Star Chamber, June 20, 1616, in J. R. Tanner, *Constitutional Documents of the Reign of James I: 1603–1625* (Cambridge: Cambridge University Press, 1960), 19.

[38] Vincent, *Magna Carta*, 4, 90. Vincent, *Magna Carta: The Foundation of Freedom*, 108.

[39] John Winthrop, *A Modell of Christian Charity* (Boston: Massachusetts Historical Society, [1630] 1838), 31–48. See also Edmund S. Morgan, *The Puritan Dilemma: The Story of John Winthrop* (Boston: Little, Brown, 1958).

[40] Quoted in Karen Kupperman, *Providence Island, 1630–1641: The Other Puritan Colony* (New York: Cambridge University Press, 1993), 18.

[41] Winthrop, *A Modell of Christian Charity*; Edward Winslow, *Good News from New England*, ed. Kelly Wisecup (1624; Amherst: University of Massachusetts Press, 2014), 114; John Winthrop, February 26, 1638, *Winthrop's Journal "History of New England," 1630–1649*, ed. James Kendall Hosmer (New York: Scribner, 1908), 260. On the conversion mission, see Lepore, *The Name of War*. On New England and slavery, see Wendy Warren, *New England Bound: Slavery and Colonization in Early America* (New York: Liveright, 2016).

[42] John Harpham, "The Intellectual Origins of American Slavery," PhD thesis, Harvard University, 2018, ch. 2.

[43] Quoted in Harpham, "Intellectual Origins of American Slavery," 28, 32.

[44] Harpham, "Intellectual Origins of American Slavery," 34.

[45] Quoted in Vincent Brown, *The Reaper's Garden: Death and Power in the World of Atlantic Slavery* (Cambridge, MA: Harvard University Press, 2008), 5. For slavery, broadly, see also Davis, *The Problem of Slavery in Western Culture*; Winthrop Jordan, *White over Black: American Attitudes toward the Negro, 1550–1812* (Chapel Hill: University of North Carolina Press, 1968); Peter Kolchin, *American Slavery 1619–1877* (New York: Hill and Wang, 1993); Ira Berlin, *Many Thousands Gone: The First Two Centuries of Slavery in North America* (Cambridge, MA: Harvard University Press, 1998).

[46] Quoted in Stanley Engerman, Seymour Drescher, and Robert Paquette, eds., *Slavery* (New York: Oxford University Press, 2001), 105–13.

[47] Quoted in A. Leon Higginbotham Jr., *Shades of Freedom: Racial Politics and Presumptions of the American Legal Process* (New York: Oxford University Press, 1996), 18–27.

[48] Annette Gordon-Reed, *The Hemingses of Monticello: An American Family* (New York:

Norton, 2008), 45.

[49] "Massachusetts Body of Liberties of 1641," in *The Colonial Laws of Massachusetts*, ed. W. H. Whitmore (Boston, 1890), clause 91 on 53.

[50] Edmund S. Morgan, *Inventing the People: The Rise of Popular Sovereignty in England and America* (New York: Norton, 1988), chs. 3 and 4.

[51] Ibid., 72–87.

[52] John Milton, *Areopagitica: A Speech of Mr. John Milton for the Liberty of Unlicens'd Printing, to the Parliament of England* (London, 1644), 30.

[53] Roger Williams to the Town of Providence, January 15, 1655, in *The Complete Writings of Roger Williams*, 7 vols. (New York: Russell and Russell, 1963), 6:278–79.

[54] William Penn, *The Frame of the Government of the Province of Pennsylvania* [sic] *in America* (London, 1682), 11.

[55] Although the *Second Treatise* was not published until 1689–90, Locke wrote parts of it in or around 1682, including the chapter "Of Property," at a time when he was revising *The Fundamental Constitutions of Carolina*. David Armitage, "John Locke, Carolina, and the 'Two Treatises of Government,'" *Political Theory* 32 (2004): 602–27.

[56] "Charter of Carolina and Fundamental Constitutions of Carolina," in *The Federal and State Constitutions, Colonial Charters, and Other Organic Laws*, 5:2743, 2783–84.

[57] Armitage, "John Locke, Carolina, and the 'Two Treatises of Government.'"

[58] Sir Thomas More, *Utopia*, ed. Edward Surtz (New Haven, CT: Yale University Press, 1964), 76.

[59] Armitage, "John Locke, Carolina, and the 'Two Treatises of Government.'" And, broadly, see also John Dunn, *The Political Thought of John Locke: An Historical Account of the Argument of* Two Treatises of Government (Cambridge: Cambridge University Press, 1969), and Jeremy Waldron, *God, Locke, and Equality: Christian Foundations of John Locke's Political Thought* (Cambridge: Cambridge University Press, 2002).

[60] *Great Newes from the Barbadoes, or, A True and Faithful Account of the Grand Conspiracy of the Negroes Against the English* (London: Printed for L. Curtis, 1676), 9–10; Nathaniel Saltonstall, *A New and Further Narrative of the State of New-England* (London, 1676), 71–74; Lepore, *The Name of War*, 167–68. And see also Stephen Saunders Webb, *1676: The End of American Independence* (New York: Knopf, 1984).

[61] Christine Daniels, "'Without Any Limitacon of Time': Debt Servitude in Colonial America," *Labor History* 36 (1995): 232–50.

[62] Quoted in Berlin, *Many Thousands Gone*, 97.

[63] Mary Beth Norton, *In the Devil's Snare: The Salem Witchcraft Crisis of 1692* (New York: Knopf, 1998), quotations on 58–59.

[64] "A Full and Particular Account of the Negro Plot in Antigua," *New-York Weekly Journal*, March 28, April 4, April 11, April 18, April 25, 1737. And see David Barry Gaspar, *Bondmen and Rebels: A Study of Master-Slave Relations in Antigua* (Durham, NC: Duke University Press, 1993), 3–62. I discuss some of these episodes and write, broadly, on fears of Indian wars and slave rebellions and their influence on the origins of American politics in Jill Lepore, *New York Burning: Liberty, Slavery, and Conspiracy in Eighteenth-Century Manhattan* (New York: Knopf, 2005).

[65] *New-York Weekly Journal*, March 28, 1737; *Pennsylvania Gazette*, October 19 and 20, 1738.

[66] Quoted in Alan Taylor, *American Colonies* (New York: Viking, 2001), 238.

[67] On Stono, see Peter Wood, *Negroes in Colonial South Carolina from 1670 through the Stono Rebellion* (New York: Norton, 1974); Peter Charles Hoffer, *Cry Liberty: The Great Stono River Slave Rebellion of 1739* (New York: Oxford University Press, 2010); Jack Shuler, *Calling Out Liberty: The Stono Slave Rebellion and the Universal Struggle for Human Rights* (Jackson: University Press of Mississippi, 2009).

[68] "An Act for the Better Ordering and Governing Negroes," 1740, in David J. McCord, ed., *The Statutes at Large of South Carolina*, 22 vols. (Columbia, SC: A. S. Johnston, 1840), 7:397.

[69] Most usefully, see Charles E. Clark, *The Public Prints: The Newspaper in Anglo-American Culture, 1665–1740* (New York: Oxford University Press, 1994).

[70] On Jane Franklin, and on her relationship with her brother, see Carl Van Doren, *Jane Mecom, the Favorite Sister of Benjamin Franklin* (New York: Viking, 1950), and Jill Lepore, *Book of Ages: The Life and Opinions of Jane Franklin* (New York: Knopf, 2013). Much of their correspondence is reproduced in *The Letters of Benjamin Franklin and Jane Mecom*, ed. Carl Van Doren (Princeton, NJ: Princeton University Press, 1950), but here I instead cite the online *PBF*. Van Doren refers to Jane Franklin throughout, by her married name, Jane Mecom; but for clarity I here refer to her throughout as Jane Franklin.

[71] Cotton Mather quoted in J. A. Leo Lemay, *The Life of Benjamin Franklin*, 3 vols. (Philadelphia: University of Pennsylvania Press, 2006), 1:114. And see Perry Miller, introduction to *The New-England Courant: A Selection of Certain Issues* (Boston: Academy of Arts and Sciences, 1956), 5–9; and Thomas C. Leonard, *The Power of the Press: The Birth of American Political Reporting* (New York: Oxford University Press, 1986), ch. 1.

[72] John Trenchard and Thomas Gordon, *Cato's Letters: Or, Essays on Liberty*, 4 vols. (4th ed.; London: W. Wilkins et al., 1737), Letter No. 15, 1:96.

[73] Benjamin Franklin, "Apology for Printers," *Pennsylvania Gazette,* June 10, 1731.

[74] Hobbes, *Leviathan*, 64.

[75] Lepore, *New York Burning*, preface. My brief discussion here of Zenger's trial and the 1741 slave conspiracy follows this earlier, book-length account of these same two signal events.

[76] Ibid., xii–xvii.

[77] Ibid., ch. 4.

[78] Ibid., xii–xvi.

[79] Ibid., xi–xii, 89–90.

[80] Benjamin Franklin to Richard Partridge, May 9, 1754, and The Albany Plan of Union, 1754, *PBF*. See also Taylor, *American Colonies*, 424–28.

[81] Benjamin Franklin, "A Proposal for Promoting Useful Knowledge," May 14, 1743, *PBF*.

[82] Alexander Hamilton, *Gentleman's Progress: The Itinerarium of Dr. Alexander Hamilton, 1744*, ed. Carl Bridenbaugh (Pittsburgh: University of Pittsburgh Press, 1948), 199.

[83] Quoted in Albert David Belden, *George Whitefield, the Awakener* (New York: Macmillan, 1953), 4–5.

[84] Gilbert Tennent, *A Solemn Warning to the Secure World, from the God of Terrible Majesty* (Boston, 1735), 102.

[85] Benjamin Franklin, "Observations concerning the Increase of Mankind, Peopling of Countries, &c.," 1751, *PBF*.

[86] Benjamin Franklin, *The Autobiography of Benjamin Franklin*, *PBF*.

第三章：战争与革命

[1] Benjamin Lay, *All Slave-Keepers* (Philadelphia: B. Franklin, 1738), 16, 61, 271.

[2] "To be SOLD, by Benjamin Lay," advertisement, *American Weekly Mercury*, October 19, 1732. And on Lay's reading practices, see Marcus Rediker, *The Fearless Benjamin Lay: The Quaker Dwarf Who Became the First Revolutionary Abolitionist* (Boston: Beacon Press, 2017), ch. 5.

[3] Lay, *All Slave-Keepers*, 21.

[4] Roberts Vaux, *Memoirs of the Lives of Benjamin Lay and Ralph Sandiford: Two of the Earliest Public Advocates for the Emancipation of the Enslaved Africans* (Philadelphia, 1815), 1–55. Rediker, *Fearless Benjamin Lay*, 2.

[5] Advertisement for *All Slave-Keepers* ["Sold by B. Franklin"], *American Weekly Mercury*, September 7, 1738.

[6] *New York Gazette*, January 29, 1750. *Boston Gazette*, November 13, 1753. *Pennsylvania Gazette*, July 8, 1754. *Maryland Gazette*, February 6, 1755. *Virginia Gazette*, August 27, 1756.

[7] Franklin, *Autobiography*.

[8] Benjamin Franklin, Last Will and Testament, April 28, 1757, *PBF*. On Franklin and slavery, see David Waldstreicher, *Runaway America: Benjamin Franklin, Slavery, and the American Revolution* (New York: Hill and Wang, 2004), and Gary B. Nash, "Franklin and Slavery," *Proceedings of the American Philosophical Society* 150 (2006): 618–35. Benjamin Franklin to Deborah Franklin, June 10, 1758, *PBF*. Rediker, *Fearless Benjamin Lay*, 121–23.

[9] [Benjamin Rush], "An Account of Benjamin Lay," *Columbian Magazine*, March 1790, reprinted in *Pennsylvania Mercury,* April 29, 1790, and later published in *Dr. Rush's Literary, Moral, and Philosophical Essays* (1798).

[10] Vaux, *Memoirs,* 51.

[11] Anthony Benezet, *Observations on the Inslaving, Importing and Purchasing of Negroes* (Germantown, PA: Christopher Sower, 1759), 7.

[12] Quoted in John Mack Faragher et al., *Out of Many: A History of the American People*, 2nd ed., 2 vols. (Upper Saddle River, NJ: Prentice Hall, 2000), 1:90.

[13] Quoted in Jane Kamensky, *A Revolution in Color: The World of John Singleton Copley* (New York: Norton, 2016), 52.

[14] Quoted in Kamensky, *Revolution in Color*, 65; emphasis in original.

[15] Franklin, *Autobiography*.

[16] Ibid.

[17] Fred Anderson, *A People's Army: Massachusetts Soldiers and Society in the Seven Years' War* (Chapel Hill: University of North Carolina Press, 1984), 111–20.

[18] Quoted in James T. Kloppenberg, *Toward Democracy: The Struggle for Self-Rule in European and American Thought* (New York: Oxford University Press, 2016), 295.

[19] *The Debates in the Several State Conventions on the Adoption of the Federal Constitution*, ed. Jonathan Elliot, 5 vols. (Philadelphia: J. B. Lippincott Company, 1901), 1:443. Pinckney's human property is listed on an inventory from 1787: https://www.nps.gov/chpi/planyourvisit/upload/African_Americans_at_Snee_Farm.pdf.

[20] King George quoted in Gordon Wood, *The Radicalism of the American Revolution* (New York: Vintage Books, 1991), 14. See also Fred Anderson, *Crucible of War: The Seven Years' War and the Fate of Empire in British North America, 1754–1766* (New York: Knopf, 2000). For more on the empire-wide context, see David Armitage and Sanjay Subrahmanyam, eds., *The Age of Revolutions in Global Context, c. 1760–1840* (New York: Palgrave Macmillan, 2010); Eliga H. Gould, *Among the Powers of the Earth: The American Revolution and the Making of a New World Empire* (Cambridge, MA: Harvard University Press, 2012); P. J. Marshall, *The Making and Unmaking of Empires: Britain, India, and America c. 1750–1783* (New York: Oxford University Press, 2005).

[21] Benjamin Franklin, *Poor Richard's Almanack* (Philadelphia: B. Franklin, 1737).

[22] James Otis to the Boston Town Meeting, 1763, quoted in James Grahame, *The History of the Rise and Progress of the United States*, 4 vols. (London: Smith, Elder and Co., 1836), 4:447.

[23] Delaware prophet Neolin, in James Kenny journal entry, December 12, 1762, in "Journal of James Kenny, 1761–1763," ed. John W. Jordan, *Pennsylvania Magazine of History and Biography* 37 (1913): 175.

[24] Broadly, see Carolyn Webber and Aaron Wildavsky, *A History of Taxation and Expenditure*

in the Western World (New York: Simon & Schuster, 1986).

[25] Samuel Adams, "Instructions of the Town of Boston to its Representatives in the General Court, May 1764," in *The Writings of Samuel Adams*, ed. Harry Alonzo Cushing, 4 vols. (New York: Putnam, 1904), 1:5.

[26] Benjamin Franklin, *Poor Richard's Almanack for 1757*, PBF.

[27] Richard Ford, "Imprisonment for Debt," *Michigan Law Review* 25 (1926): 24–25. Bruce Mann, *Republic of Debtors: Bankruptcy in the Age of American Independence* (Cambridge, MA: Harvard University Press, 2002), 286n8. See also Margot Finn, *The Character of Credit: Personal Debt in English Culture, 1740–1914* (New York: Cambridge University Press, 2003), 110.

[28] Edwin T. Randall, "Imprisonment for Debt in America: Fact and Fiction," *Mississippi Valley Historical Review* 39 (June 1952): 89–102; George Philip Bauer, "The Movement Against Imprisonment for Debt in the United States," PhD dissertation, Harvard University, 1935.

[29] Quoted in Kamensky, *Revolution in Color*, 99.

[30] T. H. Breen, *Tobacco Culture: The Mentality of the Great Tidewater Planters on the Eve of Revolution* (Princeton, NJ: Princeton University Press, 1985), esp. chs. 4 and 5.

[31] Smith, *The Wealth of Nations*, 3:322–23. See also Trevor Burnard, *Planters, Merchants, and Slaves: Plantation Societies in British America, 1650–1820* (Chicago: University of Chicago Press, 2015).

[32] Smith, *The Wealth of Nations*, 3:245.

[33] *Boston Gazette*, October 14, 1765.

[34] Benjamin Franklin to David Hall, February 14, 1765, *PBF*.

[35] *Journal of the First Congress of the American Colonies, in Opposition to the Tyrannical Acts of the British Parliament. Held at New York, October 7, 1765* (New York, 1845), 28.

[36] Bauer, "The Movement Against Imprisonment for Debt," 77.

[37] *The Examination of Doctor Benjamin Franklin, before an August Assembly, relating to the Repeal of the Stamp Act, &c.* (Philadelphia, 1766).

[38] Donna Spindel, "The Stamp Act Crisis in the British West Indies," *Journal of American Studies* 11 (1977): 214–15. And, broadly, see Andrew Jackson O'Shaughnessy, *An Empire Divided: The American Revolution and the British Caribbean* (Philadelphia: University of Pennsylvania Press, 2000), and Selwyn H. H. Carrington, *The British West Indies during the American Revolution* (Providence, RI: Foris, 1988).

[39] Quoted in O'Shaughnessy, *Empire Divided*, 153.

[40] John Adams diary, January 2, 1766, Adams Family Papers, Massachusetts Historical Society (hereafter AFP); O'Shaughnessy, *Empire Divided*, 99.

[41] Kender Mason to the Treasury, December 22, 1765, T 1/452/291–294, National Archives (Kew), London, England. With thanks to Peter Pellizzari.

[42] Quoted in T. R. Clayton, "Sophistry, Security, and Socio-Political Structures in the American Revolution; or Why Jamaica Did Not Rebel," *Historical Journal* 29 (1986): 328.

[43] James Otis, *The Rights of the British Colonies Asserted and Proved* (Boston: Edes and Gill, 1764), 43–44.

[44] Benjamin Franklin to John Waring, December 17, 1763, *PBF*; George Mason to George Washington, December 23, 1765, in *The Papers of George Washington*, ed. Philander D. Chase, 24 vols. (Charlottesville: University Press of Virginia, 1987), 7:424–25. And see Philip D. Morgan, "'To Get Quit of Negroes': George Washington and Slavery," *Journal of American Studies* 39 (2005): 414.

[45] Lay, *All Slave-Keepers*, 146. Otis, *The Rights of the British Colonies Asserted and Proved*, 4.

[46] Jane Franklin to Benjamin Franklin, April 2, 1789, *PBF*.

[47] Jane Franklin to Benjamin Franklin, December 1, 1767, *PBF*.

[48] John Adams diary, November 11, 1766, AFP.

[49] Benjamin Franklin to Jane Franklin, March 1, 1766, *PBF*.

[50] *Journals of the House of Representatives of Massachusetts*, 50 vols. (Boston: Massachusetts Historical Society, 1974), 43:xii.

[51] Jane Franklin to Benjamin Franklin, November 7, 1768, *PBF*; "Boston Town Meeting Instructions to its Representatives in the General Court," May 15, 1770, in Record Commissioners of the City of Boston, *Boston Town Records, 1770–1777* (Boston: Rockwell and Churchill, 1887), 26; O'Shaughnessy, *Empire Divided*, 51.

[52] Samuel Cooke, *A Sermon Preached at Cambridge* (Boston, 1770), 42; James Warren to John Adams, June 22, 1777, in *The Papers of John Adams*, ed. Robert J. Taylor, 18 vols. (Cambridge, MA: Harvard University Press, 2006), 5:231.

[53] "Peter Bestes and Other Slaves Petition for Freedom, April 20, 1773," in Howard Zinn, *Voices of a People's History of the United States* (New York: Seven Stories Press, 2004), 55; *Virginia Gazette*, September 30, 1773.

[54] Noah Feldman, *The Three Lives of James Madison: Genius, Partisan, President* (New York: Random House, 2017), 9–12, 18.

[55] Morgan, "'To Get Quit of Negroes,'" 410.

[56] George Washington to Robert Mackenzie, October 10, 1774, in *The Writings of George Washington*, ed. John C. Fitzpatrick, 39 vols. (Washington, DC: U.S. Government Printing Office, 1931–44), 3:246.

[57] Feldman, *Three Lives of James Madison*, 19.

[58] Patrick Henry quoted in John Adams Diary 22A, "Notes of Debates in the Continental Congress," September 6, 1774, AFP.

[59] The Petition of Jamaica to the King, *London Gazette*, December 1775.

[60] Address to the Assembly of Jamaica, July 25, 1775, *Journals of the Continental Congress*; Samuel Johnson, *Taxation No Tyranny: An Answer to the Resolutions and Address of the American Colonies* (London, 1775), 89; Johnson's toast is quoted in Kamensky, *Revolution in* Color, 323; Rush is quoted in Peter A. Dorsey, *Common Bondage: Slavery as Metaphor in Revolutionary America* (Knoxville: University of Tennessee Press, 2009), 105.

[61] Peter Edes, *A Diary of Peter Edes* (Bangor, ME: Samuel Smith, 1837).

[62] Jane Franklin to Benjamin Franklin, May 14, 1775, *PBF*.

[63] Benjamin Franklin to Jane Franklin, June 17, 1775, *PBF*.

[64] James Madison to William Bradford, June 19, 1775, quoted in Feldman, *Three Lives of James Madison*, 24.

[65] Douglas B. Chambers, *Murder at Montpelier: Igbo Africans in Virginia* (Jackson: University of Mississippi Press, 2005), 9–10.

[66] Morgan, " 'To Get Quit of Negroes,' " 411.

[67] Cassandra Pybus, *Epic Journeys of Freedom: Runaway Slaves of the American Revolution and Their Global Quest for Liberty* (Boston: Beacon Press, 2006), 218.

[68] Lund Washington to George Washington, December 3, 1775, in *The Papers of George Washington*, 2:477–82; Pybus, *Epic Journeys*, 11.

[69] Pybus, *Epic Journeys*, 212.

[70] Edward Rutledge to Ralph Izard, December 8, 1775, in *Correspondence of Mr. Ralph Izard* (New York, 1884), 165.

[71] Maya Jasanoff, *Liberty's Exiles: American Loyalists in the Revolutionary World* (New York: Knopf, 2011), 8.

[72] Paine, *Common Sense*, ii, 17, 12.

[73] Thomas Paine, "The Forester's Letters, III: 'To Cato' " in *The Writings of Thomas Paine*, ed. Moncure Daniel Conway, 4 vols. (New York: G. P. Putnam's Sons, 1894), 1:151; Paine, *Common Sense*, 31–32.

[74] Paine, *Common Sense*, 2–3.

[75] Feldman, *Three Lives of James Madison*, 26–7.

[76] The first draft: *The Papers of George Mason*, 3 vols. (Chapel Hill: University of North Carolina Press, 1970), 1:277. The final draft: *Papers of George Mason*, 1:287; "Have the effect of abolishing" : quoted in Gary B. Nash, *The Unknown American Revolution: The Unruly Birth of Democracy and the Struggle to Create America* (New York: Penguin Books, 2006), 11.

[77] Abigail Adams to John Adams, March 31, 1776, and John Adams to Abigail Adams, April 14, 1776, AFP.

[78] John Dickinson, Draft of the Articles of Confederation, June 1776, Historical Society of Pennsylvania.

[79] Jeremy Bentham, "Short Review of the Declaration," in David Armitage, *The Declaration of Independence: A Global History* (Cambridge, MA: Harvard University Press, 2007), 173. And see David Armitage, *Foundations of Modern International Thought* (New York: Cambridge University Press, 2013), ch. 10.

[80] On the Declaration, see Carl Becker, *The Declaration of Independence: A Study in the History of Political Ideas* (New York, 1922); Pauline Maier, *American Scripture: Making the Declaration of Independence* (New York: Knopf, 1997); Armitage, *The Declaration of Independence*.

[81] Gary B. Nash, *The Forgotten Fifth: African Americans in the Age of Revolution* (Cambridge, MA: Harvard University Press, 2006), 28.

[82] Quoted in David Hackett Fischer, *Liberty and Freedom: A Visual History of America's Founding Ideas* (New York: Oxford University Press, 2004), 87.

[83] Pybus, *Epic Journeys*, 8.

[84] O'Shaughnessy, *Empire Divided*, 197–98.

[85] Holger Hoock, *Scars of Independence: America's Violent Birth* (New York: Crown, 2017), 111.

[86] Quoted in Kamensky, *Revolution in Color*, 323.

[87] Christopher Gadsden to Samuel Adams, July 6, 1779, in *The Writings of Christopher Gadsden, 1746–1805*, ed. Richard Walsh (Columbia: University of South Carolina Press, 1966), 166.

[88] Jasanoff, *Liberty's Exiles*, 5–6, 8, 91–93.

[89] "Inspection Roll of Negroes Book No. 2," The Miscellaneous Papers of the Continental Congress, 1774–1789, National Archives, Washington, DC.

[90] Joseph Plumb Martin, *A Narrative of a Revolutionary Soldier: The Narrative of Joseph Plumb Martin* (New York: Dover Publications, [1830] 2006), 136; Comte Jean-François Louis de Clermont-Crèvecoeur, "Journal of the War in America," in *American Campaigns of Rochambeau's Army 1780, 1781, 1782, 1783*, trans. and ed. Howard C. Rice Jr. and Anne S. K. Brown, 2 vols. (Princeton, NJ: Princeton University Press, 1972), 1:64; Simon Schama, *Rough Crossings: Britain, the Slaves, and the American Revolution* (New York: Ecco, 2006), 155; Nash, *Forgotten Fifth*, 39–43.

[91] Henry Wiencek, *An Imperfect God: George Washington, His Slaves, and the Creation of America* (New York: Farrar, Straus and Giroux, 2003), 259; Jasanoff, *Liberty's Exiles*, 88; Nash, *Forgotten Fifth*, 45–47.

[92] Marquis de Lafayette to George Washington, February 5, 1783; and Washington to Lafayette, April 5, 1783, in *Writings of George Washington*, 26:300.

[93] Quoted in Shane White, *Somewhat More Independent: The End of Slavery in New York City, 1770–1810* (Athens: University of Georgia Press, 2012), 56.

[94] Quoted in Eva Sheppard Wolf, *Race and Liberty in the New Nation: Emancipation in Virginia from the Revolution to Nat Turner's Rebellion* (Baton Rouge: Louisiana State University Press, 2006), 54.

[95] James Madison to James Madison Sr., March 30, 1782, in *The Papers of James Madison*, 4:127. And see Edwin Wolf, "The Dispersal of the Library of William Byrd of Westover," *Proceedings of the American Antiquarian Society* 68 (1958): 19–106, and Eric Slauter, *The State as a Work of Art: The Cultural Origins of the Constitution* (Chicago: University of Chicago Press, 2009), 48, fig. 6.

[96] Feldman, *Three Lives of James Madison*, 50–52. On Henrietta Gardener, see James A. Bear and Lucia C. Stanton, eds., *Jefferson's Memorandum Books, Volume 2: Accounts, with Legal Records and Miscellany, 1767–1826* (Princeton, NJ: Princeton University Press, 2017), 808.

[97] "Memoirs of the Life of Boston King," *Methodist Magazine*, May 1798, 209; Jasanoff, *Liberty's Exiles*, 172–75.

[98] Jane Franklin to Benjamin Franklin, April 29, 1783, *PBF*.

[99] See Christopher Brown, *Moral Capital: Foundations of British Abolitionism* (Chapel Hill: University of North Carolina Press, 2006).

[100] *Independent New-York Gazette*, November 29, 1783.

第四章：国家宪法

[1] David O. Stewart, *The Summer of 1787: The Men Who Invented the Constitution* (New York: Simon & Schuster, 2007), ch. 4.

[2] James Madison to Thomas Jefferson, May 15, 1787, *Republic of Letters: The Correspondence between Thomas Jefferson and James Madison*, ed. James Morton Smith, 3 vols. (New York: Norton, 1995), 1:477.

[3] James Madison, "Origin of the Constitutional Convention," in *The Writings of James Madison*, ed Gaillard Hunt, 9 vols. (New York: G. P. Putnam's Sons, 1900), 2:410–11.

[4] Jean Jacques Rousseau, *A Treatise on the Social Compact; or The Principles of Politic Law* (London, 1764), 151.

[5] *The Craftsmen* 395 (January 26, 1733): 100.

[6] "Letter CCXXI," March 29, 1750, in *The Letters of the Earl of Chesterfield to His Son*, ed. Charles Strachey (London, 1901), 42.

[7] Thomas Paine, *Rights of Man: Part the First, Being an Answer to Mr. Burke's Attack on the French Revolution* (London, 1791), 27.

[8] Thomas Paine, *Rights of Man: Part the Second, Combining Principle and Practice* (London, 1792), 28.

[9] "Constitution of New Hampshire," January 5, 1776, in *The Federal and State Constitutions, Colonial Charters, and Other Organic Laws of the United States*, 4:2452.

[10] Thomas Jefferson to Thomas Nelson, May 16, 1776, in *The Papers of Thomas Jefferson*, ed. Julian P. Boyd et al., 60 vols. projected (Princeton, NJ: Princeton University Press, 1950), 1:292–93. And see Francis Cogliano, " 'The Whole Object of the Present Controversy' : The Early Constitutionalism of Paine and Jefferson," in Simon P. Newman and Peter S. Onuf, eds., *Paine and Jefferson in the Age of Revolutions* (Charlottesville: University of Virginia Press, 2013), 26–48.

[11] John Adams diary entry, June 2, 1775, in *The Diary of John Adams*, ed. L. H. Butterfield, 4 vols. (Cambridge, MA: Harvard University Press, 1962), 3:352; John Adams, "Thoughts on Government," April 1776, in *The Papers of John Adams*, 4:92. See also Pauline Maier, *Ratification: The People Debate the Constitution, 1787–88* (New York: Simon & Schuster, 2010); Linda Colley, "Empires of Writing: Britain, America and Constitutions, 1776–1848," *Law and History Review* 32 (2014): 237–66.

[12] The Constitution of Pennsylvania—1776, in *The Federal and State Constitutions, Colonial Charters, and Other Organic Laws*, 5:3082; "Constitution or Form of Government for the Commonwealth of Massachusetts—1780," in *The Federal and State Constitutions, Colonial Charters, and Other Organic Laws*, 3:1888–89.

[13] Fisher Ames quoted in Ralph Waldo Emerson, *Essays and Poems* (New York: Harcourt, Brace and Co., 1921), 254.

[14] John Adams to James Sullivan, May 26, 1776, in *The Papers of John Adams*, 4:210.

[15] "Constitution or Form of Government for the Commonwealth of Massachusetts—1780," in *The Federal and State Constitutions, Colonial Charters, and Other Organic Laws*, 3:1893–1906; The Constitution of Pennsylvania—1776, in *The Federal and State Constitutions, Colonial Charters, and Other Organic Laws*, 5:3084–90.

[16] Emilie Piper and David Levinson, *One Minute a Free Woman: Elizabeth Freeman and the Struggle for Freedom* (Salisbury, CT: Upper Housatonic Valley National Heritage Area, 2010).

[17] Nash, *The Unknown American Revolution*, 282.

[18] Samuel Chase in "Notes of Proceedings in the Continental Congress," July 12, 1776, in *The Papers of Thomas Jefferson*, 1:320–21; Thomas Lynch in "Notes of Debates on the Articles of Confederation, Continued," July 30, 1776, in *The Diary of John Adams*, 2:246; Benjamin Franklin in *The Journals of the Continental Congress, 1774–1789*, ed. Worthington Chauncey Ford et al., 34 vols. (Washington, DC: U.S. Government Printing Office, 1906), July 30, 1776, 6:1080.

[19] Smith, *The Wealth of Nations*, 1:86; *The Journals of the Continental Congress*, June 28, 1787, 25:948–49; *The Records of the Federal Convention of 1787*, 1:444.

[20] For the prehistory of the convention and origins of the Constitution, see Sean Condon, *Shays's Rebellion: Authority and Distress in Post-Revolutionary America* (Baltimore: Johns Hopkins

University Press, 2015).

[21] Jane Franklin to Benjamin Franklin, October 12, 1786, *PBF*.

[22] Quoted in Feldman, *Three Lives of James Madison*, 82–83, 94.

[23] James Madison to Thomas Jefferson, March 18, 1786, in *Republic of Letters*, 1:413. Madison, "Ancient & Modern Confederacies [April–May 1786]," in *The Writings of James Madison*, 2:369–90.

[24] James Madison to Thomas Jefferson, August 12, 1786, in *Republic of Letters*, 1:432.

[25] "Proceedings of Commissioners to Remedy Defects of the Federal Government," September 11, 1786, in *Documents Illustrative of the Formation of the Union of the American States*, ed. Charles C. Tansill (Washington, DC: U.S. Government Printing Office, 1927), 43.

[26] See Jack Rakove, *The Beginnings of National Politics: An Interpretive History of the Continental Congress* (New York: Knopf, 1979).

[27] James Madison, "Vices of the Political System of the United States," April 1787, in *The Papers of James Madison*, 9:355.

[28] Jane Franklin to Benjamin Franklin, May 22, 1787, *PBF*.

[29] Benjamin Franklin to Jane Franklin, May 30, 1787, *PBF*.

[30] Ibid.

[31] Jane Franklin to Benjamin Franklin, May 22 1787, *PBF*; Lepore, *Book of Ages*, 221, 246.

[32] Wiencak, *Imperfect God*, 112–13.

[33] On Washington's apotheosis, see Paul K. Longman, *The Invention of George Washington* (Berkeley and Los Angeles: University of California Press, 1988), and François Furstenberg, *In the Name of the Father: Washington's Legacy, Slavery, and the Making of a Nation* (New York: Penguin Press, 2006).

[34] *The Records of the Federal Convention of 1787*, 1:18, 19, 30.

[35] *The Records of the Federal Convention of 1787*, 1:26; *The Debates in the Several State Conventions on the Adoption of the Federal Constitution*, 5:138; *The Records of the Federal Convention of 1787*, 1:48.

[36] *The Records of the Federal Convention of 1787*, 1:133.

[37] *The Records of the Federal Convention of 1787*, 2:201; James Madison, Federalist No. 57 (1788).

[38] Ibid., 1:177, 182, 199.

[39] Ibid., 1:486.

[40] Ibid., 1:134–35.

[41] Ibid., 1:183.

[42] Benjamin Franklin to Granville Sharp, and to Richard Price, June 9, 1787, *PBF*.

[43] *The Records of the Federal Convention of 1787*, 1:596, 587. And see Margo J. Anderson,

The American Census: A Social History (New Haven, CT: Yale University Press, 2015).

[44] Akhil Reed Amar, *America's Constitution: A Biography* (New York: Random House, 2005), 89–98.

[45] Feldman, *Three Lives of James Madison*, 156–7.

[46] Henry Adams, *The History of the United States of America during the Administration of Thomas Jefferson* (New York, 1891), 2:231–32, and Carl Van Doren, *The Great Rehearsal* (New York: Viking, 1948), 88.

[47] Nash, *Forgotten Fifth*, 76–77.

[48] *The Records of the Federal Convention of 1787*, 2:364, 371, 415, 222–23.

[49] John Dickinson, "Notes for a Speech by John Dickinson (Ⅱ)," in *Supplement to Max Farrand's The Records of the Federal Convention of 1787*, ed. James H. Hutson (New Haven, CT: Yale University Press, 1987), 158–59. And see David Waldstreicher, *Slavery's Constitution: From Revolution to Ratification* (New York: Hill and Wang, 2009); John P. Kaminski, ed., *A Necessary Evil?: Slavery and the Debate over the Constitution* (Madison, WI: Madison House, 1995); and François Furstenberg, "Beyond Freedom and Slavery: Autonomy, Virtue, and Resistance in Early American Political Discourse," *Journal of American History* [hereafter *JAH*] 89 (2003): 1295–1330.

[50] *The Records of the Federal Convention of 1787*, 2:641–43.

[51] Ibid., 2:648.

[52] James Madison, Federalist No. 40 (1788).

[53] *The Debates in the Several State Conventions on the Adoption of the Federal Constitution*, 2:200.

[54] *The Records of the Federal Convention of 1787*, 2:588; Thomas Jefferson to James Madison, December 20, 1787, in *The Papers of James Madison*, 10:337.

[55] *The Papers of John Adams*, 4:87; "Address by Denatus," in Herbert J. Storing, ed., *The Complete Anti-Federalist*, 7 vols. (Chicago: University of Chicago Press, 1981), 5:262. Patrick Henry is in Herbert J. Storing, *What the Anti-Federalists Were For* (Chicago: University of Chicago Press, 1981), 54. See also Christopher M. Duncan, *The Anti-Federalists and Early American Political Thought* (DeKalb: Northern Illinois University Press, 1995); Albert Furtwangler, *The Authority of Publius: A Reading of the Federalist Papers* (Ithaca, NY: Cornell University Press, 1984); Saul Cornell, *The Other Founders: Anti-Federalism and the Dissenting Tradition in America, 1788–1828* (Chapel Hill: University of North Carolina Press, 1999).

[56] Luther Martin, *Genuine Information*, delivered to the Maryland legislature on November 29, 1787, printed in *The Records of the Federal Convention of 1787*, 3:197. And see Nash, *Forgotten Fifth*, 77.

[57] James Madison, Federalist No. 54 (1788).

[58] Jane Franklin to Benjamin Franklin, November 9, 1787, *PBF*.

[59] "A Plebeian: An Address to the People of the State of New York," April 17, 1788, in *The Documentary History of the Ratification of the Constitution*, Commentaries on the Constitution, ed. John P. Kaminski, Gaspare J. Saladino, et al., 29 vols. (Madison: The State Historical Society of Wisconsin, 1995), 17:149; *The Debates in the Several State Conventions on the Adoption of the Federal Constitution*, 3:44.

[60] James Wilson in *Pennsylvania Gazette*, July 9, 1788. North Carolina rejected the Constitution in 1788 but ratified it at a second convention in November 1789, and Rhode Island eventually gave its consent to the nation's new frame of government in May of 1790, by which time the government was already in place.

[61] *Independent Gazetteer* [Philadelphia], August 7, 1788; *New-Jersey Journal*, August 13, 1788; *Essex Journal* [Newburyport, Massachusetts], August 6, 1788.

[62] Louis Torres, "Federal Hall Revisited," *Journal of the Society of Architectural Historians* 29 (1970): 327–38.

[63] *The Records of the Federal Convention of 1787*, 2:653; The Constitution of Pennsylvania, September 28, 1776, in *The Federal and State Constitutions, Colonial Charters, and Other Organic Laws*, 5:3085. And see Michael Schudson, *The Rise of the Right to Know: Politics and the Culture of Transparency, 1945–1975* (Cambridge, MA: Harvard University Press, 2015), 5. By the mid-1790s, the doors of the Senate were open, too.

[64] U.S. Senate Journal, 1st Cong., 1st Session, April 30, 1789, 18–19.

[65] Robert Darnton, *George Washington's False Teeth* (New York: Norton, 2003), ch. 1; and Morgan, " 'To Get Quit of Negroes,' " 421–22.

[66] *The Records of the Federal Convention of 1787*, 2:659; Amendments to the Constitution, in *The Papers of James Madison*, 12:209. And, broadly, see Akhil Reed Amar, *The Bill of Rights: Creation and Reconstruction* (New Haven, CT: Yale University Press, 1998).

[67] Alexander Hamilton, Federalist No. 78 (1788).

[68] I. N. Phelps Stokes, *The Iconography of Manhattan Island, 1498–1909*, 6 vols. (New York, 1915), 1:368, 377, 380.

[69] U.S. Senate Journal, 1st Cong., 1st Session, February 12, 1790, 157; U.S. House Journal, 1st Cong., 1st Session, March 23, 1790, 180.

[70] Vincent Carretta, *Equiano, the African: Biography of a Self-Made Man* (Athens: University of Georgia Press, 2005), 231; Schama, *Rough Crossings*, 322.

[71] Pybus, *Epic Journeys of Freedom*, 150, 182; Schama, *Rough Crossings*, 310–11, 328, 390, 394–95; Jasanoff, *Liberty's Exiles*, 300–3.

[72] U.S. House Journal, 1st Cong., 1st Session, March 23, 1790, 180.

[73] Benjamin Franklin to Jane Franklin, July 1, 1789, *PBF*.

[74] Benjamin Franklin, "To the Editor of the Federal Gazette," March 23, 1790, in *Memoirs of the Life and Writings of Benjamin Franklin* (London, 1818), 406.

[75] Thomas Jefferson, "A Bill for Establishing Religious Freedom" in *The Papers of Thomas Jefferson*, 2:545–46; James Madison, "A Memorial and Remonstrance Against Religions Assessments," ca. June 20, 1785, in *The Papers of James Madison*, 8:299.

[76] "The Fundamental Orders of Connecticut, 1638–39," in *The Federal and State Constitutions, Colonial Charters, and Other Organic Laws*, 1:519. And, broadly, see Frank Lambert, *The Founding Fathers and the Place of Religion in America* (Princeton, NJ: Princeton University Press, 2003).

[77] Bauer, "The Movement Against Imprisonment for Debt," 90–91.

[78] Alexander Hamilton to John Jay, November 13, 1790, in *The Papers of Alexander Hamilton*, ed. Harold C. Syrett, 27 vols. (New York: Columbia University Press, 1963), 7:149.

[79] Thomas Jefferson to Pierre Samuel Du Pont de Nemours, April 15, 1811, *The Papers of Thomas Jefferson*, Retirement Series, ed. J. Jefferson Looney, 14 vols. (Princeton, NJ: Princeton University Press, 2006), 3:560.

[80] James Grant Wilson, *John Pintard, Founder of the New York Historical Society* (New York: Printed for the Society, 1902), 17; David L. Sterling, "William Duer, John Pintard, and the Panic of 1792," in Joseph R. Frese and Jacob Judd, eds., *Business Enterprise in Early New York* (Tarrytown, NY: Sleepy Hollow Press, 1979), 99–132; Robert Sobel, *Panic on Wall Street: A Classic History of America's Financial Disasters with a New Exploration of the Crash of 1987* (New York: Truman Talley Books/Dutton, 1988), 17–19, 28; James Ciment, "In the Light of Failure: Bankruptcy, Insolvency and Financial Failure in New York City, 1790–1860," PhD dissertation, City University of New York, 1992, 42, 160.

[81] Page Smith, *James Wilson, Founding Father, 1742–1798* (Chapel Hill: University of North Caorlina Press, 1956), ch. 15.

[82] George W. Johnston, "John Pintard," typescript biographical essay dated January 16, 1900, Pintard Papers, New-York Historical Society, Box 3, in a folder titled "Notes on John Pintard and Governor Clinton."

[83] *The Complete Writings of Thomas Paine*, ed. Philip S. Foner, 2 vols. (New York: Citadel Press, 1969), 1:286, 344, 404–5; Paine, *Rights of Man: Part the First*, 76; John Keane, *Tom Paine: A Political Life* (Boston: Little Brown, 1995), xiii.

[84] Donald R. Hickey, "America's Response to the Slave Revolt in Haiti, 1791–1806," *Journal of the Early Republic* 2 (1982): 361–79.

[85] Declaration of the Rights of Man, 1789, Article 1.

[86] *The Complete Writings of Thomas Paine*, 1:464, 599.

[87] Hickey, "America's Response to the Slave Revolt in Haiti, 1791–1806," 361–79; Tim

Matthewson, "Abraham Bishop, 'the Rights of Black Men,' and the American Reaction to the Haitian Revolution," *Journal of Negro History* 67 (1982): 148–54. And see C. L. R. James, *The Black Jacobins: Toussaint L'Ouverture and the San Domingo Revolution* (New York: Dial Press, 1938); Robin Blackburn, "Haiti, Slavery, and the Age of the Democratic Revolution," *William and Mary Quarterly* 63 (2006): 643–74; Laurent Dubois, *Avengers of the New World: The Story of the Haitian Revolution* (Cambridge, MA: Harvard University Press, 2004).

[88] Thomas Jefferson to James Madison, February 12, 1799, in *Republic of Letters*, 2:1095.

[89] James Madison, Federalist No. 10 (1787).

[90] James Madison, "Public Opinion," *National Gazette*, December 19, 1791.

[91] Jeffrey L. Pasley, *"The Tyranny of Printers": Newspaper Politics in the Early American Republic* (Charlottesville: University Press of Virginia, 2001), 33 and Appendix 2.

[92] Marcus Daniel, *Scandal and Civility: Journalism and the Birth of American Democracy* (New York: Oxford University Press, 2009), 8.

[93] *Connecticut Bee*, October 1, 1800. And see Eric Burns, *Infamous Scribblers: The Founding Fathers and the Rowdy Beginnings of American Journalism* (New York: Public Affairs, 2006), 14.

[94] Thomas Jefferson to James Madison, February 5, 1799, in *The Papers of Thomas Jefferson*, 31:10.

[95] Washington's Farewell Address, 1796. And see Matthew Spalding, "George Washington's Farewell Address," *Wilson Quarterly* 20 (1996): 65–71.

[96] Nash, *Forgotten Fifth,* 62–65.

[97] Morgan, "'To Get Quit of Negroes,'" 403–5; Nash, *Forgotten Fifth,* 66.

[98] Schama, *Rough Crossings,* 390–95; Pybus, *Epic Journeys,* 202; Cassandra Pybus, "Mary Perth, Harry Washington, and Moses Wilkinson: Black Methodists Who Escaped from Slavery and Founded a Nation," in Alfred F. Young, Gary B. Nash, and Ray Raphael, eds., *Revolutionary Founders: Rebels, Radicals, and Reformers in the Making of the Nation* (New York: Knopf, 2011), 168; Janet Polasky, *Revolutions without Borders: The Call to Liberty in the Atlantic World* (New Haven, CT: Yale University Press, 2015), 109; Jasanoff, *Liberty's Exiles,* 305.

[99] Slauter, *The State as a Work of Art,* 297–99.

第五章：数字民主

[1] John Adams to Thomas Jefferson, December 6, 1787, *The Adams-Jefferson Letters*, ed. Lester J. Cappon, 2 vols. (Chapel Hill: University of North Carolina Press, 1959), 1:213–14.

[2] Ibid., 213.

[3] Quotations from James E. Lewis Jr., "'What Is to Become of Our Government?': The Revolutionary Potential of the Election of 1800," in James J. Horn, Jan Ellen Lewis, and Peter

S. Onuf, eds., *The Revolution of 1800: Democracy, Race, and the New Republic* (Charlottesville: University of Virginia Press, 2002), 10–11, 19, 13–14.

[4] John Adams, *A Defense of the Constitutions of Government of the United States of America*, 3 vols. (London, 1787), 3:299.

[5] Thomas Jefferson, "Ⅱ. The Response," February 12, 1790, *The Papers of Thomas Jefferson*, 16:179.

[6] Adams, *A Defense of the Constitutions*, 1:iii.

[7] Benjamin Franklin, "Advice to a Young Tradesman," 1748, *PBF*.

[8] Adams, *A Defense of the Constitutions*, 1:preface.

[9] *The Records of the Federal Convention of 1787*, 3:166.

[10] *The Records of the Federal Convention of 1787*, 2:57, 29.

[11] On numbers and the census, see Margo J. Anderson, *The American Census: A Social History*, 2nd ed. (1988; New Haven, CT: Yale University Press, 2016); Hyman Alterman, *Counting People: The Census in History* (New York: Harcourt, Brace and World, 1969); Patricia Cline Cohen, *A Calculating People: The Spread of Numeracy in Early America* (Chicago: University of Chicago Press, 1982). On the rise of quantification more broadly, see Theodore M. Porter, *Trust in Numbers: The Pursuit of Objectivity in Science and Public Life* (Princeton, NJ: Princeton University Press, 1995); I. Bernard Cohen, *The Triumph of Numbers: How Counting Shaped Modern Life* (New York: Norton, 2005); and Alfred W. Crosby, *The Measure of Reality: Quantification and Western Society, 1250–1600* (New York: Cambridge University Press, 1997).

[12] *Gazette of the United States*, December 15, 1796.

[13] John Adams to Elbridge Gerry, December 6, 1777, in *The Papers of John Adams*, 5:346.

[14] "Resolutions Adopted by the Kentucky General Assembly," November 10, 1798, in *The Papers of Thomas Jefferson*, 30:554.

[15] Thomas Pickering to Rufus King, March 12, 1799, in *The Life and Correspondence of Rufus King*, ed. Charles R. King 6 vols. (New York: G. P. Putnam's Sons, 1895), 2:557; Timothy Dwight, "Triumph of Democracy," January 1, 1801, in James G. Basker, ed., *Amazing Grace: An Anthology of Poems About Slavery, 1660–1810* (New Haven, CT: Yale University Press, 2002), 488.

[16] "Letter from Alexander Hamilton, Concerning the Public Conduct and Character of John Adams, Esq., President of the United States," October 24, 1800, in *The Papers of Alexander Hamilton*, 25:186, 190.

[17] *Carolina Gazette*, August 14, 1800.

[18] Edward J. Larson, *A Magnificent Catastrophe: The Tumultuous Election of 1800* (New York: Free Press, 2007), 185, 171–72; *Federal Observer* [Portsmouth, New Hampshire], May 1, 1800; Thomas Jefferson, *Notes on the State of Virginia* (London, 1787), 265. And see also Susan Dunn, *Jefferson's Second Revolution: The Election Crisis of 1800 and the Triumph of Republicanism*

(Boston: Houghton Mifflin, 2004), and John Ferling, *Adams vs. Jefferson: The Tumultuous Election of 1800* (New York: Oxford University Press, 2004).

[19] *Aurora*, October 14, 1800.

[20] Larson, *A Magnificent Catastrophe*, 134–35.

[21] Spencer Albright, *The American Ballot* (Washington, DC: American Council on Public Affairs, 1942), 16; Charles Gross, "The Early History of the Ballot in England," *American Historical Review* 3 (April 1898): 456–63. And see Robert J. Dinkin, *Voting in Provincial America: A Study of Elections in the Thirteen Colonies, 1689–1776* (Westport, CT: Greenwood, 1977), ch. 6.

[22] Andrew Robertson and Phil Lampi, "The Election of 1800 Revisited," paper presented at the Annual Meeting of the American Historical Association, Chicago, Illinois, January 9, 2000.

[23] Alexander Keyssar, *The Right to Vote: The Contested History of Democracy in the United States* (New York: Basic Books, 2000), 24 and Tables A.1 and A.2.

[24] Alexander Hamilton to James A. Bayard, January 16, 1801, in *The Papers of Alexander Hamilton*, 25:319.

[25] Quoted in Arthur M. Schlesinger Jr., ed., *History of American Presidential Elections, 1789–1968*, 4 vols. (New York: Chelsea House, 1971), 1:111.

[26] Schlesinger, *History of American Presidential Elections, 1789–1968*, 129–30.

[27] Garry Wills, *"Negro President": Jefferson and the Slave Power* (Boston: Houghton Mifflin, 2003), 1 (John Quincy Adams is quoted).

[28] John Adams to Thomas Jefferson, February 20, 1801, in *The Papers of Thomas Jefferson*, 33:23.

[29] *The Mercury and New-England Palladium* [Boston, Massachusetts], January 20, 1801.

[30] Quoted in Larson, *A Magnificent Catastrophe*, 274.

[31] "Causes of the American Discontents before 1768," *London Chronicle*, January 5–7, 1768, *PBF*.

[32] John Adams, *Thoughts on Government: Applicable to the Present State of the American Colonies. In a Letter from a Gentleman to His Friend* (Philadelphia, 1776), in *The Papers of John Adams*, 4:91.

[33] Jed Handelsman Shugerman, *The People's Courts: Pursuing Judicial Independence in America* (Cambridge, MA: Harvard University Press, 2012), chs. 1 and 2.

[34] "Brutus, Essay 11," *New York Journal*, January 31, 1788. And see Shugerman, *The People's Court*, 25–26.

[35] Alexander Hamilton, Federalist No. 78 (1788).

[36] Quoted in Suzy Maroon and Fred J. Maroon, *The Supreme Court of the United States* (New York: Thomasson-Grant and Lickle, 1996), 110.

[37] Quoted in Clare Cushman, *Courtwatchers: Eyewitness Accounts in Supreme Court History*

(Lanham, MD: Rowman and Littlefield, 2011), 2, 5–6.

[38] Quoted in Cushman, *Courtwatchers*, 10.

[39] Maroon, *Supreme Court*, 173, 20; Cushman, *Courtwatchers*, 16.

[40] Quoted in Alexandra K. Wigdor, *The Personal Papers of Supreme Court Justices* (New York: Garland Publishing, 1986), 9.

[41] *Marbury v. Madison*, 5 U.S. 137 (1803).

[42] Jefferson, *Notes on the State of Virginia*, 274. Thomas Malthus, *An Essay on the Principle of Population* (London, 1798), 346. On Jefferson and Jeffersonianism, see Drew R. McCoy, *The Elusive Republic: Political Economy in Jacksonian America* (New York: Norton, 1980); Gordon Wood, *Empire of Liberty: A History of the Early Republic, 1789–1815* (New York: Oxford University Press, 2009); and Annette Gordon-Reed and Peter S. Onuf, *"'Most Blessed of the Patriarchs': Thomas Jefferson and the Empire of the Imagination* (New York: Liveright, 2016).

[43] Joyce Appleby, *The Relentless Revolution: A History of Capitalism* (New York: W.W. Norton, 2010), ch. 5.

[44] Thomas Jefferson to Wilson Cary Nicholas, September 7, 1803, in *The Papers of Thomas Jefferson*, 41:347. And, broadly, see Steven Hahn, *A Nation Without Borders: The United States and Its World in an Age of Civil Wars, 1830–1910* (New York: Viking, 2016).

[45] Thomas Jefferson to Thomas Cooper, February 24, 1804, and to Benjamin Chambers, December 28, 1805, quoted in Drew McCoy, *The Elusive Republic: Political Economy in Jeffersonian America* (Chapel Hill, NC: University of North Carolina Press, 1980), 194, 203.

[46] Thomas Jefferson to John Adams, January 21, 1812, *The Papers of Thomas Jefferson*, 4:428; Thomas Jefferson to James Jay, April 7, 1809, *The Papers of Thomas Jefferson*, Retirement Series, 1:110–11.

[47] Thomas Jefferson to James Maury, June 16, 1815, in *The Papers of Thomas Jefferson*, Retirement Series, 8:544. On cotton, see Sven Beckert, *Empire of Cotton: A Global History* (New York: Knopf, 2014).

[48] *The Constitution of the United States together with An Account of Its Travels Since September 17, 1787*, compiled by David C. Mearns and Verner W. Clapp (Washington, DC: Library of Congress, 1958), 1–17.

[49] [Sereno Edwards Dwight], *Slave Representation by Boreas, Awake! O Spirit of the North* (New Haven, CT: 1812), 1.

[50] *Slave Representation*, 1. Alan Taylor, *The Civil War of 1812: American Citizens, British Subjects, Irish Rebels, & Indian Allies* (New York: Knopf, 2010); Matthew Mason, " 'Nothing Is Better Calculated to Excite Divisions' : Federalist Agitation against Slave Representation during the War of 1812," *New England Quarterly* 75 (2002): 531–61.

[51] Jefferson, *Notes on the State of Virginia*, 270–71. And see Gordon-Reed, *The Hemingses of*

Monticello.

[52] Thomas Jefferson to John Norvell, June 11, 1807, in *The Papers of Thomas Jefferson*, 11:222.

[53] Thomas Jefferson to Elbridge Gerry, March 29, 1801, in *The Papers of Thomas Jefferson*, 33:491.

[54] James Thomas Callender, "The President, Again," *Richmond Recorder*, September 1, 1802.

[55] Thomas Jefferson to Francis C. Gray, March 4, 1815, in *The Papers of Thomas Jefferson*, Retirement Series, 8:311. Gordon-Reed, *The Hemingses of Monticello*, 599–600.

[56] American Colonization Society, *The Tenth Annual Report of the American Society for Colonizing the Free People of Colour of the United States* (Washington, DC, 1827), 79.

[57] Josiah Quincy, *Memoir of the Life of John Quincy Adams* (Boston, 1859), 115.

[58] 15 Annals of Cong. 1204 (February 16, 1819).

[59] James Madison to Robert Walsh, November 27, 1819, in *The Papers of James Madison*, Retirement Series, 557.

[60] 16 Annals of Cong. 228 (January 20, 1820).

[61] Gordon-Reed, *Thomas Jefferson and Sally Hemings*, 246. See also Gordon-Reed, *The Hemingses of Monticello*, 557–60.

[62] Daniel Raymond, *Thoughts on Political Economy* (Baltimore, 1820), 456. Daniel Raymond, *The Missouri Question* (Baltimore, 1819), 6–7.

[63] 16 Annals of Cong. 428 (February 1, 1820); Raymond, *The Missouri Question*, 10.

[64] John Quincy Adams diary entry, January 10, 1810, in *The Diaries of John Quincy Adams: A Digital Collection*, 51 vols., Massachusetts Historical Society, 31:245.

[65] John Adams to John Quincy Adams, April 23, 1794, in *The Adams Family Correspondence*, ed. Margaret A. Hogan et. al., 13 vols. (Cambridge, MA: Harvard University Press, 2011), 10:151.

[66] *The National Journal* [Washington, DC], April 28, 1824.

[67] As the constitutional scholar Alexander Bickel once explained, "The populist idea, identified in the American political tradition with Andrew Jackson and in some measure with everyone else ever since, is that the ills of society and its government will be cured by giving a stronger and more certain direction of affairs to a popular majority" (Bickel, "Is Electoral Reform the Answer?" *Commentary*, December 1968), 41. On populism, broadly, see Michael Kazin, *The Populist Persuasion: An American History* (New York: Basic Books, 1995), and Charles Postel, *The Populist Vision* (New York: Oxford University Press, 2007).

[68] John Quincy Adams diary entry, June 18, 1833, in *The Diaries of John Quincy Adams*, 39:98.

[69] Thomas Jefferson as quoted by Daniel Webster, December 1824, in *The Private*

Correspondence of Daniel Webster, ed. Fletcher Webster (Boston: Little, Brown, 1857), 371.

[70] Robert L. Brunhouse, ed., "David Ramsay, 1749–1815: Selections from His Writings," *Transactions of the American Philosophical Society* 55 (1965), 27; Frank L. Owsley Jr., "Editor's Introduction" to John Reid and John Henry Eaton, *The Life of Andrew Jackson* (Tuscaloosa: University of Alabama Press, [1974] 2007), v–vii; John Eaton, *The Life of Andrew Jackson: Major General in the Service of the United States* (Philadelphia: M. Carey and Son, 1817); Margaret Bayard Smith, 1828, as quoted in Catherine Allgor, *Parlor Politics: In Which the Ladies of Washington Help Build a City and a Government* (Charlottesville: University Press of Virginia, 2000), 200.

[71] John Eaton, *The Life of Andrew Jackson* (Philadelphia: S. F. Bradford, 1824); Owsley, "Editor's Introduction," *The Life of Andrew Jackson*, x (Owsley's annotated edition marks out the changes between the 1817 and 1824 editions). On campaign buttons: M. J. Heale, *The Presidential Quest: Candidates and Images in American Political Culture, 1787–1852* (London: Longman, 1982), 50. On campaigning, broadly: Robert J. Dinkin, *Campaigning in America: A History of Election Practices* (New York: Greenwood, 1989), 42. I also discuss Jackson's campaign biography and its influence in *The Story of America*, ch. 10.

[72] Benjamin Austin, *Constitutional Republicanism, in Opposition to Fallacious Federalism* (Boston, 1803), 87.

[73] On the rise of the nominating convention: James S. Chase, *Emergence of the Presidential Nominating Convention, 1789–1832* (Urbana, IL: University of Illinois Press, 1973); *National Party Conventions, 1831–1984*, 4th ed. (Washington, DC: Congressional Quarterly Inc., 1987); Stan M. Haynes, *The First American Political Conventions: Transforming Presidential Nominations, 1832–1872* (Jefferson, NC: McFarland, 2012).

[74] James Kent quoted in *Reports of the Proceedings and Debates of the Convention of 1821, Assembled for the Purpose of Amending the Constitution of the State of New-York* (Albany, 1821), 221.

[75] Quoted in David McCullough, *John Adams* (New York: Simon & Schuster, 2001), 639–40.

[76] Quoted in *The Proceedings and Debates of the Virginia State Convention of 1829–30* (Richmond, 1830), 316. And see Daniel Rodgers, *Contested Truths: Keywords in American Politics Since Independence* (New York: Basic Books, 1987), 80–111.

[77] George Bancroft, "The Office of the People in Art, Government, and Religion," An Oration Delivered before the Adelphi Society of Williamstown College in August 1835, in Thomas Breed et al., eds., *Modern Eloquence*, 15 vols. (Philadelphia: John D. Morris and Company, 1900), 7:79; George Bancroft, *Oration Delivered on the Fourth of July, 1826, at Northampton, Massachusetts* (Northampton, 1826), 20.

[78] *Connecticut Herald*, July 11, 1826.

[79] Gordon-Reed, *Hemingses of Monticello*, 655–56, 661–62.

[80] Joseph Ellis, *American Sphinx: The Character of Thomas Jefferson* (New York: Knopf, 1997), 287–90; McCullough, *John Adams*, 644–47.

[81] John Randolph to John Brockenbrough, January 12, 1829, in *The Collected Letters of John Randolph of Roanoke to Dr. John Brockenbrough*, ed. Kenneth Shorey (1988; New Brunswick, NJ: Transaction Books, 2015), 317.

[82] *Alexandria Gazette*, March 4, 1829.

[83] Margaret Bayard Smith to Jane Bayard Kirkpatrick, March 11, 1829, in *The First Forty Years of Washington Society Portrayed by the Family Letters of Mrs. Samuel Harrison Smith (Margaret Bayard)*, ed. Gaillard Hunt (New York: Charles Scribner's Sons, 1906), 290–94; Andrew Jackson, "First Annual Message," December 8, 1829, *The American Presidency Project* (online), comp. John T. Woolley and Gerhard Peters; Joseph Story to Mrs. Joseph Story (Sarah Waldo Wetmore), March 7, 1829, in *The Life and Letters of Joseph Story*, ed. William M. Story, 2 vols. (Boston: Charles C. Little and James Brown, 1851), 1:563.

[84] Bayard Smith to Bayard Kirkpatrick, March 11, 1829.

第六章：灵魂与机器

[1] Maria W. Stewart, "Religion and the Pure Principles of Morality, The Sure Foundation on Which We Must Build," October 1831, in *Maria W. Stewart: America's First Black Woman Political Writer*, ed. Marilyn Richardson (Bloomington: Indiana University Press, 1987), 40.

[2] Richardson, *Maria W. Stewart*, 29, 38. Garrison's impressions of Stewart are recorded in a letter he later wrote in support of her widow's pension application: William Lloyd Garrison to Maria W. Stewart, April 4, 1879, ibid., 89–90.

[3] On the Second Great Awakening, see especially Mary P. Ryan, *The Cradle of the Middle Class: The Family in Oneida County, New York, 1790–1865* (New York: Cambridge University Press, 1981), and Daniel Howe, *What Hath God Wrought: The Transformation of America, 1815–1848* (New York: Oxford University Press, 2007).

[4] Quoted in Paul Johnson, *A Shopkeeper's Millennium: Society and Revivals in Rochester, New York, 1815–1837*, 1st rev. ed. (New York: Hill and Wang, 2004), 5.

[5] Ibid., 3.

[6] Maria W. Stewart, "Mrs. Stewart's Farewell Address to Her Friends in the City of Boston," in Richardson, *Maria W. Stewart*, 70.

[7] Thomas Jefferson to William Ludlow, September 6, 1824, in *The Writings of Thomas Jefferson*, ed. Andrew A. Lipscomb and Albert Ellery Bergh, 20. vols. (Washington, DC: Thomas Jefferson Memorial Association of the United States, 1903–7), 16:74–76.

[8] Jacob Bigelow, *The Useful Arts*, 3 vols. (New York: Harper and Brothers, 1855), 1:18–19.

[9] Jeanne Boydston, *Home and Work: Housework, Wages, and the Ideology of Labor in the Early Republic* (New York: Oxford University Press, 1990). See also Alan Dawley, *Class and Community: The Industrial Revolution in Lynn* (Cambridge, MA: Harvard University Press, 1976).

[10] George B. Ellenberg, *Mule South to Tractor South: Mules, Machines, and the Transformation of the Cotton South* (Tuscaloosa: University of Alabama Press, 2007), 146.

[11] Walter Isaacson, *The Innovators: How a Group of Inventors, Hackers, Geniuses, and Geeks Created the Digital Revolution* (New York: Simon & Schuster, 2014), ch. 1.

[12] On the business history, see Robert Dalzell, *Enterprising Elite: The Boston Associates and the World They Made* (Cambridge, MA: Harvard University Press, 1987).

[13] Howe, *What Hath God Wrought*, 216–17.

[14] Johnson, *A Shopkeeper's Millennium*, 18, 42.

[15] Ryan, *Cradle of the Middle Class*, 146–47, 155–58.

[16] See Kathryn Kish Sklar, *Catharine Beecher: A Study in American Domesticity* (New Haven, CT: Yale University Press, 1973).

[17] Charles Grandison Finney, *Memoirs of Rev. Charles G. Finney* (New York: A. S. Barnes & Company, 1876), 20; Johnson, *A Shopkeeper's Millennium*, 108, 122.

[18] Ruth Cowan, *A Social History of American Technology* (New York: Oxford University Press, 1997), 138, 210. And on technological determinism in American politics and culture, broadly, see David Nye, *American Technological Sublime* (Cambridge, MA: MIT Press, 1994); Robert Friedel, *A Culture of Improvement: Technology and the Western Millennium* (Cambridge, MA: MIT Press, 2008); Robert L. Heilbroner, "Do Machines Make History?," *Technology and Culture* 8 (1967): 335–45; Leo Marx, *The Machine in the Garden: Technology and the Pastoral Ideal in America* (New York: Oxford University Press, 1964).

[19] Jacob Bigelow, *Elements of Technology* (Boston, 1829); Jacob Bigelow, *An Address on the Limits of Education Read before the Massachusetts Institute of Technology* (Boston: E. P. Dutton & Company, 1865), 4. See also Thomas Misa, *Leonardo to the Internet: Technology and Culture from the Renaissance to the Present* (Baltimore: Johns Hopkins University Press, 2004), 204; Marx, "The Idea of Technology"; Howard P. Segal, *Technological Utopianism in American Culture* (Chicago: University of Chicago Press, 1985), 180–81.

[20] Thomas Carlyle, "Signs of the Times," *Edinburgh Review* 49 (June 1829): 457.

[21] Timothy Walker, "A Defense of Mechanical Philosophy," *North American Review* 33 (July 1831): 122–27.

[22] Quoted in Sean Wilentz, *The Rise of American Democracy: Jefferson to Lincoln* (New York: Norton, 2005), 425.

[23] Bancroft quoted in Russel Nye, *George Bancroft: Brahmin Rebel* (New York: Knopf, 1944), 100; Sullivan quoted in *New York Morning News*, February 27, 1845.

[24] Stewart, "Religion and the Pure Principles of Morality," October 1831, in Richardson, *Maria W. Stewart*, 39.

[25] Quoted in Valerie C. Cooper, *Word, Like Fire: Maria Stewart, the Bible, and the Rights of African Americans* (Charlottesville: University of Virginia Press, 2012), 4.

[26] Quoted in Richardson, introduction to *Maria W. Stewart*, 14.

[27] Benjamin Rush to John Adams, June 15, 1789, in *The Letters of Benjamin Rush*, ed. L. H. Butterfield, 2 vols. (Princeton, NJ: Princeton University Press, 1951), 1:516.

[28] James Madison to the General Assembly of the Commonwealth of Virginia, "A Memorial and Remonstrance," ca. June 20, 1785, in *The Papers of James Madison*, Congressional Series, ed. J. C. A. Stagg et al., 17 vols. (Charlottesville: University of Virginia Press, 2010), 8:301.

[29] Article 11, Treaty of Peace and Friendship, signed at Tripoli, November 4, 1796, in *Treaties and Other International Acts of the United States of America*, ed. Hunter Miller, 8 vols. (Washington, DC: U.S. Government Printing Office, 1931–48), 2:365.

[30] Stewart, "Cause for Encouragement" in Richardson, *Maria W. Stewart*, 43.

[31] Lyman Beecher, "Lecture VII: The Republican Elements of the Old Testament," in *Lectures on Political Atheism and Kindred Subjects* (Boston, 1852), 189.

[32] Nathan O. Hatch, *The Democratization of American Christianity* (New Haven, CT: Yale University Press, 1989), 4.

[33] Thomas Jefferson to Samuel Kercheval, July 12, 1816, in *The Papers of Thomas Jefferson*, Retirement Series, 10:226.

[34] William Lloyd Garrison, "Address to the Colonization Society," July 4, 1829, in *Selections from the Writings and Speeches of William Lloyd Garrison* (Boston, R. F. Wallcut, 1852), 53.

[35] Richardson, *Maria W. Stewart*, introduction.

[36] Wilentz, *The Rise of American Democracy*, 221; Walter Johnson, *River of Dark Dreams: Slavery and Empire in the Cotton Kingdom* (Cambridge, MA: Harvard University Press, 2013), 41–42, 152–54; Sven Beckert, *Empire of Cotton: A Global History* (New York: Knopf, 2014), ch. 5.

[37] Douglas R. Egerton and Robert L. Paquette, eds., *The Denmark Vesey Affair: A Documentary History* (Gainesville: University Press of Florida, 2017). See also Michael P. Johnson, "Denmark Vesey and His Co-Conspirators," *William and Mary Quarterly* 58 (2001): 915–76.

[38] Henry Highland Garnet, *Walker's Appeal* (New York: J. H. Tobitt, 1848), vi.

[39] *Freedom's Journal*, March 16, 1827.

[40] David Walker, *Walker's Appeal in Four Articles; Together with a Preamble, to the Coloured Citizens of the World, but in Particular, and Very Expressly, to Those of the United States of America*, September 28, 1829 (Boston, 1829), 73–74, 18, 66, 55, 47, 28, 21, and 27. See also *David Walker's Appeal to the Coloured Citizens of the World*, ed. Peter P. Hinks (University

Park: Pennsylvania State University Press, 2000), introduction. And, on the idea of the "colored citizen," see Stephen Kantrowitz, *More Than Freedom: Fighting for Black Citizenship in a White Republic, 1829–1889* (New York: Penguin Press, 2012), 28–40.

[41] *David Walker's Appeal*, ed. Hinks, xiv–xxv.

[42] Ibid., xxxix–xi; *The Liberator* [Boston, Massachusetts], January 1, 1831.

[43] *The Confessions of Nat Turner with Related Documents*, 2nd ed., ed. Kenneth S. Greenberg (1831; Boston: Bedford/St. Martin's, 2017), 44; James M'Dowell Jr., *Speech of James M'Dowell Jr. (of Rockbridge) in the House of Delegates of Virginia, on the Slave Question* (Richmond: Thomas W. White, 1832), 29.

[44] Alexis de Tocqueville, *Democracy in America*, 2 vols. (New York: Knopf, 1956), 2:256.

[45] Quoted in Stefan M. Wheelock, *Barbaric Culture and Black Critique: Black Antislavery Writers, Religion, and the Slaveholding Atlantic* (Charlottesville: University of Virginia Press, 2015), ch. 4.

[46] William Lloyd Garrison, "Declaration of Sentiments of the American Anti-Slavery Convention, December 6, 1833," in Selections from the Writings of William Lloyd Garrison, 70.

[47] Catherine Beecher, *An Essay on Slavery and Abolitionism, with Reference to the Duty of American Females* (Philadelphia: Henry Perkins, 1837), 121.

[48] Wilentz, *The Rise of American Democracy*, 356–57, 419–20; Howe, *What Hath God Wrought*, 539–40.

[49] Wilentz, *The Rise of American Democracy*, 283; Charles Sellers, *The Market Revolution: Jacksonian America, 1815–1846* (New York: Oxford University Press, 1991), 238.

[50] Quoted in Carl N. Degler, *Out of Our Past: The Forces That Shaped Modern America*, rev. ed. (New York: Harper and Row, [1959] 1970), 275–76.

[51] Quoted in Carl Kaestle, *Pillars of the Republic: Common Schools and American Society, 1780–1860* (New York: Farrar, Straus and Giroux, 2011), 80.

[52] Quoted in Daniel Boorstin, *The Americans: The Democratic Experience* (New York: Random House, 1973), 257.

[53] Samuel F. B. Morse, *Imminent Dangers to the Free Institutions of the United States through Foreign Immigration* (New York, 1835), 28. And on Morse, see Jill Lepore, *A is for American: Letters and Other Characters in the Newly United States* (New York: Knopf, 2002), ch. 6.

[54] Quoted in Daniel J. Czitrom, *Media and the American Mind: From Morse to McLuhan* (Chapel Hill: University of North Carolina Press, 1982), 11–12.

[55] Barnet Schecter, *The Devil's Own Work: The Civil War Draft Riots and the Fight to Reconstruct America* (New York: Walker & Company, 2005), 78.

[56] On the common school movement, see Kaestle, *Pillars of the Republic*; Ira Katznelson and Margaret Weir, *Schooling for All: Class, Race, and the Decline of the Democratic Ideal* (New York:

Basic Books, 1983).

[57] Quoted in Kaestle, *Pillars of the Republic*, 163, 139.

[58] Ibid., 176, 179.

[59] Christopher B. Daly, *Covering America: A Narrative History of a Nation's Journalism* (Amherst, MA: University of Massachusetts Press, 2012), 59–63; Michael Schudson, *Origins of the Ideal of Objectivity in the Professions: Studies in the History of American Journalism and American Law, 1830–1940* (PhD dissertation, 1976; New York: Garland, 1990), 36–40.

[60] Tocqueville, *Democracy in America*, 2:42.

[61] Joseph Story to Judge Fay, February, 18, 1834, in *The Life and Letters of Joseph Story*, 2:154. Asher Robbins quoted in Michael G. Kammen, *A Machine That Would Go of Itself: The Constitution in American Culture* (1986; New Brunswick, NJ: Transaction Publishers, 2006), 50.

[62] Joseph Story, *A Discourse Pronounced at the Request of the Essex Historical Society on the 18th of September, 1828, in Commemoration of the First Settlement of Salem* (Boston: Hilliard, Gray, Little, and Wilkins, 1828), 74–75. On Indian removal see Ronald N. Satz, *American Indian Policy in the Jacksonian Era* (Lincoln: University of Nebraska Press, 1975); Anthony F. C. Wallace, *The Long, Bitter Trail: Andrew Jackson and the Indians* (New York: Hill and Wang, 1993); Theda Perdue, *The Cherokee Nation and the Trail of Tears* (New York: Viking, 2007).

[63] "Instructions to a Deputation of Our Warriors . . . to Proceed On and Visit Our Father the President of the United States," Fortville, Cherokee Nation, September 19, 1817, in Walter Lowrie and Walter S. Franklin, eds., *American State Papers, Documents, Legislative and Executive, of the Congress of the United States* (Washington, DC: Gale and Seaton, 1834), 145.

[64] Quoted in Althea Bass, *Cherokee Messenger* (Norman: University of Oklahoma Press, 1996), 31.

[65] On the Cherokees in this era, see William G. McLoughlin, *Cherokee Renascence in the New Republic* (Princeton, NJ: Princeton University Press, 1986). On Sequoyah, see Lepore, *A is for American*, ch. 3.

[66] Response of the Cherokee Council to U.S. Commissioners Duncan G. Campbell and James Meriwether, October 20, 1823, in *American State Papers, Documents, Legislative and Executive, of the Congress of the United States,* Indian Affairs, 2 vols. (Washington, DC: Gales and Seaton, 1834), 2:469; U.S. Commissioners to the Cherokee Chiefs, December 9, 1824, in *American State Papers*, Indian Affairs, 2:570; and Cherokee Council to U.S. Commissioners, February 11, 1824, in *American State Papers*, Indian Affairs, 2:474.

[67] John Howard Payne, "The Cherokee Cause [1835]," reprinted in the *Journal of Cherokee Studies* 1 (1976): 19.

[68] Speech of Senator Theodore Frelinghuysen, April 7–9, 1830, in *Speeches of the Passage of the Bill for the Removal of the Indians, Delivered in the Congress of the United States, April and*

May, 1830 (Boston: Perkins and Marvin, 1830), 8.

[69] *Cherokee Nation v. Georgia*, 30 U.S. 1 (1831), and *Worcester v. Georgia*, 31 U.S. 515 (1832).

[70] *An Indian's Appeal to the White Men of Massachusetts* is reprinted in William Apess, *On Our Own Ground: The Writings of William Apess, a Pequot*, ed. by Barry O'Connell (Amherst, MA: University of Massachusetts Press, 1992), 205. And see my discussion of the broader cultural and political context for the Mashpee and Penobscot claims in *The Name of War*, ch. 7.

[71] Edward Everett, *An address delivered at Bloody Brook, in South Deerfield, September 30, 1835* (Boston: Russell, Shattuck, & Williams, 1835), 8, 10–11. And see Edward Everett, "The Cherokee Case," *North American Review* 33 (1831): 136–53.

[72] Andrew Jackson, First Annual Message, December 8, 1829.

[73] Jon Meacham, *American Lion: Andrew Jackson in the White House* (New York: Random House, 2008), 204.

[74] Perdue, *The Cherokee Nation and the Trail of Tears*, 139–40. General Winfield Scott, "Extracts from General Orders, or the Address to the Troops," May 17, 1838, in *Memoirs of Lieut.-General Winfield Scott*, ed. Timothy D. Johnson (Knoxville: University of Tennessee Press, 2015), 166.

[75] Harriet Martineau, *Retrospect of Western Travel*, 3 vols. (London: Saunders and Otley, 1838), 1:147.

[76] Quoted in Kerry S. Walters, *Explosion on the Potomac: The 1844 Calamity Aboard the USS Princeton* (Charleston, SC: The History Press, 2013), 85.

[77] Johnson, *River of Dark Dreams*, ch. 10.

[78] Wilentz, *The Rise of American Democracy*, 319–22.

[79] *Memoirs of General Andrew Jackson Seventh President of the United States* (Auburn, NY: James C. Derby & Co., 1845), 202, 208.

[80] Wilentz, *The Rise of American Democracy*, 387, 430.

[81] James S. Chase, *Emergence of the Presidential Nominating Convention, 1789–1832* (Urbana: University of Illinois Press, 1973), 27–34.

[82] Stan M. Haynes, *The First American Political Conventions: Transforming Presidential Nominations, 1832–1872* (Jefferson, NC: McFarland, 2012), 29.

[83] On the Panic of 1837 and the Bank War, see Reginald Charles McGrane, *The Panic of 1837: Some Financial Problems of the Jacksonian Era* (New York: Russell and Russel, Inc., 1924, 1965); Marc Shell, *Money, Language and Thought: Literary and Philosophic Economies from the Medieval to the Modern Era* (Baltimore and London: Johns Hopkins University Press, 1982); and Alasdair Roberts, *America's First Great Depression: Economic Crisis and Political Disorder after the Panic of 1837* (Ithaca, NY: Cornell University Press, 2012).

[84] Wilentz, *The Rise of American Democracy*, 365.

[85] *The Correspondence of Nicholas Biddle*, ed. Reginald C. McGrane (Boston: Houghton Mifflin Company, 1919), 93; Wilentz, *The Rise of American Democracy*, 361.

[86] Wilentz, *The Rise of American Democracy*, 368, 372.

[87] U.S. Senate Journal, 22d Cong., 1st Sess., July 10, 1832.

[88] Wilentz, *The Rise of American Democracy*, 398.

[89] Robert Sobel, *Panic on Wall Street: A Classic History of America's Financial Disasters* (Washington, DC: Beard Books, [1968, Macmillan], 1999), 38–40, 47.

[90] Andrew Jackson, "Fourth Annual Message," December 4, 1832.

[91] *Speech of Mr. Kennedy, of Indiana, on the Oregon Question Delivered in the House of Representatives, January 10, 1846* (Washington, 1846), 7. Also quoted in Donald William Meinig, *The Shaping of America: A Geographical Perspective on 500 Years of History, vol. 2: Continental America, 1800–1867*, 4 vols. (New Haven, CT: Yale University Press, 1993), 2:222.

[92] Meinig, *The Shaping of America*, 2:135; Hahn, *A Nation Without Borders*, 12. On the War with Mexico, see, Rachel St. John, *Line in the Sand: A History of the Western U.S.-Mexico Border* (Princeton, NJ: Princeton University Press, 2011). And see Patricia Nelson Limerick, *The Legacy of Conquest: The Unbroken Past of the American West* (New York: Norton, 2006), ch. 7.

[93] Quoted in Walter R. Borneman, *Polk: The Man Who Transformed the Presidency and America* (New York: Random House, 2008), 73.

[94] Donald J. Ratcliffe, "Thomas Morris," *American National Biography Online*; Thomas Morris, *Speech in Reply to the Speech of Henry Clay, February 9, 1839* (New York, 1839).

[95] Haynes, *The First American Political Conventions*, 1; Chase, *Emergence of the Presidential Nominating Convention*, 40.

[96] Frank E. Hagen and Elmo Scott Watson, "The Origin of Ruckerize," *Cambridge* [MA] *Sentinel*, September 12, 1936.

[97] Sobel, *Panic on Wall Street*, 51, 67.

[98] Bauer, "The Movement Against Imprisonment for Debt." See also Charles Warren, *Bankruptcy in United States History* (Cambridge, MA: Harvard University Press, 1935); James Ciment, "In the Light of Failure: Bankruptcy, Insolvency and Financial Failure in New York City, 1790–1860"; Edward J. Balleisen, *Navigating Failure: Bankruptcy and Commercial Society in Antebellum America* (Chapel Hill: University of North Carolina Press, 2001).

[99] Wilentz, *The Rise of American Democracy*, 492–93.

[100] [Richard Hildreth], *The People's Presidential Candidate; or The Life of William Henry Harrison, of Ohio* (Boston, 1839), 14–16, 194. Robert Gray Gunderson, *The Log Cabin Campaign* (Lexington: University of Kentucky Press, 1957), 73–79; 129–33.

[101] Quoted in Wilentz, *The Rise of American Democracy*, 547. And see Milton C. Sernett, *North Star Country: Upstate New York and the Crusade for African American Freedom* (Syracuse,

NY: Syracuse University Press, 2002), 115.

[102] Mary P. Ryan, *Women in Public: Between Banners and Ballots, 1825–1880* (Baltimore: Johns Hopkins University Press, 1990), 134; and see Jo Freeman, *A Room at a Time: How Women Entered Party Politics* (Lanham, MD: Rowman & Littlefield, 2000).

[103] Dinkin, *Campaigning in America*, 33.

[104] Ralph Waldo Emerson, *The Journals and Miscellaneous Notebooks of Ralph Waldo Emerson*, ed. A. W. Plumstead, Harrison Hayford, et al., 16 vols. (Cambridge, MA: Harvard University Press, 1969), 7:482.

[105] "The Telegraph," *New York Sun*, November 6, 1847, in Morse's scrapbook, Samuel Morse Papers, Library of Congress, Washington, DC.

[106] Daly, *Covering America*, 77; Daniel Webster, "Opening of the Northern Railroad to Lebanon, N.H. [1847]," in *Works of Daniel Webster*, 11th ed., 6 vols. (Boston: Little Brown, 1858), 2:419.

[107] Karl Marx, "Estranged Labour," in *Economic and Philosophic Manuscripts of 1844*, ed. Martin Milligan (1961; New York: Dover Publications, 2007), 69.

[108] *Ralph Waldo Emerson: Updated Edition*, ed. Harold Bloom (New York: Chelsea House, 2007), 127.

[109] Quoted in James D. Hart, "They All Were Born in Log Cabins," *American Heritage* 7 (1956): 32.

[110] Henry David Thoreau, *Walden; or, Life in the Woods* (Boston: Ticknor and Fields, 1854), 118, 54, 118, 57, 102, 107, 58–59.

[111] Thoreau, *Walden*, 175, 352; Review of *Walden*, *The New York Churchman*, September 2, 1854.

[112] Thoreau, *Walden*, 57.

第七章：船与船骸

[1] Walters, *Explosions on the Potomac*, 9–10.

[2] Quoted in Dan Monroe, *The Republican Vision of John Tyler* (College Station: Texas A&M University, 2003), 63.

[3] Charles Dickens, *American Notes for General Circulation*, edited and with an introduction by Patricia Ingham (1842; New York: Penguin, 2000), 138.

[4] Daniel Webster, "Letter to the Citizens of Worcester County, Massachusetts," January 23, 1844, in *The Writings and Speeches of Daniel Webster*, ed. Edward Everett, National Edition, 18 vols. (Boston: Little, Brown, 1903), 16:423.

[5] Quoted in Walters, *Explosion on the Potomac*, 31, 32.

[6] Quoted in Jay Sexton, *The Monroe Doctrine: Empire and Nation in Nineteenth-Century America* (New York: Hill and Wang, 2011), 62.

[7] "Speech of Mr. McDuffie, July 6, 1844," in *Niles' National Register*, ed. William Ogden Niles, 75 vols. (Baltimore, 1839–48), 66:303. On Greeley, see Daly, *Covering America*, 66–72. And on American expansion in this era, see Hahn, *A Nation Without Borders*, and John Robert Van Atta, *Securing the West: Politics, Public Lands, and the Fate of the Old Republic: 1785–1850* (Baltimore: Johns Hopkins University Press, 2014).

[8] John Quincy Adams diary entry, April 22, 1844, in *The Diaries of John Quincy Adams*, 44:303.

[9] Henry Clay to Stephen F. Miller, July 1, 1844, in *The Private Correspondence of Henry Clay*, ed. Calvin Colton (Boston: Frederick Parker, 1856), 491.

[10] John Quincy Adams diary entry, February 19, 1845, in *The Diaries of John Quincy Adams*, 45:50.

[11] "Nuptials of the President of the United States," *New York Herald*, June 27, 1844; Walters, *Explosion on the Potomac*, 105–6.

[12] Quoted in Haynes, *The First American Political Conventions*, 70.

[13] Haynes, *First American Political Conventions*, 89. And see Charles Sellers, "Election of 1844," in Schlesinger, *History of American Presidential Elections, 1789–1968*, 1:761–66.

[14] Speech by Daniel Webster, "On Mr. Foot's Resolution," January 26–27, 1830, Register of Debates, Senate, 21st Cong., 1st Sess. (1830).

[15] Joseph Story, *Commentaries on the Constitution of the United States . . . Abridged by the Author for the Use of Colleges and High Schools* (Boston: Hilliard, Gray, and Company, 1833), 595. And see Arnold Bennett, *The Constitution in School and College* (New York: G. P. Putnam's Sons, 1935).

[16] Tocqueville, *Democracy in America*, 1:251–52. And, broadly, see Kammen, *A Machine That Would Go of Itself*; Larry D. Kramer, *The People Themselves: Popular Constitutionalism and Judicial Review* (Oxford: Oxford University Press, 2004); Daniel Levin, *Representing Popular Sovereignty: The Constitution in American Political Culture* (Albany: State University of New York Press, 1999).

[17] William Grimes, *Life of William Grimes, the Runaway Slave* [1825], ed. William L. Andrews and Regina E. Mason (New York: Oxford University Press, 2008), 103.

[18] Colley, "Empires of Writing," 237–38.

[19] "The Sage of Montpelier Is No More!," *Charleston Courier*, July 7, 1836.

[20] David W. Houpt, "Securing a Legacy: The Publication of James Madison's Notes from the Constitutional Convention," *Virginia Magazine of History and Biography* 118 (2010): 4–39.

[21] Quoted in ibid, 97–100.

[22] Quoted in Kammen, *A Machine That Would Go of Itself*, 103, 83.

[23] Hahn, *A Nation Without Borders*, introduction.

[24] Webster, "Letter to Citizens of Worcester County, Massachusetts," in *The Writings and Speeches of Daniel Webster*, 16:423.

[25] Quoted in Johnson, *River of Dark Dreams*, 322.

[26] Eugene McCormac, *James K. Polk: A Political Biography* (Berkeley: University of California Press, 1922), 705. In 1845, a Florida senator had asked Congress to negotiate with Spain for Cuba; while the War with Mexico continued, Congress set this request aside. But by 1848 Polk was writing in his diary, "I am decidedly in favour of purchasing Cuba & making it one of the States of the Union" : James K. Polk diary entry, May 10, 1848, in *The Diary of James K. Polk During His Presidency, 1845–1849*, ed. Milo Milton Quaife, Chicago Historical Society Collection, 4 vols. (Chicago: A. C. McClurg & Co, 1910), 3:446. And on southern imperial ambitions, see especially Matthew Karp, *This Vast Southern Empire: Slaveholders at the Helm of American Foreign Policy* (Cambridge, MA: Harvard University Press, 2016).

[27] Quoted in Hahn, *A Nation Without Borders,* 122. And see Bernard DeVoto, *The Year of Decision, 1846* (Boston: Little Brown, 1943), and William Ghent, *The Road to Oregon: A Chronicle of the Great Emigrant Trail* (New York: Longmans and Green and Co., 1929).

[28] John O'Sullivan, "Annexation," *United States Magazine and Democratic Review* 17 (July–August 1845): 5–10.

[29] James K. Polk, "Special Message to Congress on Mexican Relations," May 11, 1846.

[30] Daly, *Covering America*, 78–79.

[31] Dickens, *American Notes*, 134.

[32] Joanne Freeman, "The Field of Blood: Violence in Congress," paper delivered at the Gilder Lehrman Center for the Study of Slavery, Resistance, and Abolition, Yale University, November 4, 2017.

[33] Speech by John C. Calhoun, "Conquest of Mexico," 30 Cong. Globe 51 (January 4, 1848).

[34] Charles Sumner to Salmon P. Chase, February 7, 1848, Chase Papers, Library of Congress—quoted in James M. McPherson, *Battle Cry of Freedom: The Civil War Era* (New York: Oxford University Press, 1988), 60; Speech of B. R. Wood, "The Wilmot Proviso," 29 Cong. Globe 345 (February 10, 1847), appendix.

[35] Quoted in Meinig, *Shaping of America*, 2:300–301.

[36] Theodore Parker, *A Sermon of Mexican War, Preached at the Melodeon, on Sunday, June 7, 1846* (Boston: I. R. Butts, 1846), 32, 30.

[37] Henry David Thoreau, "Civil Disobedience," in *The Writings of Henry David Thoreau*, ed. Horace Elisha Scudder et al., 11 vols. (Boston: Houghton Mifflin Company, [1863] 1893),

10∶141, 149.

[38] Ralph Waldo Emerson, "Ode, Inscribed to William H. Channing," in *The Oxford Book of American Poetry*, ed. David Lehman (New York: Oxford University Press, 2006), 35.

[39] Maurice S. Lee, ed., *The Cambridge Companion to Frederick Douglass* (New York: Cambridge University Press, 2009), 15.

[40] John Stauffer, Zoe Trodd, and Celeste-Marie Bernier, *Picturing Frederick Douglass: An Illustrated Biography of the Nineteenth Century's Most Photographed American* (New York: Liveright, 2015).

[41] Frederick Douglass, *Narrative of the Life of Frederick Douglass*, ed. David W. Blight (New York: St. Martin's/Bedford Books in American History, 1993), 16.

[42] Daly, *Covering America*, 93.

[43] Frederick Douglass, "The War with Mexico," *The North Star*, January 21, 1848.

[44] Frederick Douglass, Editorial, *The North Star,* April 28, 1848.

[45] Quoted in Czitrom, *Media and the American Mind*, 12.

[46] Daly, *Covering America*, 81.

[47] Speech by Lewis Cass, 29 Cong. Globe 369 (February 10, 1847).

[48] David G. Gutiérrez, *Walls and Mirrors: Mexican Americans, Mexican Immigrants, and the Politics of Ethnicity* (Berkeley: University of California Press, 1995), ch. 1.

[49] Rachel St. John, *Line in the Sand: A History of the Western U.S.-Mexico Border* (Princeton, NJ: Princeton University Press, 2011), 21–22.

[50] James DeBow, *The Seventh Census of the United States: 1850* (Washington, DC: Robert Armstrong, 1853), xxix.

[51] Ralph Waldo Emerson, *Selected Writings of Ralph Waldo Emerson*, ed. William H. Gilman (New York: Signet Classics, 1965), 116.

[52] Lynn Hudson Parsons, "The 'Splendid Pageant': Observations on the Death of John Quincy Adams," *New England Quarterly* 53 (December 1980), 464–82.

[53] Ralph Waldo Emerson, *Emerson in His Journals*, selected and edited by Joel Porte (Cambridge, MA: Harvard University Press, 1984), 303.

[54] "Letter XII: Human Rights Not Founded on Sex," in Angelina Grimké, *Letters to Catherine Beecher, in Reply to an Essay on Slavery and Abolitionism Addressed to A. E. Grimké* (Boston: Isaac Knapp, 1838), 114.

[55] Sarah Grimké, *Letters on the Equality of the Sexes, and the Condition of Woman* (Boston: Isaac Knapp, 1838), 11, 45. And see Ellen Carol DuBois, *Feminism and Suffrage: The Emergence of an Independent Women's Movement in America, 1848–1869* (1979; Ithaca, NY: Cornell University Press, 1999).

[56] Margaret Fuller, *Woman in the Nineteenth Century* (New York: Greeley & McElrath,

1845), 26.

[57] On Fuller, see especially Charles Capper, *Margaret Fuller: An American Romantic Life* (New York: Oxford University Press, 2007), and Megan Marshall, *Margaret Fuller: A New American Life* (New York: Houghton Mifflin Harcourt, 2013).

[58] Zachary Taylor to Capt. J. S. Allison, April 22, 1848, in *The Papers of Henry Clay*, ed. Melba Porter Hay, 11 vols. (Lexington: University Press of Kentucky, 1991), 10:343. See also Eric Foner, *Free Soil, Free Labor, Free Men: The Ideology of the Republican Party before the Civil War* (1970; New York: Oxford University Press, 1995).

[59] Quoted in Haynes, *First American Political Conventions*, 101.

[60] Quoted in ibid., 105.

[61] Quoted in Kloppenberg, *Toward Democracy*, 655.

[62] Lincoln, Address before the Wisconsin State Agricultural Society, Milwaukee, Wisconsin, September 30, 1859.

[63] Quoted in Foner, *Free Soil, Free Labor, Free Men*, 14–16.

[64] Quoted in ibid., 72, 45, 41, 46.

[65] Frederick Douglass, *The Claims of the Negro, Ethnologically Considered* (Rochester, NY: 1854), 13. And see Randall Fuller, *The Book That Changed America: How Darwin's Theory of Evolution Ignited a Nation* (New York: Viking, 2017), ch. 9.

[66] George Fitzhugh, *Sociology for the South, or the Failure of Free Society* (Richmond, VA: A. Morris, 1854), 177, 179, 183, 158.

[67] George Fitzhugh, *Cannibals All! or, Slaves Without Masters* (Richmond, VA: A. Morris, 1857), 31, 29. See also Larry E. Tise, *Proslavery: A History of the Defense of Slavery in America, 1701–1840* (Athens: University of Georgia Press, 1987).

[68] Salmon P. Chase to Charles Sumner, March 24, 1850, in "The Diary and Correspondence of Salmon P. Chase," Annual Report, American Historical Association (Washington, DC: U.S. Government Printing Office, 1903), 205.

[69] *Report of the Woman's Rights Convention, Held at Seneca Falls, N.Y., July 19th and 20th, 1848* (Rochester, NY: John Dick, 1848), 7–9.

[70] "Bolting Among the Ladies," *Oneida Whig*, August 1, 1848. And see DuBois, *Feminism and Suffrage*, and Melanie Susan Gustafson, *Women and the Republican Party, 1854–1924* (Urbana: University of Illinois Press, 2001).

[71] Capper, *Margaret Fuller*, 505–14.

[72] Longfellow to John Greenleaf Whittier, September 6, 1844, in *The Letters of Henry Wadsworth Longfellow*, ed. Andrew Hilen, 6 vols. (Cambridge, MA: Harvard University Press, 19), 3:44.

[73] Henry Wadsworth Longfellow Dana, " 'Sail On, O Ship of State!' : How Longfellow

Came to Write These Lines 100 Years Ago," *Colby Library Quarterly* 2 (1950): 209–214. On the relationship between Sumner and Longfellow, see Frederick J. Blue, "The Poet and the Reformer: Longfellow, Sumner, and the Bonds of Male Friendship, 1837–1874," *Journal of the Early Republic* 15 (1995): 273–297, and Jill Lepore, "Longfellow's Ride," in *The Story of America: Essays on Origins*, ch. 15.

[74] John Marshall to Joseph Story, September 22, 1832, *Proceedings of the Massachusetts Historical Society*, Second Series, 14 (1950): 352; *Debates and Proceedings of the Constitutional Convention of the State of California*, vol. 3 (Sacramento: J. D. Young, 1881), 1191.

[75] Stephen Douglas, Chicago, July 9, 1858, in *Political Debates Between Hon. Abraham Lincoln and Hon. Stephen A. Douglas* (Columbus, OH: Follett, Foster, 1860), 6.

[76] Harriet Jacobs, *Incidents in the Life of a Slave Girl* (Boston, 1861), 286.

[77] *The Letters of Henry Wadsworth Longfellow*, 4:3.

[78] Manisha Sinha, *The Slave's Cause: A History of Abolition* (New Haven, CT: Yale University Press, 2016); Tubman quoted in Eric Foner, *Gateway to Freedom: The Hidden Story of the Underground Railroad* (New York: Norton, 2015), 191.

[79] Lee, *Cambridge Companion to Frederick Douglass*, 23.

[80] Frederick Douglass, "What to the Slave is the Fourth of July?," July 5, 1852.

[81] *The Letters of Stephen A. Douglas*, ed. Robert W. Johannsen (Urbana: University of Illinois Press, 1961), 399.

[82] King quoted in Michael S. Green, *Politics and America in Crisis: The Coming of the Civil War* (Santa Barbara, CA: Praeger, 2010), 77. Hamlin quoted in Mark Scroggins, *Hannibal: The Life of Abraham Lincoln's First Vice President* (Lanham, MD: University Press of America, 1994), 107.

[83] Samuel F. B. Morse, *The Present Attempt to Dissolve the American Union, a British Aristocratic Plot* (New York, 1862), 38.

[84] Samuel F. B. Morse to Sidney Morse, December 29, 1857, in *Samuel F. B. Morse: His Letters and Journals*, ed. Edward Lind Morse, 2 vols. (Boston: Houghton Mifflin, 1914), 2:331.

[85] Abraham Lincoln, "Fragment on Slavery," [April 1, 1854], in *The Collected Works of Abraham Lincoln*, 2:222–23; Eric Foner, *The Fiery Trial: Abraham Lincoln and American Slavery* (New York: Norton, 2010); John Stauffer, *Giants: The Parallel Lives of Frederick Douglass and Abraham Lincoln* (New York: Twelve, 2009); Robert Levine, *The Lives of Frederick Douglass* (Cambridge, MA: Harvard University Press, 2016).

[86] Gustafson, *Women and the Republican Party*, 1, 24–30.

[87] Abraham Lincoln, Peoria Speech, October 16, 1854, in *The Collected Works of Abraham Lincoln*, 2:266, 255, 275, 276.

[88] Lincoln, "Fragment on Slavery," [July 1, 1854], in *The Collected Works of Abraham Lincoln*, 2:222–23.

[89] Abraham Lincoln to Joshua Speed, August 24, 1855, in *The Collected Works of Abraham Lincoln*, 2:323.

[90] Charles Sumner, *The Crime Against Kansas* (Boston, 1856); Longfellow to Sumner, May 28, 1856, *The Letters of Henry Wadsworth Longfellow*, 3:540; Excerpts from Longfellow's Account Books, transcribed from the original account books at the Houghton Library, Harvard University by James M. Shea, Director/Museum Curator, Longfellow National Historic Site, Cambridge, Massachusetts.

[91] Quoted in McPherson, *Battle Cry of Freedom*, 150.

[92] Quoted in Haynes, *The First American Political Conventions*, 138, 173.

[93] Quoted in Gustafson, *Women and the Republican Party*, 20.

[94] "President Polk's Diary," *Atlantic Monthly*, August 1895, 237.

[95] James Buchanan, Inaugural Address, March 4, 1857.

[96] *New York Herald*, March 5, 1857.

[97] *Scott v. Sandford*, 60 U.S. 393 (1857).

[98] *New York Evening Journal* [Albany, New York], March 7, 1857; *The Liberator*, March 13, 1857; *The National Era* [Washington, DC], March 19, 1857; *The Independent* [New York], March 19, 1857.

[99] *Philadelphia Inquirer*, March 5, 1857.

[100] Longfellow to Sumner, February 24, 1858, *The Letters of Henry Wadsworth Longfellow*, 4:65.

[101] Abraham Lincoln, Speech at Springfield, Illinois, June 26, 1857.

[102] Frederick Douglass, "The Dred Scott Decision," Speech delivered before the American Anti-Slavery Society, New York, May 14, 1857, in *Frederick Douglass: Selected Speeches and Writings*, ed. Philip S. Foner; abridged and adapted by Yuval Taylor (Chicago: Lawrence Hill Books, 1999), 347–48, 351, 350.

第八章：战争的表象

[1] Samuel F. B. Morse to Sidney Morse, March 9, 1839, in *Samuel F. B. Morse: His Letters and Journals*, 2:129; and see Stauffer et al., *Picturing Frederick Douglass*.

[2] "New Discovery—Engraving, and Burnet's Cartoons," *Blackwood's Edinburgh Magazine*, (London, 1839), 384.

[3] Quoted in Alan Trachtenberg, *Lincoln's Smile and Other Enigmas* (New York: Hill and Wang, 2007), 27.

[4] Horace Traubel, *With Walt Whitman in Camden*, 2 vols. (New York: Mitchell Kennerley, 1915), Wednesday, August 8, 1888, 2:107.

[5] Douglass's essays on photography are reprinted in Stauffer et al., *Picturing Frederick Douglass* (quotations, xv, 127, 140–41).

[6] Quoted in Trachtenberg, *Lincoln's Smile and Other Enigmas*, 26.

[7] *The Liberator*, September 10, 1858; Reverend Dr. Bellows, Speech, in Charles T. McClenachan, *Detailed Report of the Proceedings Had in Commemoration of the Successful Laying of the Atlantic Telegraph Cable, by Order of the Common Council of the City of New York* (New York: Edmund Jones & Co., Corporation Printers, 1863), 244.

[8] Samuel F. B. Morse to Norvin Green, July 1855, in *Samuel F. B. Morse: His Letters and Journals*, 2:345.

[9] The statistics are from J. Cutler Andrews, "The Southern Telegraph Company, 1861–65: A Chapter in the History of Wartime Communication," *Journal of Southern History* 30 (1964): 319.

[10] Rens Bod, *A New History of the Humanities: The Search for Principles and Patterns from Antiquity to the Present* (New York: Oxford University Press, 2013), 34.

[11] Kathleen Hall Jamieson, *Presidential Debates: The Challenge of Creating an Informed Electorate* (New York: Oxford University Press, 1988), 40, 21, 78.

[12] Caleb Bingham, *The Columbian Orator* (1797; Troy, NY: 1803), 240–42.

[13] Frederick Douglass, *My Bondage and My Freedom* (New York, 1855), 89.

[14] Dan Monroe and Bruce Tap, *Shapers of the Great Debate on the Civil War: A Biographical Dictionary* (Westport, CT: Greenwood, 2005), 106–7.

[15] The correspondence is reprinted in David Henry Leroy, ed., *Mr. Lincoln's Book: Publishing the Lincoln-Douglas Debates* (New Castle, DE: Oak Knoll Press, 2009).

[16] Lincoln during the seventh debate, Alton, Illinois, October 15, 1858.

[17] Leroy, *Mr. Lincoln's Book*, ch. 1.

[18] Quoted in Tony Horwitz, *Midnight Rising: John Brown and the Raid That Sparked the Civil War* (New York: Henry Holt, 2011), 81.

[19] *Baltimore Sun*, October 31, 1857, and July 31, 1858.

[20] Oregon State Constitution, Article II, Section 6, in *The Constitution of the State of Oregon and Official Register of State, District, and County Officers*, compiled and issued by Frank W. Benson (Salem, OR: Willis S. Duniway, State Printer, 1908), 14.

[21] Leonidas W. Spratt, "Report on the Slave Trade, Made to the Southern Convention at Montgomery by L. W. Spratt," *DeBow's Review* 24 (June 1858): 477, 585; Johnson, *River of Dark Dreams*, ch. 14 (quotations, 398, 399).

[22] George Fitzhugh, "The Conservative Principle; or, Social Evils and Their Remedies, Part Ⅱ: The Slave Trade," *DeBow's Review* 22 (1857): 449, 455. See also Johnson, *River of Dark Dreams*, 413.

[23] Quoted in Johnson, *River of Dark Dreams*, 291.

[24] Freeman, "The Field of Blood."

[25] William H. Seward, Speech delivered at Rochester, October 25, 1858. And see Horwitz, *Midnight Rising*, 273.

[26] Frederick Douglass, *Life and Times of Frederick Douglass, Written by Himself* (Hartford, CT: Park Publishing Co., 1881), 389.

[27] Horwitz, *Midnight Rising*, 142–43, 192, 153.

[28] Robert L. Tsai, "John Brown's Constitution," *Boston College Law Review* 51 (2010): Appendix C, 205.

[29] Douglass, *Life and Times of Frederick Douglass*, 315. Henry David Thoreau, "A Plea for Captain John Brown," Read to the Citizens of Concord, Massachusetts, October 30, 1859, in Henry David Thoreau, *A Yankee in Canada, with Anti-Slavery and Reform Papers* (Boston: Ticknor and Fields, 1866), 178, 167.

[30] Fuller, *The Book That Changed America*, especially ch. 14.

[31] Quoted in Horwitz, *Midnight Rising*, 213–15.

[32] Samuel Longfellow, *Life of Henry Wadsworth Longfellow, with Extracts from his Journals and Correspondence*, 2 vols. (Boston, 1886), 2:341–42.

[33] On "Paul Revere's Ride" as a fugitive slave narrative, see Lepore, "Longfellow's Ride," in *The Story of America*, ch. 15.

[34] Quoted in Horwitz, *Midnight Rising*, 256.

[35] Reuben Davis, *Speech of the Honorable Reuben Davis on the State of the Union* … [December 8, 1859] (Washington, DC: 1859), 5–6.

[36] Abraham Lincoln, Speech delivered at Cooper Institute, New York City, February 27, 1860, in *The Collected Works of Abraham Lincoln*, 3:544.

[37] Leroy, *Mr. Lincoln's Book*, 76.

[38] Foner, *Free Soil, Free Labor, Free Men*, 257.

[39] Haynes, *The First American Political Conventions*, 173.

[40] William Dean Howells, *Life of Abraham Lincoln* (summer 1860; reprint edition, Springfield: Illinois, 1938), V.

[41] Howells, *Life of Abraham Lincoln*, 17–18.

[42] Ibid., 47.

[43] Quoted in Haynes, *President-Making in the Gilded Age: The Nominating Conventions of 1876–1900* (Jefferson, NC: McFarland, 2016), 151–57.

[44] *Official Proceedings of the Democratic National Convention, Held in 1860, at Charleston and Baltimore*, prepared and published under the direction of John G. Parkhurst (Cleveland, 1860), 155.

[45] Longfellow, *Life of Henry Wadsworth Longfellow*, 2:358.

[46] Frederick Douglass, "A Plea for Freedom of Speech in Boston," December 9, 1860, in *Frederick Douglass Papers,* Series One, *Speeches, Debates, and Interviews,* ed. John W. Blassingame et al., 5 vols. (New Haven, CT: Yale University Press, 1979–92), 3:420–24.

[47] William W. Freehling, *The Road to Disunion, Volume II : Secessionists Triumphant* (New York: Oxford University Press, 2007), 340, 345.

[48] *Journal of the Provisional Congress of the Confederate States of America, 1861–1865,* first of 7 vols. of *Journal of the Congress of the Confederate States of America, 1861–1865* (Washington, DC: U.S. Government Printing Office, 1904–5), 1:7.

[49] "The Last Years of Sam Houston," *Harper's New Monthly Magazine,* December 1865– May 1866 (New York: Harper & Brothers, 1866), 634.

[50] Longfellow, *Life of Henry Wadsworth Longfellow,* 2:361.

[51] Jefferson Davis, Speech in Montgomery, Alabama, February 18, 1861, in *Jefferson Davis: The Essential Writings,* ed. William J. Cooper Jr. (New York: Random House, [2003] 2004), 202.

[52] Alexander H. Stephens, "Cornerstone Address," Savannah, Georgia, March 21, 1861, *Macon Telegraph* [Macon, Georgia], March 25, 1861.

[53] Abraham Lincoln, First Inaugural Address, March 4, 1861, in *The Collected Works of Abraham Lincoln,* 4:268–69, 272.

[54] Douglass, "A Plea for Freedom of Speech in Boston."

[55] Stephanie McCurry, *Confederate Reckoning: Power and Politics in the Civil War South* (Cambridge, MA: Harvard University Press, 2010), 1.

[56] Quoted in McCurry, *Confederate Reckoning,* 40.

[57] James DeBow, *The Interest in Slavery of the Southern Non-Slaveholder* (Charleston: Evans & Cogswell, 1860), 9. See also McCurry, *Confederate Reckoning,* 45.

[58] Freehling, *The Road to Disunion, Volume II ,* 533.

[59] Abraham Lincoln, First Inaugural Address; "May the Union be Perpetuated," quoted in Lepore, *A Is for American,* 154.

[60] Jefferson Davis, 36 Cong. Globe 917 (1860).

[61] Quoted in Drew Gilpin Faust, *This Republic of Suffering: Death and the American Civil War* (New York: Knopf, 2008), 62.

[62] Faust, *This Republic of Suffering,* 125, 323; *NYT,* October 20, 1862. And see Jeff L. Rosenheim, *Photography and the American Civil War* (New York: Metropolitan Museum of Art, 2013); J. Matthew Gallman and Gary W. Gallagher, eds., *Lens of War: Exploring Iconic Photographs of the Civil War* (Athens: University of Georgia Press, 2015); George Sullivan, *In the Wake of Battle: The Civil War Images of Mathew Brady* (New York: Prestel, 2004).

[63] Daly, *Covering America,* 106.

[64] Alexander Gardner, *Gardner's Photographic Sketch Book of the War* (Washington, DC:

Philp & Solomons, 1866), 4.

[65] Garry Wills, *Lincoln at Gettysburg: The Words That Remade America* (New York: Simon & Schuster, 1992, 2012), prologue.

[66] Abraham Lincoln, "Address Delivered at the Dedication of the Cemetery at Gettysburg," November 19, 1863, in *The Collected Works of Abraham Lincoln*, 7:24.

[67] Quoted in Chandra Manning, *What This Cruel War Was Over: Soldiers, Slavery, and the Civil War* (New York: Knopf, 2007), 3.

[68] W. E. B. DuBois, "The Freedman's Bureau," *Atlantic Monthly*, March 1901, 354.

[69] "The Slaves of Jefferson Davis Coming on to the Camp at Vicksburg," *Frank Leslie's Illustrated Newspaper*, August 8, 1863; and see Harold Holzer, *The Civil War in 50 Objects* (New York: Penguin), ch. 29. And, more broadly, see Ira Berlin, Barbara Fields, et al., eds., *Slaves No More: Three Essays on Emancipation and the Civil War* (New York: Cambridge University Press, 1992).

[70] Quoted in John Hope Franklin, *The Emancipation Proclamation* (1963; Wheeling, IL: Harlan Davidson, 1995), xiv.

[71] *New York Tribune,* September 24, 1862; Abraham Lincoln to Hannibal Hamlin, September 28, 1862, in *The Collected Works of Abraham Lincoln*, 5:443. Franklin, *The Emancipation Proclamation*, 48.

[72] Franklin, *The Emancipation Proclamation*, 101, 67–68; Harold Holzer, Edna Greene Medford, and Frank J. Williams, eds., *The Emancipation Proclamation: Three Views* (Baton Rouge: Louisiana State University Press, 2006), 17.

[73] Frederick Douglass, "January First 1863," *Douglass' Monthly* (January 1863); Abraham Lincoln, Annual Message to Congress, December 1, 1862, in *The Collected Works of Abraham Lincoln*, 5:538; Franklin, *The Emancipation Proclamation*, 92, 97.

[74] Lincoln quoted in Franklin, *The Emancipation Proclamation*, 80.

[75] Franklin, *The Emancipation Proclamation*, 94–95. And see Mitch Kachun, *Festivals of Freedom: Meaning and Memory in African American Emancipation Celebrations, 1808–1915* (Boston: University of Massachusetts Press, 2003), 103; Edna Greene Medford, "Imagined Promises, Bitter Realities: African Americans and the Meaning of the Emancipation Proclamation," in *The Emancipation Proclamation: Three Views*, 21, 22.

[76] Medford, "Imagined Promises," 23; *Douglass' Monthly*, March 21, 1863.

[77] McCurry, *Confederate Reckoning*, 152, 154.

[78] Quoted in Manning, *What This Cruel War Was Over*, 208–9.

[79] Schuyler Colfax, 37 Cong. Globe 306 (1861). And see McCurry, *Confederate Reckoning,* 155–56 and 206–7.

[80] Quoted in McCurry, *Confederate Reckoning*, 143, 150, 171, 175, 183.

[81] McCurry, *Confederate Reckoning*, 207–9; Theda Skocpol, *Protecting Soldiers and Mothers: The Political Origins of Social Policy in the United States* (Cambridge, MA: Harvard University Press, 1992), ch. 2, especially 139–43.

[82] Lincoln to Horace Greeley, August 1862, *The Collected Works of Abraham Lincoln,* 5:388.

[83] DuBois, *Feminism and Suffrage*, 53.

[84] A collection of Lincoln's 1864 campaign buttons is held in the Prints and Photographs Division of the Library of Congress.

[85] Haynes, *The First American Political Conventions*, 194.

[86] Quoted in Manning, *What This Cruel War Was Over*, 183–86.

[87] James S. Rollins, 38 Cong. Globe 260 (1865); Manning, *What This Cruel War Was Over*, 190.

[88] Benn Pitman, ed., *The Assassination of President Lincoln and the Trial of the Conspirators* (1865; Clark, NJ: Lawbook Exchange, 2005), 45.

[89] Quoted in Richard Wightman Fox, *Lincoln's Body: A Cultural History* (New York: Norton, 2015), 67.

[90] Ibid., 64, 65.

[91] Quotes are in Fox, *Lincoln's Body*, 88, and Martha Hodes, *Mourning Lincoln* (New Haven, CT: Yale University Press, 2015), 78, 186.

[92] Hodes, *Mourning Lincoln*, 186.

[93] Quoted in Foner, *The Fiery Trial*, 317.

第九章：公民、个人、群众

[1] Edward Bates, *Opinion of Attorney General Bates on Citizenship* (Washington, DC: U.S. Government Printing Office, 1862), 3. And, broadly, see Rogers M. Smith, *Civil Ideals: Conflicting Visions of Citizenship in U.S. History* (New Haven, CT: Yale University Press, 1997).

[2] Quoted in William J. Novak, "The Legal Transformation of Citizenship in Nineteenth-Century America," in Meg Jacobs et al., eds., *The Democratic Experiment: New Directions in American Political History* (Princeton, NJ: Princeton University Press, 2003), 85–119.

[3] William Jay, *The Life of John Jay: With Selections from His Correspondence and Miscellaneous Papers* (New York: J. & J. Harper, 1833), 194.

[4] James Madison, Federalist No. 52 (1788).

[5] Levi Morton, Speech in the House, 46 Cong. Rec. 2664 (April 22, 1880).

[6] Alexander Hamilton, Federalist No. 80 (1788).

[7] Charles Sumner, "Equality before the Law," in *Charles Sumner: His Complete Works*, 20 vols. (Boston: Lee and Shepard, 1900) 3:65–66.

[8] Gustafson, *Women and the Republican Party*, 22.

[9] Gaillard Hunt, *The American Passport: Its History* (Washington, DC: U.S. Government Printing Office, 1898), 131–32.

[10] Hunt, *The American Passport*, 15. The term "free persons of color" entered the American lexicon by way of French Louisiana, where it generally referred to people of mixed ancestry. In 1810, the first U.S. Census conducted after the Louisiana Purchase counted free persons of color in the new territory. The term really only entered U.S. legal discourse in the 1810s, when, in slave states, free persons of color were required to register with the local government. "In the early nineteenth century, the term 'persons of color' included free blacks, persons suspected of having African ancestry, or, in a state that was still very rural and sometimes suspicious of strangers, any non-white person whose antecedents were locally unknown. The legal terms 'free black' and 'free person of color' referred to the civil status of a black who was either born free or legally manumitted after birth" (Mary R. Bullard, "Deconstructing a Manumission Document: Mary Stafford's Free Paper," *Georgia Historical Quarterly* 89 [2005]: 287). By the 1830s, the designation "free person of color" had become commonplace in state laws—see, for example, McCord, *The Statutes at Large of South Carolina*, 7:468 (citing a law from 1834); *Laws of the Republic of Texas Passed at the Session of the Fourth Congress* (Houston: Telegraph Power Press), 151 (citing a law from 1840).

[11] Hunt, *American Passport*, 50; Craig Robertson, *The Passport in America: The History of a Document* (New York: Oxford University Press, 2010), 131; *The United States Passport: Past, Present, Future* (Washington, DC: Passport Office, Department of State, 1976).

[12] *Rules Governing Applications for Passports* (Washington, DC: U.S. Department of State, 1896).

[13] Steven Hahn, *A Nation under Our Feet: Black Political Struggles in the Rural South from Slavery to the Great Migration* (Cambridge, MA: Harvard University Press, 2003), 79, 106, 129.

[14] *The Selected Papers of Thaddeus Stevens*, ed. Beverly Wilson Palmer and Holly Byers Ochoa, 2 vols. (Pittsburgh: University of Pittsburg Press, 1998), 2:16.

[15] "The Colored People of Virginia," *The Anti-Slavery Reporter*, October 2, 1865, 250.

[16] Eric Foner, *Nothing but Freedom: Emancipation and Its Legacy*, with a foreword by Steven Hahn (Baton Rouge: Louisiana State University Press/Walter Lynwood Fleming Lectures in Southern History, 2007), 50; Wyn Craig Wade, *The Fiery Cross: The Ku Klux Klan in America* (New York: Oxford University Press, 1998), 22. And see W. E. B. DuBois, *Black Reconstruction: An Essay toward a History of the Part Which Black Folk Played in the Attempt to Reconstruct Democracy in America, 1860–1880* (New York: Russell & Russell, 1935).

[17] Quoted in Wade, *Fiery Cross*, 35. And see Michael Newton, *White Robes and Burning Crosses: A History of the Ku Klux Klan from 1866* (Jefferson, NC: Macfarland, 2014); Jacqueline

Goldsby, *A Spectacular Secret: Lynching in American Life and Literature* (Chicago: University of Chicago Press, 2006).

[18] *The Papers of Andrew Johnson*, ed. Paul H. Bergeron, 16 vols. (Knoxville: University of Tennessee Press, 1967–2000), 10:42–48.

[19] On the rise of state power, see Richard Franklin Bensel, *Yankee Leviathan: The Origins of Central State Authority in America, 1859–1877* (New York: Cambridge University Press, 1990); Gary Gerstle, *Liberty and Coercion: The Paradox of American Government* (Princeton, NJ: Princeton University Press, 2016); Nell Irvin Painter, *Standing at Armageddon: The United States, 1877–1919* (New York: Norton, 1987); Martin J. Sklar, *The Corporate Reconstruction of American Capitalism, 1890–1916* (1988).

[20] U.S. Const. amend. 14.

[21] Quoted in DuBois, *Feminism and Suffrage,* 60–63. And, broadly, see also Melanie Gustafson, Kristie Miller, and Elisabeth I. Perry, eds., *We Have Come to Stay: American Women and Political Parties 1880–1960* (Albuquerque: University of New Mexico Press, 1999); Jo Freeman, *We Will be Heard: Women's Struggles for Political Power in the United States* (Lanham, MD: Rowan and Littlefield, 2008); and Gustafson, *Women and the Republican Party.*

[22] Quoted in Martin Gruberg, *Women in American Politics: An Assessment and Sourcebook* (Oshkosh, WI: Academia Press, 1968), 3–4. DuBois, *Feminism and Suffrage,* 60–63.

[23] U.S. Const. amend. 14.

[24] 39 Cong. Globe 2767 (1866).

[25] Quoted in Hahn, *A Nation under Our Feet*, 205.

[26] Ibid., 215; Richard Goldstein, *Mine Eyes Have Seen: A First-Person History of the Events That Shaped America.* (New York: Simon & Schuster, 1997), 126.

[27] On the history and force of impeachment, see Lawrence Tribe and Joshua Matz, *To End a Presidency: The Power of Impeachment* (New York: Basic Books, 2018).

[28] On Chinese immigration and exclusion, see Earl M. Maltz, "The Federal Government and the Problem of Chinese Rights in the Era of the Fourteenth Amendment," *Harvard Journal of Law and Public Policy* 17 (1994): 223–52; John Hayakawa Torok, "Reconstruction and Racial Nativism: Chinese Immigrants and the Debates on the Thirteenth, Fourteenth, and Fifteenth Amendments and Civil Rights Laws," *Asian Law Journal* 3 (1996): 55–103; Najia Aarim-Heriot, *Chinese Immigrants, African Americans, and Racial Anxiety in the United States, 1848–1882* (Urbana: University of Illinois Press, 2003); Bill Ong Hing, *Making and Remaking Asian America through Immigration Policy, 1850–1990* (Stanford, CA: Stanford University Press, 1993).

[29] *People v. Hall*, 4 Cal. 399 (1854).

[30] United States Supreme Court, *United States Reports: Cases Adjudged in the Supreme Court* (Banks & Bros., Law Publishers, 1898), 697.

[31] 39 Cong. Globe 1026 (1866). And see Garrett Epps, *Democracy Reborn: The Fourteenth Amendment and the Fight for Equal Rights in Post-Civil War America* (New York: Henry Holt, 2006), 172.

[32] Stephen K. Williams, ed., *United States Supreme Court Reports: Cases Argued and Decided in the Supreme Court of the United* States (Newark, NJ: Lawyers Co-operative Publishing Company, 1854), 1071.

[33] 40 Cong. Globe 287 (1869), appendix.

[34] Edward McPherson, *A Political Manual for 1869* (Washington, DC: Philp & Solomons, 1869), 401.

[35] 40 Cong. Globe 1009 (1869).

[36] *Frederick Douglass Papers*, 4:13. And, broadly, see Edlie L. Wong, *Racial Reconstruction: Black Inclusion, Chinese Exclusion, and the Fictions of Citizenship* (New York: New York University Press, 2015).

[37] U.S. Const. amend. 15.

[38] Ellen Fitzpatrick, *The Highest Glass Ceiling: Women's Quest for the American Presidency* (Cambridge, MA: Harvard University Press, 2016), 9, 42. Gustafson, *Women and the Republican Party,* 52.

[39] The quotations are from *National Party Conventions, 1831–1984*, 4th ed. (Washington, DC: Congressional Quarterly, Inc., 1987), 48–49; Gustafson, *Women and the Republican Party*, 49; Haynes, *President-Making in the Gilded Age*, 17–18.

[40] Haynes, *President-Making in the Gilded Age*, 10, 65, 29.

[41] Isabel Wilkerson, *The Warmth of Other Suns: The Epic Story of America's Great Migration* (New York: Random House, 2010), 45.

[42] William A. White, *The Autobiography of William Allen White* (New York: Macmillan, 1946), 218–19; Brooke Speer Orr, "Mary Elizabeth Lease: Nineteenth-Century Populist and Twentieth-Century Progressive," PhD dissertation, George Washington University, 2002, 145, 155–56; Mary E. Lease, speech to the National Council of Women of the United States, Washington, DC, February 24, 1891, in Rachel Avery Foster, ed., *Transactions of the National Council of Women of the United States: Assembled in Washington, D.C., February 22 to 25, 1891* (Philadelphia: J. B. Lippincott, 1891), 157.

[43] Quoted in Orr, "Mary Elizabeth Lease," 18.

[44] Mary E. Lease, speech to the National Council of Women of the United States, Washington, DC, February 24, 1891.

[45] See Paula Baker, "The Domestication of Politics: Women and American Political Society, 1780–1920," *American Historical Review* 89 (1984): 620–47; and Michael McGerr, "Political Style and Women's Power, 1830–1930," *JAH* 77 (1990): 864–85.

[46] Hahn, *A Nation Without Borders*, 334–36.

[47] Gerstle, *Liberty and Coercion*, 111. And, on the sweep of this era, see Patricia Nelson Limerick, *The Legacy of Conquest: The Unbroken Past of the American West* (New York: Norton, 1987), especially chs. 2, 3, and 4; Hahn, *A Nation Without Borders*, especially chs. 7, 8, and 9; and William Cronon, *Nature's Metropolis: Chicago and the Great West* (New York: Norton, 1992), especially chs. 2, 3, and 5.

[48] Quoted in Judith Freeman Clark, *The Gilded Age* (New York: Facts On File, 2006), 101.

[49] Orr, "Mary Elizabeth Lease," 22–23.

[50] Hahn, *A Nation Without Borders*, 318–24.

[51] Orr, "Mary Elizabeth Lease," 30.

[52] "Farmers' Declaration of Independence," *Pacific Rural Press* [San Francisco], August 30, 1873.

[53] Quoted in Orr, "Mary Elizabeth Lease," 25.

[54] Quoted in Jefferson Cowie, *The Great Exception: The New Deal & the Limits of American Politics* (Princeton, NJ: Princeton University Press/ Politics and Society in Twentieth-Century America, 2016), 42.

[55] Quoted in Limerick, *The Legacy of Conquest*, 264.

[56] Painter, *Standing at Armageddon*, 60.

[57] Hahn, *A Nation Without Borders*, 377–87.

[58] United States, Department of the Interior, *Annual Reports of the Department of the Interior* (Washington, DC, 1883), 732.

[59] Hahn, *A Nation Without Borders*, 357–58; Painter, *Standing at Armageddon*, 72.

[60] Conkling's chicanery is fully recounted in Adam Winkler, *We the Corporations: How American Businesses Won Their Civil Rights* (New York: Norton, 2017).

[61] Ibid.

[62] Ibid.

[63] Quoted in Cowie, *The Great Exception*, 37.

[64] Orr, "Mary Elizabeth Lease," 165. Orr's language was both commonplace and consequential: as I argue in *The Secret History of Wonder Woman* (New York: Knopf, 2014), the nineteenth-century notion of female superiority served as an inspiration for the comic book superhero Wonder Woman, created in 1941.

[65] Orr, "Mary Elizabeth Lease," 31–32.

[66] Freeman, *A Room at a Time*, 34–35; Frances Willard, *My Happy Half-Century: The Autobiography of an American Woman* (London: Ward, Lock, and Bowden, 1894), 312.

[67] Sarah E. V. Emery, *Seven Financial Conspiracies Which Have Enslaved the American People* (Lansing, MI: Robert Smith and Co., 1888), 8. And see Russell B. Nye, "Sarah Elizabeth

Van de Vort Emery," in *Notable American Women, 1607–1950*, ed. Edward T. James et al., 3 vols. (Cambridge, MA: Harvard University Press, 1971), 3:582–83.

[68] Quoted in Haynes, *President-Making in the Gilded Age*, 78.

[69] Gustafson, *Women and the Republican Party*, 59; Freeman, *We Will be Heard*, 86–87; Gustafson et al., *We Have Come to Stay*, 6–7.

[70] On George's life, see Edward J. Rose, *Henry George* (New York: Twayne, 1968), and David Montgomery, "Henry George," *American National Biography Online*.

[71] Henry George, "What the Railroad Will Bring Us," in *Henry George: Collected Journalistic Writings*, ed. Kenneth C. Wenzer, 4 vols. (Armonk, NY: M. E. Sharp, 2003), 1:15–26; Rose, *Henry George*, 54.

[72] Rose, *Henry George*, 40.

[73] Henry George, "Money in Elections," *North American Review* 136 (March 1883): 211.

[74] Roy G. Saltman, *The History and Politics of Voting Technology: In Quest of Integrity and Public Confidence* (New York: Palgrave Macmillan, 2006), 84, 91–92.

[75] Henry George, "Bribery in Elections," *Overland Monthly* 7 (December 1871): 497–504.

[76] Rose, *Henry George*, 121; Orr, "Mary Elizabeth Lease," 53.

[77] Orr, "Mary Elizabeth Lease," 62, 60, 201.

[78] Mary E. Lease, *The Problem of Civilization Solved* (Chicago: Laird and Lee, 1895). And see Orr, "Mary Elizabeth Lease," 131–33.

[79] Quoted in John Henry Wigmore, *The Australian Ballot System* (Boston: C. C. Soule, 1889), 23–24; Lionel E. Fredman, *The Australian Ballot: The Story of an American Reform* (East Lansing, MI: Michigan State University, 1968), ix.

[80] Fredman, *The Australian Ballot*, 42–43.

[81] Herbert J. Bass, *'I Am a Democrat': The Political Career of David Bennett Hill* (Syracuse, NY: Syracuse University Press, 1961), 149; *New York Herald*, January 17, February 9, 1890 and *NYT*, March 4, 29, 1890.

[82] Fredman, *The Australian Ballot*, 53–55; Mia Bay, *To Tell the Truth Freely: The Life of Ida B. Wells* (New York: Hill and Wang, 2009), 79; John Crowley, "Uses and Abuses of the Secret Ballot in the American Age of Reform," in Romain Bertrand, Jean-Louis Briquet, and Peter Pels, eds., *Cultures of Voting: The Hidden History of the Secret Ballot* (London: C. Hurst & Co., 2007), 59.

[83] Quoted in Jack Beatty, *Age of Betrayal: The Triumph of Money in America, 1865–1900* (New York: Knopf, 2007), 200.

[84] Michael Kazin, *A Godly Hero: The Life of William Jennings* Bryan (New York: Knopf, 2006), 7–20.

[85] Quoted in Kazin, *A Godly Hero*, 48–49.

[86] Orr, "Mary Elizabeth Lease," 76–77.

[87] Russell B. Nye, "Sarah Elizabeth Van de Vort Emery," in *Notable American Women, 1607–1950*, edited by Edward T. James et al., 3 vols. (Cambridge, MA: Harvard University Press, 1971), 3:582–83.

[88] Quoted in Orr, "Mary Elizabeth Lease," 81.

[89] Donnelly's speech appears in Scott J. Hammond et al., *Classics of American Political and Constitutional Thought* (Indianapolis, IN: Hackett Pub., 2007), 229.

[90] National People's Party Platform, Omaha, Nebraska, July 4, 1892.

[91] Quoted in Orr, "Mary Elizabeth Lease," 93, 115.

[92] Quoted in Robert C. McMath Jr., *American Populism: A Social History, 1877–1898* (New York: Hill and Wang, 1993), 181.

[93] Quoted in Orr, "Mary Elizabeth Lease," 121.

[94] William Jennings Bryan, "An Income Tax," 1894, in *Speeches of William Jennings Bryan*, 2 vols. (New York: Funk and Wagnalls, 1909), 2:178.

[95] Kazin, *A Godly Hero*, 51; *Pollock v. Farmers' Loan and Trust Company*, 57 U.S. 429 (1895).

[96] Broadly, see Julie A. Reuben, *The Making of the Modern University: Intellectual Transformation and the Marginalization of Morality* (Chicago: University of Chicago Press, 1996); Dorothy Ross, *The Origins of American Social Science* (New York: Cambridge University Press/ Ideas in Context, 1991); Peter Novick, *That Noble Dream: The "Objectivity Question" and the American Historical Profession* (New York: Cambridge University Press, 1988).

[97] A. Scott Berg, *Wilson* (New York: G. P. Putnam's Sons, 2013), 107. Cooper writes: "He really had only one subject, which he studied with quiet obsessiveness: How does power really work?" See John Milton Cooper Jr., ed., *Reconsidering Woodrow Wilson: Progressivism, Internationalism, War and Peace* (Baltimore: Johns Hopkins University Press, 2008), 17.

[98] Quoted in Daly, *Covering America*, 155.

[99] Ibid., 112–16, 125–27.

[100] Michael Schudson, *Discovering the News: A Social History of American Newspapers* (New York: Basic Books, 1978), 110.

[101] Julius Chambers, *News Hunting on Three Continents* (New York: Mitchell Kennerley, 1921), 7. Schudson, *Origins of the Ideal of Objectivity*, 170–80.

[102] "Expressions of Regret," *NYT*, October 30, 1897.

[103] 1896 Democratic Party Platform.

[104] William Jennings Bryan and Robert W. Cherny, *The Cross of Gold: Speech Delivered before the National Democratic Convention at Chicago, July 9, 1896* (Lincoln: University of Nebraska Press, 1997).

[105] "Repudiation Has Won," *NYT*, July 10, 1896.

[106] Quoted in Kazin, *A Godly Hero*, 63–65.

[107] Quoted in Richard Franklin Bensel, *Passion and Preferences: William Jennings Byran and the 1896 Democratic National Convention* (New York: Columbia University Press, 2008), 304; Orr, "Mary Elizabeth Lease," 178–79.

[108] Kazin, *A Godly Hero*, 66–77.

[109] Orr, "Mary Elizabeth Lease," 198, 190, 200–2.

[110] "Brief History of the AHA," https://www.historians.org/about-aha-and-membership/aha-history-and-archives/brief-history-of-the-aha, accessed June 24, 2017.

[111] Max Weber and C. Wright Mills, *From Max Weber: Essays in Sociology* (New York: Routledge, 2009), 51.

[112] Quoted in Edward J. Larson, *Summer for the Gods: The Scopes Trial and America's Continuing Debate over Science and Religion* (New York: Basic Books, 1997), 34.

[113] Frances FitzGerald, *The Evangelicals: The Struggle to Shape America* (New York: Simon & Schuster, 2017), 115.

[114] Frederick Jackson Turner, *The Significance of the Frontier in American History* (Wisconsin, 1893).

[115] Isaacson, *The Innovators*, 35–36. And see Geoffrey D. Austrian, *Herman Hollerith: Forgotten Giant of Information Processing* (New York: Columbia University Press, 1982).

[116] Turner, *The Significance of the Frontier*.

[117] Anna R. Paddon and Sally Turner, "African Americans and the World's Columbian Exposition," *Illinois Historical Journal* 88 (1995): 19–36.

[118] Frederick Douglass, *The Reason Why the Colored Man Is Not in the Columbian Exposition* (Chicago: Privately printed, 1893), introduction.

[119] Darlene Clark Hine, *Black Women in American History: From Colonial Times through the Nineteenth Century*, 4 vols. (Brooklyn, NY: Carlson Pub., 1990), 3:336.

[120] On Wells's life, see Bay, *To Tell the Truth Freely*. For her writings, see Ida B. Wells-Barnett, *The Light of Truth: Writings of an Anti-lynching Crusader*, ed. Mia Bay and Henry Louis Gates Jr. (New York: Penguin Books, 2014). Frederick Douglass, Letter, in Ida B. Wells, *Southern Horrors: Lynch Law in All Its Phases* (New York: The New Age, 1891), 51.

[121] Douglass, *The Reason Why the Colored Man Is Not in the Columbian Exposition*, introduction.

[122] Paddon and Turner, "African Americans and the World's Columbian Exposition."

[123] Quoted in William S. McFeely, *Frederick Douglass* (New York: Norton, 1991), 371.

[124] Frederick Douglass, "The Blessings of Liberty and Education," Manassas, Virginia, September 3, 1894, in *Frederick Douglass Papers*, 5:629.

[125] "Death of Fred Douglass," *NYT*, February 21, 1895.

[126] "Tributes of Two Races," *NYT,* February 26, 1895.

[127] "The Duty of the Bar to Uphold the Constitutional Guarantees of Contracts and Private Property," *American Law Review* 26 (1892): 674.

[128] *Plessy v. Ferguson,* 163 U.S. 57 (1896).

[129] W. E. B. DuBois, *The Souls of Black Folk* (Chicago: A. McClurg, 1903), 3.

第十章：效率与数量

[1] Ronald Steel, *Walter Lippmann and the American Century (*New Brunswick, NJ: Transaction, 1999), 282, xv, 280, 175; on the House of Truth, see 120–23 and Brad Snyder, *The House of Truth: A Washington Political Salon and the Foundations of American Liberalism* (New York: Oxford University Press, 2017), especially ch. 5.

[2] Snyder, *House of Truth,* 3. On the Progressive urge, see Robert Wiebe, *The Search for Order, 1877–1920* (New York: Hill and Wang, 1967).

[3] See the *OED.* The quotation is from "Merchants Hold a Radio Luncheon," *NYT,* March 18, 1927.

[4] Quoted in Michael Kazin, *The Populist Persuasion: An American History* (Ithaca, NY: Cornell University Press, 1998), 27; "Candidate Watson's Book," *Indianapolis News,* July 27, 1896.

[5] Quoted in George McKenna, *The Puritan Origins of American Patriotism* (New Haven, CT: Yale University Press, 2007), 242.

[6] For discussions of distinctions among these groups, see Richard Hofstadter, *The Age of Reform: From Bryan to F.D.R.* (New York: Vintage, 1955); Richard L. McCormick, *The Party Period and Public Policy: American Politics from the Age of Jackson to the Progressive Era* (New York: Oxford University Press, 1986); James T. Kloppenberg, *Uncertain Victory: Social Democracy and Progressivism in European and American Thought, 1870–1920* (New York: Oxford University Press, 1986); and Glenda Gilmore, ed., *Who Were the Progressives?* (New York: Palgrave, 2002).

[7] Elizabeth Sanders, *Roots of Reform: Farmers, Workers, and the American State, 1877–1917* (Chicago: University of Chicago Press, 1999), 154; Robert Post, *Citizens Divided: Campaign Finance Reform and the Constitution* (Cambridge, MA: Harvard University Press, 2014), 30; Painter, *Standing at Armageddon,* 270.

[8] Martin E. Marty, *Modern American Religion: The Irony of It All, 1893–1919,* 3 vols. (Chicago: University of Chicago Press, 1997), 1:286, 362n10; Henry George, *Progress and Poverty: An Inquiry into the Cause of Industrial Depressions, and of Increase of Want with Increase of Wealth, the Remedy* (London: W. Reeves, 1884), 426; Clarence Darrow, *The Story of My Life* (New York: Charles Scribner's Sons, 1932), 52.

[9] Gladden is quoted in Gary J. Dorrien, *Social Ethics in the Making: Interpreting an American Tradition* (Malden, MA: Wiley-Blackwell, 2009), 65.

[10] Degler, *Out of Our Past*, 346; FitzGerald, *The Evangelicals*, 65–69.

[11] Kazin, *A Godly Hero*, 124.

[12] Daly, *Covering America*, 132–38.

[13] Emilio Aguinaldo to the Philippine People, February 5, 1899, in Daniel B. Schirmer and Stephen Rosskamm Shalom, eds., *The Philippines Reader: A History of Colonialism, Neocolonialism, Dictatorship, and Resistance* (Boston: South End Press, 1987), 20–21; Bryan, "Will It Pay?," *New York Journal*, January 15, 1899; Kazin, *A Godly Hero*, 91.

[14] Albert J. Beveridge, "In Support of an American Empire," 56 Cong. Rec. 704–12 (January 9, 1900); Ben Tillman, 56 Cong. Rec. 836–37 (January 20, 1899).

[15] [Unsigned] black soldier to the *Wisconsin Weekly Advocate*, May 17, 1900; and Rienzi B. Lemus to the *Richmond Planet*, November 4, 1899, in Willard B. Gatewood Jr., ed., *"Smoked Yankees" and the Struggle for Empire: Letters from Negro Soldiers, 1898–1902* (Fayetteville: University of Arkansas Press, 1987), 279–81, 246–47.

[16] C. Vann Woodward, *The Strange Career of Jim Crow* (New York: Oxford University Press, 1955), 82; Wilkerson, *The Warmth of Other Suns*, 26, 29, 31, 26–27, 37, 45–46, 40; Twain quoted in Kathleen Dalton, *Theodore Roosevelt: A Strenuous Life* (New York: Knopf, 2002), 203; Richard Rothstein, *The Color of Law: A Forgotten History of How Our Government Segregated America* (New York: Norton, 2017), 41–45.

[17] W. E. B. Du Bois, "The Study of the Negro Problems," *Annals of the American Academy of Political and Social Science* 11 (1898): 1. On the early history of surveys, see Robert Wuthnow, *Inventing American Religion: Polls, Surveys, and the Tenuous Quest for a Nation's Faith* (New York: Oxford University Press, 2015), 8–9, and especially 15–43. David Levering Lewis, *W. E. B. DuBois: Biography of a Race, 1868–1919* (New York: Henry Holt, 1993), 226.

[18] Bay, *To Tell the Truth Freely*, 95; Wilkerson, *The Warmth of Other Suns*, 10; Lewis, *W. E. B. DuBois*, 411.

[19] Theodore Roosevelt, "Address of President Roosevelt at the Laying of the Corner Stone of the Office Building of the House of Representatives" ("The Man with the Muck-Rake"), April 14, 1906; Roosevelt, "The Man with the Muck-Rake," *The Outlook*, April 21, 1906.

[20] Ida M. Tarbell, *All in the Day's Work: An Autobiography* (Urbana: University of Illinois Press, 2003), 241; Weinberg, *Taking on the Trust*, 227; Daly, *Covering America*, 148.

[21] Tarbell, *All in the Day's Work,* 6; Ida M. Tarbell, *The History of the Standard Oil Company*, 2 vols. (1902; New York: Macmillan, 1925), 1:vii, 37.

[22] Quoted in Kazin, *A Godly Hero*, 125.

[23] Berg, *Wilson*, 44, 49, 73, 78, 81, 103–5; Mark Benbow, "Wilson the Man," in Ross A.

Kennedy, ed., *A Companion to Woodrow Wilson* (Malden, MA: John Wiley & Sons, 2013), 9–37.

[24] Woodrow Wilson, *Congressional Government: A Study in American Politics* (Boston: Houghton Mifflin, 1885), 110–11; Woodrow Wilson, *Constitutional Government in the United States* (New York: Columbia University Press, 1911), 56, 60, 69.

[25] Quoted in Dalton, *Theodore Roosevelt*, 203; Kazin, *A Godly Hero*, 105–6.

[26] Nikil Saval, *Cubed: A Secret History of the Workplace* (New York: Doubleday, 2014), 41, 13, 36, 42, 266; Ann Douglas, *Terrible Honesty: Mongrel Manhattan in the 1920s* (London: Picador, 1995), 4; Lynn Dumenil, *The Modern Temper: American Culture and Society in the 1920s* (New York: Hill and Wang, 1995), 11; Kazin, *A Godly Hero*, 114.

[27] Dalton, *Theodore Roosevelt*, 125, 207, 213–14; Kazin, *A Godly Hero*, 114.

[28] Quoted in Dalton, *Theodore Roosevelt*, 225.

[29] Robert Stanley, *Dimensions of Law in the Service of Order: Origins of the Federal Income Tax, 1861–1913* (New York: Oxford University Press, 1993), 180, table 5-1. Bryan's speech is reproduced in Paolo E. Coletta, "The Election of 1908," in Schlesinger, *History of American Presidential Elections, 1789–1968*, 3:2115. On his reception, see Kazin, *A Godly Hero*, 145–46.

[30] Quoted in Steven R. Weisman, *The Great Tax Wars: Lincoln, Teddy Roosevelt, Wilson: How the Income Tax Transformed America* (New York: Simon & Schuster, 2004), 227.

[31] Stanley, *Dimensions of Law*, 211–12, table 5-5; "History of the 1040," *Chicago Tribune*, March 27, 1994.

[32] Theda Skocpol, *Protecting Soldiers and Mothers: The Political Origins of Social Policy in the United States* (Cambridge, MA: Harvard University Press, 1992), 65, 156, 375.

[33] *Lochner v. New York*, 198 U.S. 45 (1905).

[34] Shugerman, *The People's Courts*, 173; 62 Cong. Rec. 472 (1912), appendix.

[35] On this point, especially, see Skocpol, *Protecting Soldiers and Mothers*, ch. 5.

[36] Irving Fisher, "The Need for Health Insurance," *American Labor Legislation Review* 7 (1917): 9–23.

[37] Arthur J. Viseltear, "Compulsory Health Insurance in California, 1915–1918," *Journal of the History of Medicine and Allied Sciences* (1969): 170–71; Odin W. Anderson, "Health Insurance in the United States, 1910–1920," *Journal of the History of Medicine and Allied Sciences* 5 (1950): 370–71; Ronald Numbers, "The Specter of Socialized Medicine: American Physicians and Compulsory Health Insurance," in Numbers, ed. *Compulsory Health Insurance: The Continuing American Debate* (Westport, CT: Greenwood, 1982), 3–24.

[38] Nancy Woloch, *Muller v. Oregon: A Brief History with Documents* (Boston: Bedford Books, 1996), 5.

[39] Skocpol, *Protecting Soldiers and Mothers*, 333–40 (quotation, 337).

[40] Quoted in Woloch, *Muller v. Oregon*, 17.

[41] Woloch, *Muller v. Oregon*, 8.

[42] Skocpol, *Protecting Soldiers and Mothers*, 394–95.

[43] "The Brandeis Brief," Louis D. Brandeis School of Law Library, https://louisville.edu/law/library/special-collections/the-louis-d.-brandeis-collection/the-brandeis-brief-inits-entirety, accessed July 9, 2017.

[44] This element of Brandeis's argument is quoted and discussed in Sally J. Kenney, *For Whose Protection? Reproductive Hazards and Exclusionary Politics in the United States and Britain* (Ann Arbor: University of Michigan Press, 1992), 45–46.

[45] Skocpol, *Protecting Soldiers and Mothers*, 10, and see also ch. 8.

[46] Louis Brandeis, "Efficiency and Social Ideas," 1914, in Philippa Strum, ed., *Brandeis on Democracy* (Lawrence: University Press of Kansas, 1995), 33.

[47] Frederick W. Taylor, "The Gospel of Efficiency," *American Magazine* 71 (1911): 479–80, 570–81. And see Frederick Winslow Taylor, *The Principles of Scientific Management* (New York: Harper & Bros., 1911).

[48] Matthew Stewart, *The Management Myth: Debunking Modern Business Philosophy* (New York: Norton, 2009), 48–50.

[49] On immigration in this era, see John Higham, *Strangers in the Land: Patterns of American Nativism, 1860–1925* (Rutgers, NJ: Rutgers University Press, 1955), and John Bodnar, *The Transplanted: A History of Immigrants in Urban America* (Bloomington: Indiana University Press, 1985).

[50] Painter, *Standing at Armageddon*, xix.

[51] Stephen P. Meyer, *The Five Dollar Day: Labor Management and Social Control in the Ford Motor Company, 1908–1921* (Albany, NY: State University of New York Press, 1981), 2, 5, 12. Chrysler is quoted in Maury Klein, *Rainbow's End: The Crash of 1929* (New York: Oxford University Press, 2001), 29.

[52] Quoted in Janet F. Davidson et al., *On the Move: Transportation and the American Story* (New York: National Geographic, 2003), 165.

[53] Jill Lepore, *The Mansion of Happiness: A History of Life and Death* (New York: Knopf, 2012), ch. 6.

[54] Meyer, *The Five Dollar Day*, 6, 99, 156.

[55] Philippa Strum, *Louis D. Brandeis: Justice for the People* (Cambridge, MA: Harvard University Press, 1984), 160.

[56] Edna Yost, *Frank and Lillian Gilbreth: Partners for Life* (New Brunswick, NJ: Rutgers University Press, 1949), 185–88; "Roads Could Save $1,000,000 a Day," *NYT*, November 22, 1910; Strum, *Louis D. Brandeis: Justice for the People*, 166–67.

[57] Robert Kanigel, *The One Best Way: Frederick Winslow Taylor and the Enigma of*

Efficiency (New York: Viking, 2007), 3–4, 474–77.

[58] Painter, *Standing at Armageddon*, 265, 257.

[59] Woodrow Wilson, Inaugural Address, March 4, 1913; Theodore Roosevelt, "New Nationalism," Speech, Osawatomie, Kansas, 1910; Berg, *Wilson*, 294.

[60] "Women Leap Suddenly Into Political Favor, Now Courted by All Parties" *New York Herald*, August 11, 1912.

[61] McGerr, "Political Style and Women's Power."

[62] Quoted in Geoffrey Cowan, *Let the People Rule: Theodore Roosevelt and the Birth of the Presidential Primary* (New York: Norton, 2016), 99.

[63] Quotations from Cowan, *Let the People Rule*, 208, 259.

[64] Roosevelt's senior thesis at Harvard in 1880 was titled "Practicability of Equalizing Men and Women before the Law"; Freeman, *We Will be Heard*, 23, 30, 37, 52, 55.

[65] Quotations from Gustafson, *Women and the Republican Party*, 123, 173.

[66] Sidney Milkis, *Theodore Roosevelt, the Progressive Party, and the Transformation of American Democracy* (Lawrence: University Press of Kansas, 2009).

[67] Wilson, Inaugural Address.

[68] Louis Brandeis, *Other People's Money: and How the Bankers Use It* (New York: F. A. Stokes, 1913), 33, 99; Strum, *Brandeis on Democracy*, 15.

[69] David W. Blight, *Race and Reunion: The Civil War in American Memory* (Cambridge, MA: Harvard University Press, 2001), 9–11, 384–390.

[70] James Weldon Johnson, "President Wilson's 'New Freedom' and the Negro," in *The Selected Writings of James Weldon Johnson*, ed. Sondra Kathryn Wilson, 2 vols. (New York: Oxford University Press, 1995), 1 (*The* New York Age *Editorials, 1914–1923*):182.

[71] Eric Rauchway, *Blessed Among Nations: How the World Made America* (New York: Hill and Wang, 2006), 7.

[72] Henry James to Rhoda Broughton, August 10, 1914, in *The Letters of Henry James*, selected and edited by Percy Lubbock, 2 vols. (New York: Charles Scribner's Sons, 1920), 2:389.

[73] See, for example, the reckoning in Eric Hobsbawn, *The Age of Extremes: A History of the World, 1914–1991* (New York: Pantheon, 1994), 6–7.

[74] Quoted in Darren Dochuk, *From Bible Belt to Sun Belt: Plain-Folk Religion, Grassroots Politics, and the Rise of Evangelical Conservatism* (New York: Norton, 2011), 30.

[75] Quotations from FitzGerald, *The Evangelicals*, 71–79, 97, 113.

[76] Quotations from ibid., 113; Kazin, *A Godly Hero*, 263–64; Larson, *Summer for the Gods*, 39.

[77] Quoted in Jon Butler et al., *Religion in American Life: A Short History* (New York: Oxford University Press, 2011), 329.

[78] Charles Benedict Davenport, *Eugenics, the Science of Human Improvement by Better Breeding* (New York: Henry Holt, 1910); Carl N. Degler, *In Search of Human Nature: The Decline and Revival of Darwinism in American Social Thought* (New York: Oxford University Press, 1991), 42–43.

[79] Madison Grant, *The Passing of the Great Race; Or, the Racial Basis of European History* (New York: Scribner, 1916), 10. And see Mark A. Largent, *Breeding Contempt: The History of Coerced Sterilization in the United States* (New Brunswick, NJ: Rutgers University Press, 2008).

[80] Quotations from FitzGerald, *The Evangelicals*, 102–14.

[81] Quoted in Kazin, *A Godly Hero*, 215.

[82] Quoted in Berg, *Wilson*, 417.

[83] Ibid., 384, 412, 404–5.

[84] Charlotte Perkins Gilman, "A Woman's Party," *The Suffragist* 8 (1920): 8–9; Campaign in Colorado Donkey with National Woman's Party sign advocating opposition to Democratic Party, Colorado, United States, 1916, Library of Congress; "Last Minute Activities of the Woman's Party," *The Suffragist* 4 (1916): 4–5; Berg, *Wilson*, 417; Cooper, *Reconsidering Woodrow Wilson*, 126.

[85] Lepore, *The Secret History of Wonder* Woman, 93–95; Mary Chapman and Angela Mills, *Treacherous Texts: U.S. Suffrage Literature, 1846–1946* (New Brunswick, NJ: Rutgers University Press, 2011), 294.

[86] Mary Alexander and Marilyn Childress, "The Zimmerman Telegram," *Social Education* 45, 4 (April 1981): 266.

[87] Wilson, War Message to Congress, April 2, 1917; Kenneth Whyte, *Hoover: An Extraordinary Life in Extraordinary Times* (New York: Knopf, 2017), 181.

[88] Robert Lansing, *Address before the Reserve Officers' Training Corps... July 29, 1917* (Washington, DC: U.S. Government Printing Office, 1917), 5.

[89] John Dewey, "Conscription of Thought," *The New Republic* [hereafter *TNR*], September 1, 1917, 128–29; Ronald Schaffer, *America in the Great War: The Rise of the War Welfare State* (New York: Oxford University Press, 1991), 4. And see Jonathan Auerbach, *Weapons of Democracy: Propaganda, Progressivism, and American Public Opinion* (Baltimore: Johns Hopkins University Press, 2015).

[90] Quoted in Schaffer, *America in the Great War*, 15.

[91] W. E. B. Du Bois, "The African Roots of War," *Atlantic*, May 1915; Lewis, *W. E. B. Du Bois*, 554–56; Schaffer, *America in the Great War*, 75.

[92] Billie Holiday, "Strange Fruit," 1939. The poem was published as "Bitter Fruit" (1937).

[93] On Lippmann's role in the Inquiry, see Steel, *Walter Lippmann*, ch. 11.

[94] W. Elliot Brownlee, *Federal Taxation in America: A Short History* (New York: Cambridge

University Press, 1996), 62–63; Weisman, *Great Tax Wars,* 333, 337; Webber and Wildavsky, *History of Taxation and Expenditure in the Western World*, 421; "War Savings Societies—A Home Defense," *Medical Times* 46 (1918): 24. The war advanced what the historian Julia C. Ott has called the ideology of an "investors' democracy": Ott, *When Wall Street Met Main Street: The Quest for an Investors' Democracy* (Cambridge, MA: Harvard University Press, 2011). And see also Meg Jacobs, "Pocketbook Politics: Democracy and the Market in Twentieth-Century America," in Meg Jacobs et al., eds., *The Democratic Experiment: New Directions in American Political History* (Princeton, NJ: Princeton University Press, 2003).

[95] Rauchway, *Blessed Among Nations,* 148; Schaffer, *America in the Great War*, 58, 66.

[96] Schaffer, *America in the Great War*, 101, 97; Allan M. Brandt, *No Magic Bullet: A Social History of Venereal Disease in America Since 1880* (New York: Oxford University Press, 1995), especially ch. 2; Lisa McGirr, *The War on Alcohol: Prohibition and the Rise of the American State* (New York: Norton, 2016), xviii–xxi. And Darrow as quoted in John A. Farrell, *Clarence Darrow: Attorney for the Damned* (New York: Doubleday, 2011), 327.

[97] Quoted in Steel, *Walter Lippmann*, 143, 147, 148.

[98] Hobsbawm, *The Age of Extremes,* 13, 97.

[99] Theodore Roosevelt, *Roosevelt in the Kansas City Star; War-time Editorials* (Boston: Houghton Mifflin Company, 1921), 274.

[100] Steel, *Walter Lippmann*, 152; Fredrik Logevall, *Embers of War: The Fall of an Empire and the Making of America's Vietnam* (New York: Random House, 2012), 3–4; Erez Manela, *The Wilsonian Moment: Self-Determination and the International Origins of Anticolonial Nationalism* (New York: Oxford University Press, 2007), 141–58.

[101] Lewis, *W. E. B. Du Bois*, 367, 561–78; Painter, *Standing at Armageddon*, 365.

[102] Berg, *Wilson*, 568–70.

[103] H. G. Wells, *Outline of History* (London, 1920), 1066–67.

[104] Steel, *Walter Lippmann*, 158; John Maynard Keynes, *The Economic Consequences of the Peace* (New York: Harcourt, Brace and Howe, 1920), 41, 228.

[105] Berg, *Wilson*, 605–7.

[106] Ibid., 613–14.

[107] Ibid., 619, 633–38, 664; Cooper, *Reconsidering Woodrow Wilson*, 16.

[108] Walter Lippmann, "The Basic Problem of Democracy," *Atlantic Monthly*, November 1919, 616.

[109] Walter Lippmann, *Public Opinion* (New York: Harcourt, Brace and Company, 1922), 364.

[110] Walter Lippmann, *Public Opinion*, with a new foreword by Ronald Steel (1922; New York: Free Press, 1997), 356; intelligence bureaus: 242–51.

[111] Quoted in McGerr, "Political Style and Women's Power," 833.

[112] Woloch, *Muller v. Oregon*, 58–59; Kenney, *For Whose Protection?*, 46–47.

[113] Warren G. Harding, Inaugural Address, March 4, 1921; David C. Mearns and Verner W. Clapp, comp., *The Constitution of the United States together with An Account of Its Travels Since September 17, 1787* (Washington, DC: Library of Congress, 1958), 1–17; Kammen, *A Machine That Would Go of Itself*, 252.

[114] James M. Beck, *The Constitution of the United States: A Brief Study of the Genesis, Formulation and Political Philosophy of the Constitution of the United States* (New York: George H. Doran Company, 1922), 110; Thomas Reed Powell, "Constitutional Metaphors, a Review of James M. Beck's *The Constitution of the United States*, Originally Published in *TNR* on February 11, 1925. And see the typescript, "Constitutional Metaphors," and the poem, "The Constitution Is a Dock," in Thomas Reed Powell Papers, Special Collections, Harvard Law School, Box F, Folder 11.

[115] Elmer Rice. *The Adding Machine: A Play in Seven Scenes* (Garden City, N. Y.: Doubleday, Page and Company, 1923), 9.

[116] "Thomas Watson," IBM Archives: Transcript of Thomas Watson comments on "THINK," https://www-03.ibm.com/ibm/history/multimedia/think_trans.html, accessed July 5, 2017.

[117] Harding, Inaugural Address.

[118] Klein, *Rainbow's End,* 28.

[119] Brownlee, *Federal Taxation in America*, 73n13; Andrew W. Mellon, *Taxation: The People's Business* (New York: Macmillan, 1924), 18, 137; "Taxpayers' League Target of Attack before Committee," *Atlanta Constitution*, November 10, 1927; "Clashes Electrify Estate Tax Hearing," *NYT*, November 9, 1927. On the Mellon family as funders of the League, see "W. L. Mellon Listed as Tax Lobby Donor," *NYT*, November 6, 1929. Holmes on taxation: *Compa☐a General de Tabacos de Filipinas v. Collector of Internal Revenue*, 275 U.S. 87 (1927). Webber and Wildavsky, *History of Taxation and Expenditure in the Western World*, 423.

[120] Whyte, *Hoover*, 226, 206, 233–37.

[121] Ibid., 206, 257–58; Ellis W. Hawley, "Herbert Hoover, the Commerce Secretariat, and the Vision of an 'Associative State,' 1921–1928," *JAH* 61 (1974): 116–40 (quotation, 121); Dumenil, *The Modern Temper*, 36–38.

[122] Samuel Strauss, "Things Are in the Saddle," *Atlantic Monthly*, July 1924, 579.

[123] League of Nations, *Industrialization and Foreign Trade* (Geneva: League of Nations, 1945), 13.

[124] Eric Rauchway, *The Great Depression and the New Deal: A Very Short Introduction* (New York: Oxford University Press, 2008), 8–9, 28–32.

[125] Rauchway, *The Great Depression and the New Deal*, 11.

[126] Quoted in Steel, *Walter Lippmann*, 285.

[127] Daniel Levin, "Federalists in the Attic: Original Intent, the Heritage Movement, and Democratic Theory," *Law and Social Inquiry* 29 (2004): 308.

[128] Ott, *When Wall Street Met Main Street*, 36–54, and see also Morrison H. Heckscher, "The American Wing Rooms in the Metropolitan Museum of Art," *Winterthur Portfolio* 46 (2012): 161–78; and Wendy Kaplan, "R. T. H. Halsey: An Ideology of Collecting American Decorative Arts," *Winterthur Portfolio* 17 (1982): 43–53.

[129] Gary Gerstle, *American Crucible: Race and Nation in the Twentieth Century* (Princeton, NJ: Princeton University Press, 2001, 2017), 105, 118.

[130] David G. Gutiérrez, *Walls and Mirrors: Mexican Americans, Mexican Immigrants, and the Politics of Ethnicity* (Berkeley: University of California Press, 1995), 39–55.

[131] Mae Ngai, *Impossible Subjects: Illegal Aliens and the Making of Modern America* (Princeton, NJ: Princeton University Press, 2004), introduction and chs. 1 and 2; Gutiérrez, *Walls and Mirrors*, 52–53, 55.

[132] Linda Gordon, *The Second Coming of the KKK: The Ku Klux Klan of the 1920s and the American Political Tradition* (New York: Liveright, 2017); Robert K. Murray, *The 103rd Ballot: Democrats and the Disaster in Madison Square Garden* (New York: Harper & Row, 1976).

[133] Du Bois, *The Souls of Black Folk*, 13.

[134] Alain LeRoy Locke and Winold Reiss, *The New Negro: An Interpretation* (New York: Albert and Charles Boni, 1925), 5; the author of "The Negro Digs Up His Past" was the historian and writer Arturo Alfonso Schomburg, whose collection became an important part of the New York Public Library's Schomburg Center (originally the Division of Negro Literature, History and Prints); Douglas, *Terrible Honesty,* 93.

[135] W. E. B. Du Bois and Lothrop Stoddard, *Report of Debate Conducted by the Chicago Forum: "Shall the Negro be encouraged to seek cultural equality?"* (Chicago: Chicago Forum Council, 1929).

[136] George Lloyd Bird and Frederic Eaton Merwin, *The Newspaper and Society: A Book of Readings* (New York: Prentice-Hall, 1942), 30; Daly, *Covering America*, 148–49; Schudson, *Origins of the Ideal of Objectivity*, 249, citing Ivy Ledbetter Lee, *Publicity: Some of the Things It Is and Is Not* (New York: Industries Publishing Co., 1925), 21.

[137] Frank Luther Mott, *A History of American Magazines,* 5 vols. (Cambridge, MA: Harvard University Press, 1968), 5 (*1905–1930*):294–95; Isaiah Wilner, *The Man Time Forgot: A Tale of Genius, Betrayal, and the Creation of Time* Magazine (New York: HarperCollins, 2006), 83–86; Alan Brinkley, *The Publisher: Henry Luce and His American Century* (New York: Knopf, 2010), 99; Daly, *Covering America*, 195.

[138] Mott, *A History of American Magazines,* 5:230, 319–21; Sarah Smith, "Lessons

Learned: Fact-Checking Disasters of the Past," https://netzwerkrecherche.org/files/nr-werkstatt-16-fact-checking.pdf#page=24.

[139] Douglas, *Terrible Honesty*, 35; Ben Yagoda, *About Town: The New Yorker and the World It Made* (New York: Scribner, 2000), 202–3. And see especially Sarah Cain, " 'We Stand Corrected' : *New Yorker* Fact-Checking and the Business of American Accuracy," in *Writing for the New Yorker: Critical Essays on an American Periodical*, ed. Fiona Green (Edinburgh: Edinburgh University Press, 2015), 36–57.

[140] Larry Tye, *The Father of Spin: Edward L. Bernays and the Birth of Public Relations* (New York: Crown, 1998), 78–79; Ernest Gruening, "The Higher Hokum," *The Nation*, April 16, 1924, 450; Edward L. Bernays, "Putting Politics on the Market," *The Independent*, May 19, 1928, 470–72; Edward L. Bernays, "This Business of Propaganda," *The Independent*, September 1, 1928, 198–99.

[141] Edward Bernays, "Propaganda and Impropaganda," June 1928, Edward L. Bernays Papers, Library of Congress, Container 422: 1919–1934, Folder: Speech and Article File, 1919–1962.

[142] Edward L. Bernays, *Propaganda* (New York: Horace Liveright, 1928), 9.

[143] Quoted in Larson, *Summer for the Gods*, 32.

[144] Quoted in ibid., 7, 32; Elizabeth Sanders, *Roots of Reform*, 55; FitzGerald, *The Evangelicals*, 125–27.

[145] Richard J. Jensen, *Clarence Darrow: The Creation of an American Myth* (New York: Greenwood, 1992), 3; Farrell, *Clarence Darrow: Attorney for the Damned*, 13; Darrow, *The Story of My Life*, 244.

[146] Quoted in Farrell, *Clarence Darrow: Attorney for the Damned*, 341.

[147] Farrell, *Clarence Darrow: Attorney for the Damned*, 362; Lawrence W. Levine, *Defender of the Faith* (New York: Oxford University Press, 1965), vii–viii.

[148] Darrow, *The Story of My Life*, 249.

[149] Marquis James, "Dayton, Tennessee," *The New Yorker* [hereafter *TNY*], July 4, 1926. Mencken is quoted in FitzGerald, *The Evangelicals*, 135.

[150] For the trial, see Jeffrey P. Moran, *The Scopes Trial: A Brief History with Documents* (New York: Palgrave, 2002).

[151] Kazin, *A Godly Hero*, 287–95; John Nimick, "Great Commoner Bryan Dies in Sleep," UPI, July 27, 1925.

[152] Nimick, "Great Commoner Bryan Dies in Sleep"; H. L. Mencken, Editorial, *American Mercury*, October 1925, 158–60. Mencken is quoted in Kazin, *A Godly Hero*, 298.

[153] Irving Stone, *Clarence Darrow for the Defense* (Garden City, NY: Doubleday, Doran & Company, Inc., 1941), 493.

[154] Walter Lippmann, *American Inquisitors: A Commentary on Dayton and Chicago* (New York: Macmillan, 1928), 11–12, 14.

[155] Ibid., 39.

[156] Ibid., 105.

[157] Clarence Darrow, *The Woodworkers' Conspiracy Case* (Chicago, 1898), 79.

第十一章：空中宪法

[1] Dumenil, *The Modern Temper*, 38.

[2] David Halberstam, *The Powers That Be* (Urbana: University of Illinois Press, 2000), 14–15; Joan Hoff Wilson, *Herbert Hoover: Forgotten Progressive* (Boston: Little, Brown, 1975), 140.

[3] Herbert Hoover, *The Memoirs of Herbert Hoover*, 3 vols. (New York: Macmillan, 1951–52), 2:144. And see also Hoff Wilson, *Herbert Hoover*, 112–13; Mark Goodman and Mark Gring, "The Radio Act of 1927: Progressive Ideology, Epistemology, and Praxis," *Rhetoric and Public Affairs* 3 (2000): 397–418.

[4] Hoover, *Memoirs*, 2:146; J. G. Harbord, "Radio and Democracy," *Forum* 81 (April 1929): 214.

[5] Hoover, *Memoirs*, 2:184; Klein, *Rainbow's End*, 4, 5, 11.

[6] Quoted in Whyte, *Hoover*, 371.

[7] Whyte, *Hoover*, 377–82, 405–6.

[8] Tye, *The Father of Spin*, 63–69.

[9] Phillip G. Payne, *Crash!: How the Economic Boom and Bust of the 1920s Worked* (Baltimore: Johns Hopkins University Press, 2015); David Kennedy, *Freedom from Fear: The American People in Depression and War, 1929–1945* (New York: Oxford University Press, 1999), 41; Michael A. Bernstein, "Why the Great Depression Was Great: Toward a New Understanding of the Interwar Economic Crisis in the United States," in Steve Fraser and Gary Gerstle, eds., *The Rise and Fall of the New Deal Order, 1930–1980* (Princeton, NJ: Princeton University Press, 1989), 32–54.

[10] Quoted in Rauchway, *The Great Depression and the New Deal*, 32.

[11] Quoted in Rauchway, *The Great Depression and the New Deal*, 28–33; John E. Moser, *The Global Great Depression and the Coming of World War II* (Boulder, CO: Paradigm Publishers, 2015), 50; Cass R. Sunstein, *The Second Bill of Rights: FDR's Unfinished Revolution and Why We Need It More Than Ever* (New York: Perseus, 2004), 36–37.

[12] "The Press vs. The Public," *TNR* 90 (March 17, 1937), 178–91; Ira Katznelson, *Fear Itself: The New Deal and the Origins of Our Time* (New York: Liveright, 2013), 105.

[13] Frankfurter: Schudson, *Discovering the News*, 125; Toynbee: Kiran Klaus Patel, *The New Deal: A Global History* (Princeton, NJ: Princeton University Press, 2016), 43; Laski: Schudson,

Discovering the News, 125.

[14] Moser, *The Global Great Depression*, 77; Mussolini quoted in Katznelson, *Fear Itself*, 5.

[15] Walter Lippmann, "Today and Tomorrow," *San Bernardino Sun*, March 24, 1933.

[16] Charles A. Beard, "The Historical Approach to the New Deal," *American Political Science Review* [hereafter *APSR*] 28 (1934): 11–15; Katznelson, *Fear Itself*, 114, quoting Reinhold Niebuhr, *Reflections on the End of an Era* (New York: Charles Scribner's Sons, 1934).

[17] Hoff Wilson, *Herbert Hoover*, 139–41; Herbert Hoover, Radio Address to the Nation on Unemployment Relief, October 18, 1931.

[18] Alonzo L. Hamby, *Man of Destiny: FDR and the Making of the American Century* (New York: Basic Books, 2015), 160; Robert J. Brown, *Manipulating the Ether: The Power of Broadcast Radio in Thirties America* (Jefferson, NC: McFarland, 1988), 28–29.

[19] Alan Brinkley, "Roosevelt, Franklin Delano," *American National Biography Online*.

[20] Franklin Delano Roosevelt quoted in Kennedy, *Freedom from Fear*, 373.

[21] Franklin Delano Roosevelt, Address Accepting the Presidential Nomination at the Democratic National Convention in Chicago, July 2, 1932.

[22] Republican: Brown, *Manipulating the Ether*, 27; Hoover: Kazin, *A Godly Hero*, xix; Roosevelt: Degler, *Out of Our Past*, 349.

[23] Audio from Stephen Drury Smith, "The First Family of Radio: Franklin and Eleanor Roosevelt's Historic Broadcasts," American Radio Works, November 2014, http://www.americanradioworks.org/documentaries/roosevelts/.

[24] Charlotte Perkins Gilman, "A Woman's Party," *The Suffragist* 8 (1920): 8–9.

[25] Freeman, *A Room at a Time*, 125; Susan Ware, *Partner and I: Molly Dewson, Feminism, and New Deal Politics* (New Haven, CT: Yale University Press, 1987), 148.

[26] Stephen Drury Smith, ed., *First Lady of Radio: Eleanor Roosevelt's Historic Broadcasts* (New York: The New Press, 2014), 33.

[27] Gustafson et al., *We Have Come to Stay*, 179.

[28] "Mrs. Roosevelt Going to Write Book Now," *Boston Globe*, January 4, 1933.

[29] Eleanor Roosevelt, *It's Up to the Women* (1933; New York: The Nation Press, 2017), 173. More about the publication of the book, and its reception, can be found in my introduction to this edition.

[30] Franklin D. Roosevelt, Inaugural Address, March 4, 1933.

[31] Quoted in Steel, *Walter Lippmann*, 300.

[32] *Gabriel over the White House* (MGM, 1933).

[33] Quoted in Katznelson, *Fear Itself*, 118–19.

[34] Dorothy Thompson, *I Saw Hitler!* (New York: Farrar & Rinehart, 1932), 14; Peter Kurth, *American Cassandra: The Life of Dorothy Thompson* (Boston: Little, Brown, 1990), 163. And see

Daly, *Covering America*, 227–31. By 1939, Thompson had 7.55 readers in 196 newspapers. She also spoke every week on NBC Radio.

[35] Horst J. P. Bergmeier and Rainer E. Lotz, *Hitler's Airwaves: The Inside Story of Nazi Radio Broadcasting and Propaganda Swing* (New Haven, CT: Yale University Press, 1997), 3–6; Kennedy, *Freedom from Fear*, 383–84, 412–13.

[36] Quoted in Alan Brinkley, *The End of Reform: New Deal Liberalism in Recession and War* (New York: Vintage, 1995), 65.

[37] Leila A. Sussmann, *Dear FDR: A Study of Political Letter-Writing* (Totowa, NJ: The Bedminster Press, 1963), 10; Brandon Rottinghaus, " 'Dear Mr. President' : The Institutionalization and Politicization of Public Opinion Mail in the White House," *Political Science Quarterly* 121 (2006): 456–58.

[38] Hoover's mail had been "tremendously big," people said at the time; FDR's mail was, even on a quiet day, an order of magnitude bigger. Leila A. Sussmann, "FDR and the White House Mail," *Public Opinion Quarterly* 20 (1956): 5.

[39] Lowell Thomas, *Fan Mail* (New York: Dodge, 1935), x; Jeanette Sayre, "Progress in Radio Fan-Mail Analysis," *Public Opinion Quarterly* 3 (1939): 272–78; Leila A. Sussmann, "Mass Political Letter Writing in America: The Growth of an Institution," *Public Opinion Quarterly* 23 (1959): 203–12.

[40] Frances Perkins, *The Roosevelt I Knew* (New York: Viking, 1946), 113.

[41] Franklin Delano Roosevelt, First Fireside Chat ("The Banking Crisis"), March 12, 1933.

[42] Brown, *Manipulating the Ether*, 5, 11, 16, 18–19.

[43] Perkins quoted in Steve Fraser, "The 'Labor Question,' " in Fraser and Gerstle, *The Rise and Fall of the New Deal Order*, 68–69.

[44] Sarah T. Phillips, *This Land, This Nation: Conservation, Rural America, and the New Deal* (New York: Cambridge University Press, 2007), 61; FDR quoted in Bruce J. Schulman, *From Cotton Belt to Sunbelt: Federal Policy, Economic Development, and the Transformation of the American South* (New York: Oxford University Press, 1991), 3.

[45] Beard, "The Historical Approach to the New Deal," 11–12; George McJimsey, *Harry Hopkins: Ally of the Poor and Defender of Democracy* (Cambridge, MA: Harvard University Press, 1987), 77; Ronald L. Numbers, "The Third Party: Health Insurance in America," in Judith Walzer Leavitt and Ronald L. Numbers, eds., *Sickness and Health in America: Readings in the History of Medicine and Public Health* (Madison: University of Wisconsin Press, 1997), 273; Morris Fishbein, Editorial, *Journal of the American Medical Association* 99 (1932).

[46] Franklin D. Roosevelt, *Franklin D. Roosevelt's Own Story: Told in His Own Words from His Private and Public* Papers, selected by Donald Day (Boston: Little, Brown, 1951), 202; Molly C. Michelmore, *Tax and Spend: The Welfare State, Tax Politics, and the Limits of American Liberalism*

(Philadelphia: University of Pennsylvania Press, 2012), 5, 6, 10.

[47] William Downs Jr., comp., *Stories of Survival: Arkansas Farmers during the Great Depression* (Fayetteville, AK: University of Arkansas Press, 2015), 183, 218–19, 226–27.

[48] Manning Marable, *Malcolm X: A Life of Reinvention* (New York: Viking, 2011), 23–36; Gordon, *The Second Coming of the KKK*, 93–94; *The Portable Malcolm X Reader*, ed. Manning Marable and Garrett Felber (New York: Penguin, 2013), 3–33; Erik S. McDuffie, "The Diasporic Journeys of Louise Little: Grassroots Garveyism, the Midwest, and Community Feminism," *Women, Gender, and Families of Color* 4 (2016): 146–70.

[49] Brown, *Manipulating the Ether*, 2–3.

[50] David A. Taylor, *Soul of a People: the WPA Writers' Project Uncovers Depression America* (New York: Wiley, 2009), 12. And see Monty Noam Penkower, *The Federal Writers' Project: A Study in Government Patronage of the Arts* (Urbana: University of Illinois Press, 1977); Jerre Mangione, *The Dream and the Deal: The Federal Writers' Project, 1935–1943* (Philadelphia: University of Pennsylvania Press, 1983); Jerrold Hirsch, *Portrait of America: A Cultural History of the Federal Writers' Project* (Chapel Hill: University of North Carolina Press, 2003).

[51] James Truslow Adams, *The Epic of America,* with an introduction by Howard Schneiderman (1931; New Brunswick, NJ: Transaction Publishers, 2012), XX; Jim Cullen, *The American Dream: A Short History of an Idea That Shaped a Nation* (New York: Oxford University Press, 2003), 3–4, 191–92; Allan Nevins, *James Truslow Adams: Historian of the American Dream* (Urbana: University of Illinois Press, 1968), 66–72. For the radio play, see WPA Radio Scripts, 1936–1940, New York Public Library, Billy Rose Theatre Division, Series XXV: The Epic of America; and Federal Theatre Project Collection, Library of Congress, Music Division, Containers 873–74.

[52] "Introduction: American Life Histories: Manuscripts from the Federal Writers' Project, 1936–1940," Library of Congress. And see Federal Writers' Project, *These Are Our Lives, as Told by the People and Written by Members of the Federal Writers' Project of the Works Progress Administration in North Carolina, Tennessee and Georgia* (Chapel Hill: University of North Carolina Press, 1939). Linda Gordon, *Dorothea Lange: A Life Beyond Limits* (New York: Norton, 2010), 201.

[53] Bruce J. Schulman, *Lyndon B. Johnson and American Liberalism: A Brief Biography with Documents* (Boston: Bedford Books, 1995), 5–18; Brown, *Manipulating the Ether*, 37.

[54] Phillips, *This Land, This Nation*, 151–69.

[55] Lidia Ceriani and Paolo Verme, "The Origins of the Gini Index: Extracts from *Variabilità e Mutabilità* (1912) by Corrado Gini," *Journal of Economic Inequality* 10 (2012): 421–43. And see Anthony B. Atkinson and Andrea Brandolini, "Unveiling the Ethics behind Inequality Measurement," *The Economic Journal* 125 (2015): 1–12.

[56] Thomas Piketty and Emmanuel Saez, "Income Inequality in the United States, 1913–

1998," *Quarterly Journal of Economics* 118 (2003): 1–39; see table 2.

[57] Jean-Guy Prévost, *A Total Science: Statistics in Liberal and Fascist Italy* (Montreal: McGill-Queens University Press, 2009), 204–7, 224–25, 250–51.

[58] Katznelson, *Fear Itself*, 14; Kurth, *American Cassandra*, 285; Richard Wright, "The FB eye blues" (1949), *Harris Broadsides,* Brown Digital Repository, Brown University Library, https://repository.library.brown.edu/studio/item/bdr:294360/. And see William J. Maxwell, *F. B. Eyes: How J. Edgar Hoover's Ghostreaders Framed African American Literature* (Princeton, NJ: Princeton University Press, 2015).

[59] Joshua Polster, *Stages of Engagement: U.S. Theatre and Performance, 1898–1949* (New York: Routledge, 2015) 220–21.

[60] Historians have long debated whether the New Deal order marked a continuation of the American experiment or a temporary departure from it. Arguments that it was an exception include Cowie, *The Great Exception.* For an excellent introduction to the debate, see Fraser and Gerstle, *The Rise and Fall of the New Deal Order*. The terms of this debate derive from the idea that American politics cycles between eras of liberalism and eras of conservatism, a view that many scholars have lately disregarded, insisting, instead, that "the liberal and the conservative are always and essentially intertwined" (Bruce J. Schulman, ed., *Making the American Century: Essays on the Political Culture of Twentieth-Century America* [New York: Oxford University Press, 2014], 5).

[61] Alan Brinkley, *Liberalism and Its Discontents* (Cambridge, MA: Harvard University Press, 1998), especially the introduction and "The Problem of American Conservatism."

[62] Adam Winkler, *Gunfight: The Battle over the Right to Bear Arms in America* (New York: Norton, 2011), 165–73.

[63] Winkler, *Gunfight*, 63–65, 215–16; *U.S. v. Miller*, 307 U.S. 174 (1939).

[64] James Ledbetter, *Unwarranted Influence:* Dwight D. Eisenhower and the Military-Industrial Complex (New Haven, CT: Yale University Press, 2011), 22–24; Kim Phillips-Fein, *Invisible Hands: The Making of the Conservative Movement from the New Deal to Reagan* (New York: Norton, 2009), 5.

[65] Phillips-Fein, *Invisible Hands,* 14; Wendy Wall, *Inventing the "American Way": The Politics of Consensus from the New Deal to the Civil Rights Movement* (New York: Oxford University Press, 2008), 55.

[66] Sharon Beder, *Free Market Missionaries: The Corporate Manipulation of Community Values* (London: Routledge, 2006), 20; Richard S. Tedlow, "The National Association of Manufacturers and Public Relations during the New Deal," *Business History Review* 50 (1976): 25–45.

[67] Beder, *Free Market Missionaries*, 20.

[68] Phillips-Fein, *Invisible Hands*, 13–22.

[69] Donald T. Critchlow, *The Conservative Ascendancy: How the GOP Right Made Political History* (Cambridge, MA: Harvard University Press, 2007), 9–10.

[70] Stanley Kelley Jr., *Professional Public Relations and Political Power* (Baltimore: Johns Hopkins University Press, 1956), 44, 12–13.

[71] Ben Proctor, *William Randolph Hearst, Final Edition, 1911–1951* (New York: Oxford University Press, 2007), vii, 5, 195; Howard K. Beale, ed., *Charles A. Beard: An Appraisal* (Lexington: University of Kentucky Press, 1954), 245–46.

[72] Orson Welles, Deposition taken in Casablanca, May 4, 1949, *Ferdinand Lundberg v. Orson Welles, Herman J Mankiewicz, and R.K.O. Radio Pictures, Inc.*, U.S. District Court for the Southern District of New York, Civil Case Files-Docket No. Civ. 44-62, Boxes: 700780A and 700781A, National Archives, New York. In an essay published in *TNY* in 1971, Pauline Kael argued that Welles's contributions to the screenplay were minimal: Pauline Kael, "Raising Kane," *TNY*, February 20 and 27, 1971. But the film scholar Robert L. Carringer, working with the RKO archives, demonstrated, in *The Making of Citizen Kane* (Berkeley: University of California Press, 1985), 21–22, 153n12, that Welles really did deserve the writing credit. See also Robert L. Carringer, "The Scripts of 'Citizen Kane,' " *Critical Inquiry* 5 (1978): 369–400.

[73] The two best sources on the early history of the firm are the Whitaker & Baxter Campaigns, Inc., Records, California State Archives, Sacramento, California; and Carey McWilliams, "Government by Whitaker and Baxter," *The Nation*, April 14 and 21 and May 5, 1951, 346–48, 366–69, 419–21.

[74] Upton Sinclair, "I, Governor of California: And How I Ended Poverty—A True Story of the Future," 4, https://depts.washington.edu/epic34/docs/I_governor_1934.pdf.

[75] Possibly out of loyalty to Robert Whitaker (Clem Whitaker's uncle and a friend of Upton Sinclair's), Sinclair never named Whitaker and Baxter as the authors of his political doom; he leaves the name of the firm out of all of his accounts of the race. See, for example, Upton Sinclair, *The Autobiography of Upton Sinclair* (New York: Harcourt, Brace & World, Inc., 1962), 272.

[76] The fullest accounts of this campaign can be found in Sinclair's writing, but for Whitaker and Baxter's end of it, see Irwin Ross, "The Supersalesmen of California Politics: Whitaker and Baxter," *Harper's*, 1959, 56–57; Kelley, *Professional Public Relations and Political Power*, ch. 4; and especially Greg Mitchell, *The Campaign of the Century: Upton Sinclair's Race for Governor of California and the Birth of Media Politics* (New York: Random House, 1992).

[77] Mitchell, *The Campaign of the Century*, 128; Sinclair, "I, Candidate," 145–46.

[78] Upton Sinclair, *Love's Pilgrimage: A Novel* (New York: Mitchell Kennerley, 1911), 650.

[79] Sinclair, *I, Candidate for Governor: And How I Got Licked* (New York: Farrar & Rinehart, 1934), 144; on the serialization: James N. Gregory, introduction to a 1994 reprint edition of the book (Berkeley: University of California Press), x–xi. Sinclair actually also explained how he was losing

while he was losing, in Upton Sinclair, *The Lie Factory Starts* (Los Angeles: End Poverty League, 1934).

[80] Sinclair, *I, Candidate for Governor*, 144; Sinclair, *Autobiography*, 272.

[81] Ross, "Supersalesmen," 56–57; Carey McWilliams, "The Politics of Utopia [1946]," in *Fool's Paradise: A Carey McWilliams Reader*, ed. Dean Stewart and Jeannine Gendar (Santa Clara and Berkeley: Santa Clara University and Heyday Books, 2001), 65.

[82] James Harding, *Alpha Dogs: The Americans Who Turned Political Spin into a Global Business* (New York: Farrar, Straus and Giroux, 2008), 64.

[83] "The Partners," *Time*, December 26, 1955: "In nearly 25 years, the firm of Whitaker & Baxter has managed 75 political campaigns (all but two confined to California) and has lost only five." And see Dan Nimmo, *The Political Persuaders: The Techniques of the Modern Election Campaign* (Englewood Cliffs, NJ: Prentice-Hall, 1970), 36.

[84] McWilliams, "Government by Whitaker and Baxter," May 5, 1951, 419; Ross, "Supersalesmen," 57; Clem Whitaker and Leone Baxter, "What Will We Do with the Doctor's $25.00?," *Dallas Medical Journal*, April 1949, 57.

[85] Kelley, *Professional Public Relations and Political Power*, 51; Ross, "Supersalesmen," 58; McWilliams, "Government by Whitaker and Baxter," May 5, 1951, 419; Whitaker, speech before the Los Angeles Area Chapter of the Public Relations Society of America, July 13, 1948, quoted in Kelley, *Professional Public Relations and Political Power*, 50.

[86] Transcripts of separate oral histories of Clem Whitaker Jr. and Leone Baxter (hers is entitled "Mother of Political Public Relations"), conducted in 1988 and 1972, respectively, by Gabrielle Morris, Regional Oral History Office, The Bancroft Library, University of California, Berkeley, 57, 15; Kelley, *Professional Public Relations and Political Power*, 48–49; Whitaker, speech before the Los Angeles Area Chapter of the Public Relations Society of America, July 13, 1948; Leone Baxter, "Public Relations Precocious Baby," *Public Relations Journal* 6 (1950): 22.

[87] Clem Whitaker, "Professional Political Campaign Management," *Public Relations Journal* 6 (1950): 19; Whitaker, speech before the Los Angeles Area Chapter of the Public Relations Society of America, July 13, 1948.

[88] Bergmeier and Lotz, *Hitler's Airwaves*, 3, 8–9.

[89] Claude E. Robinson, *Straw Votes: A Study of Political Prediction* (New York: Columbia University Press, 1932), 46–51. See also John M. Fenton, *In Your Opinion: The Managing Editor of the Gallup Poll Looks at Polls, Politics and the People from 1945 to 1960*, with a foreword by Dr. George Gallup (Boston: Little, Brown and Company, 1960), ch. 1; George Gallup and Saul Forbes Rae, *The Pulse of Democracy: The Public-Opinion Poll and How It Works* (New York: Simon & Schuster, 1940), ch. 3.

[90] Melvin G. Holli, *The Wizard of Washington: Emil Hurja, Franklin Roosevelt, and the Birth*

of Public Opinion Polling (New York: Palgrave, 2002), 41–47.

[91] Holli, *Wizard of Washington*, 47–48.

[92] Reminiscences of George Gallup (1962–63), Columbia University Oral History Research Office Collection, 17–22; George Horace Gallup, "An Objective Method for Determining Reader Interest in the Content of a Newspaper," PhD dissertation, University of Iowa, 1928, 1–17, 55, 56; Wuthnow, *Inventing American Religion*, 54, 5–6.

[93] Reminiscences of George Gallup, 101–15.

[94] Gallup and Rae, *The Pulse of Democracy*; E. B. White, Talk of the Town, *TNY*, November 13, 1948; David W. Moore, *The Opinion Makers: An Insider Exposes the Truth Behind the Polls* (Boston: Beacon Press, 2008), 39.

[95] Brown, *Manipulating the Ether*, 13; Michael Zalampas, *Adolf Hitler and the Third Reich in American Magazines, 1923–1939* (Bowling Green, OH: Bowling Green State University Popular Press, 1989*)*, 43–44; Bergmeier and Lotz, *Hitler's Airwaves*, ch. 3.

[96] Some representative usages: "Britain Demands Russian Apology for Fake News," *Chicago Daily Tribune*, December 8, 1932; "Press Parley Acts to Bar Fake News," *NYT*, November 12, 1933; "Fake News," *Chicago Daily Tribune*, August 3, 1942 (this last is an indictment of the OWI).

[97] Quoted in Brown, *Manipulating the Ether*, 11, 14.

[98] Frankfurter to FDR, in *Roosevelt and Frankfurter: Their Correspondence, 1928*–1945, annotated by Max Freedman (Boston: Little Brown, 1968), 214.

[99] Franklin D. Roosevelt, Acceptance Speech for the Renomination for the Presidency, Philadelphia, Pennsylvania, June 27, 1936.

[100] Kennedy, *Freedom from Fear*, 19; Kataznelson, *Fear Itself*, 142.

[101] Sarah E. Igo, *The Averaged American: Surveys, Citizens, and the Making of a Mass Public* (Cambridge, MA: Harvard University Press, 2007), 138–39.

[102] Kataznelson, *Fear Itself*, 166–68.

[103] Quoted in Brinkley, *The End of Reform*, 166–67.

[104] Reminiscences of George Gallup, 117–18; "Polls on Trial," *Time*, November 18, 1940.

[105] Reminiscences of George Gallup, 120, 70–80; George Gallup, *Public Opinion in a Democracy* (Princeton, NJ: Princeton University Press, 1939), 5, 15. Roper as cited in Igo, *The Averaged American*, 121.

[106] "Hurja Poll," *Time*, May 25, 1939; Gallup, *Public Opinion*, 1, 10.

[107] Igo, *The Averaged American*, 169; Amy Fried, *Pathways to Polling: Crisis, Cooperation and the Making of Public Opinion Professions* (New York: Routledge, 2012), 68, 71, 73, 76–77, 146n7.

[108] For example, "*America's Town Meeting of the Air*: Personal Liberty and the Modern

State," YouTube video, 59:27, from a radio broadcast on December 12, 1935, posted by "A Room with a View" on November 9, 2014, https://www.youtube.com/watch?v=-jE6zSfGbzLE; "*America's Town Meeting of the Air*—Does America Need Compulsory Health Insurance?," YouTube video, 59:50, from a radio broadcast on January 15, 1940, posted by "YSPH1" on February 27, 2015, https://www.youtube.com/watch?v=gKa2dYgqd68; Brown, *Manipulating the Ether*, 149; Jamieson, *Presidential Debates*, 88.

[109] Joel L. Swerdlow, *Beyond Debate: A Paper on Televised Presidential Debates* (New York: The Twentieth Century Fund, 1984), 27; Jamieson, *Presidential Debates*, 99.

[110] Hadley Cantril and Gordon W. Allport, *The Psychology of Radio* (New York, London: Harper & Brothers, 1935), 20.

[111] Joel A. Carpenter, *Revive Us Again: The Reawakening of American Fundamentalism* (New York: Oxford University Press, 1997), 21–24, 126–27.

[112] Alan Brinkley, *Voices of Protest: Huey Long, Father Coughlin, and the Great Depression* (New York: Vintage Books, 1983), 135.

[113] Brown, *Manipulating the Ether*, 84–86.

[114] "Prof. J. H. Holmes of Swarthmore Declares That Laws Should Be 'Altered More Easily,' " *NYT*, December 28, 1931, 12; Kammen, *A Machine That Would Go of Itself*, 276.

[115] "Hoover Lays Supreme Court Cornerstone," *NYT*, October 14, 1932.

[116] James F. Simon, *FDR and Chief Justice Hughes: The President, the Supreme Court, and the Epic Battle over the New Deal* (New York: Simon & Schuster, 2012), 40.

[117] Ibid., 225, 235, 243, 246.

[118] Ibid., 254–56.

[119] Ibid., 258–64.

[120] Cushman, *Courtwatchers*, 108–9, 130; James MacGregor Burns, *Packing the Court: The Rise of Judicial Power and the Coming Crisis of the Supreme Court* (New York: Penguin Press, 2009), 143, 143; James Mussatti, *New Deal Decisions of the United States Supreme Court* (Los Angeles: California Publications, 1936), v.

[121] Burns, *Packing the Court*, 144; Simon, *FDR and Chief Justice Hughes*, 307.

[122] Simon, *FDR and Chief Justice Hughes*, 301.

[123] Quoted in Brinkley, *The End of Reform*, 19–20.

[124] Franklin Delano Roosevelt, Fireside Chat, March 9, 1937; Simon, *FDR and Chief Justice Hughes*, 317, 324.

[125] Alan Brinkley, "Introduction," *American Historical Review* 110 (2005): 1047; Simon, *FDR and Chief Justice Hughes*, 327.

[126] H. L. Mencken, "A Constitution for the New Deal," *American Mercury,* June 1937, 129–36. And see Robert G. McCloskey, *The American Supreme Court* (Chicago: University of

Chicago Press, 1960), 149–50; Laura Kalman, "The Constitution, the Supreme Court, and the New Deal," *American Historical Review* 110 (2005): 1052–80.

[127] Quoted in Brinkley, *End of Reform*, 65, 66, 22.

[128] Bergmeier and Lotz, *Hitler's Airwaves*, 23.

[129] Dan D. Nimmo and Cheville Newsome, *Political Commentators in the United States: A Bio-Critical Sourcebook* (Westport, CT: Greenwood, 1997), 135–39.

[130] Audio excerpts can be found at "The Munich Crisis," *Old Time Radio*, http://www.otr.com/munich.html

[131] Quoted in David Clay Large, *Between Two Fires: Europe's Path in the 1930s* (New York: Norton, 1990), 355.

[132] Benjamin Naddaff-Hafrey, "Telling 'the Electrified Fable': Experimental Radio Drama, Interwar Social Psychology, and Imagining Invasion in *The War of the Worlds*," senior thesis, Harvard College, 2013.

[133] Quoted in Brown, *Manipulating the Ether*, 247.

[134] " 23-Year-Old Author Aghast at Hysteria His Skit Created," *Atlanta Constitution*, November 1, 1938.

[135] Quoted in Brown, *Manipulating the Ether*, 226–27.

[136] Dorothy Thompson, "On the Record," November 14, 1938, as quoted in Kurth, *American Cassandra*, 283. And see Martin Gilbert, *Kristallnacht: Prelude to Destruction* (New York: HarperCollins, 2006).

[137] Franklin D. Roosevelt, Excerpts from the Press Conference, November 5, 1938.

第十二章：现代性的残酷

[1] "World of Tomorrow, 1939 World's Fair," YouTube video, 9:27, from a newsreel from 1939, posted by "PeriscopeFilm," May 12, 2015, https://www.youtube.com/watch?v=HcfgvzwaDHc.

[2] James Mauro, *Twilight at the World of Tomorrow: Genius, Madness, Murder, and the 1939 World's Fair on the Brink of War* (New York: Ballantine, 2010), xx; "Metro, The Westinghouse Moto-Man," YouTube video, 3:47, posted by "RobynDexterNSteve," April 2, 2008, https://www.youtube.com/watch?v=soO9CR1NiZk.

[3] Mauro, *Twilight at the World of Tomorrow*, xxi, 142–54; E. B. White, "The World of Tomorrow," in *One Man's Meat* (Gardiner, ME: Tilbury House, 1997), 58–64 (quotation, 58).

[4] Mauro, *Twilight at the World of Tomorrow*, xxiii–xxiv.

[5] Ibid., xx; *The Book of Record of the Time Capsule of Cupaloy* (New York: Westinghouse Electric & Manufacturing Company, 1938).

[6] Albert Einstein, *Ideas and Opinions* (New York: Three Rivers Press, 1995), 18.

[7] Robert A. Divine, *Second Chance: The Triumph of Internationalism in America During World War II* (New York: Atheneum, 1967), 29, 41, 32.

[8] Kennedy, *Freedom from Fear*, 398–99.

[9] Quotations from Meacham, *Franklin and Winston*, 134, and Kennedy, *Freedom from Fear*, 392–93.

[10] Kennedy, *Freedom from Fear*, 429; Franklin D. Roosevelt, "Message to Congress on Appropriations for National Defense," January 12, 1939; Albert Einstein to FDR, August 2, 1939, reprinted in William Lanouette with Bela Silard, *Genius in the Shadows: A Biography of Leo Szilard, the Man Behind the Bomb* (New York: Skyhorse Publishing, 2013), 211–13; Richard G. Hewlett and Oscar E. Anderson Jr., *The New World, 1939–1946* (*A History of the United States Atomic Energy Commission*, in 2 vols.) (University Park, PA: Pennsylvania State University Press, 1962), 1:20.

[11] Quoted in Daly, *Covering America*, 243.

[12] Katznelson, *Fear Itself*, 282, 286.

[13] Alan Brinkley, *Voices of Protest: Huey Long, Father Coughlin, and the Great Depression* (New York: Vintage, 1983), especially Appendix Ⅰ: "The Question of Anti-Semitism and the Problem of Fascism."

[14] Katznelson, *Fear Itself*, 56–57; Kurth, *American Cassandra*, 285–88.

[15] Brown, *Manipulating the Ether*, 87.

[16] Katznelson, *Fear Itself*, 276–77; "The War of 1939," *Fortune*, October 1939.

[17] "The War of 1939," and "The *Fortune* Survey: Supplement on War," *Fortune*, October 1939. And see also Sister Mary Gertina Feffer, "American Attitude toward World War Ⅱ during the Period from September 1939 to December 1941," master's thesis, Loyola University, 1951, 35–64.

[18] Lindbergh quoted in Kennedy, *Freedom from Fear*, 433.

[19] Kennedy, *Freedom from Fear*, 448; Vandenberg quoted in Patel, *The New Deal*, 50.

[20] Meacham, *Franklin and Winston,* ⅹ–ⅹⅴ, 44–46, 246 (quotation).

[21] Churchill quoted in Kennedy, *Freedom from Fear*, 441.

[22] Franklin D. Roosevelt, Address at University of Virginia, June 10, 1940.

[23] Willkie-McNary Speakers Manual, Campaigns Inc. Records, Box 1, Folder 53; Kennedy, *Freedom from Fear*, 459.

[24] Dorothy Thompson, "On the Record," *New York Herald Tribune,* October 9, 1940.

[25] U.S. Department of State, *Peace and War: United States Foreign Policy, 1931–1941* (Washington, DC: U.S. Government Printing Office, 1943), 571–72; Statement by the Secretary of State on the Tripartite Pact, September 27, 1940.

[26] Pendleton Herring, *Presidential Leadership* (New York: Rinehart and Company, 1940), as

quoted in Katznelson, *Fear Itself,* 8.

[27] Franklin Delano Roosevelt, Fireside Chat, December 29, 1940.

[28] *The FBI's RACON: Racial Conditions in the United States During World War II*, ed. Robert A. Hill (Boston: Northeastern University Press, 1995), 2.

[29] FDR to Winston Churchill, January 20, 1941, Churchill Additional Papers, Churchill Archives Centre, Cambridge, UK; Churchill as quoted in Doris Kearns Goodwin, *No Ordinary Time: Franklin & Eleanor Roosevelt: The Home Front in World War II* (New York: Simon & Schuster, 1994), 213.

[30] Goodwin, *No Ordinary Time*, 214.

[31] Henry Luce, "The American Century," *Life*, February 1941.

[32] Quoted in Max Wallace, *The American Axis: Henry Ford, Charles Lindbergh, and the Rise of the Third Reich* (New York: St. Martin's, 2003), 259.

[33] Brown, *Manipulating the Ether*, 108–9; Wallace, *The American Axis*, 279.

[34] Goodwin, *No Ordinary Time*, 214; Kennedy, *Freedom from Fear*, 474–75, citing *NYT*, March 12, 1941.

[35] Katznelson, *Fear Itself,* 313–14; Wallace, *The American Axis*, 274–75, 277, 289, 291; Critchlow, *The Conservative Ascendancy*, 12.

[36] Quoted in Bacevich, *The New American Militarism*, 14–15.

[37] Jon Meacham, *Franklin and Winston: An Intimate Portrait of an Epic Friendship* (New York: Random House, 2003), 105.

[38] Ibid., 107–20; FDR and Churchill, Atlantic Charter, August 14, 1941; Elizabeth Borgwardt, *A New Deal for the World: America's Vision for Human Rights* (Cambridge, MA: Harvard University Press, 2005), 4–6.

[39] Meacham, *Franklin and Winston*, 130.

[40] Ibid., 131.

[41] Franklin Delano Roosevelt, Pearl Harbor Address to the Nation, December 8, 1941; Franklin Delano Roosevelt, Fireside Chat, December 9, 1941.

[42] Elaine Tyler May, "Rosie the Riveter Gets Married," in *The War in American Culture: Society and Consciousness during World War II*, ed. Lewis A. Erenberg and Susan E. Hirsch (Chicago: University of Chicago Press,1996), 130; Patel, *The New Deal,* 261.

[43] Patel, *The New Deal,* 262.

[44] John Morton Blum, *V Was for Victory: Politics and American Culture During World War II* (New York: Harcourt Brace & Co., 1976), 91–94; Alan Brinkley, "World War II and American Liberalism," in Erenberg and Hirsch, *The War in American Culture*, 315; Patel, *The New Deal*, 262; John P. Broderick, "Business Dropping Off as Wage Scales Rise," *Wall Street Journal*, October 1, 1942.

[45] Katznelson, *Fear Itself*, 337–39; Stone quoted in Alan Brinkley, "The New Deal and the Idea of the State," in Fraser and Gerstle, *The Rise and Fall of the New Deal*, 103.

[46] Brownlee, *Federal Taxation in America*, 124–48; Michelmore, *Tax and Spend*, 11–12; Thomas L. Hungerford, "Taxes and the Economy: An Economic Analysis of the Top Tax Rates Since 1945," Congressional Research Service, September 14, 2012.

[47] Patel, *The New Deal*, 262–66; Katznelson, *Fear Itself*, 346–47.

[48] Jytte Klausen, "Did World War II End the New Deal? A Comparative Perspective on Postwar Planning Initiatives," in *The New Deal and the Triumph of Liberalism* (Amherst, MA: University of Massachusetts Press, 2002), 197.

[49] Allan M. Winkler, *The Politics of Propaganda: The Office of War Information, 1942–1945* (New Haven, CT: Yale University Press, 1978), 2–3.

[50] Blum, *V Was for Victory*, 21–24.

[51] Edmond Taylor, *The Strategy of Terror: Europe's Inner Front* (Boston: Houghton Mifflin, 1940), 9, 211.

[52] Blum, *V Was for Victory*, 30; Archibald MacLeish, *Collected Poems, 1917–1952* (Boston: Houghton Mifflin, 1952), 13.

[53] Quoted in Winkler, *The Politics of Propaganda*, 11–12.

[54] Office of Facts and Figures, *Divide and Conquer* (Washington, DC: Office of Facts and Figures, 1942), 3.

[55] Kurth, *American Cassandra*, 159; Dorothy Thompson, "Problems of Journalism," 1935, quoted in Michael J. Kirkhorn, "Dorothy Thompson: Withstanding the Storm," [Syracuse University Library] *Courier* 22 (1988):16.

[56] Quoted in Winkler, *The Politics of Propaganda*, 23.

[57] Archibald MacLeish, *A Time to Act: Selected Addresses* (Boston: Houghton Mifflin, 1943), 23–31.

[58] Winkler, *The Politics of Propaganda*, 42; Blum, *V Was for Victory*, 27, 22–23.

[59] Gerd Horten, *Radio Goes to War: The Cultural Politics of Propaganda During World War II* (Berkeley: University of California Press, 2002), 2, 43–48.

[60] Quotations from Blum, *V Was for Victory*, 31–45.

[61] Divine, *Second Chance*, 48; Meacham, *Franklin and Winston*, xviii.

[62] Divine, *Second Chance*, 49–51, 63, 72, 104, 119.

[63] Quotations from Daly, *Covering America*, 272–74.

[64] Quoted in Blum, *V Was for Victory*, 67.

[65] Katznelson, *Fear Itself*, 327–28.

[66] Ibid., 339.

[67] Richard Cahan and Michael Williams, *Un-American: The Incarceration of Japanese*

Americans During World War II : *Images by Dorothea Lange, Ansel Adams, and Other Government Photographers* (Chicago: Cityfiles Press, 2016)—quotations, 24–25; Jasmine Alinder, *Moving Images: Photography and the Japanese American Incarceration* (Urbana: University of Illinois Press, 2009), ch. 1; Linda Gordon, "Dorothea Lange Photographs the Japanese American Internment," in *Impounded: Dorothea Lange and the Censored Images of the Japanese American Internment*, ed. Linda Gordon and Gary Y. Okihiro (New York: Norton, 2008), 5–45.

[68] *Hirabayashi v. United States*, 320 U.S. 81 (1943); Mitchell T. Maki, Harry H. L. Kitano, and S. Megan Berthold, *Achieving the Impossible Dream: How Japanese Americans Obtained Redress* (Urbana: University of Illinois Press, 1999), 35.

[69] *Korematsu v. United States*, 323 U.S. 214 (1944); Maki et al., *Achieving the Impossible Dream*, 35–38.

[70] Lewis, *W. E. B. Du Bois*, 554–56. The letter to Roosevelt is reprinted in Hill, *The FBI's RACON*, 1–2.

[71] Blum, *V Was for Victory*, 184–185. Baldwin quoted in Hill, *The FBI's RACON*, 30.

[72] Pauli Murray, *The Negro Woman in the Quest for Equality* (New York, 1964); Rosalind Rosenberg, *Jane Crow: The Life of Pauli Murray* (New York: Oxford University Press, 2017), 157–61; Mark V. Tushnet, *Making Civil Rights Law: Thurgood Marshall and the Supreme Court, 1936–1961* (New York: Oxford University Press, 1994), 123.

[73] Bayard Rustin, interviewed by Ed Edwin, January 24, 1985, New York, New York, published as *The Reminiscences of Bayard Rustin* (Alexandria, VA: Alexander Street Press, 2003), 2: 43–6.

[74] William H. Hastie and Thurgood Marshall, "Negro Discrimination and the Need for Federal Action [1942]," in *Thurgood Marshall: His Speeches, Writings, Arguments, Opinions, and Reminiscences*, ed. Mark V. Tushnet (Chicago: Lawrence Hill Books, 2001), 80.

[75] 77 Cong. Rec. 7457 (1942).

[76] Declassified in 1980, the report was published in full in 1997 as *The FBI's RACON*. Hoover's June 22, 1942, memo to field agents is reprinted in an addendum, 622–24.

[77] Thomas J. Sugrue, *Sweet Land of Liberty: The Forgotten Struggle for Civil Rights in the North* (New York: Random House, 2008), 63, 66–69.

[78] Pauli Murray, "Mr. Roosevelt Regrets (Detroit Riot, 1943)," in *Dark Testament and Other Poems* (Norwalk, CT: Silvermine, 1970), 34.

[79] Rosenberg, *Jane Crow*, 157–61.

[80] Franklin D. Roosevelt, "State of the Union Message to Congress," January 11, 1944; Katznelson, *Fear Itself*, 196, 221–22.

[81] Brinkley, *The End of Reform*, 169; Gunnar Myrdal, *An American Dilemma* (New York: McGraw-Hill, 1964), 997.

[82] Reed Ueda, "The Changing Path to Citizenship: Ethnicity and Naturalization during World War II," in Erenberg and Hirsch, *The War in American Culture*, 202–3; Lary May, "Making the American Consensus: The Narrative of Conversion and Subversion in World War II Films," in Erenberg and Hirsch, *The War in American Culture*, 71–72, 76.

[83] Quoted in Brinkley, *The End of Reform*, 167.

[84] Divine, *Second Chance*, 157–59; Meacham, *Franklin and Winston*, 248–66.

[85] Franklin Delano Roosevelt, "State of the Union Message to Congress, January 11, 1944"; Rauchway, *The Great Depression and the New Deal*, 127.

[86] Borgwardt, *A New Deal for the World*, 50; Patel, *The New Deal*, 268; Brinkley, *The End of Reform*, 129–35.

[87] Brinkley, *The End of Reform*, 141; Gerstle, *American Crucible*, 158.

[88] "States Moving to Limit U.S. Taxing Power," *Chicago Tribune*, March 12, 1939.

[89] Godfrey N. Nelson, "Ceiling Is Sought for Federal Taxes," *NYT*, October 3, 1943.

[90] Michelmore, *Tax and Spend*, 34.

[91] *Expenditures by Corporations to Influence Legislation. A Report of the House Select Committee on Lobbying Activities, House of Representatives, Eighty-First Congress, Second Session. Created Pursuant to H. Res. 298. October 13, 1950*, 50; Martin, "Redistributing Toward the Rich," 15–16; Michelmore, *Tax and Spend*, 33–34.

[92] "D-Day: 'The Great Crusade,' " multimedia program, https://www.army.mil/d-day/history.html#.

[93] Quoted in Borgwardt, *A New Deal for the World*, 95.

[94] Moser, *The Global Great Depression*, 2.

[95] Hoover quoted in Katznelson, *Fear Itself*, 235–36.

[96] Quoted in Brinkley, *The End of Reform*, 158–59.

[97] Quoted in Crichtlow, *The Conservative Ascendancy*, 15–16.

[98] Alan Brinkley, "World War II and American Liberalism," in Erenberg and Hirsch, *The War in American Culture*, 321; Brinkley, *The End of Reform*, 164–65.

[99] Allen J. Matusow, *The Unraveling of America: A History of Liberalism in the 1960s* (Athens: University of Georgia Press, 1984, 2009), 5–6.

[100] S. M. Plokhy, *Yalta: The Price of Peace* (New York: Viking, 2010), 4–6, 18–19.

[101] Whittaker Chambers, *Ghosts on the Roof: Selected Journalism*, edited and with an introduction by Terry Teachout (Washington, DC: National Book Network, 1989), xxxiv–xxxv, 111–15.

[102] Plokhy, *Yalta*, xxiv, 36, 91.

[103] Franklin D. Roosevelt, Address to Congress on the Yalta Conference, March 1, 1945.

[104] Quoted in Kennedy, *Freedom from Fear*, 806–8.

[105] Brown, *Manipulating the Ether*, 125; Meacham, *Franklin and Winston*, 345.

[106] "Buchenwald: Report from Edward R. Murrow," April 16, 1945, http://www.jewishvirtuallibrary.org/report-from-edward-r-murrow-on-buchenwald, accessed July 22, 2017.

[107] Daly, *Covering America*, 234, 250, 252.

[108] Kennedy, *Freedom from Fear*, 797.

[109] "Buchenwald: Report from Edward R. Murrow."

[110] Quoted in Peter S. Novick, *The Holocaust in American Life* (Boston: Houghton Mifflin, 1999), 65.

[111] General Eisenhower to General Marshall concerning his visit to a Germany internment camp near Gotha (Ohrdruf), April 15, 1945, emphasis in original, Dwight D. Eisenhower's Pre-Presidential Papers, Principal File (Box 80, Marshall George C.), Dwight D. Eisenhower Presidential Library, Museum, and Boyhood Home..

[112] Novick, *The Holocaust in American Life*, 63–65.

[113] Daly, *Covering America*, 286.

[114] Henry Stimson to Harry S. Truman, April 24, 1945, Truman Papers, Confidential File, War Department, Box 1, Giangreco, Dennis—Correspondence Between Harry S. Truman, George C. Marshall, Henry Stimson, and Others Regarding Strategy for Ending the War Against Japan, 1945, Harry S. Truman Library and Museum.

[115] Plokhy, *Yalta*, 71–72, 228, 381, 392–93.

[116] Mauro, *Twilight at the World of Tomorrow,* XX.

[117] Divine, *Second Chance*, prologue, 299.

[118] Borgwardt, *A New Deal for the World*, 7, 11, 79; Winkler, *The Politics of Propaganda* 155–56.

[119] H. G. Wells, *The World Set Free: A Story of Mankind* (New York: Dutton, 1914), 63–64.

[120] A Petition to the President of the United States, July 17, 1945, Truman Library and Museum, and quoted in Dan Zak, *Almighty: Courage, Resistance, and Existential Peril in the Nuclear Age* (New York: Blue Rider Press, 2016), 68–69. On Szilard and Wells, see Philip L. Cantelon et al., eds., *The American Atom: A Documentary History of Nuclear Policies from the Discovery of Fission to the Present, 1939–1984* (Philadelphia: University of Pennsylvania Press, 1984), 3–7.

[121] Divine, *Second Chance*, 283.

[122] *Watchtower Over Tomorrow*, dir. Alfred Hitchcock, Office of War Information, 1945.

[123] William M. Rigdon, "President's Trip to the Berlin Conference (July 6, 1945 to August 7, 1945)," Harry S. Truman Library and Museum.

第十三章：知识的世界

[1] John Hersey, "Hiroshima," *TNY*, August 31, 1946.

[2] Paul Boyer, *By the Bomb's Early Light: American Thought and Culture at the Dawn of the Atomic Age* (Chapel Hill: University of North Carolina Press, 1985, 1991), 3; James T. Patterson, *Grand Expectations: The United States, 1945–1974* (New York: Oxford University Press, 1996), 3–4.

[3] Editorial, *Newsweek*, August 20, 1945; Boyer, *By the Bomb's Early Light*, 3, 7, 22.

[4] T. R. Kennedy Jr., "Electronic Computer Flashes Answers, May Speed Engineering," *NYT*, February 15, 1946.

[5] Alan Turing, "On Computable Numbers, with an Application to the Entscheidungsproblem," *Proceedings of the London Mathematical Society* 41 (1936): 241.

[6] Martin Campbell-Kelly et al., *Computer: A History of the Information Machine* (Boulder, CO: Westview Press, 2014), 41; Grace Murray Hopper, "The Education of a Computer," *Proceedings of the Association for Computing Machinery Conference* (May 1952), 271–81.

[7] Isaacson, *The Innovators*, 45–46, 50–52, 76–79, 96, 72–75, 112.

[8] Ibid., 219.

[9] Vannevar Bush, *Science, the Endless Frontier (*Washington, DC: U.S. Government Printing Office, 1945), 19, 10.

[10] *Hearings on Science Legislation (S. 1297 and Related Bills): Hearings before a Subcommittee of the Committee on Military Affairs, U.S. Senate, 79th Congress, 1st Session, Pursuant to S. Res. 107 (78th Congress) and S. Res. 146 (79th Congress) Authorizing a Study of the Possibilities of Better Mobilizing the National Resources of the United States* (Washington, DC: The Committee, 1945), 144. And see Jessica Wang, "Liberals, the Progressive Left, and the Political Economy of Postwar American Science: The National Science Foundation Debate Revisited," *Historical Studies in the Physical and Biological Sciences* 26 (1995): 139–66.

[11] Albert Einstein, "The Real Problem Is in the Hearts of Men," interview by Michael Amrine, *NYT*, June 23, 1946; Jessica Wang, "Scientists and the Problem of the Public in Cold War America, 1945–1960," *Osiris* 17 (2002): 323–47; Wang, "Liberals, the Progressive Left, and the Political Economy of Postwar American Science"; Jessica Wang, *American Science in an Age of Anxiety: Scientists, Anticommunism, and the Cold War* (Chapel Hill: University of North Carolina Press, 1999); Federation of Atomic Scientists, *One World or None: A Report to the Public on the Full Meaning of the Atomic Bomb* (New York: McGraw-Hill, 1946), 77.

[12] Isaacson, *The Innovators*, 112–15; Kennedy, "Electronic Computer Flashes Answers, May Speed Engineering."

[13] Kennedy, *Freedom from Fear*, 786–87; Hilary Herbold, "Never a Level Playing Field: Blacks and the GI Bill," *Journal of Blacks in Higher Education* 6 (Winter 1994–1995): 104.

[14] Lizabeth Cohen, *A Consumers' Republic: The Politics of Mass Consumption in Postwar America* (New York: Vintage, 2004), 119, 214.

[15] John Updike, *Collected Poems 1953–1993* (New York: Knopf, 1993), 270.

[16] Randy Bright, *Disneyland: Inside Story* (New York: Harry N. Abrams, 1987), chs. 1 and 2 (quotation, 73).

[17] Elaine Tyler May, "Cold War—Warm Hearth: Politics and the Family in Postwar America," in Fraser and Gerstle, *The Rise and Fall of the New Deal Order*, 153–81 (quotation, 161). And see Elaine Tyler May, "Rosie the Riveter Gets Married," in Erenberg and Hirsch, *The War in American Culture*, 128–43.

[18] Cohen, *Consumers' Republic*, 137–42; Margot Canaday, "Building a Straight State: Sexuality and Social Citizenship under the 1944 G.I. Bill," *JAH* 90 (2003): 936–57.

[19] Herbold, "Never a Level Playing Field," 104–8.

[20] Patterson, *Grand Expectations*, 26–27, 333; Matusow, *The Unraveling of America*, xii; William E. Leuchtenburg, "Consumer Culture and Cold War: American Society, 1945–1960," in *The Unfinished Century: America Since 1900* (Boston: Little, Brown, 1973), 750.

[21] Patterson, *Grand Expectations*, 23; Langston Hughes, "Adventures in Dining," *Chicago Defender*, June 2, 1945, reprinted in *Langston Hughes and the* Chicago Defender: *Essays on Race, Politics, and Culture, 1942–62*, ed. Chris C. De Santis (Urbana: University of Illinois Press, 1995), 55–56.

[22] Sugrue, *Sweet Land of Liberty*, 99–100.

[23] Harry S. Truman, "Special Message to the Congress Recommending a Comprehensive Health Program," Washington, DC, November 19, 1945.

[24] Carey McWilliams, "The Education of Earl Warren," *The Nation*, October 12, 1974; on the apology, see G. Edward White, *Earl Warren: A Public Life* (New York: Oxford University Press, 1982), 76, 81; weeping during a 1972 interview is mentioned by Paul Finkelman in his entry for Warren in *American National Biography Online*; Clem Whitaker, Plan of Campaign for Earl Warren, 1942, in Campaigns, Inc., Records, Box 1, Folder 3, 2–3; Earl Warren, *The Memoirs of Chief Justice Earl Warren* (1977; Lanham, MD: Madison Books, 2001), 163–65; Whitaker, oral history, 48–49.

[25] Warren, *The Memoirs of Chief Justice Earl Warren*, 187–88.

[26] Baxter, oral history, 1972, 89; White, *Earl Warren*, 112. But see also McWilliams's attempts to understand Warren's political transformation, including McWilliams, "Strange Doings in California," February 1945, in *Fool's Paradise*, 210; McWilliams, "The Education of Earl Warren," *The Nation*, October 12, 1974, 325–26; and McWilliams to Freda Kirchwey, October 12, 1947, *The Nation* Records, Houghton Library, Harvard, Box 25, Folder 4953.

[27] McWilliams, "Government by Whitaker and Baxter," April 21, 1951, 366–67; Whitaker from *Medical Economics* (1948) as quoted in Kelley, *Professional Public Relations and Political*

Power, 57; Whitaker, oral history, 1988–89, 14–16.

[28] Campaigns, Inc., Records, California Medical Association, 1945–1949, Box 5, Folder 20.

[29] Warren, *The Memoirs of Chief Justice Earl Warren*, 188.

[30] "The Yalta Conference," The Avalon Project. David F. Trask, "The Imperial Republic: America in World Politics, 1945 to the Present," in Leuchtenberg, *The Unfinished Century*, 583; George Kennan to the U.S. Department of State, telegram, February 22, 1946; Winston Churchill, "Sinews of Peace," Fulton, Missouri, March 5, 1946.

[31] John Lewis Gaddis, *The Cold War: A New History* (New York: Penguin, 2005), 9–10.

[32] Harry S. Truman, "Special Message to the Congress on Greece and Turkey: The Truman Doctrine," Washington, DC, March 12, 1947; Trask, "The Imperial Republic," 577–87, 597.

[33] Zelizer, *Arsenal of Democracy*, 66; John A. Farrell, *Richard Nixon: The Life* (New York: Doubleday, 2017), 23, 34–38.

[34] Brinkley, *The End of Reform*, 201; Nelson Lichtenstein, "From Corporatism to Collective Bargaining: Organized Labor and the Eclipse of Social Democracy During the Postwar Era," in Fraser and Gerstle, *The Rise and Fall of the New Deal Order*, 122–52; Farrell, *Richard Nixon*, 83–84.

[35] Zelizer, *Arsenal of Democracy*, 63–66, 68–71; James T. Patterson, *America in the Twentieth Century: A History*, 5th ed. (Fort Worth, TX: Harcourt College Publishers, 2000), 314.

[36] Patel, *The New Deal*, 279; William D. Hartung, *Prophets of War: Lockheed Martin and the Making of the Military-Industrial Complex* (New York: Nation Books, 2011, 2012), 29, 252, 259, 263, 43–47, 52–59.

[37] Zelizer, *Arsenal of Democracy*; Patterson, *America in the Twentieth Century*, 312. And see Michael S. Sherry, *In the Shadow of War: The United States Since the 1930s* (New Haven, CT: Yale University Press, 1995).

[38] Kennan quoted in Gaddis, *The Cold War*, 47.

[39] Gaddis, *The Cold War*, 39.

[40] John L. Boies, *Buying for Armageddon: Business, Society, and Military Spending Since the Cuban Missile Crisis* (New Brunswick, NJ: Rutgers University Press, 1994), 1. Faulkner quoted in Schulman, *From Cotton Belt to Sunbelt*, 135, and, more broadly, see ch. 6.

[41] Chambers, *Ghosts on the Roof*, xxxvi–xxxvii.

[42] Farrell, *Richard Nixon*, 98, 115–24.

[43] Patterson, *America in the Twentieth Century*, 161.

[44] Ibid., 317; Michael Straight, "Truman Should Quit," *TNR*, April 5, 1948.

[45] *National Party Conventions*, 96–97.

[46] Patterson, *America in the Twentieth Century*, 319.

[47] Quoted in Michael A. Genovese and Matthew J. Streb, eds., *Polls and Politics: The*

Dilemmas of Democracy (Albany: State University of New York Press, 2004), 18.

[48] Gallup quoted in Lindsay Rogers, *The Pollsters: Public Opinion, Politics, and Democratic Leadership* (New York: Knopf, 1949), vi.

[49] Fried, *Pathways to Polling*, 79–80.

[50] Herbert Blumer, "Public Opinion and Public Opinion Polling," *American Sociological Review* 13 (1948): 524–49.

[51] Rogers, *The Pollsters,* vi, 37, 65, 71, 46, 61. On Rogers, see Amy Fried, "The Forgotten Lindsay Rogers and the Development of American Political Science," *APSR* 100 (2006): 555–56. Although *The Pollsters* appeared in 1949, Rogers wrote it in 1948, before the election.

[52] Fredrick Mosteller et al., *The Pre-Election Polls of 1948: Report to the Committee on Analysis of Pre-election Polls and Forecasts* (New York: Social Science Research Council, 1949), vii, Appendix A.

[53] Wang, *American Science in an Age of Anxiety*, 39–40.

[54] Wang, "Liberals, the Progressive Left, and the Political Economy of Postwar American Science," 156–64.

[55] "Summary of Conclusions and Proposals," *APSR* 44 (September 1950): 1–14 (quotation, 14). And see Evron M. Kirkpatrick, " 'Toward a More Responsible Two-Party System' : Political Science, Policy Science, or Pseudo-Science?," *APSR* 65 (December 1971): 965–90.

[56] Dewey quoted in V. O. Key, *Politics, Parties and Pressure Groups* (New York: Thomas Y. Crowell Company, 1942), 220–21.

[57] "Medicine Show," *Washington Post*, August 30, 1949; McWilliams, "Government by Whitaker and Baxter," April 14, 1951, 346. A typescript titled "AMA's Plan of Battle: An Outline of Strategy and Policies in the Campaign against Compulsory Health Insurance," and identified as written by W&B, Directors of the National Education Campaign of the AMA, February 12, 1949, Campaigns, Inc., Records, Box 9, Folder 27, 2. On the numbers of pamphlets, see Whitaker and Baxter, "What Will We Do with the Doctor's $25.00?," *Dallas Medical Journal*, April 1949. Daniel Cameron to the National Education Campaign, September 3, 1949, in Campaigns, Inc., Records, Box 9, Folder 40.

[58] Campaign Procedures, Campaigns, Inc., Records, Box 9, Folder 27. "AMA's Plan of Battle," 1; Whitaker, "Professional Political Campaign Management," 19—a copy of the printed version is in Campaigns, Inc., Records, Box 9, Folder 26; McWilliams, "Government by Whitaker and Baxter," April 21, 1951, 368.

[59] "Plan of Campaign Against Compulsory Health Insurance," written by W&B and dated January 8, 1949 (CONFIDENTIAL: NOT FOR PUBLICATION), Campaigns, Inc., Records, Box 9, Folder 27.

[60] I. Isquith, Pharmacist, Stamford, NY, to the NEC, May 22, 1949, Campaigns, Inc., Records,

Box 9, Folder 40. Whitaker and Baxter spent $4,678,000, according to Ross, "Supersalesmen," 60.

[61] "Truman Blames A.M.A. for Defeat of Security Bill," *Boston Globe*, May 22, 1952.

[62] Farrell, *Richard Nixon*, 98, 115–24.

[63] Richard Nixon, "The Hiss Case: A Lesson for the American People [January 26, 1950]," in *Speeches, Writings, Documents*, edited and introduced by Rick Perlstein (Princeton, NJ: Princeton University Press, 2010), 19–59.

[64] Rick Perlstein, *Nixonland: The Rise of a President and the Fracturing of America* (New York: Scribner, 2008), 34; Farrell, *Richard Nixon*, 159.

[65] Farrell, *Richard Nixon*, 143.

[66] Geoffrey R. Stone, *Perilous Times: Free Speech in Wartime, from the Sedition Act of 1798 to the War on Terrorism* (New York: Norton, 2004), 331.

[67] David K. Johnson, *The Lavender Scare: The Cold War Persecution of Gays and Lesbians in the Federal Government* (Chicago: University of Chicago Press, 2004), 19.

[68] Ibid., 21, 79–80, 86–87.

[69] Robert Griffith, *The Politics of Fear: Joseph R. McCarthy and the Senate* (Lexington: University Press of Kentucky, 1970), 60; Arthur Herman, *Joseph McCarthy: Reexamining the Life and Legacy of America's Most Hated Senator* (New York: Free Press, 2000), 135.

[70] Fitzgerald, *Highest Glass Ceiling*, 109, 115; Farrell, *Richard Nixon*, 163.

[71] U.S. Congress, Senate, Committee on Expenditures in the Executive Departments, Subcommittee on Investigations, *Employment of Homosexuals and Other Sex Perverts in Government*, 81Cong., 2d Sess. (1950).

[72] Johnson, *The Lavender Scare*, 25–34, 114–116, 93. And see Aaron Lecklider, *Inventing the Egghead: The Battle over Brainpower in American Culture* (Philadelphia: University of Pennsylvania Press, 2013), ch. 7.

[73] Stephen J. Whitfield, *The Culture of the Cold War* (Baltimore: John Hopkins University Press, 1996), 2–4.

[74] *Dennis v. United States*, 341 U.S. 494 (1951); Patterson, *America in the Twentieth Century*, 323–34.

[75] Schulman, *Lyndon B. Johnson and American Liberalism*, 43–48.

[76] Arthur M. Schlesinger and Alfred D. Chandler, *The Vital Center: The Politics of Freedom* (Boston: Houghton Mifflin, 1949); Lionel Trilling, *The Liberal Imagination* (New York: Viking, 1950), ix. And see Matusow, *The Unraveling of America*, 3–5.

[77] Critchlow, *The Conservative Ascendancy*, 2–7.

[78] "Socialized Medicine 'Opiate,' 200 Physicians Warned Here," *Boston Globe*, March 28, 1949. And see "Welfare State Hit as a Slave State," *NYT*, November 12, 1949.

[79] Richard M. Weaver, *Ideas Have Consequences* (1948; Chicago: University of Chicago Press, 2013), 4–12 and see especially ch. 2.

[80] Russell Kirk, *The Conservative Mind, from Burke to Santayana* (Chicago: H. Regnery, 1953), 3, 4, 8; Critchlow, *The Conservative Ascendancy*, 19–22.

[81] George H. Nash, *The Conservative Intellectual Movement in America Since 1945* (New York: Basic Books, 1976), 72, 142, 150–51; William Buckley, "Publisher's Statement," *National Review*, November 19, 1955.

[82] Catherine E. Rymph, *Republican Women: Feminism and Conservatism from Suffrage through the Rise of the New Right* (Chapel Hill: University of North Carolina Press, 2006), 117, 113.

[83] Perlstein, *Nixonland*, 85.

[84] Rymph, *Republican Women*, 138, 162.

[85] Ibid., 94, 107, 117, 131–38.

[86] Kennan quoted in Patterson, *America in the Twentieth Century*, 324.

[87] Ira Chinoy, "Battle of the Brains: Election-Night Forecasting at the Dawn of the Computer Age," PhD diss., University of Maryland, 2010, 244–45, 256, 260.

[88] "Briefs . . . ," *Journal of Accountancy* 92 (1951): 142; Cohen, *Consumers' Republic*, 292–344.

[89] " 8-Foot 'Genius' Dedicated," *NYT*, June 15, 1951.

[90] Saval, *Cubed*, 128–131, 144–47; C. Wright Mills, *White Collar: The American Middle Classes* (New York: Oxford University Press, 1951), 209. The quotation is from a Melville story called "The Paradise of Bachelors and the Tartarus of Maids," which appeared in *Harper's* in 1855 (volume 10; quotation, 675).

[91] Mills discusses "The Cheerful Robot" in *The Sociological Imagination* (New York: Oxford University Press, 1959, 2000), 171–76, but introduces it in *White Collar*, in a section called "The Morale of the Cheerful Robot" (233–34).

[92] Chinoy, "Battle of the Brains," 206–7.

[93] Whitaker and Baxter to Carey McWilliams, May 1, 1951, in Campaigns Inc. Records, Box 10, Folder 3; McWilliams, "Government by Whitaker and Baxter," May 5, 1951, 420; McWilliams, "Government by Whitaker and Baxter," April 21, 1951, 368; Frances Burns, "Mass. General Chief, Dr. Means, Quits AMA Over Health Insurance," *Boston Globe*, June 21, 1951. Whitaker and Baxter reported to McWilliams that his exposé had been sent, anonymously, to the president of the AMA, "probably from someone who thinks W&B should be fired forthwith!" (Whitaker and Baxter to Carey McWilliams, May 1, 1951). Editorial, "Whitaker and Baxter Bow Out," *New England Journal of Medicine*, 247 (1951): 577.

[94] Larry J. Sabato, *The Rise of Political Consultants: New Ways of Winning Elections* (New York: Basic Books, 1981), 112, 113, 117, 114; Citizens for Eisenhower, "Eisenhower Answers

America," *The Living Room Candidate: Presidential Campaign Commercials 1952–2016*, Museum of the Moving Image.

[95] Johnson, *Lavender Scare*, 121–22; Lecklider, *Inventing the Egghead*, 206–7; Daly, *Covering America*, 290.

[96] Perlstein, *Nixonland*, 35–36; Farrell, *Richard Nixon*, 199–200; Bernard Schwartz and Stephan Lesher, *Inside the Warren Court* (Garden City, NY: Doubleday, 1983), 17.

[97] Richard Nixon, Checkers speech, September 23, 1952.

[98] " 23 Professors Score Nixon Campaign Fund," *Columbia Spectator*, October 6, 1952. And see Philip Ranlet, *Richard B. Morris and American History in the Twentieth Century* (Dallas: University Press of America, 2004), 63–5. But see Farrell, *Richard Nixon*, 200.

[99] Perlstein, *Nixonland*, 41; Farrell, *Richard Nixon*, 194–5.

[100] Perlstein, *Nixonland*, 38–43; Farrell, *Richard Nixon*, 198–9.

[101] Farrell, *Richard Nixon,* 208.

[102] Chinoy, "Battle of the Brains," 210, 194–196.

[103] Ibid., 369–88. And see "CBS News Election Coverage: November 4, 1952." YouTube video, 31:02, posted by "NewsActive3," December 17, 2015, https://www.youtube.com/watch?v=5vjD0d8D9Ec; Wuthnow, *Inventing American Religion*, 64.

[104] Murrow, quoted in Ibo, *Averaged American*, 180–81.

[105] C. Wright Mills, "The Mass Society" in *The Power Elite* (New York: Oxford University Press, 1956), 298–324.

[106] Farrell, *Richard Nixon,* 222.

[107] "A Report on Senator Joseph R. McCarthy," *See It Now*, CBS, March 9, 1954.

[108] Schulman, *Lyndon B. Johnson and American Liberalism*, 47–49.

[109] Farrell, *Richard Nixon*, 225.

[110] Sydney E. Ahlstrom and Daniel Aaron, *A Religious History of the American People* (New Haven CT: Yale University Press, 1972), 952.

[111] FitzGerald, *The Evangelicals,* 145, 236, 169; Whitfield, *Culture of the Cold War*, 87, 77.

[112] FitzGerald, *The Evangelicals, 170*, 177, 186; Whitfield, *Culture of the Cold War,* 80–81.

[113] FitzGerald, *The Evangelicals,* 204, 184–85; Whitefield, *Culture of the Cold War*, 88.

[114] Marc Linder, "Eisenhower-Era Marxist-Confiscatory Taxation: Requiem for the Rhetoric of Rate Reduction for the Rich," *Tulane Law Review* 70 (1995–96): 905.

[115] Whitfield, *The Culture of the Cold War*, 23–4. Leuchtenberg, "Consumer Culture and Cold War," 763; David M. Oshinsky, *Polio: An American Story* (New York: Oxford University Press, 2005), 217–18.

[116] Ledbetter, *Unwarranted Influence*, 45–46; Zak, *Almighty*, 47–49; *The Future of the U.S. Military Ten Years After 9/11 and the Consequences of Defense Sequestration: Prepared for the*

Use of the Committee on Armed Services of the House of Representatives (Washington, DC: U.S. Government Printing Office, 2011), 35.

[117] The year was 1938, and the subject was how democracies should respond to dictatorships, http://xroads.virginia.edu/~1930s/Radio/TownMeeting/TownMeeting.html.

[118] Newton N. Minow and Craig L. LaMay, *Inside the Presidential Debates: Their Improbable Past and Promising Future* (Chicago: University of Chicago Press, 2008), 18–19; "Adlai Stevenson and Estes Kefauver—First Televised Debate, 1956," broadcast by WTVJ on May 21, 1956.

[119] "GOP Calls Debate 'Flop,' " *NYT*, May 23, 1956; Minow and LaMay, *Inside the Presidential Debates*, 20.

[120] William E. Porter, *Assault on the Media: The Nixon Years* (Ann Arbor: University of Michigan Press, 1976), 9–17; Farrell, *Richard Nixon,* 206–7, 217, 233–34.

[121] Richard Rovere, "Letter from San Francisco," *TNY*, September 1, 1956; Herbert M. Baus and William R. Ross, *Politics Battle Plan* (New York: Macmillan, 1968), 258. On Proposition 4, see the files in Campaigns, Inc., Records, Box 29, Folders 23–25.

[122] Farrell, *Richard Nixon,* 243. Perlstein, *Nixonland*, 46.

[123] Citizens for Eisenhower, "Cartoon Guy," *The Living Room Candidate: Presidential Campaign Commercials 1952–2016*, Museum of the Moving Image.

[124] Democratic National Committee television advertisement, "The Man from Libertyville," available for viewing at the online exhibit *The Living Room Candidate: Presidential Campaign Commercials 1952–2016*, Museum of the Moving Image.

[125] Whitfield, *Culture of the Cold War*, 21.

[126] Ibid., 155–60.

[127] *Desk Set*, dir. Walter Lang (20th Century Fox, 1957); *The Desk Set: Screenplay*, filmscript, March 14 1957.

[128] Linda Greenhouse, "Thurgood Marshall, Civil Rights Hero, Dies at 84," *NYT*, January 25, 1993; Michael D. Davis and Hunter R. Clark, *Thurgood Marshall: Warrior at the Bar, Rebel on the Bench* (New York: Carol Publishing Group, 1992), 9.

[129] Greenhouse, "Thurgood Marshall, Civil Rights Hero, Dies at 84"; Davis and Clark, *Thurgood Marshall,* 9, 160–65.

[130] *Brown v. Board of Education*, 347 U.S. 483 (1954).

[131] Leuchtenberg, "Consumer Culture and Cold War," 765; Mary L. Dudziak, "Desegregation as a Cold War Imperative," *Stanford Law Review* 41 (1988–89): 81–93, 111.

[132] Michael J. Klarman, *Brown v. Board of Education and the Civil Rights Movement* (New York: Oxford University Press, 2007), ch. 3.

[133] "Supreme Court: Memo from Rehnquist," *Newsweek*, December 13, 1971. On how

word of the memo leaked, see Jill Lepore, "The Great Paper Caper," *TNY*, December 2, 2014, and my note on sources at https://scholar.harvard.edu/files/jlepore/files/lepore_great_paper_caper_bibliography.pdf.

[134] Klarman, *Brown v. Board of Education and the Civil Rights Movement*, ch. 3.

[135] In one footnote, Warren wrote, "And see generally Myrdal, *An American Dilemma*": *Brown v. Board of Education*, 347 U.S. 483 (1954).

[136] Dudziak, "Desegregation as a Cold War Imperative," 65, 115.

[137] Tomiko Brown-Nagin, *Courage to Dissent: Atlanta and the Long History of the Civil Rights Movement* (New York: Oxford University Press, 2011), ch. 4.

[138] Emmet John Hughes, *The Ordeal of Power: A Political Memoir of the Eisenhower Years* (New York: Atheneum, 1963), 201; "Divergent Views of Public Men," *Life*, September 17, 1956, 119–20; Jim Newton, *Justice for All: Earl Warren and the Nation He Made* (New York: Riverhead Books, 2006), 386.

[139] Leuchtenberg, "Consumer Culture and Cold War," 766–67.

[140] Taylor Branch, *The King Years: Historic Moments in the Civil Rights Movement* (New York: Simon & Schuster, 2013), ch. 1.

[141] Harvard Sitkoff, *The Struggle for Black Equality* (New York: Hill and Wang, 2008), 50.

[142] Leuchtenberg, "Consumer Culture and Cold War," 771–72; Harvard Sitkoff and Eric Foner, *The Struggle for Black Equality, 1945–1992* (New York: Macmillan, 1993), 45–46. And, broadly, see David L. Chappell, *Stone of Hope: Prophetic Religion and the Death of Jim Crow* (Chapel Hill: University of North Carolina Press, 2004).

[143] Davis and Clark, *Thurgood Marshall*, 191.

[144] Klarman, *Brown v. Board of Education*, 187–91; Davis and Clark, *Thurgood Marshall*, 458.

[145] Schulman, *Lyndon B. Johnson and American Liberalism*, 53–54; Dan T. Carter, *The Politics of Rage: George Wallace, the Origins of the New Conservatism, and the Transformation of American Politics* (Baton Rouge: Louisiana State University Press, 1995, 2000), 96–97.

[146] Klarman, *Brown v. Board of Education*, 191; Leuchtenberg, "Consumer Culture and the Cold War," 770; Orval E. Faubus, "Speech on School Integration" (1958).

[147] Schulman, *From Cotton Belt to Sunbelt*, 147–48.

[148] Thurgood Marshall, oral history interview, 1977, in *Thurgood Marshall*, ed. Tushnet, 463.

第十四章：对与错

[1] Farrell, *Richard Nixon*, 269–71.

[2] Jerry Marlatt to Dwight Eisenhower, July 10, 1969, in Shane Hamilton and Sarah Phillips,

The Kitchen Debate and Cold War Consumer Politics: A Brief History with Documents (Boston: Bedford Books, 2014), 41–43.

[3] Hamilton and Phillips, *The Kitchen Debate and Cold War Consumer Politics*; "The Kitchen Debate," July 24, 1959, posted by "Richard Nixon Foundation," August 26, 2012, https://www.youtube.com/watch?v=XRgOz2x9c08.

[4] Michael B. Katz and Mark J. Stern, *One Nation Divisible: What America Was and What It Is Becoming* (New York: Russell Sage, 2006), 66.

[5] John Kenneth Galbraith, *The Affluent Society and Other Writings* (New York: Library of America, 2010), 355.

[6] Leuchtenberg, "Consumer Culture and Cold War," 678–80.

[7] Daniel Bell, *The End of Ideology: On the Exhaustion of Political Ideas in the Fifties* (Glencoe, IL: Free Press, 1960), 393, 402.

[8] Patterson, *America in the Twentieth Century*, 351.

[9] Robert Haber, *The End of Ideology as Ideology* (New York: Students for a Democratic Society, c. 1960).

[10] Daniel Bell, "The End of Ideology in the West: An Epilogue," in *The End of Ideology: On the Exhaustion of Political Ideas in the Fifties* (1960; Cambridge, MA: Harvard University Press, 2000), 393–407; Macdonald quoted in Richard H. Pells, *The Liberal Mind in a Conservative Age* (Middletown, CT: Wesleyan University Press, 1989), 330.

[11] Philip E. Converse, "The Nature of Belief Systems in Mass Publics," in *Ideology and Discontent*, ed. David E. Apter (1964): 207–60; Angus Campbell and Philip E. Converse, *The American Voter* (New York: Wiley, 1960), 193–94.

[12] Converse, "The Nature of Belief Systems in Mass Publics." And see Alan Abramowitz and Kyle Saunders, "Is Polarization a Myth?," *Journal of Politics* 70 (2008): 542.

[13] Galbraith, *The Affluent Society and Other Writings*, 356; Patterson, *America in the Twentieth Century*, 339; Dwight Macdonald, "Masscult and Midcult," in *Against the American Grain* (New York, NY: Random House, 1962), 4.

[14] William Miller, "Provocative Goals," *Life*, December 12, 1960.

[15] Taylor Branch, *Parting the Waters: America in the King Years, 1954–63* (New York: Simon & Schuster, 1988), 271–74; Clayborne Carson, *In Struggle: SNCC and the Black Awakening of the 1960s* (Cambridge, MA: Harvard University Press, 1981); Leuchtenberg, "Consumer Culture and Cold War," 772; Susan Gushee O'Malley, "Baker, Ella Josephine," *American Biography Online*.

[16] *Goals for Americans: Programs for Action in the Sixties* (Englewood Cliffs, NJ: Prentice-Hall, 1960), 3, 42–48.

[17] William Miller, "Provocative Goals," *Life*, December 12, 1960.

[18] Ithiel de Sola Pool and Robert Abelson, "The Simulmatics Project," *Public Opinion Quarterly* 25 (1961): 167–83; Ithiel de Sola Pool, Robert Abelson, and Samuel L. Popkin, *Candidates, Issues, and Strategies: A Computer Simulation of the 1960 and 1964 Presidential Election* (Cambridge, MA: MIT Press, 1965).

[19] Eugene Burdick, *The 480* (New York: McGraw-Hill, 1964), vii.

[20] 1960 Democratic Party Platform, July 11, 1960.

[21] Pool and Abelson, "The Simulmatics Project"; Pool, Abelson, and Popkin, *Candidates, Issues, and Strategies*.

[22] John F. Kennedy, Address of Senator John F. Kennedy to the Greater Houston Ministerial Association, Houston, Texas, September 12, 1960.

[23] Memo, James Dorais to Clem Whitaker Jr. and Newton Stearns, 1960 Nixon Plan of Campaign, Campaigns, Inc., Records, Box 60, Folder 25; Minow and LaMay, *Inside the Presidential Debates*, 20; Farrell, *Richard Nixon*, 299.

[24] Perlstein, *Nixonland*, 52.

[25] Newton N. Minow and Clifford M. Sloan, *For Great Debates: A New Plan for Future Presidential TV Debates* (New York: Priority Press Publications, 1987), 9–10, 13–14.

[26] Farrell, *Richard Nixon*, 287–89, 294–98.

[27] John F. Kennedy, Inaugural Address, January 20, 1961.

[28] Dwight D. Eisenhower, Farewell Address, January 17, 1961.

[29] Fredrik Logevall, *Embers of War: The Fall of an Empire and the Making of America's Vietnam* (New York: Random House, 2012), xi–xii.

[30] James M. Carter, *Inventing Vietnam: The United States and State Building, 1954–1968* (New York: Cambridge University Press, 2008), 79.

[31] Carter, *Inventing Vietnam*, 113–14, 31–32, 97–98; William J. Lederer and Eugene Burdick, *The Ugly American* (New York: Norton, 1958), 272–73, 282.

[32] Logevall, *Embers of War*, xiii.

[33] Joy Rohde, "The Last Stand of the Psychocultural Cold Warriors: Military Contract Research in Vietnam," *Journal of the History of the Behavioral Sciences* 47 (2011): 232–50.

[34] Carter, *Inventing Vietnam*, 33–34, 139–42.

[35] Trask, "The Imperial Republic," 638–45; John F. Kennedy, "Radio and Television Report to the American People on the Soviet Arms Buildup in Cuba," October 22, 1962.

[36] Robert F. Kennedy, Speech, University of Georgia, May 6, 1961.

[37] *Freedom Riders*, dir. Stanley Nelson, American Experience, PBS, May 16, 2011; Branch, *Parting the Waters*, 428–91.

[38] Alex Haley, *The Autobiography of Malcolm X* (New York: Ballantine, 1965), 200.

[39] Marable, *Malcolm X* chs. 3–6 (quotation, 133); *Portable Malcolm X Reader*, 34–71,

97–117, 145–65, 184–98.

[40] *Portable Malcolm X Reader*, 199–206.

[41] Robert F. Williams, *Negroes with Guns* (New York: Marzani and Munsell, 1962); Taylor Branch, *Pillar of Fire: America in the King Years, 1963–1965* (New York: Simon & Schuster, 1998), 13, 136.

[42] Carter, *The Politics of Rage*, 115; Branch, *Parting the Waters*, 737–45; Martin Luther King Jr., "Letter from a Birmingham Jail," April 16, 1963.

[43] Carter, *The Politics of Rage*, 90–6, 11, 112, 133.

[44] Branch, *King Years,* 49–57; John F. Kennedy, "Radio and Television Report to the American People on Civil Rights," June 11, 1963.

[45] Bayard Rustin, *I Must Resist: Bayard Rustin's Life in Letters*, introduced and edited by Michael G. Long (San Francisco: City Lights Books, 2012), 257, 261–64.

[46] Branch, *Pillar of Fire*, 133.

[47] Martin Luther King Jr., "I Have a Dream," speech delivered at the March on Washington for Jobs and Freedom, Washington, DC, August 28, 1963; Branch, *King Years*, 61–67.

[48] Schulman, *Lyndon B. Johnson and American Liberalism*, 83–84; Lyndon B. Johnson, "Remarks at the University of Michigan," Ann Arbor, May 22, 1964.

[49] Matusow, *The Unraveling of America,* 56; Leuchtenburg, "The Travail of Liberalism," 824; Lyndon B. Johnson, Annual Message to the Congress on the State of the Union, Washington, DC, January 8, 1964.

[50] Leuchtenburg, "The Travail of Liberalism," 810; Galbraith, *The Affluent Society*, 419; Leuchtenburg, "Consumer Culture and Cold War," 726; Dwight Macdonald, "Our Invisible Poor," *TNY*, January 19, 1963. And see Jill Lepore, "How a *New Yorker* Article Launched the First Shot in the War against Poverty," *Smithsonian Magazine*, September 2012.

[51] Lyndon B. Johnson, Address before a Joint Session of the Congress, Washington, DC, November 27, 1963.

[52] *Portable Malcolm X Reader*, 311–26.

[53] Ibid., 318.

[54] Thurgood Marshall, Glenn L. Starks, and F. Erik Brooks, *Thurgood Marshall: A Biography* (Santa Barbara, CA: Greenwood, 2012), 42.

[55] Robert O. Self, *All in the Family: The Realignment of American Democracy Since the 1960s* (New York: Hill and Wang, 2012), 25.

[56] Carter, *The Politics of Rage*, 206–7.

[57] Critchlow, *The Conservative Ascendancy*, 72.

[58] Ibid.*,* 53.

[59] Ibid.*,* 67.

[60] Ibid., 67.

[61] Ibid. 70–71; Fitzgerald, *Highest Glass Ceiling*, 142.

[62] Perlstein, *Nixonland*, 63–64; Barry Goldwater, Acceptance Speech, 28th Republican National Convention, Daly City, California, July 17, 1964.

[63] Patterson, *America in the Twentieth Century*, 395; Leuchtenburg, "The Travail of Liberalism," 812–13; FitzGerald, *The Evangelicals,* 243–44.

[64] Marjorie J. Spruill, *Divided We Stand: The Battle Over Women's Rights and Family Values That Polarized American Politics* (New York: Bloomsbury, 2017), 77.

[65] Critchlow, *The Conservative Ascendancy*, 41; Donald T. Critchlow, *Phyllis Schlafly and Grassroots Conservatism: A Woman's Crusade* (Princeton, NJ: Princeton University Press, 2005), 145; Rymph, *Republican Women*, 182.

[66] Rymph, *Republican Women,* 166–87.

[67] Schulman, *Lyndon Johnson and American Liberalism*, 82.

[68] Sarah A. Binder, *Stalemate: Causes and Consequences of Legislative Gridlock* (Washington, DC: Brookings Institution Press, 2003), ch. 4, and see also Binder, "The Dynamics of Legislative Gridlock, 1947–96," *APSR* 93 (1999): 519–33, and David R. Jones, "Party Polarization and Legislative Gridlock," *Political Research Quarterly* 54 (2001): 125–41.

[69] Schulman, *Lyndon B. Johnson and American Liberalism*, 90.

[70] Michelmore, *Tax and Spend*, 48–50, 62–63; Brownlee, *Federal Taxation in America*, 123.

[71] Matusow, *The Unraveling of America,* 57.

[72] Trask, "The Imperial Republic," 647; Carter, *Inventing Vietnam*, 161; Schulman, *Lyndon B. Johnson and American Liberalism*, 101.

[73] Steve Warshaw, *The Trouble in Berkeley* (Berkeley, CA: Diablo Press, 1965), 27.

[74] Perlstein, *Nixonland,* 96.

[75] Branch, *Pillar of Fire*, 578–79; *Portable Malcolm X Reader*, 394.

[76] James Baldwin's remarks on the death of Malcolm X can be seen at https://www.youtube.com/watch?v=cHm31kOWFec.

[77] Lyndon B. Johnson, "The American Promise": Address before a Joint Session of the Congress, Washington, DC, March 15, 1965.

[78] Elizabeth Hinton, *From the War on Poverty to the War on Crime: The Making of Mass Incarceration in America* (Cambridge, MA: Harvard University Press, 2016), 1–5, 13–16, 65, 79, 90–98, 106–7, 119–21; Patterson, *America in the Twentieth Century*, 414.

[79] Hinton, *From the War on Poverty to the War on Crime,* 66–69.

[80] Schulman, *Lyndon B. Johnson and American Liberalism*, 111–12.

[81] Leuchtenburg, "The Travail of Liberalism," 829.

[82] Perlstein, *Nixonland,* 189–96.

[83] Leuchtenberg, "The Travail of Liberalism," 874.

[84] Ronald Reagan, "Time for Choosing," Speech, televised campaign address for Goldwater presidential campaign, October 27, 1964.

[85] Martin Luther King Jr., "Our God Is Marching On," speech delivered at the Selma to Montgomery March, Montgomery, Alabama, March 25, 1965; John Herbers, "Right Backers Fear a Backlash," *NYT*, September 21, 1966; Gerald R. Ford, Illinois State Fair Address, August 17, 1966, Ford Congressional Papers, Press Secretary and Speech File, Gerald R. Ford Presidential Library, Box D20, Folder "Illinois State Fair"; Perlstein, *Nixonland,* 71, 83, 114.

[86] Quoted in David Chagall, *The New King-Makers* (New York: Harcourt Brace Jovanovich, 1981), 3.

[87] "Reagan Urges Carmichael Not to Speak at UC," *Los Angeles Times,* October 19, 1966; Richard Bergholz, "Reagan Criticizes UC for Permitting Bob Kennedy Talk," *Los Angeles Times*, October 21, 1966.

[88] Redacted to Hoover, September 4, 1966, decoded telegram, Stokely Carmichael FBI file, FBI Vault (vault.fbi.gov), Part 3, page 5. Special Agent in Charge, Atlanta, to Hoover, September 20, 1966, Carmichael's FBI file, FBI Vault, Part 4, page 9. The FBI was trying to find a way to deport Carmichael, who had been born in Trinidad.

[89] Stuart Spencer, oral history, November 15–16, 2001, Miller Center, University of Virginia. Reagan told a slightly different story: Gerard J. De Groot, "Ronald Reagan and Student Unrest in California, 1966–1970," *Pacific Historical Review* 65 (1996): 107–29.

[90] Michelle Reeves, "'Obey the Rules or Get Out': Ronald Reagan's 1966 Gubernatorial Campaign and the 'Trouble in Berkeley,'" *Southern California Quarterly* 92 (2010): 295. And see Stanley G. Robertson, "LA Confidential," *Los Angeles Sentinel*, November 3, 1966.

[91] Stokeley Carmichael, speech at Berkeley, October 1966, https://www.youtube.com/watch?v=uWsgT67-RM4; James Reston, "Berkeley, California: The University and Politics," *NYT*, October 23, 1966; Patterson, *America in the Twentieth Century,* 416–19.

[92] Adam Winkler, "The Secret History of Guns," *Atlantic*, September 2011.

[93] Hinton, *From the War on Poverty to the War on Crime*, 123–27.

[94] Quoted in De Groot, "Ronald Reagan and Student Unrest," 116.

[95] Arnold Hano, "The Black Rebel Who 'Whitelists' the Olympics," *NYT*, May 12, 1968.

[96] Perlstein, *Nixonland,* 97; David Remnick, *King of the World: Muhammad Ali and the Rise of an American Hero* (New York: Knopf, 2014), 289; Sandra Millner, *The Dream Lives On: Martin Luther King, Jr.* (New York: MetroBooks, 1999), 44.

[97] Schulman, *Lyndon B. Johnson and American Liberalism*, 126, 139, 241.

[98] Leuchtenburg, "The Travail of Liberalism," 874.

[99] Carter, *Politics of Rage,* 306.

[100] Perlstein, *Nixonland,* 163–65.

[101] "Lyndon Johnson Says He Won't Run," *NYT,* April 1, 1968.

[102] Schulman, *Lyndon B. Johnson and American Liberalism,* 119; Perlstein, *Nixonland,* 257; Bruce J. Schulman, *The Seventies: The Great Shift in American Culture* (New York: Free Press, 2001), 2–3; Ben. A. Franklin, "Army Troops in Capital as Negroes Riot," *NYT,* April 5, 1968.

[103] Robert F. Kennedy, "Statement on Assassination of Martin Luther King, Jr.," Indianapolis, Indiana, April 4, 1968.

[104] Perlstein, *Nixonland,* 239–41; Ronald Reagan, radio address, March 7, 1968.

[105] Farrell, *Richard Nixon,* 343–44, 367.

[106] Carter, *Politics of Rage,* 379; Farrell, *Richard Nixon,* 330, 336; Richard Nixon, Address Accepting the Presidential Nomination at the Republican National Convention in Miami Beach, Florida, August 8, 1968.

[107] Hinton, *From the War on Poverty to the War on Crime,* 139–40.

[108] Schulman, *The Seventies,* 12. The best account is Norman Mailer, *Miami and the Siege of Chicago: An Informal History of the Republican and Democratic Conventions of 1968* (New York: New American Library, 1968).

[109] Schulman, *Lyndon B. Johnson and American Liberalism,* 161; Keith T. Poole and Howard Rosenthal, "On Party Polarization in Congress," *Daedalus* 136 (2007): 104–7.

[110] Baxter, oral history, 1972, 17, 22–4.

[111] Quoted in Hartman, *War for the Soul of America,* 25.

[112] Noam Chomsky, "The Menace of Liberal Scholarship," *The New York Review of Books,* January 2, 1969; Rohde, "The Last Stand of the Psychocultural Cold Warriors," 246. Chomsky refers to Simulmatics's "urban insurgency" work as confidential; Rohe cites Simulmatics's "Urban Insurgency file" in *Armed with Expertise: The Militarization of American Social Research During the Cold War* (Ithaca, NY: Cornell University Press, 2013), 169n5.

[113] Schulman, *The Seventies,* 16.

[114] Leuchtenburg, "The Travail of Liberalism," 873.

[115] This was on January 8, 1970; Carter, *Politics of Rage,* 380.

[116] H. R. Haldeman, transcript of an oral history, conducted 1991 by Dale E. Trevelen, State Government Oral History Program, California State Archives, 317.

[117] Richard M. Scammon and Ben J. Wattenberg, *The Real Majority* (New York: Coward-McCann, Inc., 1970), 20–21, 280–81.

[118] Schulman, *The Seventies,* 38; James M. Naughton, "Nixon, Confident of Gains in '70, Planning Same Tactics for '72," *NYT,* October 23, 1970; Farrell, *Richard Nixon,* 388; Andrew Hacker, *The End of the American Era* (New York: Atheneum, 1970), ch. 2.

[119] Perlstein, *Nixonland*, 393–96.

[120] Schulman, *The Seventies,* 34–35; Carter, *Politics of Rage,* 398–99.

[121] Farrell, *Richard Nixon,* 413.

[122] Ibid., 418.

[123] *The Nixon Tapes, 1971–1972*, edited and annotated by Douglas Brinkley and Luke A. Nichter (Boston: Houghton Mifflin, 2014), ix–x.

[124] Neil Sheehan, "Pentagon Study Traces 3 Decades of Growing U.S. Involvement," *NYT*, June 13, 1971.

[125] Farrell, *Richard Nixon,* 420–26.

[126] Audio, https://www.nixonlibrary.gov/virtuallibrary/tapeexcerpts/534-2(3)-brookings.mp3; transcript, https://www.nixonlibrary.gov/forresearchers/find/tapes/watergate/trial/exhibit 12.pdf; Schulman, *The Seventies,* 44.

[127] Farrell, *Richard Nixon*, 465–84. For the June 23 conversation: "The Smoking Gun Tape," Watergateinfo, http://watergate.info/1972/06/23/the-smoking-gun-tape.html, accessed August 17, 2017.

[128] Farrell, *Richard Nixon*, 497–98.

[129] LBJ, interview with Walter Cronkite, January 12, 1973, https://www.youtube.com/watch?v=vW5PemdbcT8; Schulman, *Lyndon B. Johnson and American Liberalism*, 164.

[130] Farrell, *Richard Nixon*, 519.

[131] Ibid., 523–57; *U.S. v. Nixon*, 418 U.S. 683 (1974).

[132] Richard Nixon, Resignation Speech, Washington, DC, August 8, 1974.

[133] Farrell, *Richard Nixon*, 532.

第十五章：战线

[1] Betty Ford to Lesley Stahl, in a 1997 interview, CBS News, "The Remarkable Mrs. Ford," August 17, 2015, https://www.cbsnews.com/news/the-remarkable-mrs-ford/, accessed August 21, 2017.

[2] Betty Friedan, *The Feminine Mystique* (New York: Dell, 1963), 11.

[3] Betty Ford with Chris Chase, *The Times of My Life* (New York: Harper & Row, 1978), 120. And on these years, see also John Robert Greene, *Betty Ford: Candor and Courage in the White House* (Lawrence: University Press of Kansas, 2004), ch. 2.

[4] On Murray's role in NOW's founding and mission, see Rosenberg, *Jane Crow*, 298–300.

[5] An August 1972 Gallup poll reported that 68 percent of Republicans and 58 percent of Democrats agreed that "the decision to have an abortion should be made solely by a woman and her physician" (Jack Rosenthal, "Survey Finds Majority, in Shift, Now Favors Liberalized

Laws," *NYT*, August 25, 1972), a poll that Supreme Court Justice Harry Blackmun included in his *Roe v. Wade* case file; Linda Greenhouse and Reva B. Siegel, "Before (and After) *Roe v. Wade*: New Questions About Backlash," *Yale Law Journal* 120 (2011): 2031.

[6] "The Republican Party favors a continuance of the public dialogue on abortion and supports the efforts of those who seek enactment of a constitutional amendment to restore protection of the right to life for unborn children" (Republican Party Platform of 1976, August 18, 1976). "We fully recognize the religious and ethical nature of the concerns which many Americans have on the subject of abortion. We feel, however, that it is undesirable to attempt to amend the U.S. Constitution to overturn the Supreme Court decision in this area" (1976 Democratic Party Platform, July 12, 1976).

[7] Byron W. Daynes and Raymond Tatlovich, "Presidential Politics and Abortion, 1972–1988," *Presidential Studies Quarterly* 22 (1992): 545–61.

[8] Richard A. Viguerie, *The New Right: We're Ready to Lead* (Falls Church, VA: Viguerie, 1981), 55; on the culture wars, broadly, see Andrew Hartman, *A War for the Soul of America: A History of the Culture Wars* (Chicago: University of Chicago Press, 2015).

[9] Michael Kelly, "The 1992 Campaign," *NYT*, October 31, 1992.

[10] Editor's note in Margaret Sanger, *The Selected Papers of Margaret Sanger*, ed. Esther Katz et al., 4 vols. (Urbana: University of Illinois Press, 2010), 3:469. And see James W. Reed, Interview with Mary Steichen Calderone, MD, August 7, 1974, transcript, Schlesinger-Rockefeller Oral History Project, Schlesinger Library, Radcliffe, Reel A-1, 2; Tom Davis, *Sacred Work: Planned Parenthood and Its Clergy Alliances* (New Brunswick, NJ: Rutgers University Press, 2005), 89.

[11] James W. Reed, interviews with Loraine Lesson Campbell, December 1973–March 1974, Schlesinger-Rockefeller Oral History Project, Reel A-1, 71, 83; Alan F. Guttmacher, "Memoirs," typescript, November 1972, Planned Parenthood Federation of America (PPFA) Records, Smith College, PPFA 2, Administration, Guttmacher, A. F., Autobiography, Rough Draft, Box 117, Folder 39; David M. Kennedy, *Birth Control in America; the Career of Margaret Sanger* (New Haven, CT: Yale University Press, 1970), vii; *Griswold v. Connecticut*, 381 U.S. 479 (1965).

[12] *Griswold v. Connecticut*, 381 U.S. 479 (1965).

[13] Bush quoted in Gloria Feldt with Carol Trickett Jennings, *Behind Every Choice Is a Story* (Denton: University of North Texas Press, 2002), 94. Spruill, *Divided We Stand*, 286; *Eisenstadt v. Baird*, 405 U.S. 438 (1972).

[14] Greenhouse and Siegel, "Before (and After) *Roe*," 2047–49; Linda Gordon, *The Moral Property of Women: A History of Birth Control Politics in America* (Urbana and Chicago: University of Illinois Press, 2002), 289; Richard Nixon: "Special Message to the Congress on Problems of Population Growth," July 18, 1969.

[15] "F. J. Bardacke on The Woman Question," *San Francisco Express Times*, September 25,

1968.

[16] Alice Echols, *Daring To Be Bad: Radical Feminism in America, 1967–1975* (Minneapolis: University of Minnesota Press, 1989), 56–57, 92–96, 120.

[17] Vern L. Bullough, *Before Stonewall: Activists for Gay and Lesbian Rights in Historical Context* (New York: Harrington Park Press, 2002); Frank Kameny and Michael G. Long, *Gay Is Good: The Life and Letters of Gay Rights Pioneer Franklin Kameny* (Syracuse, NY: Syracuse University Press, 2014), 93, 165, 173–74; Lacey Fosburgh, "Thousands of Homosexuals Hold a Protest Rally in Central Park," *NYT*, June 29, 1970. And, on the transition from the 1950s homophile movement to the 1960s gay rights movement, see Gregory Andrew Briker, "The Right to Be Heard: *One* Magazine, Obscenity Law, and the Battle over Homosexual Speech," AB thesis, Harvard University, 2017.

[18] Spruill, *Divided We Stand*, 14, 29–33.

[19] Irin Carmon and Shana Knizhnik, *Notorious RBG: The Life and Times of Ruth Bader Ginsburg* (New York: William Morrow, 2015), 46.

[20] Pauline M. Trowbridge to Alan Guttmacher, August 2, 1970, Alan Guttmacher Papers, Countway Library, Harvard Medical School, Box 2, Folder 10.

[21] *Roe v. Wade*, 410 U.S. 113 (1973).

[22] Greenhouse and Siegel, "Before (and After) *Roe*," 2053–54.

[23] *Roe v. Wade*, 410 U.S. 113 (1973).

[24] Richard Nixon to Charles Colson, January 23, 1976, in *The Nixon Tapes: 1973*, edited and annotated by Douglas Brinkley and Luke A. Nichter (New York: Houghton Mifflin Harcourt, 2015), 17–18.

[25] "The First Lady," *60 Minutes*, August 10, 1975, transcript of an interview with Betty Ford by Morley Safer, Box 11, Folder "Ford, Betty—General," Ron Nessen Papers, Ford Presidential Library, https://www.fordlibrarymuseum.gov/library/document/0204/1511773.pdf. And on her cancer, see Ford, *The Times of My Life*, ch. 26

[26] Spruill, *Divided We Stand*, 43–45.

[27] "The First Lady," *60 Minutes*, August 10, 1975.

[28] Greene, *Betty Ford*, 59. And on this point, generally, see Spruill, *Divided We Stand*.

[29] Greene, *Betty Ford*, 67.

[30] Sean Wilentz, *The Age of Reagan: A History, 1974–2008* (New York: HarperCollins, 2008), 14.

[31] Ibid., 35; Patterson, *Restless Giant*, 7.

[32] For this thesis and its evidence, see Robert J. Gordon, *The Rise and Fall of American Growth: The U.S. Standard of Living since the Civil War* (Princeton, NJ: Princeton University Press, 2016).

[33] Piketty and Saez, "Income Inequality in the United States, 1913–1998," 1–41; Self, *All in the Family*, 314.

[34] Spruill, *Divided We Stand*, 71, 80, 85.

[35] Rymph, *Republican Women*, 198–99.

[36] Republican Party Platform of 1976, August 18, 1976; Freeman, *We Will be Heard*, 122–25; Rymph, *Republican Women*, 189, 205, 207, 209–10, 223.

[37] Spruill, *Divided We Stand*, 127.

[38] Rymph, *Republican Women*, 215–16; Self, *All in the Family*, 312, 313. For chronicles of the conference, see Alice S. Rossi, *Feminists in Politics: A Panel Analysis of the First National Women's Conference* (New York: Academic Press, 1982), and Shelah Gilbert Leader and Patricia Rusch Hyatt, *American Women on the Move: The Inside Story of the National Women's Conference, 1977* (Lanham, NJ: Levington Books, 2016).

[39] "The Torch Relay," in National Commission on the Observance of International Women's Year, *The Spirit of Houston: The First National Women's Conference* (Washington, DC: U.S. Government Printing Office, March 1978), 193–203.

[40] Maya Angelou, "To Form a More Perfect Union," in *The Spirit of Houston*, 195.

[41] "Speech by Betty Ford, National Commissioner and Former First Lady, First Plenary Session," in *The Spirit of Houston*, 220–21.

[42] Self, *All in the Family*, 217; Spruill, *Divided We Stand*, 225.

[43] Self, *All in the Family*, 318; Spruill, *Divided We Stand*, 7.

[44] "The Minority Caucus: 'It's Our Movement Now,' " in *The Spirit of Houston*, 156–57.

[45] Anita Bryant, *The Anita Bryant Story: The Survival of Our Nation's Families and the Threat of Militant Homosexuality* (Old Tappan, NJ: Felming H. Revell Company, 1977), 17, 21.

[46] Spruill, *Divided We Stand*, 228–29.

[47] Anna Quindlen, "Women's Conference Approves Planks on Abortion and Rights for Homosexuals," *NYT*, November 21, 1977; Self, *All in the Family*, 320–21.

[48] Carolyn Kortge, "Schlafly Says Women's Movement Is Dying in an Anti-Feminist Surge," *Eagle & Beacon*, August 3, 1977, reprinted in *National Women's Conference Official Briefing Book: Houston, Texas, November 18 to 21, 1977* (Washington, DC: National Commission on the Observance of International Women's Year, 1977), 228. Self, *All in the Family*, 319.

[49] Spruill, *Divided We Stand*, 152.

[50] Critchlow, *The Conservative Ascendancy*, 132–33.

[51] Patterson, *Restless Giant*, 21.

[52] Critchlow, *The Conservative Ascendancy*, 128; John D'Emilio and Estelle B. Freedman, *Intimate Matters: A History of Sexuality* (Chicago: University of Chicago Press, 1988), 349–50;

FitzGerald, *The Evangelicals,* 291, 302.

[53] "Resolution On Abortion: St. Louis, Missouri, 1971," Southern Baptist Convention, http://www.sbc.net/resolutions/13/resolution-on-abortion); FitzGerald, *The Evangelicals,* 299; Robert C. Post and Reva C. Siegel, "*Roe* Rage: Democratic Constitutionalism and Backlash," 2007, Faculty Scholarship Series, Yale University, Paper 169, 420–21.

[54] FitzGerald, *The Evangelicals*, 291–94.

[55] Spruill, *Divided We Stand*, 288–89.

[56] Rymph, *Republican Women*, 221, 228, 237–38.

[57] Self, *All in the Family*, 358–60.

[58] Ronald Reagan, Address *Accepting* the Presidential Nomination at the *Republican National Convention* in Detroit, July 17, 1980.

[59] Spruill, *Divided We Stand*, 287.

[60] Kenneth Janda, "Innovations in Information Technology in American Party Politics Since 1960," in Guy Lachapelle and Philippe J. Maarek, eds. *The Political Parties in the Digital Age: The Impact of New Technologies in Politics* (Boston: De Gruyter Oldenbourg, 2015).

[61] Viguerie, *The New Right*, 12, 21, 32, 35, 91–93.

[62] Wuthnow, *Inventing American Religion*, 99–100; Leo Bogart, *Silent Politics: Polls and the Awareness of Public Opinion* (New York: Wiley and Sons, 1972), 101; Philip Meyer, *Precision Journalism: A Reporter's Introduction to Social Science Methods* (Bloomington: Indiana University Press, 1973)—quotation, 191; David W. Moore, *The Opinion Makers: An Insider Exposes the Truth Behind the Polls* (Boston: Beacon, 2008), xvii.

[63] Nolan M. McCarty, Keith T Poole, and Howard Rosenthal, "Polarized Politicians," in *Polarized America: The Dance of Ideology and Unequal Riches* (Cambridge, MA: MIT Press, 2006), 15–70; Sinclair, *Party Wars*, 16; Self, *All in the Family,* 371; Rymph, *Republican Women*, 231.

[64] Greg D. Adams, "Abortion: Evidence of an Issue Evolution," *American Journal of Political Science* 41 (1997): 718, 723; Greenhouse and Siegel, "Before (and After) *Roe*," 2069–70.

[65] Hartman, *War for the Soul of America*, 134.

[66] Ronald Reagan, Inaugural Address, January 20, 1981; Crichtlow, *Conservative Ascendancy,* 199.

[67] Michelmore, *Tax and Spend*, 122, 138–39; Brownlee, *Federal Taxation in America*, 134; Patterson, *Restless Giant*, 66–69.

[68] H. W. Brands, *Reagan: The Life* (New York: Doubleday, 2015), 179; Alan O. Ebenstein, *Milton Friedman: A Biography* (New York: Palgrave Macmillan, 2007), 208; Reagan's introduction to Friedman's television series, "President Reagan on Dr. Friedman and Free to Choose," YouTube video, 1:09, posted by "Free to Choose Network," July 18, 2013, https://www.youtube.

com/watch?v=um-p3ZhiO60; Eamonn Butler, *Milton Friedman: A Guide to His Economic Thought* (New York: Universe Books, 1985).

[69] Larissa MacFarquhar, "The Gilder Effect," *TNY*, May 29, 2000. For a skeptical view of the rise of supply-side economics, see Jonathan Chait, *The Big Con: The True Story of How Washington Got Hoodwinked and Hijacked by Crackpot Economics* (Boston: Houghton Mifflin, 2007).

[70] MacFarquhar, "The Gilder Effect"; George F. Gilder, *Sexual Suicide* (New York: Quadrangle, 1973), 5–6, 92–93, 131, 241–42.

[71] George Gilder, *Wealth and Poverty: A New Edition for the Twenty-First Century* (New York: Regnery, 2012), foreword by Steve Forbes, X, 27, 15, 17.

[72] Patterson, *Restless Giant*, 48–49.

[73] Daniel Wirls, *Irrational Security: The Politics of Defense from Reagan to Obama* (Baltimore: Johns Hopkins University Press, 2010), 19; Michelmore, *Tax and Spend*, 141, 147.

[74] Patterson, *Restless Giant*, 158–59, 165, 175.

[75] Winkler, *Gunfight*, 65, 248, 253, but see Siegel, "Dead or Alive," n58.

[76] Winkler, *Gunfight*, 233–235.

[77] William Safire, "An Appeal for Repeal," *NYT*, June 10, 1999. Nixon Library, White House Tapes, Nixon to H. R. Haldeman, June 1, 1971, tape 256; Nixon Oval Office Conversation with Aides, May 19, 1972, tape 726; Nixon phone calls, June 15, 1972, tape 256.

[78] Patterson, *Restless Giant*, 25–6, 293–95. U. S. Census Bureau, American Community Bureau, 2010.

[79] Gutiérrez, *Walls and Mirrors*, ch.6 (quotation, 203); Ngai, *Impossible Subjects*, ch. 7.

[80] Winkler, *Gunfight*, 67–68.

[81] John M. Crewdson, "Hard-Line Opponent of Gun Laws Wins New Term at Helm of Rifle Association," *NYT*, May 4, 1981.

[82] Ronald Reagan, Kiron K Skinner, Annelise Graebner Anderson, and Martin Anderson, *Reagan: A Life in Letters* (New York: Free Press, 2003), 368. *Public Papers of the Presidents of the United States, Ronald Reagan: 1981–1988/89* (Washington, DC: U.S. Government Printing Office, 1982), 388.

[83] Steven M. Teles, *The Rise of the Conservative Legal Movement: The Battle for Control of the Law* (Princeton, NJ: Princeton University Press, 2008) and Amanda Hollis-Brusky, *Ideas with Consequences: The Federalist Society and the Conservative Counterrevolution* (New York: Oxford University Press, 2015).

[84] *The Right to Keep and Bear Arms: Report of the Subcommittee on the Constitution of the Committee on the Judiciary, United States Senate, Ninety-seventh Congress, Second Session* (Washington, DC: U.S. Government Printing Office, 1982).

[85] Robert A. Sprecher, "The Lost Amendment," *American Bar Association Journal* 51 (1965): 665–69. Both party platforms supported gun control in 1968. The Republican platform only began to oppose gun control in 1980. On polling, see Carl T. Bogus, "The Hidden History of the Second Amendment," *U.C. Davis Law Review* 31 (1998): 312.

[86] Carl T. Bogus, "The History and Politics of Second Amendment Scholarship: A Primer," in *The Second Amendment in Law and History*, edited by Carl T. Bogus (New York: New Press, 2000), 1, 4.

[87] Michael Avery and Danielle McLaughlin, *The Federalist Society: How Conservatives Took the Law Back from Liberals* (Nashville, TN: Vanderbilt University Press, 2013), 2. And see Teles, *The Rise of the Conservative Legal Movement*.

[88] Edwin Meese, Address to the Federalist Society's Lawyers Division, Washington, DC, November 15, 1985.

[89] Steven F. Hayward, *The Age of Reagan. The Conservative Counterrevolution, 1980–1989* (New York: Crown Forum, 2009.), 414; William J. Brennan, "The Constitution of the United States: Contemporary Ratification," reprinted in *Interpreting the Constitution: The Debate over Original Intent*, ed. Jack N. Rakove (Boston: Northeastern University Press, 1990); Garry Wills, "To Keep and Bear Arms," *New York Review of Books*, September 21, 1995.

[90] Jamal Greene, "Selling Originalism," *Georgetown Law Journal* 97 (2009): 708.

[91] Reva B. Siegel, "Dead or Alive: Originalism as Popular Constitutionalism in Heller," Faculty Scholarship Series, 2008, Paper 1133, 216.

[92] Warren Burger, " 2nd Amendment Fraud," YouTube video, 0:57, from an interview on *The MacNeil/Lehrer NewsHour,* televised by PBS on December 16, 1991, posted by "Frank Staheli," August 28, 2016, https://www.youtube.com/watch?v=Eya_k4P-iEo.

[93] Patterson, *Restless Giant*, 123–26.

[94] Rachel Carson, *Silent Spring* (New York: Fawcett Crest, 1962); President's Science Advisory Committee, Environmental Pollution Panel, *Restoring the Quality of Our Environment. Report* (Washington, DC: White House, 1965), appendix, "Atmospheric Carbon Dioxide."

[95] S. Fred Singer, and the American Association for the Advancement of Science, *Global Effects of Environmental Pollution; a Symposium Organized by the American Association for the Advancement of Science, Held in Dallas, Texas, December 1968* (Dordrecht, Holland: D. Reidel, 1970) .

[96] FitzGerald, *The Evangelicals,* 321–32.

[97] Naomi Oreskes and Erik M. Conway, *Merchants of Doubt: How a Handful of Scientists Obscured the Truth on Issues from Tobacco Smoke to Global Warming* (New York: Bloomsbury, 2010), 45.

[98] Badash, *A Nuclear Winter's Tale,* 66, 122; Edward Teller, "Widespread After-Effects of

Nuclear War," *Nature* 310 (August 23, 1984): 621–24.

[99] Nicole Hemmer, *Messengers of the Right: Conservative Media and the Transformation of American Politics* (Philadelphia: University of Pennsylvania Press, 2016), 115–17.

[100] Singer is quoted in Badash, *Nuclear Winter's Tale*, 142. His career is discussed at some length in Oreskes, *Merchants of Doubt*. For Singer's more recent views, see Ashley Thorne, "The Father of Global Warming Skepticism: An Interview with S. Fred Singer," *National Association of Scholars*, January 3, 2011, https://www.nas.org/articles/The_Father_of_Global_Warming_Skepticism_An_Interviewwith_S_Fred_Singer.

[101] "Climate Change," Heartland Institute, July 27, 2016, https://www.heartland.org/topics/climate-change/, accessed August 28, 2017; Jastrow is quoted in Oreskes, *Merchants of Doubt*, 59.

[102] Reagan-Bush '84, "Prouder, Stronger, Better," 1984, Museum of the Moving Image; Gingrich quoted in Ronald Brownstein, *The Second Civil War: How Extreme Partisanship Has Paralyzed Washington and Polarized America* (New York: Penguin, 2007), 143.

[103] Patterson, *Restless Giant*, 174.

[104] Antonin Scalia, "Originalism: The Lesser Evil," *University of Cincinnati Law Review* 57 (1989): 849–65.

[105] Patterson, *Restless Giant*, 179; Buchanan is quoted in Crichtlow, *Conservative Ascendancy*, 217; Randy Shilts, *And the Band Played on: Politics, People, and the AIDS Epidemic* (New York: St. Martin's, 2000), 173, 294–99; on spending: Craig A. Rimmerman, *From Identity to Politics: The Lesbian and Gay Movements in the United States* (Philadelphia: Temple University Press, 2002), 93.

[106] Jeffrey Toobin, *The Nine: Inside the Secret World of the Supreme Court* (New York: Doubleday, 2007), 218–19; *Bowers v. Hardwick*, 478 U.S. 186 (1986), Blackmun, dissenting.

[107] See, for example, Elizabeth M. Schneider, "The Synergy of Equality and Privacy in Women's Rights," *University of Chicago Legal Forum* 137 (2002): 137–154, especially 140n12.

[108] Catharine A. MacKinnon, "Privacy v. Equality: Beyond *Roe v. Wade* (1983)," in *Feminism Unmodified: Discourses on Life and Law* (Cambridge, MA: Harvard University Press, 1987), 93–102 (quotations, 100, 93); Ruth Bader Ginsburg, "Some Thoughts on Autonomy and Equality in Relation to *Roe v. Wade*," *North Carolina Law Review* 63 (1984–85): 375–86 (quotation, 383).

[109] Self, *All in the Family*, 385, 391–93. And see Nancy F. Cott, *Public Vows: A History of Marriage and the Nation* (Cambridge, MA: Harvard University Press, 2000).

[110] *Bowers v. Hardwick*, 478 U.S. 186 (1986). And on the place of historical analysis in the court during this era, see Erwin Chemerinsky, "History, Tradition, the Supreme Court, and the First Amendment," *Hastings Law Journal* 44 (1993): 919.

[111] Thurgood Marshall, Bicentennial Speech, Annual Seminar of the San Francisco Patent and Trademark Law Association, Maui, Hawaii, May 6, 1987.

[112] Robert Bork, *Saving Justice: Watergate, the Saturday Night Massacre, and Other Adventures of a Solicitor General* (New York: Encounter Books, 2013), 86; Robert Bork, "The Great Debate," University of San Diego Law School, San Diego, California, November 18, 1985; guns: Reva B. Siegel, "Dead or Alive: Originalism as Popular Constitutionalism in *Heller*," Bork quoted on 224.

[113] United States Congress, Senate, Committee on the Judiciary, *Nomination of Robert H. Bork to Be Associate Justice of the United States Supreme Court: Hearings before the Committee on the Judiciary, United States Senate, One Hundredth Congress, First Session, on the Nomination of Robert H. Bork to Be Associate Justice of the Supreme Court of the United States* (Washington, DC: U.S. Government Printing Office, 1987), 2818.

[114] The People for the American Way, Anti-Bork Commercial, 1987, www.pfaw.org.

[115] John Corry, "Evaluating Bork on TV," *NYT*, September 17, 1987; Linda Greenhouse, "The Bork Battle: Visions of the Constitution," *NYT*, October 4, 1987. Footage from the PBS *NewsHour* at https://www.youtube.com/watch?v=5ffTtOMIJAk.

[116] Michael Avery and Danielle McLaughlin, *The Federalist Society: How Conservatives Took the Law Back from Liberals* (Nashville, TN: Vanderbilt University Press, 2013),26–7.

[117] Patterson, *Restless Giant*, 214–16.

[118] Arthur M. Schlesinger Jr., *The Disuniting of America: Reflections on a Multicultural Society* (New York: Norton, 1991, 1992, 1998), 11; Irving Kristol, "My Cold War," *National Interest* 31 (1993): 141–44. On the history of hate speech codes, see Erwin Chemerinsky and Howard Gillman, *Free Speech on Campus* (New Haven, CT: Yale University Press, 2017).

[119] Maureen Dowd, "The 1992 Campaign," *NYT*, May 18, 1992.

[120] Patrick Buchanan, "Culture War," Republican National Convention, Houston, Texas, August 17, 1992.

[121] Robert H. Bork, *Slouching Towards Gomorrah: Modern Liberalism and American Decline* (New York: ReganBooks, 1996), 2.

[122] Carl Bernstein, *A Woman in Charge: The Life of Hillary Rodham Clinton* (New York: Alfred A. Knopf, 2007), 30–38, 54–56, 69; Mark Leibovich, "In Turmoil of ' 68, Clinton Found a New Voice," *NYT*, September 5, 2007; on the history of her name, see Janell Ross, "The Complicated History Behind Hillary Clinton's Evolving Name," *Washington Post*, July 25, 2015.

[123] The term was coined by Peter Drucker in 1962 (Saval, *Cubed*, 197, 201).

[124] Lily Geismer, *Don't Blame Us: Suburban Liberals and the Transformation of the Democratic Party* (Princeton, NJ: Princeton University Press, 2015), 1–9.

[125] Fred Turner, *From Counterculture to Cyberculture: Stewart Brand, the Whole Earth

Network, and the Rise of Digital Utopianism (Chicago: University of Chicago Press, 2006), 2.

[126] Turner, *From Counterculture to Cyberculture*, 81; *The Last Whole Earth Catalog: Access to Tools* (Menlo Park, CA: Portola Institute, distributed Random House, 1971), 344, 248–49, 225, 389.

[127] Turner, *From Counterculture to Cyberculture*, 38, 76–77, 98. And see, for example, "Kibbutz: Venture in Utopia," *Whole Earth Catalog* (San Rafael, CA: Point Foundation, 1998), 42.

[128] Isaacson, *The Innovators*, 268–81.

[129] Patterson, *Restless Giant*, 59–60.

[130] Frederick G. Dutton, *Changing Sources of Power: American Politics in the 1970s* (New York: McGraw-Hill, 1971), ch. 7.

[131] Thomas Frank, *Listen, Liberal: Or, What Ever Happened to the Party of the People?* (New York: Metropolitan Books, 2016), 46–53.

[132] Crichtlow, *Conservative Ascendancy*, 203; Al From and Alice McKeon, *The New Democrats and the Return to Power* (New York City: Palgrave Macmillan, 2013), especially ch. 5; Patterson, *Restless Giant*, 190.

[133] Michael Rothschild, "Beyond Repair: The Politics of the Machine Age Are Hopelessly Obsolete," *New Democrat*, July/August 1995, 8–11.

[134] Patterson, *Restless Giant*, 249; "Stories of Bill," *Frontline*, http://www.pbs.org/wgbh/pages/frontline/shows/choice/bill/greenberg.html, accessed August 28, 2017.

[135] Davis and Clark, *Thurgood Marshall*, 5.

[136] Bill Clinton and Hillary Clinton, interview by Steve Kroft, *60 Minutes*, CBS, January 26, 1992; Patterson, *Restless Giant*, 256.

[137] Patterson, *Restless Giant*, 253; Bob Woodward, *The Agenda: Inside the Clinton White House* (New York: Simon & Schuster, 1994), 117.

[138] Margaret Carlson, "A Hundred Days of Hillary," *Vanity Fair*, June 1, 1993. On the name, see Ross, "The Complicated History Behind Hillary Clinton's Evolving Name."

[139] "Harry and Louise on Clinton's Health Plan," YouTube video, 1:00, aired 1994, posted by "danieljbmitchell," July 15, 2007, https://www.youtube.com/watch?v=Dt31nhleeCg; William Kristol to Republican Leaders, December 2, 1993, Memo, https://www.scribd.com/document/12926608/William-Kristol-s-1993-Memo-Defeating-President-Clinton-s-Health-Care-Proposal; Brownstein, *Second Civil War*, 155; Patterson, *Restless Giant*, 328–30.

[140] Frank, *Listen, Liberal*, 78–79.

[141] Biden quoted in Frank, *Listen, Liberal*, 93; Elizabeth Hinton, Julilly Kohler-Hausmann, and Vesla M. Weaver, "Did Blacks Really Endorse the 1994 Crime Bill?," *NYT*, April 13, 2016.

[142] Kleiman, *When Brute Force Fails*, 1; Michelle Alexander, *The New Jim Crow: Mass*

Incarceration in the Age of Colorblindness (New York: The New Press, 2010, 2012), 3–60.

[143] William J. Clinton, "Statement on Signing the Personal Responsibility and Work Opportunity Reconciliation Act of 1996," Washington, DC, August 22, 1996.

[144] Stephen Labaton, "A New Financial Era," *NYT*, October 23, 1999; Frank, *Listen, Liberal*, 119.

[145] "What We Believe," Combahee River Collective, April 1977, http://circuitous.org/scraps/combahee.html. Combahee is a river associated with Harriet Tubman's rescue missions.

[146] On the rise of trauma, see Anne Rothe, *Popular Trauma Culture: Selling the Pain of Others in the Mass Media* (New Brunswick, NJ: Rutgers University Press, 2011), and especially Ruth Leys, *Trauma: A Genealogy* (Chicago: University of Chicago Press, 2000). And for a jaundiced view, see Mark Lilla, *The Once and Future Liberal: After Identity Politics* (New York: Harper, 2017).

[147] Gordon, *Moral Property*, 309.

[148] Mark Hamm, *Apocalypse in Oklahoma: Waco and Ruby Ridge Revenged* (Boston: Northeastern University Press, 1997), 158.

[149] Jonathan Kay, *Among the Truthers: A Journey into the Growing Conspiracist Underground of 9/11 Truthers, Birthers, Armagheddonites, Vaccine Hysterics, Hollywood Know-Nothings and Internet Addicts* (New York: HarperCollins, 2011), 27–29; Lee Nichols, "Libertarians on TV," *Austin Chronicle*, August 7, 1998.

[150] Allan Bloom, *The Closing of the American Mind* (1987; New York: Simon & Schuster, 2008), 25; Todd Gitlin, *The Twilight of Common Dreams: Why America Is Wracked by Culture Wars* (New York: Metropolitan Books, 1995), 35–36; and on the history of political correctness, 169–71.

[151] Chemerinsky and Gillman, *Free Speech on Campus*, 71; Herbert Marcuse, "Repressive Tolerance," in Robert Paul Wolff, Barrington Moore Jr., and Herbert Marcuse, *A Critique of Pure Tolerance* (Boston: Beacon, 1965); Henry Louis Gates Jr., "Critical Race Theory and the Freedom of Speech," *The Future of Academic Freedom*, ed. Louis Menard (Chicago: University of Chicago Press, 1996), ch. 5.

[152] Hemmer, *Messengers of the Right*, 258–59; Daly, *Covering America*, 412.

[153] Philip Seib, *Rush Hour: Talk Radio, Politics, and the Rise of Rush Limbaugh* (Fort Worth, TX: The Summit Group, 1993), 4, 27, 59; Ze'ev Chafets, *Roger Ailes: Off Camera* (New York, New York: Sentinel, 2013), 62–63; Charles J. Sykes, *How the Right Lost Its Mind* (New York: St. Martin's, 2017), 135.

[154] Baxter, oral history, 1972, 17, 22–4.

[155] Sherman, *Loudest Voice*, 115–16.

[156] Roger Ailes with Jon Kraushar, You *Are the Message: Getting What You Want by Being Who You Are* (New York: Crown Business, 1988, 1995), 17, 82.

[157] Minow and Sloan, *For Great Debates*, 28; Dorothy S. Ridings to Editorial Page Editors and Writers, September 23, 1983, Dorothy Ridings Papers, Schlesinger Library, Radcliffe, Box 1.

[158] Ailes, *You Are the Message*, 23–24; Chafets, *Roger Ailes*, 48; George Farah, *No Debate: How the Republican and Democratic Parties Secretly Control the Presidential Debates* (New York: Seven Stories Press, 2004), 89.

[159] Bush in an interview with James Lehrer, *Debating Our Destiny: 40 Years of Presidential Debate* (Washington, DC: MacNeil / Lehrer Productions, 2000).

[160] Cronkite made his original remarks in the 1990 Theodore H. White lecture at Harvard's Kennedy School; Farah, *No Debate*, 32–33, 93.

[161] Daly, *Covering America*, 401–15; Gabriel Sherman, *The Loudest Voice in the Room: How the Brilliant, Bombastic Roger Ailes Built Fox News—and Divided a Country* (New York: Random House, 2014), 183.

[162] Ken Auletta, "Vox Fox," *TNY*, May 26, 2003. Sherman, *Loudest Voice*, 175. Jane Hall, "Murdoch Will Launch 24-Hour News Channel; Roger Ailes Will Head the New Service," *Los Angeles Times*, January 30, 1996.

[163] Sherman, *Loudest Voice*, 230.

[164] Markus Prior, *Post-Broadcast Democracy: How Media Choice Increase Inequality in Political Involvement and Polarizes Elections* (New York: Cambridge University Press, 2007).

[165] Leibovich, *This Town*, 101–7; Sherman, *Loudest Voice*, 200, 229.

[166] Benjamin Ginsberg and Martin Shefter, *Politics by Other Means: Politicians, Prosecutors, and the Press from Watergate to Whitewater*, revised and updated edition (New York: Norton, 1990, 1999), figure 1.1., 27.

[167] Kenneth Starr, and United States Office of the Independent Counsel. *The Starr Report: The Findings of Independent Counsel Kenneth W. Starr on President Clinton and the Lewinsky Affair* (New York: Public Affairs, 1998), 49–50. The quotation is attributed to Lewinsky by David Halberstam, *War in a Time of Peace: Bush, Clinton, and the Generals* (New York: Scribner, 2001), 372.

[168] Johnson, *Best of Times*, 254.

[169] Ibid., 259.

[170] Ibid., 272–73.

[171] Ibid., 232–33, 292; William J. Clinton, interview by Jim Lehrer, *The NewsHour with Jim Lehrer*, PBS, January 21, 1998; Patterson, *Restless Giant*, 390; *Today* show, interview with Matt Lauer, January 27, 1998.

[172] Sherman, *Loudest Voice*, 236–38, 245; Brownstein, *Second Civil War*, 171; A. M. Rosenthal, "Risking the Presidency," *NYT*, March 17, 1998; Andrew Sullivan, "Lies That Matter," *TNR*, September 14, 21, 1998.

[173] Hemmer, *Messengers of the Right,* xiii–xiv.

[174] Johnson, *The Best of Times,* 328–30, 373–74, 397; Steven M. Gillon, *The Pact: Bill Clinton, Newt Gingrich, and the Rivalry That Defined a Generation (*New York: Oxford University Press, 2008), 249; Katharine Q. Seelye, "The Speaker Steps Down," *NYT,* November 7, 1998.

[175] Gloria Steinem, "Why Feminists Support Clinton," *NYT,* March 22, 1998; Toni Morrison, "On the First Black President," *TNY,* October 5, 1998.

[176] Patterson, *Restless Giant,* 267; "Letter to Conservatives" from Paul M. Weyrich, February 16, 1999, in Direct Line, http://www.rfcnet.org/archives/weyrich.htm.

[177] Anthony Lewis, "Nearly a Coup," *New York Review of Books,* April 13, 2000.

[178] "I decided real estate was a much better business," he later explained: Trump, *The Art of the Deal,* 77.

[179] Ibid., 77–81; David Dunlap, "Meet Donald Trump," *NYT [Insider],* July 30, 2015.

[180] Luis Romano, "Donald Trump, Holding All the Cards," *Washington Post,* November 15, 1984.

[181] Trump, *The Art of the Deal,* 105, 107; Fox Butterfield, "New Hampshire Speech Earns Praise for Trump," *NYT,* October 23, 1987.

[182] Patterson, *Restless Giant,* 357; Lawrence R. Samuel, *Rich: The Rise and Fall of American Wealth Culture* (New York: American Management Association, 2009), 224–31.

[183] Carl Rowan, "The Uglification of Presidential Politics," *Titusville (PA) Herald,* November 3, 1999; Donald Trump, interview by Chris Matthews, *Hardball with Chris* Matthews, NBC News, August 27, 1998; Adam Nagourney, "President? Why Not?," *NYT,* September 25, 1999.

[184] Donald J. Trump with Dave Shiflett, *The America We Deserve* (Los Angeles: Renaissance Books, 2000), 261; The Donald 2000, https://web.archive.org/web/19991104133242/http://thedonald2000.org/; "In to Win? Trump Eyes Candidacy," *Harrisburg (PA) Daily News Record,* October 8, 1999; Nagourney, "President? Why Not?" ; Chris Matthews, "Gotham Hero," *Corbin Times Tribune,* December 1, 1999; Tony Kornheiser, "Look Who's Running for President," *The Titusville Herald,* October 13, 1999.

[185] Trump, *The America We Deserve,* 271–72; Adam Nagourney, "President? Why Not?"

[186] Maureen Dowd, "Behold the Flirtation of the Trumpster," *Lowell Sun,* November 18, 1999; Adam Nagourney, "Trump Proposes Clearing Nation's Debt at Expense of the Rich," *NYT,* November 10, 1999; William Mann, "If Donald Trump Were President," *Syracuse (New York) Post-Standard,* November 1, 1999.

[187] Mark Shields, "A Wonderful Holiday," *Daily Herald Chicago,* November 24, 1999; The Donald 2000, https://web.archive.org/web/20000116042120/http://www.thedonald2000.org/. https://web.archive.org/web/20000116042120/http://www.thedonald2000.org/; Michael Janofsky,

"Trump Speaks Out About Just About Everything," *NYT*, January 8, 2000.

[188] George W. Bush, Address Accepting the Presidential Nomination, Republican National Convention, Philadelphia, Pennsylvania, August 3, 2000; Frum quoted in Kevin M. Kruse, "Compassionate Conservatism: Religion in the Age of George W. Bush," in Julian E. Zelizer, ed., *The Presidency of George W. Bush: A First Historical Assessment* (Princeton, NJ: Princeton University Press, 2010), 230.

[189] Sherman, *Loudest Voice*, 253, 259–60; Jane Mayer, "Dept. of Close Calls: George W.'s Cousin," *TNY*, November 20, 2000.

[190] Jeffrey Toobin, *Too Close to Call: The Thirty-Six Day Battle to Decide the 2000 Election* (New York: Random House, 2001), 25; Johnson, *Best of Times*, 523–24.

[191] Toobin, *Too Close to Call*, 266–67.

[192] Patterson, *Restless Giant*, 410–16; *Bush v. Gore*, 531 U.S. 98 (2000) (Stevens dissenting).

[193] "Count the Spoons," *Washington Post*, January 24, 2001; Johnson, *The Best of Times*, 546–47.

[194] George W. Bush, Address in Austin Accepting Election as the 43rd President of the United States, Austin, Texas, December 13, 2000. Gore conceded at 9:01 p.m. EST. Linda Greenhouse, "Bush Prevails," *NYT*, December 13, 2000.

第十六章：美国纷争

[1] This account derives chiefly from *The 9/11 Commission Report: Final Report of the National Commission on Terrorist Attacks upon the United States* (New York: Norton, 2004), chs. 1 and 9; and Understanding 9/11: A Television Archive, https://archive.org/details/911. "F93 Attendent CeeCee Lyles Leaves a Message for Her Husband," YouTube video, 0:45, posted by "911NeverForget," May 21, 2008, https://www.youtube.com/watch?v=fUrxsrTKHN4.

[2] "America Under Attack," CNN.com, September 11, 2001.

[3] "World Trade Center Toppled in Attack," *NYT*, September 11, 2001, and "Terrorists Attack New York and Washington," *NYT*, September 11, 2001.

[4] "America Under Attack," Drudge Report, http://www.drudgereportarchives.com/data/specialreports/EFG/20010911_0855.htm.

[5] "Terrorism Hits America," FOX News, September 11, 2001.

[6] George W. Bush, 9/11 Address to the Nation, Washington, DC, September 11, 2001.

[7] Samuel P. Huntington, "Clash of Civilizations?," *Foreign Affairs*, Summer 1993. And see Huntington, *The Clash of Civilizations and the Remaking of World Order* (New York: Simon & Schuster, 1996, 2011).

[8] Bush, 9/11 Address to the Nation.

[9] Quoted in David Remnick, *The Bridge: The Life and Rise of Barack Obama* (New York: Knopf, 2010), 337.

[10] Susan Sontag, "Tuesday, And After," *TNY,* September 24, 2001.

[11] Charles Krauthammer, "Voices of Moral Obtuseness," *Washington Post*, September 21, 2001. And for a roundup, see Celeste Bohlen, "Think Tank: In New War on Terrorism, Words Are Weapons, Too," *NYT*, September 29, 2001.

[12] Ann Coulter, "This Is War," *National Review* (online), Sepember 13, 2001, and in print Sepember 17, 2001.

[13] Jonah Goldberg, "L'Affaire Coulter," *National Review*, October 2, 2017.

[14] Quoted in Leonard Zeskind, *Blood and Politics: The History of the White Nationalist Movement from the Margins to the Mainstream* (New York: Farrar, Straus and Giroux, 2009), 516.

[15] Laurie Goodstein, "After the Attacks," *NYT*, September 15, 2001; John F. Harris, "Falwell Apologizes for Remarks," *Washington Post*, September 18, 2001.

[16] https://archive.org/details/TheAlexJonesRadioShowOn9-11-2001. And see Alexander Zaitchik, "Meet Alex Jones," *Rolling Stone*, March 2, 2011.

[17] Angela Nagle, *Kill All Normies: The Online Culture Wars from Tumblr and 4chan to the Alt-Right and Trump* (Washington, DC: Zero Books, 2017).

[18] Infowars, September 11, 2001, https://web.archive.org/web/20011201080653/http://infowars.com:80/archive_wtc.htm; Jones in his 2005 film, *Martial Law 9-11*, is quoted in Sykes, *How the Right Lost Its Mind*, 108.

[19] Remnick, *The Bridge,* 362, 370.

[20] Barack Obama, "A More Perfect Union," Speech, Philadelphia, Pennsylvania, March 18, 2005).

[21] David Remnick, "The President's Hero," *TNY*, June 19, 2017.

[22] Marc Mauer, *Young Black Americans and the Criminal Justice System: Five Years Later* (Washington DC: The Sentencing Project, 1995).

[23] Kay, *Among the Truthers*, xvii.

[24] David Maraniss, *Barack Obama: The Story* (New York: Simon & Schuster, 2012), xxiii.

[25] Dinesh D'Souza, *The Roots of Obama's Rage* (Washington, DC: Regnery, 2010), 26–27, 34, 215, 198.

[26] Gregory Krieg, "14 of Trump's Most Outrageous 'Birther' Claims—Half from after 2011," CNN Politics, September 16, 2016.

[27] David Graham, "The Unrepentent Birtherism of Donald Trump," *Atlantic*, September 16, 2016.

[28] Leonard Zeskind*, Blood and Politics: The History of the White Nationalist Movement from the Margins to the Mainstream* (New York: Farrar Straus Giroux, 2009), 519–27.

[29] Trump got the Coulter material via Corey Lewandowski, according to Sykes, *How the Right Lost Its Mind,* 155–56.

[30] Ann Coulter,¡Adios, *America! The Left's Plan to Turn Our Country into a Third World Hellhole* (New York: Regnery, 2015), 1–2.

[31] Seema Mehta, "Transcript: Clinton's Full Remarks as She Called Half of Trump Supporters 'Deplorables.'" *Los Angeles Times*, September 10, 2016; Romney: http://www.politifact.com/truth-o-meter/statements/2012/sep/18/mitt-romney/romney-says-47-percent-americans-pay-no-income-tax/.

[32] Jones is quoted in Sykes, *How the Right Lost Its Mind,* 109; Tessa Stuart, "How 'Lock Her Up!' Became a Mainstream GOP Rallying Cry," *Rolling Stone,* July 21, 2016.

[33] Stephanie Condon, "Obama Campaign Launches 'Truth Team,'" CBS News, February 13, 2012.

[34] Katharine Q. Seelye, "Wilson Calls His Outburst 'Spontaneous,'" *NYT*, September 10, 2009; Barney Henderson, David Lawler, and Louise Burke, "Donald Trump Attacks Alleged Russian Dossier as 'Fake News' and Slams Buzzfeed and CNN at Press Conference," *Telegraph*, January 11, 2017.

[35] "Fact-Checking Trump's Claim That Thousands in New Jersey Cheered When World Trade Center Tumbled," PolitiFact, November 21, 2015.

[36] Eric Hananoki and Timothy Johnson, "Donald Trump Praises Leading Conspiracy Theorist Alex Jones And His 'Amazing' Reputation," Media Matters for America, December 2, 2015.

[37] Trump called for this ban on December 7, 2016 but after court challenges to his administration s travel ban, the call was erased from his website. Laurel Raymond, "Trump, Who Campaigned on a Muslim Ban, Says to Stop Calling It a Muslim Ban," Think-Progress, January 30, 2017, https://thinkprogress.org/trump-who-campaigned-on-a-muslim-ban-says-to-stop-calling-it-a-muslim-ban-630961d0fbcf/.

[38] David Runciman, *How Democracy Ends* (New York: Basic Books, 2018); Patrick Deneen, *Why Liberalism Failed* (New Haven, CT: Yale University Press, 2018); Sykes, *How the Right Lost Its Mind*; Steven Levitsky and Daniel Ziblatt, *How Democracies Die* (New York: Crown, 2018).

[39] Karen Breslau, "One Nation, Interconnected," *Wired*, May 2000, 154.

[40] Broadly, see G. John Ikenberry, *Liberal Leviathan: The Origins, Crisis, and Transformation of the American World Order* (Princeton, NJ: Princeton University Press, 2011).

[41] Sam Reisman, "Trump Tells Crowd to 'Knock the Crap Out' of Protesters, Offers to Pay Legal Fees," *Mediaite*, February 1, 2016. And see Louis Jacobson and Manuela Tobias, "Has Donald Trump Never 'Promoted or Encouraged Violence'?" PolitiFact, July 5, 2017.

[42] Isaacson, *The Innovators*, ch. 7.

[43] Stewart Brand, "We Owe It All to the Hippies," *Time*, March 1, 1995, 54.

[44] Fred Turner, *From Counterculture to Cyberculture: Stewart Brand, the Whole Earth Network, and the Rise of Digital Utopianism* (Chicago: University of Chicago Press, 2006), 216–18; Louis Rossetto, "Why Wired?," *Wired*, March 1993. On Rossetto's biography and politics, see Turner, *From Counterculture to Cyberculture*, 209–11; Owen Thomas, "'The Ultimate Luxury Is Meaning and' . . . Chocolate?," *Gawker*, December 12, 2007. And see Mitchell Kapor, "Where Is the Digital Highway Really Heading?," *Wired*, July & August 1993.

[45] Roger Parloff, "Newt Gingrich and His Sleazy Ways: A History Lesson," *Fortune*, December 5, 2011; Esther Dyson, "Friend and Foe," *Wired*, August 1995; Po Bronson, "George Gilder," *Wired*, March 1996; Turner, *From Counterculture to Cyberculture*, 208, 215, 222–24.

[46] Esther Dyson et al., "Cyberspace and the American Dream: A Magna Carta for the Knowledge Age," The Progress & Freedom Foundation, August 22, 1994, http://www.pff.org/issues-pubs/futureinsights/fi1.2magnacarta.html.

[47] Guy Lamolinara, "Wired for the Future: President Clinton Signs Telecom Act at LC," *Library of Congress Information Bulletin*, February 19, 1996. And see Andy Greenberg, "It's Been 20 Years Since John Perry Barlow Declared Cyberspace Independence," *Wired*, June 3, 2017, https://www.wired.com/2016/02/its-been-20-years-since-this-man-declared-cyberspace-independence/.

[48] John Perry Barlow, "A Declaration of the Independence of Cyberspace," Electronic Frontier Foundation, February 8, 1996, https://www.eff.org/cyberspace-independence.

[49] Mariana Mazzucato, *The Entrepreneurial State: Debunking Private v. Public Sector Myths* (London: Anthem Press, 2013); A. B. Atkinson, *Inequality: What Can Be Done?* (Cambridge, MA: Harvard University Press, 2015), 82, 118.

[50] David O. Sacks and Peter A. Thiel, *The Diversity Myth: Multiculturalism and Political Intolerance on Campus* (Oakland, CA: The Independent Institute, 1995, 1998); Haynes Johnson, *The Best of Times: America in the Clinton Years* (New York: Harcourt, Inc., 2001), 25; WorldWideWeb SLAC Home Page, December 24, 1993, https://swap.stanford.edu/19940102000000/http://slacvm.slac.stanford.edu/FIND/slac.html; George Packer, *The Unwinding: An Inner History of the New America* (New York: Farrar, Straus and Giroux, 2013), 129–34.

[51] Johnson, *Best of Times*, 25, 57; Turner, *From Counterculture to Cyberspace*, 214.

[52] Edmund Burke to Chevalier de Rivarol, June 1, 1791, in *Correspondence of the Right Honourable Edmund Burke*, ed. Earl Fitzwilliam and Sir Richard Bourke, KCB, 4 vols. (London, 1844), 3:211; *Gazette of the United States*, June 10, 1800.

[53] See Joseph A. Schumpeter, *Essays on Entrepreneurs, Innovations, Business Cycles, and the Evolution of Capitalism*, ed. Richard V. Clemence (1951; New Brunswick, NJ: Transaction Publishers, 1989). Regarding the origins of innovation studies, see Benoît Godin, "'Innovation

Studies': The Invention of a Specialty," *Minerva* 50 (2012): 397–421, and especially Jan Fagerberg et al., eds., *The Oxford Handbook of Innovation* (New York: Oxford University Press, 2006), introduction—note, in particular, figure 1.1 (a graph of scholarly articles with the word "innovation" in the title, 1955–2005); and Box 1.2 (on Schumpeter as the theorist of innovation).

[54] Clayton M. Christensen, *The Innovator's Dilemma: The Revolutionary Book That Will Change the Way You Do Business* (1997; New York: HarperBusiness, 2011). For an earlier usage, see Jean-Marie Dru, *Disruption: Overturning Conventions and Shaking Up the Marketplace* (New York: Wiley, 1996).

[55] I discuss the shaky evidence for "disruptive innovation" in "The Disruption Machine," *TNY*, June 23, 2014; a bibliography for that article can be found at https://scholar.harvard.edu/files/jlepore/files/lepore_disruption_bibliography_6_16_14_0.pdf. On heedlessness, see, for example, Jonathan Taplin, *Move Fast and Break Things: How Facebook, Google, and Amazon Cornered Culture and Undermined Democracy* (New York: Little, Brown, 2017).

[56] Franklin, "Apology for Printers."

[57] Daly, *Covering America*, ch. 13.

[58] Quoted in Matthew Hindman, *The Myth of Digital Democracy* (Princeton NJ: Princeton University Press, 2009), 2.

[59] Taplin, *Move Fast and Break Things*, 6, 21. And see Ken Auletta, *Googled: The End of the World as We Know It* (New York: Penguin Press, 2009).

[60] See, broadly, Hindman, *Myth of Digital Democracy*; Cass Sunstein, *Republic.com* (Princeton, NJ: Princeton University Press, 2001); Nathan Heller, "The Failure of Facebook Democracy," *TNY*, November 18, 2016.

[61] George W. Bush, Address before a Joint Session of the Congress on the United States Response to the Terrorist Attacks of September 11, Washington, DC, September 20, 2001; "The National Security Strategy of the United States of America," March 2006, http://web.archive.org/web/20060517140100/www.whitehouse.gov/nsc/nss/2006/nss2006.pdf.

[62] Stephen E. Atkins, *The 9/11 Encyclopedia: Second Edition* (Santa Barbara: ABC-CLIO, LLC, 2011), 741; *The 9/11 Commission Report: Final Report of the National Commission on Terrorist Attacks Upon the United States* (Washington, DC: National Commission on Terrorist Attacks upon the United States, 2004), ch. 2.

[63] Daniel Wirls, *Irrational Security: The Politics of Defense from Reagan to Obama* (Baltimore: Johns Hopkins University Press, 2010), 17.

[64] Wirls, *Irrational Security*, 134–35; Melvin A. Goodman, *National Insecurity: The Cost of American Militarism* (San Francisco: City Lights, 2013), 279, 327; Timothy Naftali, "George W. Bush and the 'War on Terror,' " in Zelizer, *The Presidency of George W. Bush,* 59–87; George W. Bush, "Remarks at the Embassy of Afghanistan," Washington, DC, September 10, 2002.

[65] Fredrik Logevall, "Anatomy of an Unnecessary War: The Iraq Invasion," in Zelizer, *The Presidency of George W. Bush,* 88–113; Patrick J. Buchanan, *Where the Right Went Wrong: How Neoconservatives Subverted the Reagan Revolution and Hijacked the Presidency* (New York: St. Martin's, 2004), 6, 233.

[66] Pew Research, "The Military-Civilian Gap," November 23, 2011, http://www.pewsocialtrends.org/2011/11/23/the-military-civilian-gap-fewer-family-connections/; Goodman, *National Insecurity*, 8–9, 30, 211.

[67] Katharine Q. Seeyle and Ralph Blumenthal, "Documents Suggest Special Treatment for Bush in Guard," *NYT,* September 9, 2004; "Bill Clinton's Vietnam Test," *NYT,* February 14, 1992; Steven Eder and Dave Philipps, "Donald Trump's Draft Deferments," *NYT*, August 1, 2016; Marvin Kalb, "The Other War Haunting Obama," *NYT*, October 8, 2011.

[68] "War and Sacrifice in the Post-9/11 Era," Pew Research Center's Social & Demographic Trends Project, October 04, 2011, http://www.pewsocialtrends.org/2011/10/05/war-and-sacrifice-in-the-post-911-era/.

[69] Andrew J. Bacevich, *The New American Militarism: How Americans Are Seduced by War* (New York: Oxford University Press, 2005), 2; Andrew J. Bacevich, *Washington Rules: America's Path to Permanent War* (New York: Metropolitan Books, 2010), 27.

[70] Kathleen Hall Jamieson and Joseph N. Cappella, *Echo Chamber: Ross Limbaugh and the Conservative Media Establishment* (New York: Oxford University Press, 2008), x – xiii.

[71] Quoted in David Roberts, "Donald Trump and the Rise of Tribal Epistemology," *Vox*, May 19, 2017, https://www.vox.com/policy-and-politics/2017/3/22/14762030/donald-trump-tribal-epistemology.

[72] For a sample wartime transcript, see "Excuse Us for Taking the War on Terror Seriously," *Rush Limbaugh Show*, July 31, 2006, https://www.rushlimbaugh.com/daily/2006/07/31/excuse_us_for_taking_the_war_on_terror_seriously/. For a discussion of his Vietnam draft status, see (citing Limbaugh's biographer), "Rush Limbaugh Avoided the Draft Due to Pilonidal Cyst?," *Snopes*, June 17, 2014, https://www.snopes.com/politics/military/limbaugh.asp.

[73] Chafets, *Roger Ailes*, 96; Alexandra Kitty, *Outfoxed* (New York: Disinformation, 2005), ch. 7; Daly, *Covering America*, 418, 419, https://www.mediamatters.org/research/2004/07/14/33-internal-fox-editorial-memos-reviewed-by-mmf/131430.

[74] "Interview with Matt Labash, *The Weekly Standard*—May 2003," JournalismJobs.com, October 3, 2003, http://web.archive.org/web/20031003110233/http://www.journalismjobs.com/matt_labash.cfm. And see David Greenberg, "Creating Their Own Reality: The Bush Administration and Expertise in a Polarized Age," in Zelizer, *The Presidency of George W. Bush*, 202.

[75] Greenberg, "Creating Their Own Reality," 210–18.

[76] Ron Suskind, "Faith, Certainty and the Presidency of George W. Bush," *NYT*, October 17, 2004. And see Greenberg: "The Right thus found itself in the Bush years promoting a radical epistemological relativism: the idea that established experts' claims lacked empirical foundation and represented simply a political choice. In this position, conservatives were espousing a notion resembling that of postmodernism—or at least that strand of postmodernism that denies the possibility of objective truth claims" ("Creating Their Own Reality," 203–4).

[77] Stephen Colbert, "The Word," *The Colbert Report,* 2:40, October 17, 2005. http://www.cc.com/video-clips/63ite2/the-colbert-report-the-word---truthiness.

[78] John Ashcroft, "Remarks on the Patriot Act," Speech, Boise, Idaho, August 25, 2003. https://www.justice.gov/archive/ag/speeches/2003/082503patriotactremarks.htm.

[79] Military Order of November 13, 2001, Detention, Treatment, and Trial of Certain Non-Citizens in the War Against Terrorism, *Federal Register*, November 16, 2001, 66, 222; Jess Bravin, *The Terror Courts: Rough Justice at Guantanamo Bay* (New Haven, CT: Yale University Press, 2013), 39.

[80] Ashcroft is quoted in Bravin, *Terror Courts*, 41; on when Rice and Powell learned Bush had signed the order, see pp. 41–44; Military Order of November 13, 2001; Cheney is quoted in Bravin, 47.

[81] Julian Zelizer, "Establishment Conservative: The Presidency of George W. Bush," in Zelizer, *The Presidency of George W. Bush*, 1–14.

[82] On Rumsfeld's early career, see James Mann, "Close-Up: Young Rumsfeld," *Atlantic*, November 2003.

[83] Mahvish Khan, *My Guantánamo Diary: The Detainees and the Stories They Told Me* (New York: PublicAffairs, 2008), 55–57; Bravin, *Terror Courts*, 76. And see Jonathan Hafetz, *Habeas Corpus after 9/11: Confronting America's New Global Detention System* (New York: New York University Press, 2011), 28–29.

[84] John Yoo and Robert J. Delahunty to William J. Haynes II, Memorandum re: Applications of Treaties and Laws to al Qaeda and Taliban Detainees, January 9, 2002, http://www.gwu.edu/~nsarchiv/NSAEBB/NSAEBB127/02.01.09.pdf; Bravin, *Terror Courts*, 62–63, 71, 74–75, 76–77; Gonzales, January 24, 2002, quoted in Hafetz, *Habeas Corpus*, 20. And see Mary L. Dudziak, "A Sword and a Shield: The Uses of Law in the Bush Administration," in Zelizer, *The Presidency of George W. Bush*, 39–58.

[85] Hafetz, *Habeas Corpus*, 21, 23–4, 37–8, 267n56; Donald Rumsfeld, Memorandum to James T. Hill, U.S. Southern Command, April 2003, http://www.gwu.edu/~nsarchiv/NSAEBB/NSAEBB127/03.04.16.pdf; Scott Shane, "China Inspired Interrogations at Guantánamo," *NYT*, July 2, 2008; Bravin, *Terror Courts*, 161.

[86] Eliza Griswold, "Black Hole; The Other Guantanamo," *TNR*, May 7, 2007; Barack

Obama 2003: National Security vs Civil Rights," YouTube video, 3:08, from an interview televised on the Illinois Channel on November 6, 2003, posted by "IllinoisChannelTV," June 12, 2013, https://www.youtube.com/watch?v=xWeLUPd9vVg.; Hafetz, *Habeas Corpus*, 63.

[87] James T. Patterson, "Transformative Economic Policies: Tax Cutting, Stimuli, and Bailouts," in Zelizer, ed., *The Presidency of George W. Bush*, 122; Alan I. Abramowitz, *The Polarized Public: Why Our Government Is So Dysfunctional* (Upper Saddle River, NJ: Pearson, 2013), 8; Ronald Brownstein, *The Second Civil War: How Extreme Partisanship Has Paralyzed Washington and Polarized America* (New York: Penguin, 2007), 4.

[88] Mark Leibovich, *This Town: Two Parties and a Funeral—Plus Plenty of Valet Parking!—in America's Gilded Capital* (New York: Blue Rider Press, 2013), 8.

[89] Patterson, "Transformative Economic Policies," 134–35.

[90] "Inauguration Prompts Travel Rush to Washington," CNN, November 19, 2008; Mary Anne Ostrom, "Obama's Inauguration: Record Crowd Gathers on Mall to Celebrate 'Achievement for the Nation,' " *San Jose Mercury News*, January 20, 2009.

[91] Barack Obama, Inaugural Address, January 20, 2009.

[92] Remnick, *The Bridge*, 207–8, 227, 230.

[93] Maraniss, *The Story of Obama*, 68, 162, 175–76, 193; State of Hawaii Department of Health, certificate of birth number 151 (4 August 1961), Barack Hussein Obama, II. http://static.politifact.com/files/birth-certificate-long-form.pdf.

[94] Barack Obama, *Dreams from My Father: A Story of Race and Inheritance* (New York: Broadway Books, 2004), 85; Remnick, *The Bridge*, 193–96.

[95] Remnick, *The Bridge*, 263–65; James T. Kloppenberg, *Reading Obama: Dreams, Hope, and the American Political Tradition* (Princeton, NJ: Princeton University Press, 2012), ch. 1; Barack Obama, "Current Issues in Racism and the Law" (syllabus, University of Chicago Law School, Chicago, IL, 1994), http://www.nytimes.com/packages/pdf/politics/2008OBAMA_LAW/Obama_CoursePk.pdf.

[96] Quoted in Remnick, *The Bridge*, 294.

[97] Remnick, *The Bridge*, 394; Barack Obama, Keynote Address, Democratic National Convention, Boston, Massachusetts, July 27, 2004.

[98] Leibovich, *This Town,* 45.

[99] Barack Obama, "Tone, Truth, and the Democratic Party," *Daily Kos*, September 30, 2005.

[100] Remnick, *The Bridge,* 371, 510–13.

[101] Ibid., 458; Barack Obama, Keynote Address, Democratic National Convention, July 27, 2004.

[102] Jennifer Aaker and Victoria Chang, "Obama and the Power of Social Media and

Technology," *European Business Review*, May & June 2010.

[103] Frank, *Listen, Liberal*, 140–41; Jacob S. Hacker and Paul Pierson, *Winner-Take All Politics: How Washington Made the Rich Richer—And Turned Its Back on the Middle Class* (New York: Simon & Schuster, 2010), 1.

[104] Hemmer, *Messengers of the New Right*, 273.

[105] James Baldwin, "The American Dream and the American Negro," *NYT*, March 7, 1965.

[106] Jill Lepore, *The Whites of Their Eyes: The Tea Party's Revolution and the Battle over American History* (Princeton, NJ: Princeton University Press, 2010), 126.

[107] Elizabeth Kolbert, "Political Outsider Coping with Life as an Insider," *NYT*, August 18, 1991.

[108] Piketty and Saez, "Income Inequality in the United States, 1913–1998"; Alfred Stepan and Juan J. Linz, "Comparative Perspectives on Inequality and the Quality of Democracy in the United States," *Perspectives on Politics* 9 (2011): 844; Distribution of family income—Gini index 2014 country comparisons, November 11, 2014, http://www.photius.com/rankings/economy/distribution_of_family_income_gini_index_2014_0.html.

[109] Bernard Sanders, *The Speech: A Historic Filibuster on Corporate Greed and the Decline of Our Middle Class* (New York: Nation Books, 2011), 20.

[110] Ibid., 1, 19.

[111] Aaron Bady and Mike Konczal, "From Master Plan to No Plan: The Slow Death of Higher Public Education," *Dissent*, Fall 2012, 10–16; Bernie Sanders on *Countdown with Keith Olbermann*, MSNBC, September 29, 2011.

[112] Leibovich, *This Town*, 43, 52, 107.

[113] Ibid., 98.

[114] *Citizens United v. FEC*, 558 U.S. 310 (2010); *Burwell v. Hobby Lobby Stores*, 572 U.S. _ (2014).

[115] Chemerinsky and Gillman, *Free Speech on Campus*, 97–100.

[116] Report of the Committee on Freedom of Expression, University of Chicago, 2014, http://provost.uchicago.edu/sites/default/files/documents/reports/FOECommitteeReport.pdf.

[117] Sykes, *How the Right Lost Its Mind*, 67.

[118] E. J. Dionne, *Why the Right Went Wrong: Conservatism—from Goldwater to the Tea Party and Beyond* (New York: Simon & Schuster, 2016), 2; Frum (in 2012), quoted in Hemmer, *Messengers of the Right*, 274.

[119] Alana Abramson, "How Donald Trump Perpetuated the 'Birther' Movement for Years," ABC News, September 16, 2016; "Donald Trump 'Proud' to Be a Birther," YouTube video, 5:59, from an interview on *The Laura Ingraham Show* on September 1, 2016, posted by

"Laura Ingraham," March 30, 2011, https://www.youtube.com/watch?v=WqaS9OCoTZs.

[120] Kay, *Among the Truthers,* xxi.

[121] Sykes, *How the Right Lost its Mind,* 111–13; Alexander Zaitchik, "Meet Alex Jones," *Rolling Stone,* March 2, 2011; Kurt Nimmo, "New Obama Birth Certificate Is a Forgery," Infowars, April 28, 2011, https://www.infowars.com/new-obama-birth-certificate-is-a-forgery/; Lymari Morales, "Obama's Birth Certificate Convinces Some, but Not All, Skeptics," Gallup, May 13, 2011, http://www.gallup.com/poll/147530/obama-birth-certificate-convinces-not-skeptics.aspx.

[122] Judd Legum, "What Everyone Should Know About Trayvon Martin (1995–2012)," ThinkProgress, March 18, 2012; "Timeline of Events in Trayvon Martin Case," CNN, April 11, 2012; "Timeline: The Trayvon Martin Shooting," *Orlando Sentinel,* March 26, 2012.

[123] Karen Farkas, "Chardon High School Video Shows Students Being Shot in Cafeteria," Cleveland.com, February 27, 2012, http://www.cleveland.com/chardon-shooting/index.ssf/2012/02/chardon_high_school_video_show.html.

[124] On ownership, see the 2007 Small Arms Survey (smallarmssurvey.org), which is conducted by an organization in Geneva, and is comparative; the most useful appendix of that report is http://www.smallarmssurvey.org/fileadmin/docs/A-Yearbook/2007/en/Small-Arms-Survey-2007-Chapter-02-annexe-4-EN.pdf. Some of that year's survey is reported in Laura MacInnis, "U.S. Most Armed Country," Reuters, August 28, 2007. The Small Arms Survey reports the sources of its estimates at http://www.smallarmssurvey.org/fileadmin/docs/A-Yearbook/2007/en/Small-Arms-Survey-2007-Chapter-02-annexe-3-EN.pdf. For some slightly older but useful data, see Philip J. Cook and Jens Ludwig, *Guns in America: National Survey on Private Ownership and Use of Firearms* (Washington, DC: National Institute of Justice, 1997). On the involvement of guns in murders, see, for example, http://www.fbi.gov/ucr/cius2008/offenses/expanded_information/data/shrtable_07.html. And see my discussion of the U.S. homicide rate in *The Story of America,* ch. 20.

[125] *District of Columbia v. Heller,* 554 U.S. 570 (2008); Henry Martin, "Changing of the Guard," *American Rifleman,* September 2011, 94–97; Ronald Kessler, "David Keene Takes Over the NRA," *Newsmax,* March 28, 2011; David Keene, interview with the author, March 30, 2012.

[126] Laura Johnston, "Chardon High School Emergency Plan Prepared Community for Shooting Tragedy," Cleveland.com, February 27, 2012, http://www.cleveland.com/chardon-shooting/index.ssf/2012/02/chardon_community_prepared_for.html.

[127] Cora Currier, " 23 Other States Have 'Stand Your Ground' Laws, Too," *Atlantic,* March 22, 2012.

[128] Krissah Thompson and Scott Wilson, "Obama on Trayvon Martin: 'If I Had a Son, He'd Look Like Trayvon," *Washington Post,* March 23, 2012.

[129] John Hoeffel, "Woman at Gun Range Event Tells Santorum to 'Pretend It's Obama,' "

Los Angeles Times, March 23, 2012.

[130] "New Claims Cast Trayvon Martin as the Aggressor," Fox News, March 27, 2012, http://www.foxnews.com/us/2012/03/27/new-claims-cast-trayvon-martin-as-aggressor/?intcmp=obinsite.

[131] Jay Barmann, "Police Recover Gun Believed Used in Oakland Shooting Spree; Goh's Alleged Target Revealed," SFist, April 6, 2012, http://sfist.com/2012/04/06/police_recover_gun_believed_used_in.php; Olivia Katrandjian, "Two Men Arrested, Facebook Clues in Tulsa Shooting Spree," ABC News, April 8, 2012, http://abcnews.go.com/US/tulsa-oklahoma-men-arrested-shooting-spree/story?id=16096391#.T4HAY5j1Lgo; " 2 Mississippi College Students Killed in Separate Shootings over Weekend," Fox News, March 26, 2012, http://www.foxnews.com/us/2012/03/26/2-mississippi-college-students-killed-in-separate-shootings-over-weekend/?intcmp=obinsite.

[132] James Rainey, "Sorting out Truth from Fiction in the Trayvon Martin Case," *Detroit Free Press*, April 7, 2012; Lucy Madison, "Gingrich: Everyone in the World Should Have Right to a Gun," CBS News, April 13, 2012; "Blitzer and Trump Go at It Over Trump's Birther Claims," CNN, May 29, 2012.

[133] Barack Obama, Speech, Sandy Hook Prayer Vigil, Newtown, CT, December 16, 2012.

[134] Andrew Bacevich, *America's War for the Greater Middle East: A Military History* (Random House, 2016).

[135] House Budget Committee, "The Path to Prosperity," March 20, 2012, http://budget.house.gov/uploadedfiles/pathtoprosperity2013.pdf; Thomas L. Hungerford, *Taxes and the Economy: An Economic Analysis of the Top Tax Rates Since 1945* (Washington, DC: Congressional Research Service, 2012), 1; Jonathan Weisman, "Nonpartisan Tax Report Withdrawn After G.O.P. Protest," *NYT*, November 1, 2012.

[136] American Political Science Association and Russell Sage Foundation, *American Democracy in an Age of Rising Inequality* (Washington, DC: American Political Science Association, 2004); Lawrence Jacobs and Desmond King, eds., *The Unsustainable American State* (Oxford: Oxford University Press, 2009); United Nations, Department of Economic Social Affairs, *Inequality Matters: Report of the World Social Situation 2013* (New York: United Nations, 2013); Joseph Stiglitz, *The Price of Inequality* (New York: Norton, 2012); "Greatest Dangers in the World," Pew Research Center's Global Attitudes Project, October 16, 2014, http://www.pewglobal.org/2014/10/16/greatest-dangers-in-the-world/.

[137] "I Am Unlimited," online and television advertisement, Sprint, 2013, https://www.youtube.com/watch?v=C9qxjBlL3ko.

[138] Bijan Stephen, "Social Media Helps Black Lives Matter Fight the Power," *Wired*, November 2015; Jordan T. Camp and Christina Heatherton, eds., *Policing the Planet: Why the*

Policing Crisis Led to Black Lives Matter (London: Verso, 2016).

[139] *Lawrence v. Texas*, 539 U.S. 558 (2003); *Goodridge v. Dept. of Public Health*, 798 NE 2d 941 (Mass. 2003).

[140] Brief for Petitioners, *Obergefell v. Hodges & Henry v. Hodges*, http://www.americanbar.org/content/dam/aba/publications/supreme_court_preview/BriefsV5/14-556_pet.authcheckdam.pdf.

[141] Rod Dreher, *The Benedict Option: A Strategy for Christians in a Post-Christian Nation* (New York: Sentinel, 2017), 3–9 and quotation, 219.

[142] Nagle, *Kill All Normies*, 10. And see Ralph D. Berenger, ed., *Social Media Go to War: Rage, Rebellion and Revolution in the Age of Twitter* (Spokane, WA: Marquette Books, 2013); Heather Brooke, *The Revolution Will Be Digitised: Dispatches from the Information War* (London: William Heinemann, 2011), ix.

[143] Nagle, *Kill All Normies*, 64.

[144] Adrian Florido, "The White Nationalist Origins of the Term 'Alt-Right'—and the Debate Around It," *NPR*, November 27, 2016; Richard Spencer, "Become Who We Are," conference remarks, Washington, DC, November 2016; Southern Poverty Law Center, *Alt-Right: The White Nationalist's Alternative to American Conservatism* (Montgomery, AL: Southern Poverty Law Center, 2016), 4–7; Josh Harkinson, "Meet the White Nationalist Trying to Ride the Trump Train to Lasting Power," *Mother Jones*, June 23, 2017.

[145] By 2015, Breitbart was "one of the top 1,000 most popular websites on the Internet, and just outside the top 200 most popular websites in the United States": Southern Poverty Law Center, *Alt-Right*, 15. And see Stephen Piggott, "Is Breitbart.com Becoming the Media Arm of the 'Alt-Right?," April 28, 2016, https://www.splcenter.org/hatewatch/2016/04/28/breitbartcom-becoming-media-arm-alt-right.

[146] Maisha E. Johnson and Nisha Ahuja, " 8 Signs Your Yoga Is Culturally Appropriated—and Why It Matters," everydayfeminism, May 25, 2016, http://everydayfeminism.com/2016/05/yoga-cultural-appropriation/. On the rise of clickbait and listicles, see Tim Wu, *The Attention Merchants: The Epic Scramble to Get Inside Our Heads* (New York: Knopf, 2016), chs. 22 and 26; Nagle, *Kill All Normies*, 77.

[147] Steven Levy, *In the Plex: How Google Thinks, Works, and Shapes Our Lives* (New York: Simon & Schuster, 2011), 67.

[148] Institute of Politics, Harvard Kennedy School, *Campaign for President: The Managers Look at 2016* (Lanham, MD: Rowman and Littlefield, 2017), 13, 16, 28–29, 59. Hereafter IOP, *Campaign for President*.

[149] Robert Wurthnow, "In Polls We Trust," *First Things*, August 2015; Dan Wagner, Civis Analytics, interview with the author, August 17, 2015; Elizabeth Wilner, "Kantar's Path to Public Opinion," *Kantar*, September 4, 2013, http://us.kantar.com/public-affairs/politics/2013/kantars-

path-to-public-opinion/.

[150] Cliff Zukin, "What's the Matter with Polling?," *NYT*, June 20, 2015; "Details of Opinion Poll Inquiry Announced," British Polling Council, May 22, 2015, http://www.britishpollingcouncil.org/details-of-opinion-poll-inquiry-announced/; Doug Rivers, YouGov, interview with the author, August 3, 2015; Scott Horsley, "Changing Polling Metrics to Decide GOP's Presidential Debate Lineup," *NPR*, August 3, 2015; "Election 2015: Inquiry into Opinion Poll Failures," *BBC News*, May 8, 2015; "Poll Measures Americans' Trust in Public Opinion Polls," C-SPAN.org, September 4, 2013, https://www.c-span.org/video/?314837-1/poll-measures-americans-trust-public-opinion-polls; Mark Blumenthal, "Why the Polls in Greece Got It Wrong," *Huffington Post*, July 8, 2015; Oren Liebermann, "Why Were the Israeli Election Polls So Wrong?," *CNN*, March 18, 2015.

[151] "Fox News and Facebook Partner to Host First Republican Presidential Primary Debate of 2016 Election," *Fox News*, May 20, 2015; Ann Ravel, Chair, FEC, interview with the author, August 21, 2015; Doyle McManus, "Fox Appoints Itself a GOP Primary Gatekeeper," *Los Angeles Times*, May 30, 2015; Rebecca Kaplan, "Marist Doesn't Want Its Poll Used for Fox Debate Criteria," *CBS News*, August 3, 2015; Scott Keeter, interview with the author, August 20, 2015; Bill McInturff, interview with the author, August 21, 2015.

[152] Donald J. Trump for President, August 8, 2015, https://web.archive.org/web/20150808202314/https://www.donaldjtrump.com/; Playbuzz—Authoring Platform for Interactive Storytelling, https://publishers.playbuzz.com/, accessed September 12, 2017; "Republican Debate Poll: Who Won First Fox GOP Debate?," *Time*, August 7, 2015, http://time.com/3988073/republican-debate-fox-first-gop/, accessed September 12, 2017.

[153] Brendan Nyhan, "Presidential Polls: How to Avoid Getting Fooled," *NYT*, July 30, 2015; Michael W. Traugott, "Do Polls Give the Public a Voice in a Democracy?," in Genovese and Streb, *Polls and Politics*, 85–86. Gallup's own defense against the critics (including charges of bandwagoning and underdogging) is best read in Gallup and Rae, *The Pulse of Democracy*, ch. 18. "The conventional wisdom that politicians habitually respond to public opinion when making major policy decisions is wrong," is the argument of the political scientists Lawrence R. Jacobs and Robert Y. Shapiro, *Politicians Don't Pander: Political Manipulation and the Loss of Democratic Responsiveness* (Chicago: University of Chicago Press, 2000), xii–xv. Chris Kirk, "Who Won the Republican Debate? You Tell Us," *Slate*, August 6, 2015; Josh Voorhees, "Did Trump Actually Win the Debate? How to Understand All Those Instant Polls That Say Yes," *Slate*, August 7, 2015.

[154] This report is based on the author's presence at the Kennedy conference. For a transcript of the proceedings, see IOP, *Campaign for President*. Transcript of the campaign managers' roundtable, 11–60. Outbursts from the audience at this roundtable and at other events held during the conference that are not found in the transcript come from notes taken by the author while attending.

[155] Ann Coulter, *In Trump We Trust: E Pluribus Awesome!* (New York: Sentinel, 2016), 2–5, 21.

[156] Phyllis Schlafly, Speech in St. Louis, March 13, 2016.

[157] https://www.youtube.com/watch?v=DCGLXku15x0; Phyllis Schlafly, Ed Martin, and Brett M. Decker, *The Conservative Case for Trump* (Washington, DC: Regnery, 2016).

[158] The remarks of Donald Trump at the funeral of Phyllis Schlafly, September 10, 2016, https://www.youtube.com/watch?v=1Bng_6HZlPM; Spruill, *Divided We Stand*, 336–41; Rod Dreher, *The Benedict Option: A Strategy for Christians in a Post-Christian Nation* (New York: Sentinel, 2017), 80.

[159] Dreher, *The Benedict Option*, 79.

[160] Ibid., 226; Sykes, *How the Right Lost Its Mind*, 17.

[161] Hillary Clinton, *What Happened* (New York: Simon & Schuster, 2017).

[162] IOP, *Campaign for President*, 67.

[163] Ibid., 68.

[164] Ibid., 69.

[165] Nicholas Confessore and Daisuke Wakabayashi, "How Russia Harvested American Rage to Reshape U.S. Politics," *NYT*, October 9, 2017.

[166] Caitlyn Dewey, "Facebook Fake-News Writer," *Washington Post*, November 17, 2016. And on his death: http://www.phoenixnewtimes.com/arts/paul-horner-dead-at-38-9716641.

[167] Tim Wu, "Please Prove You're Not a Robot," *NYT*, July 15, 2017.

[168] IOP, *Campaign for President*, 70.

[169] Mike Isaac and Scott Shane, "Facebook's Russia-Linked Ads Came in Many Disguises," *NYT*, October 2, 2017. And see, for example, Zeynep Tufekci, "Zuckerberg's Preposterous Defense of Facebook," *NYT*, September 29, 2017.

[170] Cecilia Kang, Nicholas Fandos, and Mike Isaac, "Tech Executives Are Contrite About Election Meddling, but Make Few Promises on Capitol Hill," *NYT*, October 31, 2017.

[171] IOP, *Campaign for President*, 70.

[172] Ibid., 71.

[173] Indictment, *U.S. v. Internet Research Agency et al.*, 18 USC § § 2, 371, 1349, 1028A, February 16, 2018.

[174] On Assange, see Raffi Khatchadourian, "Julian Assange, a Man Without a Country," *TNY*, August 21, 2017.

[175] IOP, *Campaign for President*, 76.

[176] Ibid. 83.

[177] Ibid., 87.

[178] Ibid., 89.

结语：论题的答案

[1] Alexander Hamilton, Federalist No. 1 (1788); Edward R. Garriott, *Cold Waves and Frost in the United States* (Washington, DC: Weather Bureau, 1906), 10.

[2] Charles Pierce, *A Meteorological Account of the Weather in Philadelphia from January 1, 1790, to January 1, 1847* (Philadelphia: Lindsay and Blakiston, 1847), 264. My thanks to Charles Cullen and the Historical Society of Pennsylvania and to Peter Huybers of Harvard's Department of Earth and Planetary Sciences.

[3] Average annual temperatures from 1948 to 2017 can be found at NOAA National Centers for Environmental information, Climate at a Glance: U.S. Time Series, Average Temperature, published July 2017, http://www.ncdc.noaa.gov/cag/, accessed July 23, 2017.

[4] Michael Carlowicz, "World of Change: Global Temperatures: Feature Articles," NASA, https://earthobservatory.nasa.gov/Features/WorldOfChange/decadaltemp.php, accessed September 12, 2017.

[5] "President Trump Announces U.S. Withdrawal from the Paris Climate Accord," The White House, June 1, 2017, https://www.whitehouse.gov/blog/2017/06/01/president-donald-j-trump-announces-us-withdrawal-paris-climate-accord; "President Trump Decides to Pull U.S. Out of Paris Climate Agreement," *All Things Considered*, NPR, June 1, 2017; Justin Worland, "The Enormous Ice Sheet that Broke Off of Antarctica Won't Be the Last to Go," *Time*, July 13, 2017.

[6] Andrew Sullivan, "The Republic Repeals Itself," *New York*, November 9, 2016; Donald J. Trump, Inaugural Address, January 20, 2017; Samuel Moyn and David Priestland, "Trump Isn't a Threat to Our Democracy; Hysteria Is," *NYT*, August 11, 2017.

[7] Jessica Anderson, "Taney Statue Is Moved from Outside Frederick City Hall," *Baltimore Sun*, March 18, 2017; Celeste Bott, "Remaining Pieces of Confederate Monument Removed from Forest Park," *St. Louis Post-Dispatch*, June 28, 2017; Richard Fausset, "Tempers Flare over Removal of Confederate Statues in New Orleans," *NYT*, May 2, 2017; Sheryl Gay Stolberg and Brian M. Rosenthal, "Man Charged After White Nationalist Rally in Charlottesville Ends in Deadly Violence," *NYT,* August 12, 2017.

[8] Bork, *Slouching Towards Gomorrah*, 317–18.

[9] Newt Gingrich, *To Renew America* (New York: HarperCollins, 1996), 7.

译者后记
AFTERWORD OF TRANSLATOR

在写此"后记"的时刻,我想写诗。我们在逐字逐句地翻译、润色、统稿后,连自己都想写诗了。这本"史诗"感动了译者——爱上了它,想夸奖它,想从译者的角度说一说,为什么这本书可以叫作"史诗"。

我们有无数的角度和线索去书写历史——英雄史、民族史、人民史……您能想到《荷马史诗》吗?您能想到《史记》里经典的句子和人物传记吗?那些,都是史诗。而这本史书,可以说是精神探索的史诗。它有着很多条诗的线索,有着太多的诗的语言。

作者把美国历史写成追求真理的历程,这是主要线索,也是她的最新角度。作者崇拜宪法,如同很多人崇拜《圣经》一样。书中不止500次提到围绕宪法及其解释的问题,200多次提到有关宪法修正案的问题,说的都是美国历史上人们如何探寻真理(书中有关"真理"的话题多达150次)。人类在探寻真理，人类所有的活动——在最初，全世界都像美洲（约翰·洛克语）——都在争论谁对谁错，其实没人是对的。这就是争论，这就是探索，这就是历史，这就是诗。

作者把科技救国、科技挽救民主和自由当成另外一条主线。从轧棉机、蒸汽机、电报、照相机、铁路、海底电缆，一直到电脑、太空、互联网，她认为以上的一切都促进了美国乃至世界民主和自由的进程。举个例子，黑人在没有获得平等权利的时候，女人在没有选举权的时候，去照相馆就可以让他们自由、平等地表现自己。书中相关的例子还有很多，而人权、平等、自由（含言论自由）是科技和理想、科技和真理结合的重要线索。不去管历史上那些争论吧，这些，都是历史，都是诗。

这些线索都乘坐在诗的旋律上，而这本史书的语言，从原文文字的角度来看，几乎从开篇起，就是诗：

> 历史的进程无法预测，如天气之变幻无常，如情爱之改弦更张；国之兴衰，难免个人兴致，机遇偶然；暴力之灾，贪婪腐败，昏君之虐，恶帮之袭，政客蛊惑，均在所难免。这些都曾是事实，直到有一天，1787年10月30日的那个星期二。那天，《纽约信报》的读者在报纸的头版看到了……广告，但也看到一条额外添加的全新内容：长达4400词之长的《合众国宪法》。

再看结尾，我把原译文字分行如下：

> 这（美国的问题）将落在新一代美国人的肩上，
> 他们会想到祖先所做的事情，

译者后记

去深入探寻厄运般的大海。

如果他们想要修理破烂的船，

他们需要砍倒鹿出没的森林里最雄壮的松树，

竖起一根新的桅杆，

让它直刺阴云密布的天空。

他们得用锋利的扁斧，把木材砍成木板，笔直而坚挺。

他们要用强大的臂力拧实所有的钉子，

用灵巧的手指轻柔地握着针线，仔细地缝制粗糙的风帆。

仅知道热量、火花、锤子和铁砧是不够的，

他们还得在烈火中锻造一只理想的锚。

为了能让这艘船闯荡风浪，他们要学习一种古老的、几乎被遗忘的技术：

用星星导航。

我国第一位历史文献学博士、华中师范大学文学院张三夕教授说："历史是史诗。"（他曾用一整本书，诠释了美国历史上的一个环节）。哥伦比亚大学历史学教授艾伦·布林克利说："历史永远不会改变，但我们对历史的理解却在不断地变化。"[1]本书作者吉尔·莱波雷把她理解的美国史，从原初创始一直写到了今天，把它写成了美国追求真理的"史诗"。

本书的翻译，经历了难以想象的"天路历程"（约翰·班扬语）。邵旭东负责翻译本书的引言、第一章至第八章、第十六章和后记，及所有的"杂篇"。孙芳女士是本书第九章至第十五章的勤奋译者（邵旭东统稿）。非常感

---

1 艾伦·布林克利：《美国史》，邵旭东译，海南出版社，2009年12月第一版；2014年1月（上、下）第一版。

谢孙芳女士的思路和奉献。搞翻译，不出错是很难的，译本任何地方的错误，由邵旭东负责承担和更正。

　　一年零八个月的艰辛追寻和等待，有插曲，有忍耐，但终于得到了这本书的选题。我非常感谢这次机会。感谢王琳编辑、老友汤万星及所有为此书做出贡献的人。如果没有他们，这本译作不会如此精彩。谢谢编者，谢谢读者手里抱着这本书。

邵旭东
写于本书出版前

These Truths: A History of the United States
Copyright © 2018 by Jill Lepore
All rights throughout the world are reserved to Proprietor

著作版权合同登记号：01-2023-5669

图书在版编目（CIP）数据

分裂的共识：一部全新的美国史：上下册 /（美）吉尔·莱波雷著；邵旭东，孙芳译. -- 北京：新星出版社，2024.9
ISBN 978-7-5133-5106-5

Ⅰ.①分… Ⅱ.①吉… ②邵… ③孙… Ⅲ.①美国—现代史 Ⅳ.①K712.5

中国国家版本馆CIP数据核字（2023）第075718号

分裂的共识：一部全新的美国史：上下册
［美］吉尔·莱波雷 著；邵旭东 孙 芳 译

责任编辑	汪 欣	监 制	秦 青
策划编辑	曹 煜	文案编辑	王 争 王心悦
校 订	巩树蓉	版权支持	辛 艳 张雪珂

出 版 人　马汝军
出版发行　新星出版社
　　　　　（北京市西城区车公庄大街丙3号楼8001　100044）
网　　址　www.newstarpress.com
法律顾问　北京市岳成律师事务所
印　　刷　三河市天润建兴印务有限公司
开　　本　680 mm × 955 mm　1/16
印　　张　61
字　　数　796千字
版　　次　2024年9月第1版　2024年9月第1次印刷
书　　号　ISBN 978-7-5133-5106-5
定　　价　178.00元（全两册）

版权专有，侵权必究。如有印装错误，请与发行公司联系。
发行公司：010-59096394　销售中心：010-59320018